KB149511

주린이를 위한
주식투자 Q&A 100가지

왕초보도 쉽게 따라 하는
주식투자 백과사전

주린이를 위한 주식투자 Q&A 100가지

곽상빈 지음

평단

왜 주식투자를 해야 하는가?

돈이 돈을 버는 세상, 노력에도 한계가 있었다

내가 처음 주식투자에 관심을 가지게 된 것은 경제학과에 입학한 2008년이었다. 그 당시 남들보다 늦은 나이에 대학에 입학한 나는 각종 아르바이트로 꽤 많은 돈을 모아두고 있었다. 그래서 돈이 운용되는 메커니즘을 진지하게 알아봐야겠다고 생각했고, '주식 좀 배워봐야겠다'고 마음먹게 되었다. 사실 그전까지는 주식투자를 '투기꾼들의 도박'으로 생각해 멀리하던 터였다.

우리나라의 경제 역사상 가장 비극적인 사건은 1998년의 IMF 외환위기일 것이다. IMF 사태가 터지기 전까지 아버지는 건설회사의 하청업체 사장이었고, 초등학교에 막 입학한 나는 아버지가 '사장님'이라는 사실이 정말 자랑스러웠다. 당시 아버지는 개인사업자라고 할 수 있었는데, 회사의 주인으로서 누릴 수 있는 것들이 내 눈에는 굉장히 멋져 보였다.

그러던 중 비극이 닥쳐왔다. 외환위기 상황이 심각해지면서 국내 굴지의 대기업들이 공중분해되고 쓰러져갔다. 아버지가 의지하고 있던 한보그룹도 도산을 하고 현대건설 계열사들이 구조조정에 들어가면서 아버지의 회사는 졸지에 부도를 내고 말았다. 그런데 불행은 그것으로 그치지 않았다. 아버지가 설정했던 보증 때문에 20억 원의 빚을 떠안은 우리 가족은 살던 집도 잃고 재산도 모두 압류당한 채 달동네로 도망쳐야 했다.

어린 나이에 그 일을 겪고 나는 한동안 충격에서 헤어나지 못했다. 그 뒤 나는 아버지가 이루지 못한 사업 성공을 위해 다양한 도전을 했다. 기술을 배웠고, 인터넷 쇼핑몰 회사에서 아르바이트를 하며 장사도 배웠다. 대학에 가는 시간조차 아깝다는 생각에 실업계 고등학교에 자원했고, 벤처기업을 차려 사장의 자리에도 올랐다. 그때 나는 겨우 열여섯 살이었다.

나는 "열심히 일해서 버는 소득이 그 무엇보다 아름답다"는 원칙 아래 정말 열심히 살았다. 잠자는 시간을 아껴가며 프로그램을 개발했고, 제품을 만들기 위해 부단히 노력했다. 그냥 열심히만 하면 성공은 자연히 따라올 것으로 믿었다. 워런 버핏 같은 투자자보다는 빌 게이츠의 스타트업 신화를 좇아 '나도 노력하면 저렇게 멋진 인생을 살 수 있을 거야' 하는 기대를 품었다. 그러나 내가 밤을 새워가며 만든 제품들은 팔리지 않았고, 아르바이트를 아무리 열심히 해도 월 150만 원 정도의 수준에 만족해야 했다. 또 정말 열심히 일하는 엔지니어 선배들을 봐도 삶이 쉽사리 나아질 것 같지 않았다. 나는 초능력자가 아닌 이상 노동소득에는 한계가 있다는 것을 실감했다. 사업도 어설프게 해서는 절대 성공할 수 없고, 돈 없이 시작해서는 큰돈을 벌지 못한다는 뼈아픈 교훈을 얻었다.

나는 경제학과에 입학한 뒤 돈에 대해 열심히 공부했고, 주식투자야말로 진정한 회사의 주인이 되는 길이라는 것을 깨달았다. 주주는 회사의 경영자인 CEO를 고용할 수 있고, 의사결정에 참여할 수 있으며, 회사가 번 돈으로 배당을 받는 존재다. 또 하나의 장점은 "사장은 회사가 망하면 원금보다 큰 책임을 지지만, 주주는 자기가 투자한 원금만 날리면 책임이 끝난다"는 것이다. 이를 유식한 말로 '유한책임有限責任'이라 한다.

나는 주주가 되기로 결심했다

일반적으로 아무리 열심히 일해도 억대 연봉이 한계라고 한다. 노동소득은 분명 상한선이 있는 것 같다. 잠도 제대로 못 자고 일하는 컨설팅 회사 임원들의 연봉이 아무리 높다 해도 주주와 같은 자본가가 누리는 자본소득에 비하면 얼마 되지 않는다. 자본이 축적되면 그 자본을 투자해서 더 큰 자본소득을 창출할 수 있다. 그러나 노동소득은 생활을 위해 사용하고 나면 축적되는 데 한계가 있을 뿐 아니라 그것만으로는 노후보장이 힘들다.

그렇기 때문에 소득이 생기면 하루라도 빨리 자본을 축적하는 데 써야 새로운 자본의 형성을 꾀할 수 있다. 주식시장은 지속적으로 성장하고 있고, 앞으로 경제가 성장하는 속도(예를 들면 GDP 성장 속도)보다 기업이 성장하는 속도가 더 빠를 것이다. 그만큼 주식시장의 성장

가능성도 높다.

부동산시장과 같은 실물시장에 비해 세금이나 거래비용도 작고 환금성도 높은 것이 주식이다. 게다가 4차 산업혁명이 진행 중인 이때 그와 관련된 산업에 투자할 수 있는 통로는 주식뿐이다. 개인 투자자가 직접 사업체를 차리지 않는 한 말이다.

주식투자를 하면 집 한 채 말아먹는다고?

대학에서 나는 실전 주식투자를 하는 사람들을 많이 만났다. 내가 회계사 시험공부를 하던 2009년에도 같이 공부하던 형들이 아르바이트는 힘드니 주식으로 돈 좀 벌면서 공부하자고 했던 적이 있다. 그런데 주주가 되는 것이 얼마나 좋은지에 대해서는 이론적으로 잘 알면서도 선불리 투자를 할 수는 없었다. 그 뒤 내가 직접 투자를 시작한 것은 2011년 회계사 시험에 합격하고 나서였다.

사실 그전까지 내 머릿속에는 주식투자를 하면 패가망신한다는 생각이 자리하고 있었다. 실제로 우리 친척 가운데도 빚까지 지면서 주식투자를 하다가 말 그대로 '집 한 채 말아먹은' 분이 있었다. 그래서 어머니도 주식투자는 '투기'라고, 절대로 해서는 안 된다고 자주 주의를 주곤 했다.

그런데 이론적으로 주식을 공부하면서 의문이 생겨났다.

'주식시장은 계속 성장하고 좋은 기업에 투자하면 분명 망하지 않을 텐데 왜 사람들은 주식이 위험하다고 하는 걸까?'

그래서 나는 돈을 벌기 위해서라기보다는 어린이가 장난감을 모으듯 수집의 개념으로 주식투자에 접근했다. 그렇게 하니 주식을 사는 데 대한 거부감이 줄어들었고, 그냥 내가 좋아하는 회사의 주식을 몇 주씩 가지고 있는 것을 즐거운 일로 받아들이게 되었다. 이렇게 주식투자를 시작해 지금은 주식강의까지 하기에 이르렀다.

도중에 많은 기회가 있었다. 이안택스라는 회사를 창업했을 때 고객사가 게임을 개발하는 S사였는데, 그 회사가 상장할 때 투자했던 동료 회계사들은 큰돈을 벌었다. 상장 프리미엄까지 붙으면서 주가가 2만 원에서 65,500원까지 올랐던 것이다. 거의 3배가 오르는 바람에 나도 재미삼아 1천만 원을 투자했다가 2천만 원을 벌었다. 이런 기회는 준비된 사람만 잡을 수 있다. 그전까지 주식투자를 한 번도 해보지 않았다면 투자를 할 엄두조차 내기 어려웠을 것이다. 아니, 어떻게 투자하는지 그 방법을 몰랐을 수도 있다.

'집 한 채 말아먹는 투자'를 하는 사람들은 진정한 투자자라고 볼 수 없다. 그냥 위험한 주식, 단기적으로 주가가 요동치는 주식을 샀다가 파는 도박을 하다가 결국 망했을 뿐이다. 주식투자에 투기로 접근해서 단타매매로 한탕해야겠다고 생각하는 순간, 자신의 본업에도 타격을 받고 인생 자체가 흔들리고 말 것이다.

주식투자는 결국 좋은 종목을 쌀 때 사서 비쌀 때 팔아 수익을 얻는 것이고, 수익을 내는 기술은 그리 복잡하지 않다. 최소한의 원리만 알고 그것을 실천하면 된다. 이제 그 원리와 기술을 함께 살펴보자.

왕초보를 위한
투자단계별 지식의 백과사전

이 책은 주식투자를 시작하려는 사람들의 잘못된 인식을 바로잡고 투자의 기본기를 잡는 데 도움을 주기 위해 탄생했다. 그동안 경제교육, 재테크 교육 등을 해오면서 주식은 이렇게 공부하는 것이 가장 빠르고 효과적이라는 생각에서 책을 집필하기 시작했다.

우리는 내부정보를 이용해서 주식으로 떼돈을 벌었다거나 2천만 원으로 시작해 400억대의 주식부자가 되었다는 뉴스를 흔히 접한다. 그런가 하면 '주식투자의 신'이라 불리던 몇몇 사람의 투자실적이 사기였다는 사실이 밝혀지기도 했다. 요즘에는 가만히 앉아서 경제뉴스만 봐도 어느 종목이 대박종목인지 알 수 있다. 또 주변에서 '지금이 기회니 빨리 투자하라'는 이야기도 많이 돌아다닌다.

그런데 아무런 지식과 관심도 없이 '뜬소문'에 혹해서 주식투자를 하는 것이 가장 위험하다. 그랬다가는 자칫 전 재산을 날릴 수도 있다. 일단, 투자하라고 하는 사람들은 순수하게 내가 돈을 벌기를 바라고 알려주는 것이 아닐 경우가 많다. 자기가 보유한 종목의 주가를 조금이라도 올려보려고 호재 소문을 퍼트리는 사람도 많고, 그저 주식시장에서 도는 소문을 그대로 전하는 사람도 많기 때문이다. 또한 그것이 정말 호재에 대한 정보라 해도 이것을 믿고 투자한 시점에서 언제까지 보유하고 어떤 투자전략을 구사해야 하는지 모른다면 지속적으로 수익을 내기는 힘들 것이다.

이 책은 주식으로 대박을 치는 '천기누설의 비밀'을 알려주는 책이 아니다. 또 역설적으로 그런 마술 같은 투자기법이 있다 해도 시장의 투자자들이 그 방법을 알게 되는 순간 모두 큰돈을 벌 수는 없을 것이다. 주식시장은 장기적으로 보면 균형으로 수렴하기 때문이다. 또한 나는 그런 요행을 이야기하고 싶지 않다. 다만, 이 책에서 소개하는 방법과 순서대로 주식을 공부하고 하나씩 좋은 종목으로 포트폴리오를 채워 나간다면 최소한 주식투자로 손해 보는 일은 없을 것이다.

다른 분야와 마찬가지로 주식투자도 일정한 지식과 규칙을 습득하고 실전연습을 통해 내공을 쌓아야 성공할 수 있다. 이 책의 순서는 주식공부를 가장 효율적으로 할 수 있게 다음과 같이 구성했다.

1장에서는 왕초보도 따라 할 수 있는 '주식투자의 기술'과 투자사례를 소개함으로써 큰 그림을 보여줄 것이다. 이를 통해 종목을 고르는 원칙과 투자 시 유의해야 할 사항에 대한 종합적 시각을 갖출 수 있을 것이다.

2장에서는 왕초보가 필수적으로 알아야 할 '주식투자의 기본개념'을 소개한다. 주식투자는 결국 정보와 분석의 싸움이다. 정보는 증권사 홈페이지나 각종 경제뉴스, 애널리스트들의 보고서를 통해 습득해야 하는 만큼 기본적인 개념 몇 가지는 숙지하고 있어야 한다. 아울러 어디서 정보를 얻고 어떻게 활용할지에 대해서도 소개한다.

3장에서는 주식투자에 대한 큰 시각과 개념을 토대로 해서 장기적으로 부자가 되기 위한 '가치투자'의 기본개념과 도구에 대해 구체적으로 소개할 것이다. 가치투자를 하려면 기업의 내재가치를 파악하고 현재 주가가 내재가치보다 충분히 낮아서 투자할 만한지를 판단해야 한다. 이때 그 내재가치를 추정할 수 있도록 재무제표와 각종 회계·재무 개념 및 그 활용법도 소개한다.

4장에서는 주식투자에서 기술적 분석이라고 할 수 있는 차트와 그래프의 개념과 활용방법을 소개한다. 과거의 흔적을 통해 미래의 주가를 예측하는 기법과 지표를 어떻게 주식투자에 적용할지를 알면 주식투자가 훨씬 재미있어질 것이다.

마지막으로 부록에서는 당장 계좌를 개설하고 증권사에서 제공하는 홈트레이딩시스템HTS과 모바일트레이딩시스템MTS을 통해 어떻게 종목을 거래하는지 그 방법을 구체적으로 소개할 것이다. 주식투자를 아직 한 번도 안 해본 왕초보들을 위해 누구나 따라 할 수 있는 거래장면을 제공하고 있으니 이를 참고하면 실전 주식거래가 가능할 것이다.

이 책의 1장부터 4장까지 순서대로 주식투자를 공부하고 이를 토대로 실전투자를 지속적으로 연마한다면 가까운 미래에 누구나 주식고수가 되어 있을 것이다.

차례

Chapter 2 왕초보를 위한 주식의 기초개념

Chapter 3 재무제표를 이용한 가치투자

Chapter 4 차트의 활용

부록 주식매매의 첫걸음

Chapter 1

왕초보를 위한 주식투자 기술

001

일상 속에서 좋은 종목을 발견하기

"

주변의 주식투자 선배들을 보면 하나같이 일상에서 관심 있는 산업과 분야의 종목에서 투자를 시작했다는 것을 알 수 있습니다. 특히 주식 왕초보가 투자에서 성공하는 비결은 일상에서 종목을 발견하고, 그 종목을 공부하고 분석해서 투자하는 것입니다.

"회계사는 주식투자를 하면 망한다."

이것은 주식투자 업계에 퍼져 있는 통설이다. 나는 회계법인에 다닐 때 감사대상인 업체 또는 용역을 의뢰한 고객의 사업이 아주 매력적이어서 투자를 권유받았다거나, 내부 비밀을 알게 됐다는 소문을 듣고 투자해 본전도 못 건진 경우를 많이 보았다. 나 역시 특정 분야의 사업이 얼마 뒤면 대박이 날 거라는 소문을 듣고 투자했다가 손실을 본 적이 있다. 그러니 회계사가 주식투자를 하면 망한다는 것이 아예 틀린 말은 아닌 것 같다.

주식 초보자일수록, 특히 주식을 막 시작하는 사람일 경우는 더욱더 자신이 잘 모르는 업종이나 관심이 없는 종목을 소문만 듣고 투자하면 안 된다. 어느 종목이 호재라는 소문을 들었다면 적어도 재무비율이나 투자의견 컨센서스라도 찾아보는 노력을 한 뒤 투자해야 한다. 기업의 전문가라고 할 수 있는 회계사들마저 주식투자에서 실패하는 이유도 바로 그런 노력이 부족했기 때문일 것이다. 초보 투자자들이 이른바 경제전문가들보다 오히려 수익을 더 많이 올리는 경우가 있는데, 그 비결은 바로 '일상에서 종목 건지기'에 있다.

주식 왕초보들에게 가장 필요한 투자방법은 뭐니 뭐니 해도 일상에서 가장 많이 이용하는 기업이나 상품에서 좋은 종목을 찾는 것이다. 사실 주식시장은 우리가 이용하는 제품이나 서비스를 제공하는 기업에서 발행한 주식이 거래되는 곳이다. 하늘에서 뚝 떨어진 새로운 시장이 아니라는 말이다.

2013년에 나와 같이 일했던 이한수(가명) 과장님은 함께 회계용역도 하고 술자리도 자주 가졌던 분이다. 평범한 샐러리맨이지만 회계사무소 경리업무를 오래 해왔는데, 유난히 주식투자에 대해 자주 묻고는 했다. 신기하게도 이 과장님은 주식 10종목 대부분에서 수익을 거두고 있었다. 5천만 원을 투자해 2~3년 만에 1억까지 포트폴리오를 불릴 정도로 수익률 100% 이상의 매우 우수한 투자 실적이었다.

이 과장님은 2010년부터 업무 관계로 신라호텔에 머무를 기회가 많았는데, 그때 서비스도 좋고 30년 넘게 영업 중인 건실한 기업이라는 생각을 했다고 한다. 그러던 중 호텔신라가 삼성 계열사라는 사실을 알게 되었다. 삼성 계열사는 절대 망하지 않는다는 자기 나름의 소신도 있었고, 호텔신라가 면세점사업과 유통사업을 하고 있다는 것을 알게 되어 이 종목을 조사하기 시작했다. 그 결과 재무비율도 안정적이고 앞으로 더 성장할 것이라는 확신이 서서 투자를 결심하게 되었다.

2010년에 1주당 2만 8천 원도 안 하던 이 종목은 2014년이 되면서 4배나 뛰어 10만 원이 넘어갔다. 이 과장님은 자신이 좋아하는 호텔의 종목을 알아보고 과감하게 투자했을 뿐이지만, 그 결과 1천만 원을 투자해 산 주식의 값은 4천만 원대로 훌쩍 뛰었다. 비록 투자금액이 크지 않아 큰돈을 벌지는 못했지만, 3천만 원의 수익을 냈으니 그만하면 초보치고는 훌륭한 성과였다.

이 과장님이 보유한 종목 중에는 더 놀라운 성과를 거둔 것도 있다. 이 과장님은 자동차에도 관심이 많아서 10년 가까이 현대자동차, 그것도 누구나 아는 브랜드인 '소나타'를 타고 다녔다. 그런데 어느 날 사무실 사람들이 소나타에 대해 폭리라고 욕하는 것을 듣고는 현대자동차에 대해 검색을 해보았다. 그러고는 깜짝 놀랐다. 현대자동차는 거의 독점 수준으로 매출이 좋은 데다 영업이익률도 높고 부채수준도 매우 안정적이었던 것이다. 또한 국가적으로 보아 자동차산업은 성장세였다.

그래서 이 과장님은 현대차 주식을 200주나 샀다. 2011년 당시 주가가 8만 원 정도였으니 1,600만 원을 투자한 셈이다. 이 과장님의 입장에서는 조금 부담스러운 투자였는데, 이 종목에서도 엄청난 일이 벌어졌다. 주가가 계속 상한가를 치더니 2013년에 20만 원을 돌파한 것이다. 그 결과 1주당 12만 원, 총 2천만 원의 수익을 실현할 수 있었다.

이와 마찬가지로 주식투자를 처음 시작할 때 가장 쉽고 좋은 길은 자신의 주변을 돌아보는 것이다. 분명 자신이 이용하는 제품이나 서비스 가운데 애착이 가는 것이 있을 것이다. 삼성 갤럭시 시리즈가 정말 좋다고 생각하면 삼성전자를 분석해서 투자를 고려하면 될 것이고, 평소 신세계백화점을 자주 이용한다면 신세계 관련종목을 검색, 분석해보고 투자를 하면 될 것이다. 가장 쉬운 투자 원칙은 주변에 관심을 기울이는 것임을 꼭 기억해두자.

002

대주주의 지분 매입을 보고 투자하자

> 대주주들은 기업의 경영권을 장악하려는 사람들입니다. 이들이 주식을 매입한다면 그 기업에 뭔가 호재가 있다는 뜻입니다. 대주주가 지분을 늘리는 것을 알고 이를 잘 따라가면 큰돈을 벌 수 있습니다. 이때 대주주들보다 신속하게 주식을 매입하는 게 유리합니다. 주가가 오르기 전에 사야 훨씬 큰 이득을 기대할 수 있기 때문입니다.

대주주가 주식을 매입한다고 주가가 곧바로 올라가는 것은 아니다. 초기에는 주가가 하락하는 경우를 심심치 않게 봤다. 기업의 대주주로서는 해당 종목의 장기적인 성장이나 프로젝트의 성장가능성에 대한 정보를 이미 알고 있고 자신의 이익을 극대화하기 위하여 주식을 매입할 가능성이 있다.

일례로, 현대모비스의 경우 2020년 3월에 정의선 수석부회장의 자사주 매입으로 주가가 바닥을 찍고 나서 지속적으로 상승했다.

대주주의 주식 매입 소식과 함께 투자자들도 관심을 가지면서 일어난 일이다. 대주주나 임원의 주식 매입은 회사의 경영에 좀 더 책임지겠다는 의지로 해석되어 주주들을 안심하게 해주기도 한다.

내 주위 투자 선배들은 주가가 일시적으로 하락하더라도 대주주가 자신의 지분을 늘리면 이를 좇아 주식을 더 샀다. 즉, 주가가 떨어

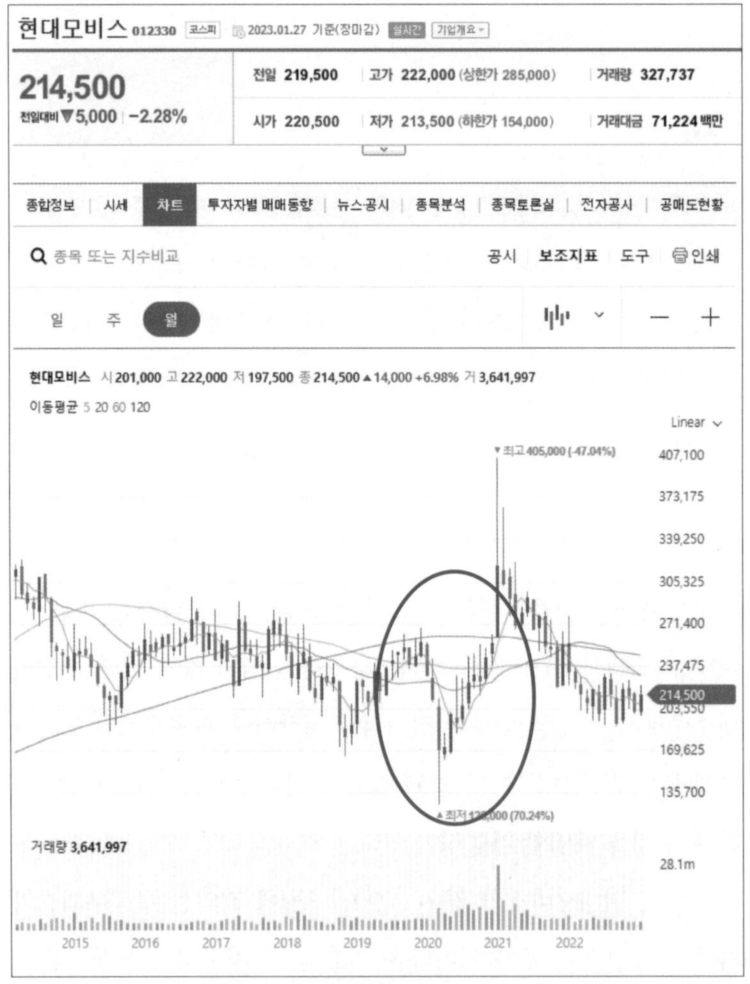

질 때마다 싼 값으로 좋은 주식을 살 수 있다는 생각으로 투자를 진행했다. 해당 종목의 주가가 떨어져도 시장이 완전히 망하거나 기업에 치명적 악재가 없는 이상 주가는 오른다는 것이 그분들의 해석이다. 이러한 방식으로 장기투자를 해서 결과적으로 고수익을 올리는 것이 안전하다는 것이 주식투자 선배들의 설명이다.

참고로, 대주주의 주식 매수 기사는 인터넷 뉴스에도 자주 등장하며, 금융감독원의 전자공시시스템(dart.fss.or.kr)에서 '주식 등의 대량보유상황보고서'를 찾아보면 쉽게 알 수 있다.

이런 방식으로 투자해서 수익을 거둔 종목이 생각보다 많은데, 대표적인 것이 2017년에 이슈가 되었던 휴젤과 셀트리온이다.

물론 나는 이러한 투자방식을 따르다가 단기적으로 손실을 보기도 했다. 나는 2017년에 결혼자금이 급히 필요하여 주가가 약간 떨어졌을 때 팔아서 손실을 본 경우다. 그러나 대주주가 주식을 매입한다는 것은 장기적인 호재가 맞다. 대주주가 바보가 아닌 이상 주식을 매입한다는 것은 나중에 비싸게 팔거나 회사의 가치가 높아질 것을 예상했기 때문이다.

대주주의 주식매입은 기업이 자사주를 매입하는 것과 비슷한 신호다. 자사주 매입은 경영권 안정과 주가안정을 목표로 진행된다. 자사주매입으로 사게 된 주식은 6개월 이내에 매각할 수 없고 이를 소각할 경우 주식수의 감소로 주가가 상승하게 된다. 물론 주식시장 자체가 약세이거나 해당 종목에 악재가 터졌다면 주가가 상승하기 어렵기 때문에 종합적으로 분석해야 하는 것도 사실이다.

003

1등기업만 따라가라

해당 산업에서 일등을 하는 제품이나 서비스를 보유한 기업은 이후 주가가 떨어지지 않는다고 봐야 합니다. 어느 종목보다 안전한 종목이라는 것이지요. 다만 1등기업은 현재 주가가 낮은 편이 아니기 때문에 장기적으로 보유하는 전략이 유효합니다.

삼성전자는 2017년부터 지속적으로 상승 추세에 있으며, 한때 90,000원을 돌파하였다가 최근에 주춤한 이후 다시 상승곡선을 그리고 있다. 장기간 1등을 유지하고 있는 삼성전자는 전자기기와 가전제품 시장을 선도하는 제품을 매년 출시하며 콘텐츠와 소프트웨어에서도 혁신을 이어가고 있다. 게다가 고객만족을 위한 애프터서비스 등에서도 차별화를 하고 있고 갤럭시 시리즈는 이미 세계적인 시장에서 호평을 받고 있다.

이와 같은 1등기업에 투자하면 적어도 망하지는 않는다는 것이 주식투자 업계의 정설이다. 업종마다 대표주 또는 1등주가 있는데, 이것만 잘 찾아서 투자해도 10년쯤 뒤에는 주가가 몇 배로 뛰어 있을 것이기 때문이다.

나와 같이 주식공부를 했던 박상도(가명) 회계사는 우량주에만 투자한다는 원칙을 고수했다. 그는 자신의 포트폴리오에 코스닥이나 제3시장의 종목은 절대 넣지 않고 오로지 코스닥의 우량주만 넣는다고 했다. 그가 특히 좋아하는 종목은 삼성전자, 한국전력공사, 포스코, SK하이닉스, 한국타이어 등이었다. 이 종목들의 공통점은 모두 업종별 1위라는 것, 누구나 잘 아는 우량주라는 것이다.

그는 자신이 주식에 대해 공부를 많이 하지 못했고, 스캘핑scalping 등의 단기투자에 소질이 없다는 것을 잘 알기 때문에 우량주 투자 원칙을 고수한다고 했다. 아울러 1등주는 장기적으로 떨어질 염려가 거의 없어 복잡한 분석도 필요 없고, 그냥 주가가 오를 때까지 기다리기만 하면 되니 정말 편한 투자라는 것이다.

나도 그의 투자방식에 공감한다. 이 투자방식이야말로 워런 버핏Warren Buffett이 말한 가치투자의 일종이 아닌가 싶다. 여기에 재무제표를 통해 재무적인 성장성, 수익성, 안정성 분석을 통한 확신까지 더해진다면 더할 나위 없이 좋은 투자방식이라고 생각한다. 물론 이 방식을 선택할 경우 단기적으로는 큰 수익을 얻기 어렵다. 하지만 주식을 도박의 일종으로 여기며 초단기간에 월급을 벌어가려 하는 주식꾼(?)이 아니라면 이 방식으로 10년 후 부자를 꿈꿔보는 것도 나쁘지 않을 것이다.

앞서 언급한 투자의 귀재 김 중위님도 국내에서 독점적 지위를 지닌 기업의 종목이나 세계 1위의 기업에 투자하는 비중을 높이라고 말한 적이 있다. 이런 기업은 시장의 변동 속에서도 언젠가는 빛을 보고 주가가 몇 배로 오르게 되어 있다. 그 기업이 성공할수록, 그 기업의 제품이 많이 팔릴수록 내가 보유한 주식의 가격도 오르게 되니 그 기업이 1등이라면 그만큼 확실한 투자가 어디 있겠는가.

004

저평가된 주식을 끊임없이 찾으라

> 기업이 장래에 얼마짜리인지 확신이 선다면, 그리고 그 가격에 비해 현재 거래되는 주가가 낮다고 판단된다면 당연히 그 종목을 사야 합니다. 시장에서 주가가 아무리 떨어지고 있더라도 기업의 내재가치를 믿어야 합니다.

나는 주식투자 강의를 수도 없이 들었고, 책을 많이 읽었으며, 주식으로 성투(성공투자)했다는 사람들도 많이 만나보았다. 그러고 나서 얻은 결론은 워런 버핏이야말로 가장 위대한 투자자라는 것이다. 직접 만나본 적은 없지만, 그의 저서와 강연을 통해서 저평가된 주식을 찾으려는 끊임없는 노력이 주식으로 최고의 부자가 되는 비결이라는 것을 알 수 있었다.

워런 버핏은 일찍이 열 살 무렵부터 주식투자를 시작했으며, 이후 60년의 세월이 흐른 지금까지 주식시장에서 엄청난 성과를 거둔 거장으로 꼽힌다. 나는 경제교육 강의를 할 때마다 워런 버핏

이야기를 하는데, 간혹 진부한 이야기라고 치부하는 사람들이 있지만 나는 워런 버핏의 투자원칙을 지키는 것만이 장기적으로 그와 같은 부자가 될 수 있는 길이라고 감히 말할 수 있다. 그래서 이 책 후반부에는 그의 투자방식을 기반으로 해서 투자를 실현할 수 있도록 구체적인 기술을 소개했다.

워런 버핏의 투자원칙은 매우 간단하다. 좋은 회사를 찾고, 최대한 단순하고 우리가 이해하기 쉬운 기업을 먼저 연구하라는 것이다. 또한 기업의 역사가 오래되고 미래 성장가능성이 높은 기업에만 투자하라고 조언한다. 코카콜라에 대한 투자는 이런 투자원칙에 따라 성공을 거둔 대표적 사례라 할 수 있다. 아울러 그는 경영자의 인성과 능력을 보고 주식투자를 할 것을 권한다. 해당 종목의 경영자가 솔직하고 합리적인 사람이라는 확신이 들 때만 그 종목을 산다는 것이 워런 버핏의 원칙이다.

워런 버핏의 투자원칙을 보면 모두 당연한 이야기다. 오래된 기업일수록 망할 가능성이 적을 것이고, 투자를 할 때는 당연히 성장가능성을 고려해야 하며, 경영진이 우수할수록 기업도 성장할 것이기 때문이다. 내가 가장 중점적으로 고려하는 것은 "기업의 내재가치를 보고 투자하라"는 워런 버핏의 조언이다.

여기서 내재가치는 기업의 실질적 가치이며, 기업의 잠재력을 모두 고려한 기업 순자산의 시장가치라고 할 수 있다. 그러므로 기업의 내재가치만 알 수 있다면 주가가 떨어진 타이밍이 곧 최고의 투자 타이밍이 되는 것이다. 게다가 "시장 참가자들의 매매에 따라 주가는 항상 기업의 내재가치로 회귀한다"는 오래된 경제학의 명제에 근거해서 기다리기만 하면 해당 투자로 이득을 볼 수 있다. 즉, 주가가 떨어졌을 때 기업의 내재가치를 계산해서 그 가치보다 현재 주가가 많이 낮을 경우 이를 매입해 장기적으로 고수익을 얻을 수 있다는 말이다.

우리나라에서는 내재가치보다 주가가 폭락한 사례가 매우 많은데, IMF 외환위기 당시의 삼성전자 주가를 대표 사례로 꼽을 수 있다. IMF 외환위기 당시 삼성전자 주가는 32,500원까지 폭락했다. 외환위기가 닥쳤다고는 하나 그 당시에도 삼성전자는 우량주가 분명했고, 내재가치가 적어도 20만 원은 넘는다는 것이 전문가들의 분석이었다. 만약 그때 삼성전자 주식을 3만 원 정도에 매입했다면 엄청난 수익률을 실현할 수 있었을 것이다.

005

계란은 한 바구니에 담지 말라?

> 한 종목에만 '몰빵'하는 투자는 리스크를 극대화하는 전략입니다. 그만큼 수익과 손실도 극대화됩니다. 그 종목의 주가가 떨어지면 모든 것을 잃을 각오를 해야겠지요. 리스크를 줄이면서 안정적인 수익을 얻으려면 분산투자를 해야 합니다.

한때 포트폴리오를 통한 분산투자가 유행한 적이 있는데, 이 투자원칙은 지금도 유효하다. 도박처럼 한 종목에 집중해서 한탕을 할 생각이 아니라면 말이다.

주식투자를 한 번이라도 해본 사람은 떨어지는 주가를 바라보는 것이 얼마나 고통스러운 일인지 알 것이다. 이는 전문가들이 흔히 말하는 주식투자에 따른 '리스크risk'다. 좋은 종목에 투자해서 수익만 올릴 수도 있겠지만, 그것이 우리 마음대로만 되는 것은 아니기 때문에 주가가 하락할 수도 있다. 주가가 하락하면 당연히 투자한 원금도 날릴 수 있으므로 미리 리스크를 감안하고 투자해야 한다.

경제학을 전공한 사람이라면 주식시장의 예상수익률이 은행예금의 금리보다 훨씬 높다는 것을 알고 있으며, 이는 당연한 결과다. '하이 리스크, 하이 리턴high risk, high return'이라는 말이 있듯이 리스크가 큰 만큼 예상수익률도 높아진다. 투자자들의 각오와 용기에 비례해 잘하면 큰 이득을, 잘못하면 큰 손실을 입는 것이 바로 주식이다.

이때 은행예금만큼은 아니지만 어느 정도 손실을 방지하는 전략이 있다. 그것이 바로 계란을 한 바구니에 담지 않고 여러 바구니에 나누어 담는 '분산투자'다. 분산투자는 어느 종목의 주가가 떨어져서 손실이 났을 때 다른 종목의 주가가 올라서 이득을 봄으로써 손실을 상쇄하는 전략을 말한다.

이를테면 블루칩(업종의 대표주 또는 우량주)과 테마주처럼 위험이 큰 종목을 섞어서 투자하는 것이다. 또 수출 위주 산업의 종목에 투자를 했다면 반대로 내수 중심 산업의 종목에도 일정비율로 투자하는 것이 좋은 전략이 될 수 있다. 이처럼 성격이 다른 두 종목을 섞어 투자함으로써 수익과 손실을 최소화하는 것이 분산투자의 목표다. 또한 공격 투자를 선호하는 성향이라면 위험한 종목의 비중을 높이면 되고, 안정적인 투자를 선호하는 성향이라면 블루칩의 비중을 늘리면 될 것이다.

보통 포트폴리오를 짤 때 아는 종목으로만 구성하면 손실을 볼 때는 지속적으로 손실만 보고 이득을 볼 때는 계속 이득을 보는 극단적인 현상이 발생할 수 있다. 이는 분산투자를 고려하지 않고 그냥 투자를 하는 경우다. 이왕 주식투자를 장기적으로 할 생각이라면 성격이 다른 종목을 일정 비율로 계획성 있게 투자해보자.

006

10년 이상 버틸 기업에 투자하라

> 주식을 처음 시작한 초보자일수록 잘 따져봐야 할 것이 기업의 생존력입니다. 갑자기 상장폐지가 되어 주식이 휴지조각이 되어버리는 사태도 많이 일어납니다. 투자하려는 종목이 10년 뒤에도 존재할지를 먼저 생각하고 투자하십시오.

요즘에는 케이블TV뿐만 아니라 유튜브에서도 주식 관련 강좌가 많이 방송된다. 주로 회계사나 증권사 애널리스트들이 나와서 좋은 종목을 고르는 방법, 차트를 보는 방법을 이야기하고 차트의 흐름을 통해 언제 사고파는지를 열심히 떠든다. 강의를 한다고 표현하지 않고 '떠든다'고 표현하는 이유는 이러한 주식강의가 실제로 투자안목을 키워주는지에 대해 의문이 들기 때문이다.

나도 좋아했던 고승덕 변호사의 주식 강의에서부터 강 회계사의 재무제표분석 강의까지 여러 강의를 들어보았다. 그런데 기술적인 이야기만 가득할 뿐 본질적인 투자론에 대해서는 크게 강조하지 않는 것 같았다. 누구나 아는 이야기라고 생각해서일까.

차트를 보고 투자하는 사람들은 장기적으로 수익률을 높이기 어렵다. 차트는 주가의 과거 행적이자 그림자일 뿐 미래를 읽는 데는 한계가 있다. 단기적인 미래를 예측할 수는 있지만, 그것도 3개월을 넘어가면 정확한 예측이 어렵다. 게다가 지금은 기업의 성과가 부진하면 주가가 떨어질 뿐 아니라 일정 요건에 미달할 경우 상장폐지로 주식이 휴지조각이 돼버리는 시대가 아닌가.

원래 그랬지만 4차 산업혁명이 진전되면서 앞으로 사양산업은 더 이상 발 디딜 곳이 없어 그와 관련된 종목도 주식시장에서 사라질 것이 분명하다. 그런데 그냥 차트와 재무제표만 봐서는 이런 것들을 알 수 없다. 다양한 정보를 활용해 미래에 수익을 내고 성장할 종목, 오랫동안 살아남을 수 있는 종목은 분명 주가가 지속적으로 상승할 것이고, 그렇지 않은 종목은 주가가 떨어지는 것은 물론 아예 사라져버릴 수도 있다.

10년 후의 미래가 어떻게 변할지를 생각하고 이와 관련된 산업에서 유망한 종목에 투자하기 위해 노력해야 하는 이유가 바로 여기에 있다. 성장 토대가 튼튼해야 그 기업이 성장하고 종목도 명맥을 이어갈 수 있는 것이다.

최근에는 2차전지와 관련된 사업이 호황을 보이면서 주가도 덩달아 폭등했고, 이러한 추세가 4차산업혁명 대장주들의 전반적인 호재로 이어지기도 했다. 이미 주가에 이런 정보가 많이 반영되었지만, 해당 산업이 10년을 더 버틸 것이라는 기대에 따라 주가가 지속적으로 상승하는 것도 사실이다. 한편, 미래에 지속적으로 성장할 분야는 4차 산업이라는 분석에 따라 이에 해당하는 인공지능AI, 로봇산업, 헬스케어 등과 관련된 종목의 잠재력도 높이 평가되고 있다.

10년을 버티는 기업에 투자하라.

이것은 원금을 지켜내며 수익률을 높이기 위해서 매우 중요하게 생각해야 하는 원칙이다. 이를 위해서는 미래를 읽고 현재 이슈가 되는 문제가 무엇인지 면밀히 살펴봐야 한다. 주식은 산업, 기술, 경제, 정책 등 모든 이슈를 반영하는 종합체이므로 더 다양하게 관심을 가지고 투자할 필요가 있는 것이다.

007

신중하게 사서 과감하게 팔아라

> 주식을 살 때는 이 종목에 왜 투자해야 하는지를 몇 번이나 고민해야 하고,
> 주식을 팔 때는 과감하고 신속하게 팔아야 이익을 실현할 수 있습니다.

내가 재테크 강의를 할 때마다 하는 조언이 있다. 주식종목을 고를 때는 최대한 신중하게 분석하고, 최대한 많이 공부하고 투자를 해야 하며, 주식을 팔 때는 너무 고민하지 말고 팔아야겠다는 생각이 들면 과감하게 팔아야 한다는 것이다.

아직 내 돈이 종목 매수로 들어가지 않았다면 천천히 매수할 종목을 더 분석해보고 시장상황도 살펴가며 투자를 해도 늦지 않다. 음식점에서 메뉴를 보고 무엇을 먹을지 결정할 때는 신중을 기하면서 막상 주식을 살 때는 충동적으로 행동하는 사람들이 의외로 많다. 투자를 하게 되면 기본적으로 그 종목의 소유자로서 오랫동안 운명을 같이해야 하는 만큼 그 회사에 대해 알아보고 투자를

해야 수익률을 높일 수 있다.

물론 주식을 팔 때도 철저한 분석이 필요하다. 하지만 일단 팔아야겠다고 마음먹었다면 망설이는 것은 좋지 않다. 만약 자신이 예상한 목표주가에 도달해서 수익을 실현시켜야겠다고 생각했다면 최대한 빨리 팔아야 한다.

하나투자증권에서 5년간 IPO 관련 업무에 종사했던 이동수(가명) 회계사님은 수많은 투자자를 관찰한 결과 "성공하는 투자자는 매수에 지나칠 정도로 신중하고 분석적"이었다고 말한다. 이 회계사님은 2014년에 나와 함께 회계용역을 수행했을 당시 '주식투자를 잘하는 회계사'로 통하던 베테랑이었다. 증권가에서 보고 들은 게 많아서 주변에서도 조언을 구하곤 했다.

이 회계사님은 자신이 투자한 종목에 대해 왜 그 주식을 사야 하는지 납득시킬 수 없다면 실패한 투자라고 말한다. 자신이 그 주식을 보유하는 이유를 말할 수 없다면 스스로 그 종목을 보유할 이유가 없다는 것을 인정해야 한다는 것이다. 그리고 주식을 살 때는 그 종목을 사야 하는 이유를 적어도 5가지 이상은 댈 수 있어야 한다고 강조했다. 아울러 주식을 팔 때는 자신이 주식을 샀던 이유와 목표를 달성했는지 반문해보고, 이를 만족한다면 주식을 즉각 팔아도 좋다고 말했다.

주식동아리에서 투자의 귀재로 불렸던 김 중위님 역시 이 원칙을 매우 잘 지켰다. 자신이 한 종목에 투자하게 되면 그 종목에 투자한 이유와 꼭 사야 하는 이유를 지속적으로 조사해서 후배들에게 알렸다. 그리고 이 주식이 언제 배당을 주고, 현금을 얼마나 보유하고 있으며, 현재 어떤 사업이 시행될 예정이고, 대주주는 어떤 마인드를 가졌으며, 앞으로 공장을 얼마나 증설할지 등을 조사한 다음 투자해야 하는 이유를 수십 가지나 말하고 다녔다. 김 중위님은 분명한 이유가 있어야 투자했고, 그것이 달성되기 전에는 절대 주식을 팔지 않았다. 또한 망하고 있는 종목은 뒤도 돌아보지 않고 매도했다.

나는 개인투자자들의 강점은 결심이 서면 바로 팔 수 있고, 최대한 많은 정보를 수집해서 신중하게 투자결정을 할 수 있는 '의사결정'의 자율성에 있다고 생각한다. 이를 잘 활용하면 거대 기관투자자들보다 높은 수익률을 달성할 수도 있을 것이다.

008

잃었을 때가 매도 타이밍이다

> 주식투자를 하다보면 수익률을 높이는 것보다 손실을 줄이는 것이 현명한 때가 있습니다.

보통 개인투자자들은 자신의 분석과 투자 감각에 따라 몇 가지 종목을 보유하고 있을 것이다. 주변에 주식투자 하는 사람들을 보면 종목수는 다르지만 일반적으로 3~4개 정도를 보유하고 있다. 모든 종목에서 이득을 보고 높은 수익률을 올린다면 좋겠지만, 실상은 손실을 보는 종목이 하나쯤은 있을 것이다.

얼마 전 내가 강의를 한 적 있는 학원의 원장님을 만나 주식투자 이야기를 나누게 되었다. 그 원장님은 2억 이상을 투자하는 분으로 주식투자로 돈 좀 벌었다고 하는 고수다.

현재 보유 중인 종목에 대해서 팔아야 할지, 계속 가지고 있어야 할지 나와 상담하고 싶어 만난 것인데, 이야기를 나누면서 이분이 주식으로 돈을 번 이유를 알 수 있었다. 원장님은 기본적으로 수익률이 높은 종목은 목표수익률이 달성되면 중간에 팔았다가 주가가 약간 떨어졌을 때 다시 사서 유지하고 주가상승을 계속 즐겼다. 반대로 손실이 나는 종목의 경우 손실이 천만 원이 넘게 났는데도 아무 미련 없이 팔아서 손절매를 했다. 즉, 이익이 많이 나는 종목은 어떻게든 지속적으로 보유하고 손실이 나는 종목은 빨리 처분해서 현금화한다.

손실이 나는 종목을 빨리 처분하는 것이 보통 사람에게는 쉬운 일이 아니다. 이미 천만 원이나 손실을 본 종목은 분명 언젠가는 오를 것이라는 희망고문을 했을 것이다. 원금은 건져야 한다는 이상한 오기가 발동했을 수도 있다. 그러나 떨어지는 종목은 정말 한없이 떨어지는 것이 현실이다. 주가가 바닥으로 고꾸라졌을 때는 '더 오르겠지' 하는 생각을 접는 것이 좋을 수 있다. 잘 확인해보면 주가가 떨어질 만한 악재가 있었기 때문에 생긴 일이니 호재가 발생하지 않는 한 주가의 반등은 기대하기 어렵다.

주가가 떨어지는 종목을 매수할 때도 주의가 필요하다. 예전에 오늘의 종목을 유심히 살피다가 '삼성엔지니어링'에 투자한 적이 있다. 단타매매로 이익을 보고 싶은 생각에 끝없이 떨어지는 주가를 바라보며 '이제 반등하겠지?' 하고 과감하게 투자를 한 것인데, 결국 주가가 더 떨어져서 22,000원에 산 것을 11,000원에 팔고 말았다. 반 토막이 나고 더 이상 주가가 오르지 않을 것이 확실해진 상황에서 처분을 한 것이다.

이렇게 나는 어떠한 호재도, 기업의 성장성도 보이지 않는데 단순히 주가의 하락만 보고 투자하는 바보 같은 짓을 하고 말았다. 참고로 삼성엔지니어링은 2015년에 주가가 폭락한 이후 2023년까지도 주가가 크게 오르지 않았다.

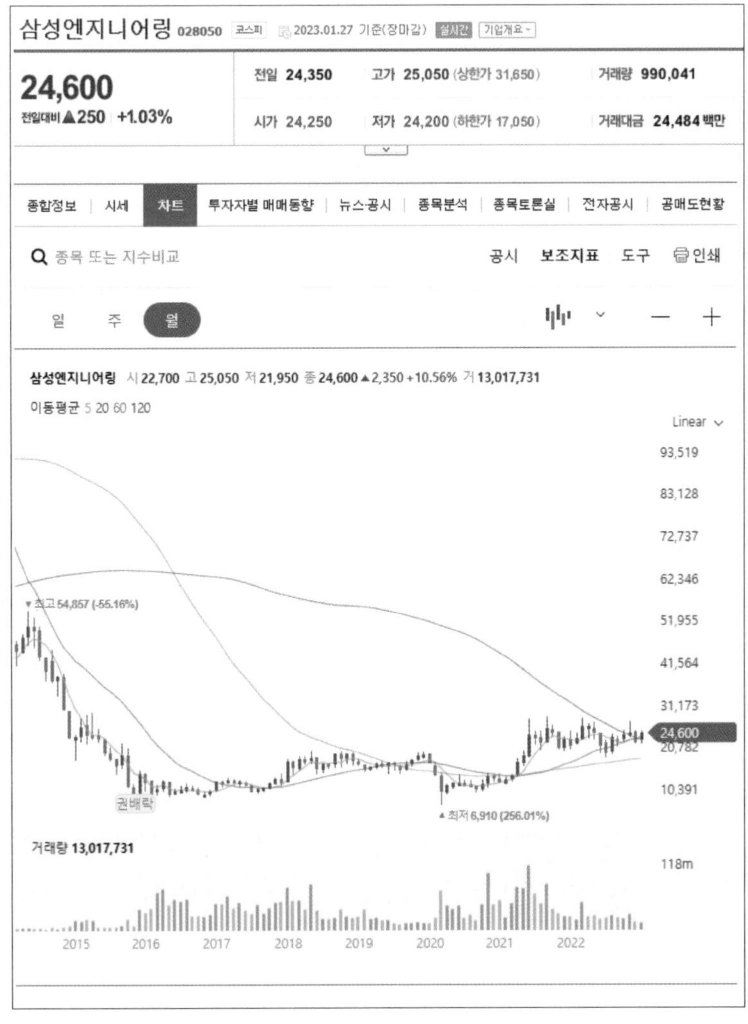

009

고배당주가 진정한 효자다

고배당주를 찾아야 하는 이유는 지속적으로 내게 현금을 안겨줄 뿐만 아니라 주가가 올라갈 가능성도 그만큼 높기 때문입니다.

오랜 기간 국내 주식투자자들 사이에서 고배당주에 대한 관심이 높다. 저금리이든 고금리이든 고배당주의 경우 주가가 상승하면 자본이득과 배당소득을 동시에 노릴 수 있기 때문에 투자자들의 관심이 집중되는 것이다.

이렇게 배당수익률이 높아지는 것은 기업의 실적이 좋아지고 국내 경기가 호전되고 있다는 신호일 수도 있지만, 배당에 대한 주주들의 요구가 높아지고 있기 때문이기도 하다. 우리나라에서도 배당을 주요 수입원으로 생각하는 투자자가 늘어나고 있으며, 이에 따라 상법도 오래전에 개정돼 중간배당을 지급하는 기업이 증가하고 있다.

언젠가 항공대학교에 경제교육 특강을 갔을 때 교육생들에게 주식투자에 대해 질문을 한 적이 있다.

"여러분은 주식투자를 하시나요?"

"네."

"주식을 사는 이유가 뭘까요?"

"싸게 사고 비싸게 팔아서 이득을 보려고요!"

이 대화에서 알 수 있듯이 대부분의 투자자들은 주가가 오를 때 비싸게 팔아서 얻는 처분소득을 기대하고 주식투자를 한다. 따라서 배당을 기대하고 주식투자를 하는 사람이 지속적으로 늘어나고 있지만 아직은 소수에 해당할 것이다. 주식투자의 궁극적 목적은 부동산투자와 마찬가지로 시세차익이라 할 수 있다.

경제학에서는 주식보유를 통한 수익률을 두 가지 요소로 정의한다. 하나는 주가가 투자금보다 올라서 얻게 되는 자본이득capital gain이고, 다른 하나는 중간에 기업이 배당을 주어 얻게 되는 배당이득dividend gain이다. 즉, 주식투자로 돈을 버는 것은 배당을 받거나 주가가 오르거나 하는 두 가지 경우라는 것이다.

배당은 주식회사가 주주에게 투자에 대한 대가로 주는 것이다. 채권에 투자하면 이자를 받듯이 주식에 투자하면 배당을 받는 것이 당연하다. 좀 더 구체적으로 살펴보면, 배당은 아무 때나 주는 것이 아니다. 기업이 벌어들인 수익에서 비용을 빼고 남은 순이익이 모여서 재원을 이루게 된다. 이 재원을 '이익잉여금'이라 하는데, 주주총회 등에서 일정한 결의가 이루어지면 이익잉여금에서 배당을 지급하게 되는 것이다. 자연히 이익잉여금이 없이 손실loss만 내는 불량기업은 배당을 줄 수 없다. 배당은 주로 이익을 많이 내고 현금이 풍부한 우량기업에서 주주에게 주는 선물이다.

이와 같이 배당은 하나의 소득이자 좋은 기업을 구별하는 기준이 된다. 그런데도 주식 투자자들이 배당에 관심이 없는 이유는 무엇일까. 우리나라 주식시장의 일별 상한가 규정은 2015년 6월 15일부터 기존의 15%에서 30%로 상향 조정되었다. 일일 최대 시세차익이 30%나 되다보니 투자자들이 시세차익에 더 집중하는 것은 당연하다. 인간의 심리상 매일 오르내리는 주가를 통해서 벌어들인 이익이 훨씬 매력적으로 다가오게 마련이다.

그런데 여기서 꼭 기억해야 할 것이 있다. 배당을 많이 주거나 앞으로 배당이 많아질 것으로 예상되는 기업의 주가는 점점 높아진다는 사실이다. 실제로 주식시장에서 배당수익률이 높은 종목들에 대해 실증분석을 해보니 배당락 효과가 없어진 3월에 매수해 배당에 대한 예상이 실현되는 연말에 매도하면 평균적으로 20% 이상의 수익을 낼 수 있다는 결과도 나와 있다. 오래된 이론이기는 하지만 고든Gorden의 배당평가모형에 따르면 미래 배당에 대한 기대가 높은 기업의 주가가 그만큼 높게 나타난다.

한편, 고배당주를 고르려면 배당수익률을 비교할 수 있어야 한다. 특히 액면가 대비 주당 배당액이 얼마인지가 아니라 현재 주가 대비 배당액이 얼마인지를 비교해야 배당수익률을 정확히 비교할 수 있다.

네이버 금융finance.naver.com에 들어가 상단 메뉴에서 '국내증시'를 클릭한 뒤 하위 메뉴에서 '배당'을 클릭하면 이를 확인할 수 있다.

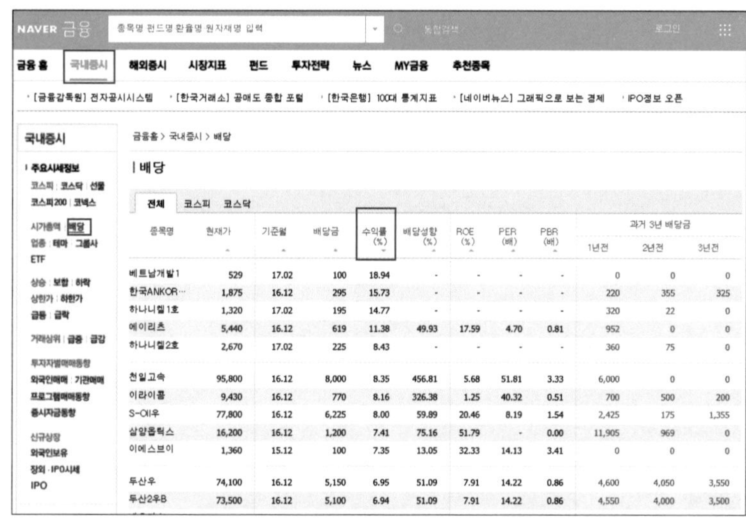

종목명	현재가	기준월	배당금	수익률 (%)	배당성향 (%)	ROE (%)	PER (배)	PBR (배)	과거 3년 배당금 1년전	2년전	3년전
베트남개발1	529	17.02	100	18.94	-	-	-	-	0	0	0
한국ANKOR…	1,875	16.12	295	15.73	-	-	-	-	220	355	325
하나니켈1호	1,320	17.02	195	14.77	-	-	-	-	320	22	0
에이리츠	5,440	16.12	619	11.38	49.93	17.59	4.70	0.81	952	0	0
하나니켈2호	2,670	17.02	225	8.43	-	-	-	-	360	75	0
천일고속	95,800	16.12	8,000	8.35	456.81	5.68	51.81	3.33	6,000	0	0
이라이콤	9,430	16.12	770	8.16	326.38	1.25	40.32	0.51	700	500	200
S-Oil우	77,800	16.12	6,225	8.00	59.89	20.46	8.19	1.54	2,425	175	1,355
삼양홀딕스	16,200	16.12	1,200	7.41	75.16	51.79	-	0.00	11,905	969	0
이에스브이	1,360	15.12	100	7.35	13.05	32.33	14.13	3.41	0	0	0
두산우	74,100	16.12	5,150	6.95	51.09	7.91	14.22	0.86	4,600	4,050	3,550
두산2우B	73,500	16.12	5,100	6.94	51.09	7.91	14.22	0.86	4,550	4,000	3,500

▲ 네이버금융 - 국내증시 - 배당 - 배당수익률

010

저PER주 모르면 투자하지 말라

> 저PER주는 PER라는 지표가 업종 평균에 비해 낮게 형성돼 있는 종목입니다. 기업의 이익수준에 비해 주가가 낮게 형성돼 앞으로 주가가 오를 수 있음을 의미하는 종목이니 이런 종목을 발굴할 필요가 있습니다.

주식 왕초보들이 매번 내게 하는 질문이 있다.

"회계사님, 어떤 종목을 사야 돈을 벌까요?"

이것은 너무나 당연한 질문이다. 나는 콕 집어서 어느 종목이라고 추천해주지는 않는다. 아주 친한 친구가 물어볼 경우에는 내가 투자하는 종목을 언급하곤 하지만, 상대방을 생각하면 스스로 그런 종목을 고르는 노력을 하도록 권하는 것이 맞다고 생각하기 때문이다.

하루 이틀 주식투자를 해서 반짝 몇 푼 벌고 그만둘 생각이라면 다른 사람이 추천하는 종목을 사면 되고, 만약 손해를 보게 되면 깔끔하게 포기해야 한다. 이와는 달리 오랫동안 주식으로 월급 외 소득을 쌓고 싶다면 스스로 좋은 종목을 고르려는 노력을 해야 한다.

주식 왕초보가 좋은 종목을 고를 때 가장 기본이 되는 기준은 PER다. 뒤에서 재무제표와 가치투자를 다룰 때 자세히 설명하겠지만, PERPrice Earning Ratio는 기업의 1주당 순이익 대비 현재주가의 비율을 말한다. 즉, PER가 낮다는 것은 기업의 이익에 비해 아직 주가가 낮은 상태라는 뜻이다. 저PER주는 해당 업종의 PER에 비해 해당 종목의 PER가 낮은 것을 의미하며, PER가 낮으면 앞으로 주가가 오를 확률이 높다고 보면 된다.

저PER주의 주가가 앞으로 오를 가능성이 높은 이유는 이론적으로 명확하다. 주가의 결정원리에 그 답이 있는데, 주가는 미래에 기업이 벌어들일 순이익을 일정한 기준에 따라 할인discount 및 보정해서 결정된다. 한마디로 미래에 순이익이 높을수록 주가가 높다. 그런데 저PER주는 순이익이 높게 형성되어 있는데도 주가는 높지 않은 상태를 의미한다. 즉, 앞으로 시장거래를 통해 그만큼 주가가 높아져야 정상이라는 것이다.

요즘에는 검색엔진으로 종목을 검색하기만 해도 종목과 관련해 다양한 정보가 제공된다. PER에 대한 정보와 그 종목이 속한 업종의 평균 PER도 제공되므로 이를 비교하면 저PER주인지 쉽게 알 수 있다. 지금 어떤 종목을 매수해야 할지 고민 중이라면 저PER주인가를 먼저 따져보는 습관을 들이자.

011

부동산투자를 하는 주식이 있다? 리츠!

"

리츠는 부동산투자신탁으로 투자자금을 모아 상가, 오피스텔 등에 투자하는 일종의 펀드개념입니다. 현재 리츠로 주식시장에 상장된 종목이 대부분이 형태입니다. 리츠는 부동산에 혼자 투자하기에는 부담스럽기 때문에 주식투자 형식으로 참여하는 것을 말합니다.

2017년 이후 부동산시장의 랠리가 지속되었고 2022년 미국 연준의장 파월의 고금리 정책기조로 부동산시장이 급락하였다. 물론 경제라는 것이 항상 호황일 수도, 항상 불황일 수도 없다. 일정한 주기로 오르락내리락하는 것이 정상이다.

경제교육을 할 때마다 적어도 한 명은 꼭 부동산에 대해 질문을 한다. 지금 당장 목돈은 없지만 상가나 오피스텔에 투자하고 싶다는 것이다.

"곽 회계사님, 부동산시장이 다시 살아날 것 같습니다. 지금 돈이 별로 없는데, 대출이라도 받아서 투자를 해야 할까요?"

이런 질문을 받으면 나는 몇 가지 옵션을 제시하곤 한다.

"대출을 받아서 투자할 생각이라면 시장조사를 철저히 하세요. 부동산투자는 양도소득세와 보유세 등도 잘 따져봐야 하고, 등기 수수료와 중개수수료도 고려해야 손해를 보지 않습니다. 아 참! 여러분이 아직 모르는 게 하나 있어요. 세금도 없고 수수료도 거의 안 들어가는 부동산투자 방식이 있습니다."

"그게 뭔가요?"

"바로 리츠Real Estate Investment Trusts라는 주식입니다. 리츠REITs는 부동산에 전문적으로 투자하는 펀드 또는 기업이 발행한 주식에 투자해서 임대소득 대신 배당금을 받고, 부동산 가격이 오르는 만큼 주가가 올라 간접적으로 시세차익을 얻는 방식이죠."

이렇게 설명하고 나면 부동산에 별로 관심이 없던 교육생들도 인터넷으로 리츠를 검색하고 이에 대해 토론을 벌인다. 참 재미있는 것은 부동산에 투자하면 되팔기도 힘들고 여러 가지 법적인 제약이 따르는 데 비해 리츠는 상장주식이기 때문에 거래과정에서 양도소득세도 비과세이고, 거래수수료도 거의 들지 않는다는 점이다.

국내에서 부동산 성장에 따라 민간 주택들뿐만 아니라 빌딩, 상업용 건물들 가격이 상승해왔고, 국내 리츠는 백화점, 주유소, 물류센터 등에 분산투자한 간접투자상품이라고 보면 이해가 쉽다. 우리나라에서 맥쿼리인프라, 롯데리츠, SK리츠 등 유명한 리츠종목이 있고 이러한 종목을 모아 ETF상품으로 구성하는 경우도 있다.

국내 주식시장에서는 아직 생소하지만 리츠는 홍콩, 미국 등의 국가에서는 이미 보편화된 투자방식이다. 리츠는 부동산투자와는 달리 주식시장을 통해서 원금이 어느 정도 보장된다는 장점이 있고, 주식 처분으로 부동산을 처분하는 효과를 누림으로써 환금성도 높다. 리츠는 적금에 넣어두는 것보다는 높은 수익을 내면서 어느 정도의 안정성도 보장하므로 분명히 좋은 투자 대안이라고 할 수 있다.

012

종목을 볼 때 그 기업의 IR를 보라

> 좋은 기업일수록 기업 홍보 및 이미지 관리를 잘합니다. 또한 투자자들을 위한 IR를 잘할 수밖에 없습니다. IR가 잘되는 기업의 주가가 오르는 것은 시장에서 투자자의 수요를 잘 이끌어내는 효과 덕분이겠지요. 이런 기업에 투자하는 것이 좋습니다.

주식투자로 고수익을 올리는 선배들을 보면 하나같이 주식을 사면서 해당기업의 홈페이지나 뉴스를 탐독한다.

한때 나와 함께 주식투자를 했던 김현수(가명) 씨는 장기투자로 2억 정도의 포트폴리오를 형성한 고수익 개미투자자다. 그는 어느 종목에 투자할지를 고민할 때 다양한 지표를 검토하기도 하지만 무엇보다 그 기업의 IR를 챙겨 본다고 했다. IR Investors Relations는 투자자들을 향한 기업 홍보이자 이미지 메이킹이다. IR가 잘된 기업은 어필을 잘해서 그 기업의 제품이 잘나갈 수밖에 없고 결국 주가도 오르게 된다는 것이 김씨의 주장이다.

그는 수천만 원을 투입해 투자를 한 이후로는 IR를 더 잘하도록 기업을 닦달하곤 했다. 특히 코스닥 기업의 경우 IR 담당자가 따로 있기 때문에 전화를 걸어 기업의 호재를 구체적으로 홈페이지에 올리거나 다양한 매체를 통해 홍보할 것을 요구하기도 했다. 이런 노력 덕분인지 주가가 오르는 것을 확인할 수 있었다고 한다.

IR를 잘하는 기업의 주가가 높다는 계량적·직접적인 상관성은 입증되지 않았지만, 간접적인 측면에서는 관계가 있는 것으로 나타나고 있다. IR를 열심히 한다는 것은 그 자체로 자사의 제품과 서비스, 경영에 대한 기업의 자신감을 드러내는 일이다. IR에서 밝힌 사업이나 수익성에 대한 내용이 허위로 드러날 경우 그 기업은 법적 제재를 받을 뿐만 아니라 엄청난 이미지 타격을 입게 되므로 IR를 제대로 하는 기업일수록 신뢰할 만하다.

또한 적극적으로 IR를 한다는 것은 그만큼 투자자에게 신경을 쓰면서 잘 관리한다는 의미다. 이는 투자자의 입장에서 보면 더 좋은 투자기회를 지속적으로 제공받고 의사결정에 도움을 받을 수 있다는 것을 뜻한다. 아무리 좋은 투자나 사업을 하고 있어도 이를 제대로 알리지 않는다면 그 기업의 진가를 알아보기 어려울 것이다. 따라서 IR를 제대로 해야 주식시장에서 투자자가 몰리고, 그래야 주가가 올라가는 것은 당연한 이치다.

주식 왕초보라면 투자하기에 앞서 해당 종목의 기업 홈페이지에 들어가보자. 거기에서 IR 자료를 살펴본 뒤 매력적인 기업인가를 판단하면 된다.

013

자사주 매입은 호재다

> 기업이 자사주를 매입한다는 것은 기존 주주들의 가치를 높이려는 회사의 의사결정 결과라고 할 수 있습니다. 자사주 매입이 결정되었거나 매입 소각 결정이 있다면 그 종목의 호재라고 할 수 있습니다.

2022년 말 자사주 매입공시 후 주가가 급등한 종목이 있다. KT&G가 그 주인공이다. KT&G는 3개월에 걸쳐 370만 주 약 3,500억 원 규모의 자사주를 매입할 것이라고 공시한 바 있다. 즉, KT&G는 이미 전체 발행 주식수의 약 13%(1,731만 주)를 자사주로 보유하고 있었는데 이번 자사주 매입은 주식시장에 해당 종목에 대한 긍정적 신호를 준 것이다.

1. 취득예정주식(주)	보통주식	3,700,000
	기타주식	-
2. 취득예정금액(원)	보통주식	349,650,000,000
	기타주식	-
3. 취득예상기간	시작일	2022년 11월 04일
	종료일	2023년 02월 03일
4. 보유예상기간	시작일	-
	종료일	-
5. 취득목적		주주가치제고
6. 취득방법		장내매수
7. 위탁중개업자		신한금융투자㈜(Shinhan Investment Corp.)
		NH투자증권㈜(NH Investment & Securities Co., Ltd.)

▲ KT&G의 자사주 매입 공시

대체로 기업의 자사주 매입은 주가의 상승신호로 해석하는 것이 시장의 관행이다. 이유는 다르지만 대부분 구조조정을 거쳐 경영합리화를 이루었거나 영업실적이 좋아 자금이 많아짐에 따라 주주권을 조정하려는 의도일 가능성이 크다. 또한 주주 가치를 높이기 위한 주주환원정책의 일환이기도 하다.

자사주 취득은 주식시장에 유통되고 있는 주식수를 줄여 기업가치에 비해 주가를 올린다. 이렇게 함으로써 주가가 안정되고 기존 투자자들의 힘도 강화할 수 있는 것이다. 게다가 취득한 자사주를 소각하면 주가는 더욱 급등하게 된다. 왜냐하면 전체적으로 주식수가 줄어들면서 이익의 질도 늘고 1주당으로 환산되는 지표인 EPS Earning Per Share, BPS Book-value Per Share 도 늘어나서 PER가 낮아지기 때문이다. 저PER주가 얼마나 좋은지에 대해서는 앞에서 이미 설명했다.

예를 들어 자본의 시장가치가 2억인 회사의 주식수가 200만 주에서 100만 주로 줄어들었다면 자본의 시장가치가 거의 동일하다는 가정 아래(기업의 시장가치는 주식소각에도 거의 영향을 받지 않는다) 1주당 가치가 100원에서 200원으로 커지게 되는 것이다. 즉, 기존 투자자는 가만히 앉아서 주가가 오르는 것만 구경하면 되는 셈이다.

게다가 투자자의 권익보호를 위해 자사주 매입 및 소각을 하는 경영방침은 장기적으로 기업 이미지를 상승시키고 신뢰를 향상시켜 기업가치의 상승에 기여하게 된다. 또한 자사주를 매입할 만큼 유동성이 풍부하다는 신호로 받아들여져 시장에서 해당 종목에 대한 수요가 증가하게 된다. 자사주 매입은 여러모로 호재임에 분명하다.

투자 고수들 가운데는 자사주 매입 같은 신호를 잘 포착해서 수익률을 높이는 투자자들이 많다. 주식시장에서는 자사주 매입을 일종의 매수신호로 보아 관련정보만 쫓아다녀도 큰돈을 번다는 것이 주식투자 카페에서 일종의 명제처럼 떠도는 것도 이런 이유에서일 것이다.

014

신용등급이 오르면 투자해보라

> 기업의 신용등급이 오른다는 것은 위험이 줄어들었다는 것을 뜻합니다. 그만큼 종목의 안정성에 높은 점수를 받게 되고, 시장에서 투자할 만한 주식이라는 평판을 얻어 당연히 주가가 오르게 되니 투자할 만하겠죠.

기업의 신용등급이 오를지 여부를 개인투자자가 미리 알기는 힘들 것이다. 신용등급이 오르면 그것이 공시된 뒤에도 주가가 1년간 10% 이상 오른다는 실증연구도 있는 만큼 투자할 만한 종목임에 틀림없다.

기업의 신용등급은 채권과 같은 채무 유가증권의 잠재적 투자자들에 대한 금융지표다. 신용등급은 일반적으로 기업 전반에 대한 것이 아니라 채권과 같은 금융상품에 대한 것이다. 이런 등급은 S&P, 무디스, 피치 그룹과 같은 신용등급 기관들이 할당하며 A, B, C 순으로 우량한 순서를 평가해 공시한다.(위키피디아 참조)

우리나라의 기업 신용도 평가는 한국신용정보, 한국신용평가 등 신용평가사에서 담당한다. 신용평가사에서 기업의 신용등급을 상향 조정했다는 것은 그 기업의 재정상태가 호전되고 대외 신뢰도가 높아졌다는 의미다. 신용등급이 높은 기업은 채권을 발행해서 자금을 조달할 때도 낮은 비용으로 자금을 사용할 수 있다.

주식시장에서도 어느 종목의 신용등급에 변동이 생기면 주가가 크게 변동하는 경우를 자주 볼 수 있다. 만약 신용등급이 상향 조정되면 기업의 위험이 줄어 투자가치가 높아짐에 따라 분명 1년 내에 주가가 오를 것이다. 실제로 웬만해서는 손해를 보지 않는다고 알려진 기관투자자들의 투자요소에는 기업의 신용등급과 그 변화에 대한 고려도 포함되어 있다. 따라서 기업의 신용등급이 상향 조정되면 그 종목에 투자할 준비를 하면 된다.

그렇다면 신용등급 상승 정보는 어떻게 알 수 있을까? 내가 자주 사용하는 것은 NICE신용평가www.nicerating.com 홈페이지다.

▲ NICE신용평가 홈페이지 - 기업의 신용등급속보

NICE신용평가 홈페이지에 접속하기만 해도 메인 화면에 뜨는 등급속보를 확인할 수 있다. 또한 하위 메뉴의 '기업'을 클릭하면 기업별 등급변동을 보여준다. 여기서 '더보기'를 클릭하면 더 많은 기업의 등급속보를 볼 수 있다. 이 메뉴만 이용해도 등급변화가 생긴 기업을 한눈에 알아볼 수 있다.

신용등급이 상향 조정된 기업들은 뉴스에 보도되기도 하므로 증시 관련 뉴스에 주목할 필요가 있다. 등급상향에 대한 공시가 이루어진 뒤에 뉴스가 나오더라도 해당 종목을 유심히 관찰해서 투자 여부를 고려하는 것이 좋을 것이다.

015

적어도 CEO는 보고 종목을 고르자

기업은 결국 사람이 움직입니다. 기업을 경영하는 CEO의 의사결정에 기업의 미래가 달려 있는 셈이죠. 어느 종목에 투자하기로 마음먹었다면 적어도 CEO의 경영방침과 자질은 알아보고 투자를 하십시오.

워런 버핏은 "주식에 투자하는 것이 아니라 사람에 투자한다"는 격언으로 유명하다. 매년 미국의 부자 순위 3위 안에 들어가는 그의 투자방식은 사람들에게 큰 영향을 미치고 있다.

다른 거대 투자자들에 비해 워런 버핏의 원칙은 담백하고 단순하다. 좋은 기업, 이해하기 쉬운 기업을 분석하고 그 기업을 움직이는 CEO의 능력과 성품을 보고 투자한다는 것이다.

장기투자에서 경영진의 능력은 중요한 판단요소임이 틀림없다. 과거부터 삼성의 간판은 삼성전자인데, 주가 회복의 원천은 이건희 회장이었다. 금융위기 이후에 어마어마한 성장을 보인 현대차그룹의 경우 정몽구 회장의 품질경영, 정의선 부회장의 디자인 혁명이 현대와 기아차를 글로벌 탑5까지 올린 바 있다. 지배구조와 후계자의 역량도 마찬가지로 장기투자에 중요한 요소이다.

주식투자 분석에서 CEO는 보통 정성적 분석qualitative analysis으로 분류된다. 그만큼 주관적이고 계량화하기 어려운 요소이긴 하지만 CEO의 도덕성과 경력, 경영철학은 그 기업의 성패를 좌우할 정도로 중요하다. 미국에서는 스티브 잡스Steve Jobs가 대표적인 사례로 꼽히는데, 그의 CEO 프리미엄은 상상을 초월할 만큼 대단했다.

코스피KOSPI 상장사들은 대부분 대기업이며, 규모가 큰 우량주의 경우에는 이미 형성된 거대 시스템에 따라 운영되므로 경영자의 영향력이 절대적이지 않다. 그러나 코스닥KOSDAQ에 상장된 벤처기업의 경우에는 CEO의 영향력이 거의 절대적이다. CEO의 의사결정에 따라 조직이 단기간에 크게 변화할 수 있기 때문이다. 그런 만큼 CEO에게 더 관심을 가지고 분석해서 투자를 해야 한다.

주식에 투자한다는 것은 곧 기업의 미래에 투자하는 것이다. 기업이 성장하고 수익을 내야 주가도 오르고 배당도 지급된다. 그리고 이것을 주도하는 인물이 바로 CEO다. CEO가 어떤 인물인지 파악하지도 않은 채 해당 종목에 투자한다면 이는 마치 '배우자가 누구인지도 모르고 결혼하는 것'과 다를 바 없다.

016

바이 앤 홀드 전략의 필요성

> 바이 앤 홀드Buy & Hold 전략은 저평가된 좋은 종목을 선별해 주가가 오를 때까지 지속적으로 보유하는 전략을 말합니다. 이 전략은 미국의 우량주를 다수 보유한 부자들이 주로 사용한 방식으로 우리나라에서는 논란이 많았습니다. 하지만 앞으로는 바이 앤 홀드 전략이 우리나라 증시에서도 꽤 좋은 전략이 될 것입니다.

2016년 경제교육 출장을 다닐 때의 일이다. 나와 친한 주식동아리 회원들을 상대로 기업가치와 재무제표에 대해 강의하던 중 내재가치를 보고 투자하는 것의 괴로움에 대해 회원들 간에 열띤 토론이 벌어졌다.

"내가 투자하고 있는 A종목은 코스닥 종목인데, 아무리 분석을 해봐도 적정주가는 주당 7천 원이 넘는 게 정상입니다. 그런데 이상하게도 주가는 계속 오르다 내려서 3천 원도 안 되네요."

"이미 상장한 지 1년이 지났고요. 재무제표를 봐도 영업이익이 매분기 증가하고 있고, 공장도 증설하고, 대주주의 지분투자도 늘리고 있어요. 이 기업을 다시 파는 게 나을까요?"

6개월 이상 보유한 종목의 주가가 생각보다 오르지 않자 모두 참을성이 없어진 모양이었다. 당시 B종목도 성장성은 높은데 주가가 화끈하게 오르지 않아 스트레스를 받던 차에 지금이라도 A종목을 처분하기로 했다.

우리는 함께 분석해서 투자한 A종목을 다시 검토하기 시작했다. 주식투자를 가장 오래 하고 큰 액수로 보유하고 있던 선배는 계속 보유하고 기업의 경영에 대해서도 의견도 내는 등 바이 앤 홀드 전략을 취했고, 다른 회원들은 모두 처분했다. 그 뒤 그 종목은 매출액 상승과 배당지급, 새로운 산업 진출 등 호재가 발생하면서 꾸준히 투자의견상 목표주가가 오르고 있다. 아직 주가가 큰 폭으로 오른 것은 아니지만, 아마도 3년 안에 목표주가에 도달해 수익률 200% 정도는 달성할 것 같다. 또한 배당받은 돈으로 여행도 가고 새로운 투자도 하는 것을 보면 이 전략도 나쁘지 않아 보인다.

사실은 우리나라 주식시장의 특성상 바이 앤 홀드보다는 중간에 지속적으로 주식을 갈아타는 전략이 좋다고 주장하는 투자자들이 많다. 그것도 틀린 말은 아니다. 하지만 삼성전자, 현대자동차 등 세계적 기업이 늘어나고 있고, 10년 이상을 보유해서 기하급수적 수익률 상승을 보인 장기투자자들이 늘고 있는 것 또한 사실이다. 게다가 국내 주식시장에서 블루칩으로 통하는 종목들 가운데 상당수가 주주우대정책과 경영혁신, 구조조정 등으로 배당을 늘리고 있어 주식 보유에 따른 메리트가 점점 증가하고 있다.

부동산시장이 지속적으로 호황을 누린다면 부동산 보유의 메리트가 지속되겠지만, 앞으로 정부의 규제와 세금 등이 어떻게 변할지 알 수 없다. 그만큼 부동산시장에는 불확실성이 따른다. 게다가 예금이나 채권의 금리와 수익률은 기대치를 밑도는 상황이다. 이런 점들이 주식시장에서 바이 앤 홀드 전략의 필요성을 증명하고 있다. 경쟁력이 높은 우리나라 우량기업의 주식을 장기간 보유함으로써 다른 투자상품보다 높은 수익성과 유동성을 동시에 누릴 수 있는 것이다.

017

주가를 만드는 미다스의 손, 외국인투자자

> 외국인투자자들은 거의 대부분이 기관투자자들입니다. 이들은 면밀한 기술력 검증과 시장성, 수익성 검토를 거쳐 투자하기 때문에 이들을 따라 해서 손해 볼 것은 없습니다.

최근에 코스피가 최초로 장중에 2,400선을 돌파하였다. 이는 역사상 처음 있었던 일이고, 2017년 들어 5월에 2,300선을 돌파하면서 지속적으로 상승해온 결과이다. 이러한 코스피 상승의 일등공신은 역시나 외국인투자자들이다. 외국인투자자는 삼성전자, SK하이닉스 등의 IT관련 종목을 중심으로 적극적인 매수 행보를 이어오고 있다.

- <주간조선>, 2017년 6월 16일자

외국인투자자는 국내에 등록한 뒤 투자를 해야 하기 때문에 자금력이 있는 해외 기관투자자가 대부분이다. 외국인투자자의 국내

지분율이 40%를 넘어 거대한 세력으로 자리매김한 지 오래되었기 때문에 이들을 따라 투자하는 기법을 알아야 수익률을 높일 수 있다.

그렇다면 외국인투자자를 어떻게 따라 해야 할까? 외국인투자자들의 동향을 HTS로 확인하는 구체적 방법에 대해서는 후술하겠지만, 대략적인 투자방식을 다음에 간단히 소개해본다.

우선, 외국인투자자가 집중 매수하는 종목을 따라가는 것이 중요한데, 주로 해당기업의 해외 IR 동향을 보면 이를 미리 알 수 있다. 경제뉴스를 보면 외국인투자자가 집중적으로 투자하는 종목이 공시되므로 그것만 보아도 외국인투자자들의 움직임을 충분히 알 수 있다. 하지만 그들이 들어오기 전에 해당 종목을 선점하면 더 큰 시세차익을 올릴 수 있으므로 해외 IR가 진행 중인지 파악하는 노력이 필요하다.

기업이 해외 IR를 개최해 외국인투자자들에게 그들의 종목을 홍보한다면 조만간 외국인투자자들의 매수세가 이어지리라고 예상할 수 있다. 이런 일정을 알아보려면 IR를 대행하는 증권사에서 공시하는 자료 등을 찾아보는 등 관심을 가져야 한다.

이보다 더 쉬운 방법은 외국인투자자들의 지분율이 갑자기 급증하는 종목을 공략하는 것이다. 특히 그전까지 외국인투자자의 지분율이 거의 0%에 가깝다가 갑자기 투자를 시작하는 종목이 있다면 뭔가 있다는 이야기다. 외국인투자자들은 성장이 예상되거나 앞으로 실적이 좋아질 종목을 미리 매집하는 경우가 많다.

좀 더 기술적인 방법을 소개하자면, 외국인투자자들의 지분율 추세가 지속적으로 상승하는데 이상하게 주가가 오르지 않는 종목이 있다면 투자를 서두르는 것이 좋다. 이런 종목은 아직 시장에서 내재가치만큼 주가가 오르지 않은 저평가주가 분명하기 때문이다.

경제교육을 다니면서 항상 주식투자를 하는 교육생들을 만나는데, 그들이 내게 많이 하는 질문이 "외국인투자자의 지분율이 높은 기업은 무조건 좋은 기업인가" 하는 것이다. 이에 대해 나는 주식투자에서 '무조건'은 없다고 대답한다. 다만, 외국인투자자가 갑자기 관심을 보이는 종목은 호재가 숨어 있을 가능성이 크고, 외국인투자자가 갑자기 팔아치우는 종목은 그만한 이유가 있음을 알고 더욱 면밀히 종목분석을 해야 한다고 조언한다.

종목분석 능력이 떨어지는 사람에게 가장 확실한 전문가는 외국인투자자다. 그들을 따라 하면 손해를 보지는 않을 것이다.

018

기관투자자를 알면 종목이 보인다

❝

기관투자자는 국내 주식시장에서 외국인투자자 다음으로 큰 투자 주체라고 할 수 있습니다. 투자자문사, 투신사 등은 공격적인 투자를 하지만 연기금의 경우에는 더 장기적인 안목에서 가치투자를 하므로 이들의 투자 패턴을 보고 종목을 고르면 손해 볼 일이 없지요.

기관투자자는 국내 주식시장에서 상당한 비중을 차지하는 투자 주체다. 외국인투자자가 40%가 넘는 비중으로 주가를 좌우하는 힘을 가지고 있다면, 기관투자자는 그 정도의 파괴력은 없지만 그 나름의 전문성으로 절대 손해 보는 투자를 하지 않는 주체라고 할 수 있다. 외국인투자자가 '큰손'이라면 기관투자자는 '작은손' 정도는 된다.

주식시장에서 기관투자자는 투자신탁, 투자자문사, 연기금 정도로 분류할 수 있다. 투자신탁이나 투자자문사는 연기금에 비해 공격적이고 고수익을 추구하는 투자 패턴을 보인다, 연기금은 장기간의 생존가능성과 기업의 안정성을 보고 투자하는 패턴을 보인다. 어쨌든 기관투자자들은 상장사들에 대한 정확하고 자세한 정보를 기반으로 투자하므로 그들이 매수하거나 보유하는 종목을 따라 투자하면 절대 손해 볼 일이 없다.

다음은 〈강원일보〉(2023년 1월 9일자) 기사이다.

> 코스피와 코스닥이 외국인과 기관 투자자의 동반 순매수에 급등했다.
>
> 9일 코스피는 전장보다 60.22포인트(2.63%) 오른 2,350.19에 거래를 마쳤다. 코스피가 2,350대에서 마감한 것은 지난달 22일(2,356.73) 이후 처음이다.
>
> 유가증권시장에서는 외국인과 기관이 각각 6,585억 원, 7,385억 원씩 대량 순매수해 지수를 끌어올렸다. 개인은 1조 3,931억 원 매도 우위였다.
>
> 코스닥지수도 전장보다 12.27포인트(1.78%) 오른 701.21에 마감했다. 코스닥지수가 700선 위에서 마친 것은 지난달 27일(704.19) 이후 처음이다. 코스닥시장에서도 외국인과 기관이 각각 249억 원, 51억 원을 순매수했다. 개인은 78억 원 순매도했다.

아직은 연기금에서 보유하는 종목이 국내 증시에서 절대적 비중을 차지하지 않는다. 외국의 경우 그 비중과 영향력이 막강한 데 비하면 우리나라는 아직 그 정도는 아닌 것이다. 그러나 연기금이 보유하는 종목은 사후적으로도 투명성과 신뢰성이 개선되고 주가가 오르는 경우가 많다. 특히 연기금은 주식을 수시로 사고팔지 않고 장기간 보유하므로 기업의 입장에서는 경영안정성을 더욱 보장받을 수 있는 셈이다.

이러한 기관투자자들이 좋아하는 종목은 대부분 기업의 펀더멘털fundamental이 우량하고 유동성이 좋은 종목이다. 게다가 기관투자자들은 매매 종목을 고를 때 증권사들의 유료 보고서와 자체 전문인력의 판단을 활용하므로 이들이 투자하는 종목을 잘 분석하고 따라 하면 이런 인프라를 간접적으로 이용하는 효과를 누릴 수 있다. 다음은 국민연금기금의 국내 주식투자 운용 현황이다.

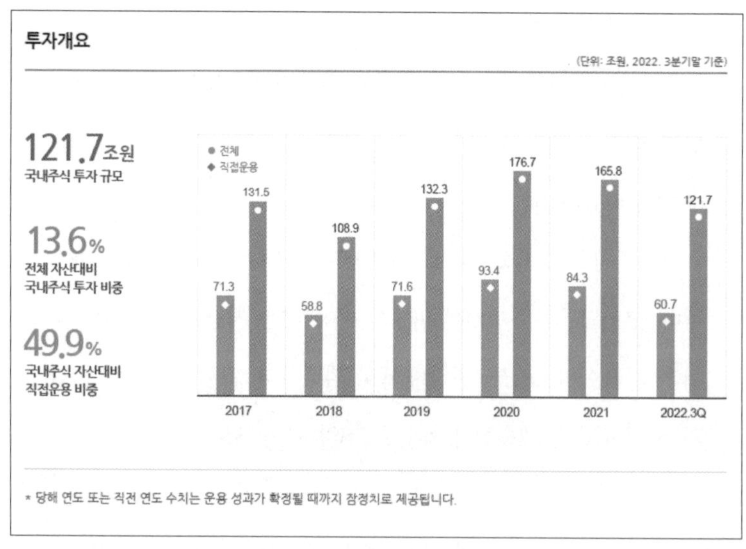

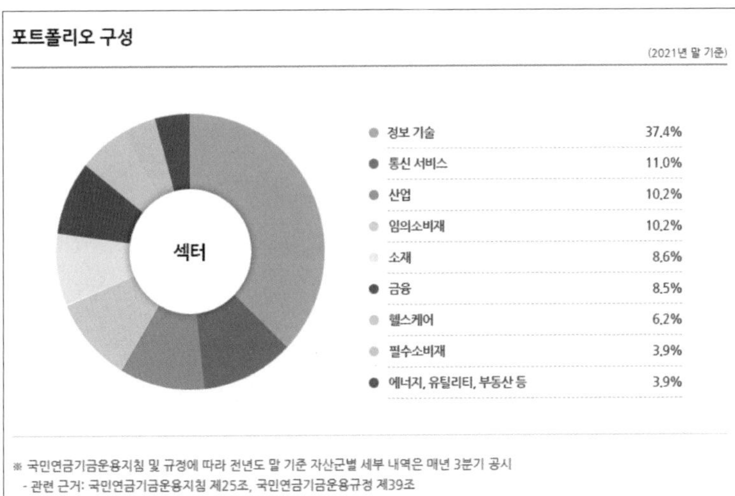

※ 국민연금기금운용지침 및 규정에 따라 전년도 말 기준 자산군별 세부 내역은 매년 3분기 공시
- 관련 근거: 국민연금기금운용지침 제25조, 국민연금기금운용규정 제39조
※ 모든 수치가 각각 반올림되어 단수 차이가 발생할 수 있음

Top10 투자종목

(단위 : 억 원, 2021년 말 기준)

번호	종목명	평가액	자산군 내 비중	지분율
1	삼성전자	398,413	22.0%	8.5%
2	SK하이닉스	86,696	4.5%	9.1%
3	NAVER	55,368	2.9%	8.9%
4	현대차	36,211	2.1%	8.1%
5	삼성SDI	36,157	2.1%	8.0%
6	삼성바이오로직스	35,172	2.8%	5.9%
7	카카오	35,065	2.4%	7.0%
8	LG화학	29,246	2.0%	6.7%
9	기아	27,398	1.6%	8.2%
10	현대모비스	22,467	1.1%	9.3%

출처: 국민연금관리공단 홈페이지(www.nps.or.kr)

▲ 국민연금공단 국내 주식 운용 현황

019

악재 터졌을 때가 살 때다

> 기업의 펀더멘털은 그대로인데 갑자기 외부적 충격이 발생해 일시적으로 주가가 하락할 때가 있습니다. 이때가 바로 매수 타이밍이라고 할 수 있습니다.

주가가 조금이라도 쌀 때 사는 것이 수익률을 높이는 데 유리하다는 것은 누구나 아는 사실이다. 그런데 언제가 주가가 쌀 때란 말인가?

주가가 싸다는 것은 기업의 본질적 가치인 내재가치에 비해 현재 주가가 낮다는 뜻이다. 기업의 주가는 내재가치대로 정해지는 것이 아니라 주식시장에서 주주들의 수요와 공급으로 결정된다. 정확히 말하면 매도호가와 매수호가가 일치되는 지점에서 주가가 결정되니 비싸게 사려는 세력이 많을수록, 비싸게 팔려는 세력이 많을수록 가격은 오르게 되어 있다. 반대로 주식시장에서 싸게 팔아서라도 빠져나가려는 보유자들이 많을수록 주가는 떨어진다.

기업의 펀더멘털은 그대로인데 외부 악재로 인해 주가가 급락하는 경우를 종종 본다. 시장에서 주가가 내재가치로부터 일시적으로 이탈하더라도 주가는 회귀하려는 성질이 있기 때문에 이때가 해당 종목을 매수할 기회다. 물론 악재가 기업의 존립에 심각한 영향을 미칠 정도라면 주가가 회복되기 어려울 것이다. 심한 경우 주가가 폭락하다 못해 기업의 경쟁력이 악화되면서 상장폐지로 주식이 휴지조각이 될 수도 있다. 그렇기 때문에 악재일 때 무조건 해당 종목을 매수해야 하는 것은 아니다.

그렇다면 어떤 악재가 매수 타이밍일까?

주가와 기업가치가 폭락하더라도 단기적이고, 다시 회복할 정도로 기업의 안정성과 수익성이 괜찮으며, 기업의 시장경쟁력이 좋아 금방이라도 다시 성장할 수 있는 경우라면 주가 폭락이 주식을 사라는 신호가 될 수 있다. 악재가 기업의 안정성, 수익성, 성장성의 본질에 영향을 미치지 않는 표면적 경우가 바로 이것이다.

이러한 매수 타이밍의 대표적인 사례로 SK글로벌 분식회계로 인한 악재를 들 수 있다. 2003년 당시 SK분식회계가 발생하면서 국가의 신용등급도 2등급으로 낮아졌고, 여기에 북핵문제까지 겹치면서 주가는 폭락을 했다.

당시 SK계열사 전체의 주가도 타격을 받아 전반적으로 하락했다. SK주식회사의 주가가 15,000원에서 6,150원까지 떨어짐에 따라 그 영향이 SK에 포괄적으로 미쳤다. 그런데 SK주식회사를 전반적으로 살펴보면 당시 분식회계가 일반화될 정도로 부패하지 않았고, 생각보다 자금력도 좋았으며, 실적도 괜찮은 편이었다. 게다가

PER도 낮고 ROE는 높아 전형적인 매수 타이밍이었다.

이때 외국인투자자 가운데 유명했던 소버린이 본격적으로 매수에 나섰고, 2년여 동안 보유했다가 SK 주식을 다 팔아치우면서 8천 억의 차익을 실현했다. 소버린은 분명 내재가치가 높은데 단기적인 악재로 인해 SK의 주가가 폭락하자 이를 투자의 기회로 삼았던 것이다.

이와는 달리 실적이 지속적으로 하락할 만한 악재로 인해 주가가 꾸준히 내려가는 종목에는 절대 투자하면 안 된다. 대표적인 종목이 삼성엔지니어링이다. 증권사 애널리스트들도 한동안은 주가가 지속적으로 떨어져 이미 바닥을 친 상황이므로 매수 타이밍이라고 했지만, 이를 믿고 투자한 사람들은 수익을 보지 못했다. 삼성엔지니어링의 주가가 지속적으로 하락한 이유는 일시적 악재가 아니라 계열사 수주 외에는 수요가 불확실한 실적으로 인한 악재였기 때문이다.

그렇기 때문에 악재를 이용해 종목을 매수하고자 한다면 본질적으로 수익성과 성장성에 악재가 있는지를 잘 따져보아야 하며, 이는 철저한 재무분석에 기초를 두어야 한다. 수익률이 꾸준히 높은지, 현금보유량이나 유동비율은 충분히 높은지 등을 살펴보아야 하는 것이다.

020

주식의 매도 타이밍을 알리는 징후들

> 주식은 블루칩, 작전주, 저평가주 등 다양한 종류로 분류할 수 있으며, 종류와 성격에 따라 매도 타이밍도 달라야 합니다. 일반적으로 주식 고수들이 말하는 매도 타이밍 잡기 방법을 알아봅시다.

매수할 종목에 대해서는 주식투자계에 다양한 이론이 존재한다. 그만큼 좋은 종목을 고르고 투자할 타이밍에 관심이 많다는 증거다. 그런데 주식을 언제 팔아서 수익을 실현해야 할지에 대해서는 크게 신경을 쓰지 않는 것 같다. 사실 어찌 보면 매도 타이밍을 잡는 것이 매수 타이밍을 잡는 것보다 중요할 수 있다.

매도 타이밍을 잡는 데 실패하는 대표적 종목이 대형 블루칩들이다. 블루칩 종목으로 분류되는 대형 우량주는 충분히 주가가 올랐다고 해도 아직 목표주가에 도달하지 않은 경우일 가능성이 크다.

내 주변에도 목표주가에 도달하기 전 성급하게 팔아치우고 후회하는 투자자들이 많다. 해당 종목의 시장 컨센서스가 목표주가 50만 원으로 나왔는데 주가가 25만 원을 방금 넘긴 경우가 가장 갈등이 되는 상황이다.

20만 원에 샀는데 지금도 충분히 주가가 높은 상태라는 기사라도 뜨면 '지금이라도 팔아서 수익을 실현하고 나갈까' 하고 고민하게 된다. 시장에서는 25만 원인 현재 주가가 고평가되었다고 하는데 곧 30만 원을 돌파한다. 이럴 때는 처음 목표로 삼은 50만 원이 너무 낙관적이라는 생각에 서둘러 매도를 하고 만다. 그런데 이상하게도 주식을 팔고 나니 더 올라서 결국 50만 원을 돌파한다. 애초에 자신의 판단을 믿고 끝까지 보유하다가 목표주가에 도달할 때 팔았으면 수익을 두 배는 더 낼 수 있었겠지만, 이미 후회해도 늦은 일이다.

주식투자를 하는 사람치고 수익률 몇 퍼센트를 기대하는 사람은 없다. 적어도 2배, 3배 올라서 몇 백 퍼센트의 수익을 올리는 것을 꿈꾸면서 주식투자를 하는 것이다. 그런데 초고수익률을 달성하려면 적어도 그 정도로 주가가 오른 다음에 팔아야 하며, 그만큼 매도 타이밍을 잘 잡아야 한다. 일반적으로 주식투자 고수들이 말하는 매도 타이밍 잡기 방법을 다음에 소개하니 참고하기 바란다.

블루칩 종목은 기본적 분석과 재무분석으로 매도시점을 잡는다

일반적으로 블루칩 종목에서 몇 배의 주가상승을 노리는 것은 바보 같은 일이다. 예외적으로 삼성전자는 10년만 일찍 투자했다면 거의 10배에 가까운 주가상승을 맛보았겠지만, 사실 이런 경우는 흔치 않다. 대부분의 우량 블루칩 종목은 주가가 이미 내재가치만큼 상승해 있으며, 앞으로 기업의 실적이 좋아지거나 경제가 성장하면서 상승할 주가를 기대하면서 투자하는 것이 정상이다. 이런 종목은 경기상황에 따라 주가가 큰 폭으로 변동하지 않는다. 따라서 가치투자 원칙에 따라 재무분석과 기본적 분석만 잘해도 매도 타이밍을 잡는 데는 어려움이 없을 것이다.

구체적으로는 PER Price Earning Ratio(주가/주당순이익)가 충분히 상승해 고평가되었다고 판단되는 시점에 팔면 그래도 고점에서 파는 셈이다. PER는 해당 종목의 주가가 수익성과에 비해 얼마나 높이 형성되어 있는지를 나타내는 지표이므로 PER가 충분히 높다면 이미 주가가 고평가돼 있다고 보아도 된다. 다만 PER가 높다는 기준은 업종의 평균 PER를 검색해서 이를 기준으로 삼는 것이 현명하다.

보통 주가는 미래의 수익의 현재가치라고 볼 수 있다. 미래의 수익은 현재 실적인 순이익으로 추정하게 되어 있으므로 현재 순이익에 비해 주가가 과대평가돼 있다면 팔아도 손해는 아니라는 이야기다. 때로 이런 징후를 알면서도 '나는 운이 좋아서 주가가 더 떨어지기 전에 팔고 나갈 수 있다'고 생각하는 사람들이 있는데, 대부분이 착각이다. 이런 기본적 징후가 나타나면 빨리 처분하는 것이 위험을 줄이는 일이다. 파는 것을 망설이지 말자.

또한 ROE Return On Equity가 지나치게 높아서 실적이 사상최대 또는 호재라고 판단된다면 지금이 팔아야 하는 시기일 수 있다. 실제로

2017년 2분기에 최대 실적을 올린 삼선전자의 주가도 244만 원을 넘어서면서 외국인투자자들이 대량으로 매도를 하기도 했다. 한 번 팔아서 수익을 실현할 타이밍이라고 본 것이다.

앞서 설명했듯이 기업의 주주우대정책의 일환으로 자사주 매입을 하게 되면 주식을 매수할 타이밍이다. 분명 주가에는 호재이고 실제로 주가가 오를 가능성도 높기 때문이다. 반대로 자사주 매입 추이가 둔화되거나 자사주를 매도하는 경우에는 해당 주가의 상승이 둔화되거나 하락할 가능성도 있다. 이때는 과감하게 매도해야 한다.

아울러 기업의 성장세를 잘 보아야 한다. 매출액 성장률이나 이익성장률이 둔화되는 조짐이 보이면 매도할 때라고 생각하는 것이 좋다. 성장세가 둔화되는 만큼 주가성장도 멈출 것이기 때문이다.

고위험 주식은 산업과 경제 동향을 보고 매도하라

경기변동과 외부적 충격에 민감한 종목들은 기본적 분석만으로는 매도 타이밍을 잡아내기 어렵다. 그냥 단순히 PER, ROE, 성장률만 보고 매도했다가는 바닥에 팔아서 손실만 볼 수도 있다. 시장상황과 주가는 밀접하게 연결돼 있기 때문에 기업의 본질만 봐서는 오류가 날 수밖에 없는 것이다. 이런 종목은 경제상황과 산업상황을 보고 매도해야 한다. 특히 철강산업, 건설업, 화학산업, 바이오산업 등은 기업의 실적과 주가가 경제상황과 그 산업의 추이에 달려 있다. 실제로 메디톡스나 셀트리온은 PER가 업종 평균보다 지나치게 높은데도 보톡스 시장의 호황과 독점적 산업구조로 인해 주가가 폭발적 상승세를 보여왔다.

이처럼 경제상황의 변동에 민감하게 반응하는 종목은 매출액 추세가 둔화되거나 재고자산이 증가하는 시점이 적절한 매도 타이밍일 수 있다. 또한 현재 영업이익이 마이너스라고 해도 앞으로 수익성에 호재가 있다면 매도해서는 안 된다. 나중에 수익성이 개선돼 영업이익이 증가했을 때 주가상승의 이득을 보지 못할 것이기 때문이다.

가장 좋은 매도 타이밍 잡기는 역시 시장 컨센서스를 확인하는 것일 수도 있다. 시장에서는 전문가들이 주기적으로 목표주가를 조정해서 공시하므로 이를 기준으로 목표주가에 근접했을 때 매도하는 것도 한 방법일 것이다. 요즘에는 네이버금융finance.naver.com에서 종목을 검색하면 매수의견과 함께 목표주가도 공개하고 있으니 이를 참고하기 바란다.

021

매출액 형태를 보고 종목 고르기

> 우리는 보통 기업의 성과에 따라 주가가 움직인다는 사실을 알고 있습니다. 그런데 그 '성과'라는 것을 어떻게 판단하는지는 손익분석이 지나치게 전문적이라는 이유로 알려 하지 않습니다. 가장 간단하게 매출액이라는 지표를 보고 종목을 고르는 방법을 소개하겠습니다.

매출의 규모가 크고 지속적인 종목을 고르자

정말 기술력이 뛰어나고 혁신적인 기업이라도 기본적인 시장이 협소하면 주가가 성장하기 어렵다. 특히 신제품의 경우에는 수요가 어느 정도냐에 따라 앞으로 매출성장과 주가상승이 결정되므로 시장의 규모가 더 중요한 변수라고 할 수 있다. 기본적으로 매출의 등락이 크지 않고 많은 고객에게 지속적으로 발생하는 제품을 보유한 기업에 투자해야 한다. 일반 개인을 상대로 매출이 많이 발생하는 기업에는 지속적으로 성장할 힘이 있다. 특히 소비자들이 꾸준히 소비하는 제품의 경우에는 더욱 그러하다.

예를 들어 삼성전자, 신세계, 포스코 등의 경우 지속적으로 매출액이 유지되며, 다른 종목들과 비교할 때 그 규모도 상당한 수준이다. 참고로 매출액의 규모나 구성은 금융감독원 전자공시시스템fss.dart.or.kr에서 기업을 검색하면 손익계산서를 통해 확인할 수 있다. 이에 대해서는 뒤에서 자세히 다루기로 한다.

워런 버핏은 초창기에 '코카콜라'라는 대규모 매출을 내는 종목으로 큰 성공을 거둔 바 있다. 그는 이처럼 하나의 확실한 시장에서 대규모 매출을 창출하는 종목에 가치투자를 해서 지금까지 명성을 이어오고 있다. 내가 군에 입대하기 전 함께 일했던 모 과장님은 단순히 신세계백화점에 가면 사람들이 붐비고 매출액의 규모도 줄지 않는다는 것만으로 투자를 시작해서 좋은 수익을 거두기도 했다. 이처럼 대박을 낼 만한 종목은 멀리 있지 않다. 매출액의 규모라는 단순한 지표 하나만으로 투자해도 성과를 낼 수 있다.

우리 주변에도 우량한 제품을 출시해서 꾸준히 대규모 매출을 내는 기업들이 많다. 이런 기업만 잘 발굴해서 투자해도 높은 수익을 거둘 수 있을 것이다.

매출액의 구성에도 '선택과 집중'이 있어야 한다

보통 잘나가는 사람들을 보면 자신의 필살기 분야 하나에 올인해서 최상의 퍼포먼스를 보여주곤 한다. 연예인들도 한 우물만 파서 성공을 거듭하고 있는 유재석 씨나 아이유 등이 대표적인 사례일 것이다. 고물가, 고환율, 고금리인 3고 시대에 빛나는 기업 몇 곳을 들여다보면 한 우물만 판 기업이 많다. 이러한 불황에도 주가가 40% 넘게 오른 BGF리테일은 CU라는 편의점 한 가지 아이템으로 영업이익 상승과 주가상승을 이끌어냈다. 그만큼 하나의 필살기에 집중하는 것이 중요하다는 것이다.

이렇듯 이것저것 복잡하게 벌여놓고 수습도 못하는 기업보다는 한 가지 확실한 제품에서 매출이 발생하는 기업의 성장성과 안정성이 훨씬 좋다. 수익구조를 보면 매출이 다각적으로 발생해서 분석이 복잡한 기업보다는 단순하고 확실한 수익구조를 보이는 기업의 종목을 사는 것이 현명하다.

일반적으로 제품이나 시장을 다각화하는 기업의 심리는 단순하다. 현재 주력하는 제품이나 시장에서 재미를 보지 못하기 때문에 조금이라도 돈이 될 것 같은 사업에 손을 대는 것이다. 한 가지 주력사업에서 대규모 매출을 내는 기업이라면 굳이 돈이 되지 않는 다양한 사업에 손을 대서 매출구조를 복잡하게 만들 이유가 없다.

기업들의 손익계산서를 보면 매년 매출이 불규칙하거나 비용이 갑자기 많이 발생하는 경우를 발견하게 된다. 이런 경우에는 기업의 주력사업이 흔들리는 것은 아닌지 의심해볼 필요가 있다. 정말 우량한 기업은 매출액이 발생하는 원천이 단순하고 비용도 안정적으로 발생하기 때문이다.

투자보다 매출액의 증가폭이 큰 종목을 고르자

업종마다 차이가 있지만 대부분의 기업은 투자로 인해 매출이 발생한다. 매출이 증가함에 따라 이를 더욱 촉진하기 위해서 추가 투자를 하는 경우에는 반대로 매출이 투자를 견인한다고 생각할 수도 있다. 어쨌든 대량투자가 발생했다는 것은 곧 매출액이 발생할 것으로 예상되는 신호signal이기는 하다. 하지만 투자가 많고 자금을 많이 보유했다고 해서 그 기업에 무턱대고 투자했다가는 낭패를 볼 수밖에 없다.

특히 공장을 신설 중이라거나 제조설비를 증설하고 있다고 공표하는 기업의 경우는 그 투자액만큼 매출이 발생할 수 있는 확실한 거래처나 시장의 확보 여부가 더 중요하다. 이것이 확보되지 않으면 투자액은 모두 감가상각으로 처리돼 적자만 유발하고 주주에게는 손실로 귀속될 것이기 때문이다. 이런 종목은 주가가 폭락하기 십상이다.

설비투자든 공장증설이든 형태를 불문하고 투자를 많이 하는 기업은 분명 그만한 묘책이 있는 것이고, 그것은 호재일 가능성이 크다. 다만, 투자에 비해 매출 증가가 큰 기업이거나 대량투자를 해도 버틸 수 있는 현금 여력이 있을 경우에만 호재로 해석할 수 있다. 기업에 큰 무리를 주지 않으면서 매출증가를 이끌어내는 투자라면 기업 재무제표의 현금흐름표상에서 '영업활동 현금흐름'이 많이 발생하고, 기업이 보유한 현금이 많고, 기업의 수익성 지표인 각종 수익률(ROE, ROA 등)이 높게 형성돼 있어야 한다.

기업이 부담되지 않는 투자로 수익을 많이 창출하면 이것이 결국 주주들이 가져가는 배당의 재원이 되는 만큼 관련 지표를 잘 따져봐야 한다. 이후 기업의 대규모 투자가 호재로 이어질 것으로 예상된다면 그 종목은 조만간 대박종목이 될 것이다.

022

'거꾸로 투자법'으로 차별화된 투자를

> 대부분의 투자자는 주가가 바닥을 기는 약세장에서 손절매를 한다고 매도하게 됩니다. 그리고 손해를 보지요. 이때가 오히려 내재가치를 믿고 투자할 기회입니다. 블루칩보다 단기 테마주의 주가가 급등해서 정점을 달리고 있을 때 오히려 매도를 해야 합니다. 주식시장에서는 남과 다르게 행동할 시점만 잘 파악해도 큰 이득을 볼 수 있습니다.

우리는 심리적으로 부정적인 상황 속에서는 계속 부정적인 생각을 지속하려 하고 이에 집착하는 경향을 보인다. 재무관리에서 손실회피성향loss aversion이라는 이론이 나오는데, 이는 사람들이 이익보다는 손실에 민감하게 반응한다는 가설을 입증한다. 주식투자에서도 이런 현상이 자주 발생한다. 약세장에서는 투자자들이 투자를 망설이거나 보유 중이던 멀쩡한 종목도 매도해버리는 경우가 많다.

여기서 약세장이란 여러 시장 지표들이 고점보다 20% 정도 하락한 상황을 말한다. 또한 시장조정은 10% 하락을, 시장하락은 5% 하락을 말하기도 한다.(〈블룸버그〉, "How to Spot a Bull or Bear Market") 솔직히 이 기준들은 참 모호하다. 20%라는 기준이 어디서 나왔는지에 대해 정확한 실증 데이터가 없다. 그냥 임의로 설정한 기준일 뿐인 것이다.

어쨌든 약세장은 시장 전체 지표가 평소보다 많이 떨어진 상태라고 보면 되고, 경제뉴스나 증시현황만 봐도 언제가 약세장인지 금방 파악할 수 있다. 우리나라에서 약세장이 발생했던 시기로는 1997년 IMF 금융위기, 2001년 벤처버블 붕괴, 2008년 금융위기 등이 있다.

주식투자를 아무리 오래한 사람이라도 약세장이 조금만 지속되면 투자를 포기하거나 손절매를 해버리는 경우가 많다. 이는 약세장이 장기화되어 몇 년간 지속될지 모른다는 공포 때문이라고 본

▲ 약세장에서는 주가지수가 저점에 있다.

다. 그런데 이 세상에 영원한 강자가 없듯 영원한 약자도 없다. 약세장이라고 해도 일정시점이 지나면 다시 강세장으로 전환되게 마련이다. 경제학자들이 연구한 데이터를 봐도 불황이 있으면 순환에 의해 호황이 오게 되어 있다. 이 원리는 주식시장에도 마찬가지로 적용된다.

결국 이런 약세장에서 남들과 다른 심리로 접근하면 큰 이득을 볼 수 있다는 이야기다. 바닥이라는 것은 대부분의 종목을 살 수 있는 기회가 그만큼 늘어난다는 의미다. 뉴스나 주식 카페에 들어가보면 경기불황 또는 약세장에서는 주식을 빨리 처분하라고 부추긴다. 그런데 이때를 오히려 매수 타이밍으로 봐야 한다. 주식시세가 아무리 떨어져도 일정한 선이 있다. 이는 나중에 설명할 이동평균선으로 미루어 짐작할 수 있다. 그 선 아래로 떨어지기는 힘들기 때문에 약세장이 지속되어 어느 정도 저점을 찍었다고 판단될 때가 바로 주식투자를 고려할 타이밍이다.

모두가 망하는 길을 따라 돌진할 때 그들과 달리 생각해야 큰돈을 벌 수 있는 곳이 주식시장이다. 사실 강한 강세장 이후에는 더 강력한 약세장이 오게 마련이다. 실제로 경제위기 이후 주식시장이 성장곡선을 그리며 정점을 찍은 이후 3년 안에 주가지수가 폭락한 사례가 많다. 이런 시기에 우량주들의 PER Price Earning Ratio는 거의 1에 수렴하게 되어 있다. 2001~2002년의 벤처 버블 붕괴 약세장에서는 우량주라 할 수 있는 신세계, 농심 등의 PER가 2~5 정도로 낮게 형성되었다. 앞에서 저PER주(PER가 업종 평균보다 낮은 종목)에 투자해야 나중에 큰 시세차익을 볼 수 있다고 이야기했듯이 이 시기가 주식투자를 하기에 가장 좋은 시점이다.

내가 생각하는 거꾸로 투자법은 일반 개인투자자들의 루머에 휘둘리지 않고 대부분의 투자자와는 다른 생각으로 투자시점을 잡는 것을 말한다. 급격한 강세장에서는 종목을 팔고, 급격한 약세장에서는 종목을 사는 것이 이 전략의 핵심이라 할 수 있다.

급격하게 증가하는 주식시장에서는 강세장이 지속되기가 어렵다. 물론 점진적으로 기업가치가 상승하면서 경제성장이 일어나는 동시에 주식시장이 성장하는 것이라면 강세장도 지속될 수 있다. 그러나 투자자들의 기대가 반영돼 주식시장이 비정상적으로 폭등하는 경우 이런 증가세는 금세 하락세로 전환된다. 이를 재무이론에서는 '오버슈팅overshooting'이라고 한다. 비정상적 과열인 것이다.

이러한 상황에서는 주변에서 갑자기 주식투자를 해야 한다는 여론이 형성되거나 PER가 20~60배를 웃돌면서 상식적으로 이해할 수 없는 수준의 지표가 발견된다. 이럴 때는 자신이 보유한 종목 중에서 고평가돼 있는 종목의 매도를 고려하는 것이 좋다.

이 전략을 구사하려면 약세장이 어떤 형태인지, 강세장에서 해당 종목이 저평가 또는 고평가되어 있는지를 판단할 수 있어야 한다. 그래서 가치투자 원리나 차트 분석의 원리에 대한 기본기가 중요하다.

지금 단계에서 초보자들이 간단하게 적용할 수 있는 주식거래의 시점을 포착하는 원리가 있다. 우선, 경제적 사건을 잘 파악해서 약세장이라고 판단되면 경제뉴스나 애널리스트들의 의견을 찾아보면서 어느 종목에 투자할지 리서치를 해본다. 전문가들의 견해가 항상 옳은 것은 아니지만, 그래도 어느 정도는 신뢰할 만한 근거가 있기 때문에 그들의 의견을 참고해서 나쁠 것은 없다. 이때 주위에서 내부정보라고 하면서 알려주는 정보는 제대로 검증되기 전에는 섣불리 믿지 말아야 한다. 실제로 약세장에서 다시 반등할 것이라는 소문에 넘어가 투자했는데 해당기업의 주가가 계속 하락해 거래정지 및 상장폐지가 된 사례가 많았다.

이와 더불어 경제지표를 볼 때 이자율이 오르거나 우량주의 인기가 시들하다는 신호가 나타나면 조만간 하락장이 될지 모른다고 예상하는 것이 좋고, 지나치게 고평가된 종목을 처분할지 여부를 고민해봐야 한다. 가치투자를 하는 투자자들은 이럴 때도 기업의 내재가치를 믿고 계속 보유해도 좋다고 생각한다. 경기변동에도 불구하고 장기투자를 통해 결국 이익을 실현할 수 있으므로 기업가치를 믿고 종목을 홀드하는 것도 하나의 전략일 수 있다.

2019년 말 코로나19가 시작된 직후 갑작스러운 경기침체 전망에 국내 증시가 급격히 하락한 시기가 있었다. 그 이후 이를 역으로 이용한 투자자들은 2021년 큰 투자수익률을 올렸다. 대부분 종목에서 거의 두 배 이상 주가상승이 있었기 때문이다.

주식시장에서 돈을 벌려면 바닥에 사서 고점에 팔아야 한다. 그러나 정확한 저점과 고점을 알기는 어렵다. 급락하고 있는 시장에서는 급락세가 진정되고 변동성이 줄어드는 시점에는 매수를 고려해도 된다. 그리고 거래량이 증가하면서 상승하는 시기도 매수를 고려해볼 수 있다.

어려운 시기일수록 시장의 흐름에 너무 민감하게 반응하기보다는 개별 종목의 내재가치를 분석해서 펀더멘털 투자를 하는 것이 옳다. 물론 변동성이 너무 심한 장세에서는 내재가치를 아무리 잘 판단한들 소용없는 경우가 많다. 따라서 가격이 급하게 폭락하는 시기에는 1년 후를 생각하여 투자하거나 투자를 유보하면서 현금을 확보해 관망하는 것도 좋은 전략이다. 위기가 끝나면 산업이 재편되고 새로운 기회가 몰려온다. 지난 경제위기에서 그래왔다. 2008년 금융위기 이후 자동차, 화학, 정유 업종에서 강세를 보였고, 코로나19 이후에는 바이오, 배터리, 게임 산업에서 강세를 보였다.

경기침체기에는 어떤 산업에 메리트가 있는지 분석하고 투자하는 것도 좋은 방법이다. 금리를 올리는 시기에는 유동성이 작아지므로 일반적으로 기업은 어려워질 것이다. 이때도 버티는 회사들을 눈여겨보다가 투자하는 것도 좋다. 옥석이 가려지게 되므로 이때가 기회다. 바닥에서 기회를 잘 엿보다가 투자하면 부를 축적하는 좋은 기회가 된다.

023

독점력을 기준으로 투자하기

기업이 10년, 20년 지속적으로 이익을 낼지 여부를 판단하는 기준은 다양합니다. 그 가운데 가장 확실한 기준이 독점력이라고 할 수 있습니다. 실제로 워런 버핏 같은 유명 투자자들은 독점력이 강한 기업 위주로 투자를 했습니다.

"10년을 투자할 가치가 없다면 10분도 투자하지 말라."

세계적인 거부 워런 버핏의 말이다. 이는 시장에서 10년 이상 버틸 수 있는 기업의 내재가치를 보고 투자하라는 말이기도 하지만, 그 이면에는 독점력이 확실한 기업에 투자하라는 의미도 담겨 있다. 실제로 워런 버핏이 투자한 기업들의 공통점을 찾아보면 해당 업계에서 독점력이 매우 강한 기업들이며, 경쟁기업들이 따라오지 못하도록 진입장벽을 확실히 쳐놓은 기업들이었다.

독점력은 기본적으로 제품의 기술력과 이를 보호할 수 있는 특허에서 발생한다. 그런데 독점력이 기술적 혁신이나 법적 권리로부터만 나오는 것은 아니다. 고객에게 인식되는 브랜드 가치와 충성도, 좋은 품질의 제품과 서비스, 진입장벽이 될 만한 정도의 규모 등 다양한 요인이 독점력을 창출해낸다. 독점력이 확실한 기업에 투자하면 절대 망할 염려가 없다.

우리나라 기업 가운데 독점력을 갖춘 대표적 기업이 삼성전자다. 경제교육 강의 도중에 한 교육생이 내게 삼성전자에 투자하는 것이 괜찮겠느냐고 물은 적이 있다. 당시 삼성전자는 이미 1주당 200만 원에 가까운 주가가 형성돼 있었다. 그 교육생은 삼성전자가 좋은 기업이기는 하지만 주가가 너무 비싸서 자칫 투자를 했다가 손해를 보는 건 아닐까 고민하고 있었다.

모아둔 돈 1천만 원으로 안전하고 확실한 주식투자를 하고 싶은데, 우량주인 삼성전자를 살 경우 5주만 사도 종잣돈을 다 쓰는 셈이니 고민하는 것이 당연했다. 나는 그 교육생에게 돈이 있으면 삼성전자에 투자하라고 권했다. 삼성전자의 성과와 재무상태는 주가가 300만 원이 넘어가도 이상하지 않을 상태였기 때문이다. 게다가 해당 종목은 2등기업과의 독점적 격차가 매우 컸다.

그렇다면 독점력을 기준으로 고려할 때 종목을 어떻게 선별해야 할까? 특허권, 브랜드 이미지, 고객의 충성도, 혁신성 등을 보고 장기적인 안목에서 종목을 고르는 것이 현명하다. 나는 여기에 소비자 시장에서 더욱 중요한 요소 한 가지를 추가해서 분석할 것을 권하고 싶다. 그것은 바로 '중독'이라는 요소다.

중독은 현대사회에서 부정적으로 인식되는 단어지만, 사실 우리는 모두 하나 이상의 그 뭔가에 중독되어 있다. 이를테면 매일 탄

산음료를 마시는 사람은 '코카콜라', '칠성사이다' 등에 중독돼 있을 가능성이 크다. 늘 스마트폰을 끼고 사는 현대인들은 대부분 스마트폰에 중독되어 삼성전자나 애플사에 엄청난 대가를 지불하고 있을 것이다. 이처럼 우리는 뭔가에 중독되어 있고, 중독성이 강한 독점적 제품을 보유한 기업은 장기적으로 대박을 칠 가능성이 크다. 삼성전자, 카카오, 엘지, 농심, 강원랜드 등이 중독성을 갖춘 대표적 종목이라고 할 수 있다.

한편, 독점력을 통한 이익이 지속되느냐도 중요하게 고려해야 할 요소다. 지금 당장은 독점력이 있지만 조만간 다른 기업에 그 자리를 내주어야 할 상황이라면 주가가 하락할 수 있기 때문이다. 또한 아무리 강력한 독점기업이라도 독점시장 자체가 사라질 운명이라면 해당 종목의 존속이 어려울 것이다. 독점적 지위를 유지하고 지속적으로 이익을 창출할 수 있는지를 따져보려면 지금까지 지속적으로 이익을 내왔는지, 앞으로도 이익의 전망이 밝은지를 따져봐야 한다. 그런데 규모가 큰 독점기업은 대부분 이익의 지속성이 보장되는 것이 현실이다.

독점력이 있는 기업은 대개 우량주이므로 주가가 충분히 비싸다. 이렇게 비싼 종목에 처음부터 투자하는 것은 무리가 아니냐는 말을 많이 하는데, 그렇기 때문에 타이밍을 잘 포착해야 한다. 이왕이면 주가가 최저점으로 떨어졌을 때 사는 것이 좋다. 즉, 가격이 싸게 형성되는 불황기나 독점력 있는 거대 기업에 악재가 발생해 주가가 폭락하는 시점을 노려서 매수하는 것이다. 독점기업은 망할 가능성이 거의 없기 때문이다.

024

주식종목을 고를 때 고려할 사항은?

주식종목을 고를 때는 일단 사야 할 종목보다 사지 말아야 할 종목부터 생각해야 합니다. 거래량이 얼마 안 되는 주식은 단기투자에서 배제해야 하고, 기업의 재무상황에 비해 고평가되어 있는 주식은 가치투자 시에 배제해야 합니다. 이렇게 투자대상 종목을 좁힌 다음 기업의 위험요소를 철저히 고려해 가장 유망한 주식을 골라야 합니다. 가끔 작전주에 휘말리는 경우가 있는데, 작전주를 잘 구분해서 절대 투자하면 안 됩니다.

1. 투자대상 종목을 미리 선정해두자!

우리나라 증권시장에서 주식종목은 천 개가 넘는다. 이렇게 많은 종목을 모두 검토하고 투자할 수는 없기 때문에 어떤 종목을 우선적으로 고려할지 1차적으로 걸러내는 작업이 필요하다. 하루 동안 집중적으로 분석할 종목은 10개 이내로 좁혀야 한다.

투자대상을 좁히는 방법은 투자목표에 따라 달라진다. 단기투자를 목표로 한다면 거래량이 큰 종목 가운데 낙폭이 크거나 테마주로 묶인 것을 먼저 고려해보는 것이 좋다. 장기투자를 목표로 할 경우에는 기업의 산업이 신성장 동력인지, 재무제표상 기업의 안정성이 좋은지를 우선적으로 따지고 EPS와 PER 등을 통해 저평가된 주식을 대상으로 삼으면 된다.

2. 작전주는 될 수 있으면 피하자!

증권시장을 보면 실제로는 부실기업인데 비정상적으로 주가가 폭등하거나 하락하는 경우가 있다. 작전주가 대표적인 예다. 기업의 재무제표는 금융감독원 전자공시시스템dart.fss.or.kr에서 확인할 수 있다. 재무상태표상으로는 부채가 자산보다 커서 자본잠식 상태이거나 손실이 누적된 기업의 주가가 갑자기 오른다면 작전주로 의심해 볼 필요가 있다.

작전주에 투자해서 이익을 볼 것을 기대한다면 순진한 생각이다. 작전주에 투자하면 손해를 볼 수밖에 없기 때문이다. 본질적으로 망할 회사를 가지고 장난치는 것이기 때문에 투자자로 들어가는 순간 원금을 다 날릴 각오를 해야 한다. 그러므로 정보에 현혹되지 말고 기업의 본질을 믿고 투자하자.

3. 기업의 위험요소를 파악하자!

주가의 역사가 담긴 것이 주식 차트, 기업의 역사가 담긴 것이 재무제표다. 재무제표는 전자공시시스템을 통해 확인이 가능한데, 이것만 잘 보아도 기업의 재무위험을 평가해볼 수 있다. 재무상태표에서 부채가 자산보다 크다면 일단 파산위험이 높다는 신호다. 이것은 최근 분식회계로 이슈가 되었던 대우조선해양이 부채가 자산보다 큰 자본잠식 상태였던 것만 봐도 알 수 있다.

또한 유동자산이 유동부채보다 커서 현금안정성이 큰지, 영업이익이 이자를 갚기에 충분한지 등을 따져봐야 한다. 순이익이 나는 회사라면 그 이익이 과거의 추세에서 상승세인지도 검토해보는 것이 좋다.

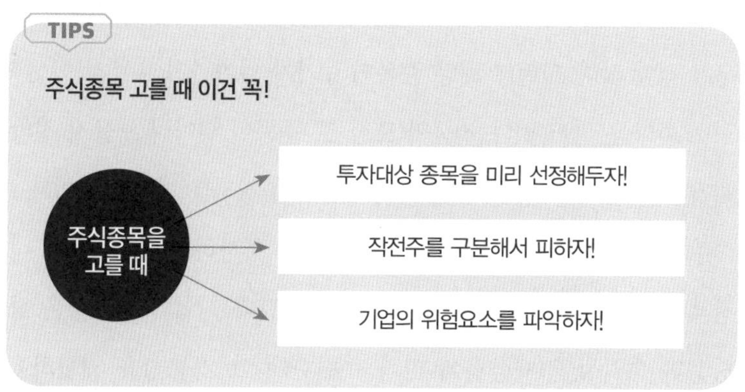

TIPS
주식종목 고를 때 이건 꼭!
주식종목을 고를 때
투자대상 종목을 미리 선정해두자!
작전주를 구분해서 피하자!
기업의 위험요소를 파악하자!

025

손절매!
목표주가를 미리 설정해야 할까?

> 목표주가를 미리 정하고 투자를 한다는 것은 스스로 투자수익을 제한하는 일입니다. 가능성을 제한하고 투자를 하면 주식투자의 재미가 없어집니다. 그냥 도박이나 투기가 되는 것이죠. 기업의 내재가치와 잠재력이 투자의 기준이 되는 순간 투자도 재미있어지고 재산을 증식시켜 나가는 데 큰 의미가 생깁니다.

투자자들은 주가가 얼마나 오를지 예상하고 투자에 돌입하는 경우가 정말 많다. 그런데 해당 종목의 주가가 얼마까지 오를지는 신神도 모른다는 말이 있다. 전문가 또한 그 종목이 얼마나 오를지 정확히 알지 못한다. 그것을 알면 이미 전문가의 경지를 넘어선 것이다.

주가가 얼마나 오를지를 미리 확정짓고 투자하는 것은 마치 내 잠재력을 정해놓고 인생을 살아가는 것과 같다. 기업의 가능성은 성장성과 수익성, 경제상황에 따라 무한한데 그 가능성을 제한하고 투자한다면 “나는 큰돈 벌기 싫다!”고 외치는 것과 다르지 않다.

주식의 대가들도 때로는 목표주가를 미리 설정하고 그 주가에 도달하면 최대한 빨리 처분하라고 조언한다. 그런 사람들의 책이 불티나게 팔려서 일반대중도 그 말에 따르는 듯하다.

목표가는 어찌 보면 주식을 사서 파는 물건으로 바라볼 때나 나올 수 있는 개념이다. 모든 경제활동에서는 내가 산 물건이 가장 싱싱한 가격일 때 되파는 것이 이득이 아닌가. 그런데 이런 생각으로는 절대 큰 재산가가 될 수 없다. 고작 단기간에 몇 퍼센트의 수익률을 달성했다고 자랑하는 장사꾼은 될 수 있겠지만 말이다.

목표가나 손절매는 데이트레이딩처럼 차트를 가지고 패턴으로 투자하는 단기투자자들에게나 의미 있는 개념이다. 가치투자를 하려는 입장에서 목표가는 기업이 성장하는 만큼이며, 손절매는 기업의 성장가능성이나 잠재력이 더 이상 없는 상태가 아닌 이상 크게 관심을 두지 않는다.

매일 차트를 보면서 오르면 팔고 떨어지면 사는 데이트레이더들에게는 손절매가 큰 의미를 지닐 것이다. 그러나 다른 직업이 있는 건전한 투자자라면 목표가나 손절매를 따지고 있는 것 자체가 인생에서 가장 큰 자산인 시간을 버리는 것일 수도 있다.

정말 신기한 것은 목표가를 정하고 투자하는 사람들이 그 목표가에 종목을 처분하고 난 뒤에도 주가는 지속적으로 오른다는 사실이다. 17세기의 유명한 물리학자 아이작 뉴턴Issac Newton도 남해회사의 주가가 오르던 중에 지금 우리 돈으로 4억 원 정도에 주식을 모두 팔아치웠는데, 그 뒤 주가가 10배나 더 오르자 돈을 번 친구들을 보며 배 아파했다고 하지 않는가. 뉴턴은 오히려 10배 올랐을 때 40억을 투자했다가 주가가 다시 10분의 1로 폭락하는 바람에 엄청난 충격을 경험했다.

이처럼 목표가를 정하고 투자하는 것은 의미가 없다. 목표주가를 정하고 투자한다면 주가의 상한선을 미리 정하는 것인데, 주가가 더 오르지 말라는 법은 없다. 삼성전자도 주가가 하락할지 모른다는 예상과 달리 지속적으로 상승세를 보이고 있지 않은가.

목표주가를 따지는 사람은 생각을 바꿔야 한다. 투자의 기준은 목표주가가 아니라 기업의 내재가치와 잠재력이어야 한다. 이렇게 생각을 바꿔야 투자가 재미있어진다. 기업의 미래에 투자하는 것이 주식투자가 되는 순간, 그 기업에 대해 관심을 가지게 되고 기업경영에도 참여하면서 장기적으로 주가가 오르는 것을 즐길 수 있게 된다.

026

신규상장 주식에 투자하면 대박이 난다?

> 신규상장 주식은 단기적으로 기업의 내재가치가 주가에 반영되지 않았으므로 투자하면 향후 주가가 크게 오를 것이라고 생각하는 사람이 많습니다. 기업의 내재가치가 좋다면 미래에 주가가 크게 오르겠지만, 기업의 내재가치가 형편없는 수준이라면 얼마 가지 않아 주가가 폭락할 것입니다. 주식투자에 무조건이라는 말은 없습니다. 신규상장 종목이라고 해도 기본적 분석을 철저히 하고 투자 여부를 결정해야 합니다.

2017년이 되면서 게임업계의 유망기업들이 신규상장을 앞두고 있었고, 그중 넷마블게임즈라는 회사가 특히 이슈가 되었다. 이 기업은 신규상장이 되자마자 투자하면 큰 이득을 볼 것으로 전망하는 전문가가 있을 정도였다.

앞에서도 메디톡스나 휴젤 등의 기업이 신규상장에 이어 3년 만에 2000%의 엄청난 수익률을 기록한 것을 확인한 바 있다. 신규상장 주식에 투자하거나 비상장 상태에서 상장 예정인 주식에 투자하면 분명 큰돈을 벌 가능성이 있다. 상장 초기에는 발행가액에서 시작해 해당기업의 내재가치가 시장에 아직 잘 알려지지 않았기 때문이다. 그래서 신규상장 종목 가운데는 저평가된 주식이 많을 수밖에 없다.

경제계에는 레몬lemon이라는 것도 존재한다. 레몬은 겉은 멀쩡하지만 속은 시큼한 썩은 주식이라고 볼 수 있다. 즉, 기업이 상장은 했지만 알고보면 재무구조가 별로이고, 수익성도 없으며, 미래 성장가능성도 거의 없는 경우 그 주식은 레몬이다. 이러한 레몬 주식이 의외로 많기 때문에 꼼꼼하게 종목분석을 하지 않고 신규상장 종목이라고 해서 무조건 투자하는 것은 위험하다.

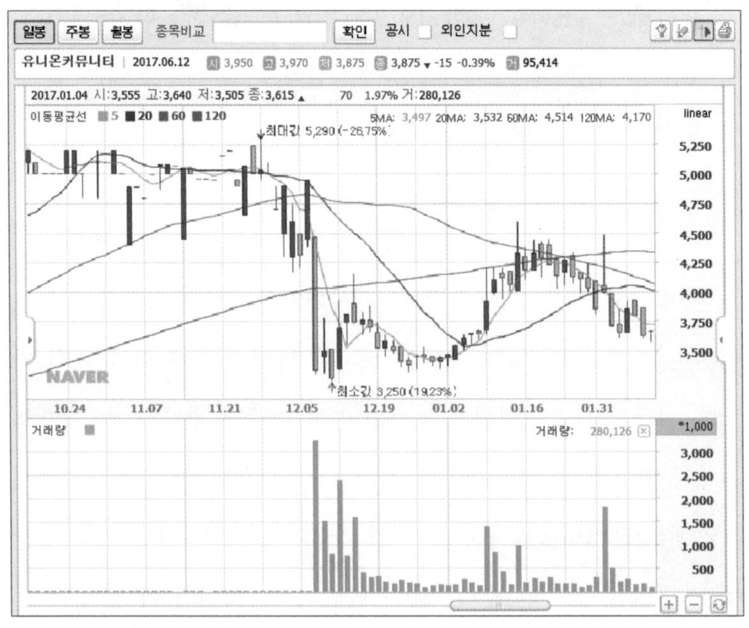

한편, 신규상장이라고 해서 단기적으로 무조건 대박을 내는 것도 아니다. 2016년 당시 대표적인 사례로 유니온커뮤니티가 있다. 2016년 12월 상장 당시 공모가가 5천 원인데도 불구하고 폭락했다가 주가조정을 거쳐 2017년 2월 12일 현재 3,650원의 낮은 주가를 유지했다. 2023년인 지금도 3,600원대에 머무르고 있으니 신규상장 기업에 투자한다고 해서 무조건 돈을 버는 것은 아님을 알 수 있다.

하루에도 수십 건의 신규상장 종목이 뜬다. 이 가운데서 옥석을 가려내려면 부단히 기업에 대해 알아보고 재무분석, 이슈분석, 업종·산업분석을 해야 한다. 더 나아가 기업의 홈페이지 게시판에 글을 남긴다거나 담당자에게 연락해서 사업계획을 받아보는 노력도 필요하다.

2022년 말에 신규상장된 산돌이라는 종목도 눈여겨볼 만하다. 해당 종목은 상장을 준비하는 과정에서 회계적으로 매출액이나 실적이 과다하게 평가되었을 가능성도 배제할 수 없으나 신규상장 이후에 주가가 한 달간 지속적으로 내려왔다. 그런데 재무적 지표는 전반적으로 우량하다. 2022년 말이면 금리가 상승하고 주가가 전반적으로 하락하는 시기여서 현재 주가가 동반하락한 것으로 보인다. 신규상장 종목이라고 무조건 상승랠리를 보이는 것은 아니다. 따라서 신규상장 종목 중에서도 우량한 종목을 찾아내는 눈을 키워야 한다.

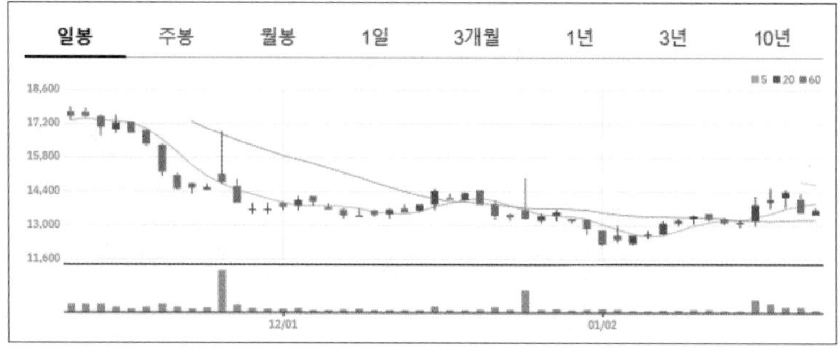

참고

신규상장 종목 찾기!

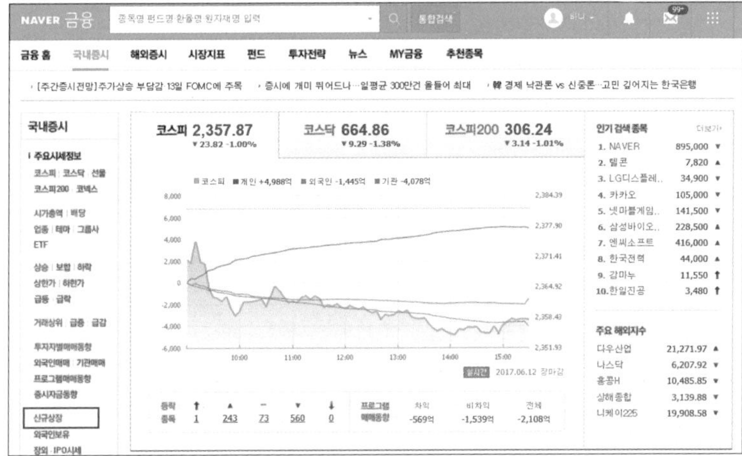

네이버 금융코너에 들어가면 왼쪽 아래에 신규상장이라는 메뉴가 있다. '신규상장'을 클릭하면 신규상장 종목 페이지로 이동한다.

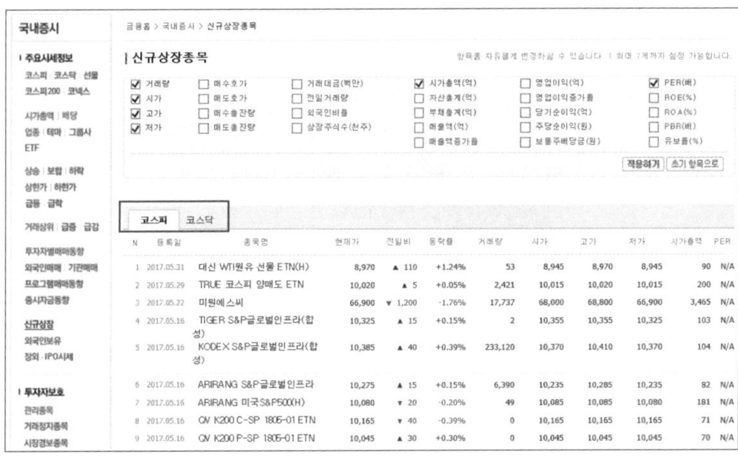

종목들 왼쪽 아래에 코스피와 코스닥 종목을 볼 수 있는 탭이 있는데, 각각 클릭해서 신규상장 종목을 확인하고 투자종목을 물색해볼 수 있다.

027

주식을 언제 팔아야 할까?

> 사실 가치투자자들도 주식을 매도할 시점에 관심을 가집니다. 장기보유를 하더라도 언젠가는 주식을 팔아야 이익을 실현할 수 있기 때문이죠. 매도 타이밍에 대해 정답은 없습니다. 다만 기업의 내재가치로 추정한 적정주가보다 지나치게 주가가 상승한 경우에는 처분을 고려해보는 것이 좋습니다. 하락세를 탄 경우에도 빨리 처분을 결정하는 것이 좋죠. 한 가지 요령은 PER입니다. PER가 업종 평균을 넘어 지나치게 높아지고 있다면 앞으로 주가가 하락할 가능성이 크니 매도 타이밍을 고려해봐야 합니다.

주식은 언제 사느냐보다 언제 파느냐를 알기가 더 어렵다. 왜냐하면 주가가 어디까지 오르고 언제 떨어질지 예측하기는 거의 불가능하기 때문이다. 주식투자자들은 가지고 있는 주식에 미련을 보이기가 쉽고, 그동안 키운 주식을 버리기가 왠지 아깝게 느껴진다.

내가 가진 종목이 하락세를 이어가서 손실을 보고 있다고 해도 신속하게 파는 것이 사실 심리적으로는 쉽지 않다. 기업가치가 엉망이고 상황이 악화돼 주가가 하락할 때 손절매를 해야 하지만 여전히 과거 주가에 대한 미련이 남는다. 반대로 이익을 보고 있는 상황에서는 더 큰 이익에 대한 기대 때문에 주식을 처분하기가 더 힘들다. 그래서 '주식은 심리전'이라고 하는 것이다.

매도 타이밍을 손절매와 연결하는 사람도 있다. 손절매는 특정 시점에 내가 가진 종목을 매도하는 것인데, 이 시점은 보통 주가가 상승기에 있다가 하락세를 탔을 때라고 본다. 어느 전문가는 2~3%만 하락해도 빨리 손절매를 하고 빠져나가야 한다고 하고, 또 다른 전문가는 적어도 8% 이상의 주가하락이 있을 때 손절매를 하라고 조언한다. 그런데 몇 퍼센트에 손절매를 하라는 공식은 없다. 그렇기 때문에 더 어려운 것이다.

1. 가치투자의 고수도 매도 타이밍을 고민한다

가치투자는 말 그대로 기업의 내재가치에 비해 주가가 저평가된 종목에 투자하는 것이다. 그리고 실제 주가가 내재가치만큼 오를 때까지 장기투자를 하는 것이 가치투자방법이다. 그렇다면 손절매를 하는 것은 가치투자가 아니잖은가?

그렇지 않다. 투자의 귀재인 워런 버핏도 언젠가는 주식을 처분하고 현금으로 만들어서 나가게 되어 있다. 주식투자로 큰돈을 벌었다고 하려면 그 주식을 처분해서 시세차익을 실현해야 한다.

가치투자자도 기업의 내재가치 이상으로 주가가 오르거나 기업환경이 급변하면 종목을 처분해야 한다. 또한 주식 처분시기를 미리 구상해두고 투자하는 것도 나쁘지 않다. 기업의 내재가치에 따른 적정주가를 미리 판단하고 투자해야 손해를 보지 않는다는 뜻이다.

2. 주춤하는 순간 원금도 못 건진다

우리나라 사람들은 대부분 남의 말에 따라 의사결정을 자주 바꾸는 경향이 있다. 특히 주식투자자들은 팔랑귀가 많다. "지금 떨어지고 있지만 앞으로 오를 거래" 하는 주변 사람들의 말에 자신의 투자의사 결정을 바꾸는 것이다.

그런데 이렇게 망설이는 사이에 주가는 이미 반 토막이 나 있을 때가 많다. 예를 들어 내가 7만 원에 주식을 매수했는데 10만 원으로 올랐다고 치자. 그러면 '이제 팔아야지' 하고 매도할 준비를 하며 시장의 추이를 지켜본다. 이렇게 지켜보는 사이에 주가는 8만 원으로 떨어진다. '아, 내일이면 오르겠지?' 하면서 또 며칠을 기다리는 동안 주가는 6만 원으로 떨어진다. 그때는 '아, 10만 원일 때 팔았다면!' 하고 후회해도 이미 늦다.

3. PER가 오르고 순이익이 하락세라면 팔아라

PER는 주가를 주당순이익으로 나눈 비율로서 순이익이 커지면 낮아지고, 순이익이 낮아지면 오르게 되어 있다. 순이익이 갈수록 악화되면 자연스럽게 PER는 높아지게 된다. 만약 PER가 높아지고 있는데 주가가 일정 수준에서 보합세를 보인다면 그 주식은 팔아야 한다. 앞으로 주가가 하락해 순이익 수준에 맞게 조정될 것이기 때문이다.

028

상한가를 치는 종목에 투자해야 할까?

> 상한가는 주식시장에서 하루에 상승할 수 있는 주가의 최고치를 말합니다. 상한가를 친 종목은 뉴스 검색만 해도 실시간으로 뜹니다. 이런 종목만 잘 분석해도 초보 투자자에게 좋은 투자의 시작점이 될 것입니다.

주식의 상한가란 주식시장에서 개별종목의 주가가 일별로 상승할 수 있는 최고가격이라고 볼 수 있다. 반대로 하락할 수 있는 최저가격을 하한가라고 한다. 주식시장에서는 주가의 변동이 크므로 하루 동안 개별종목의 주가가 오르내릴 수 있는 한계를 정해놓은 범위를 가격제한폭이라고 한다. 그리고 이 범위까지 오르거나 내리는 것을 상한가, 하한가라고 한다.(출처 - 《시사상식사전》) 우리나라 코스피 시장의 가격제한폭은 30%이다. 1일 상한가폭은 있지만 그 외에는 제한이 없다고 보면 된다.

전문가들은 보통 상한가를 치고 있는 종목에 투자하라고 조언을 많이 하는데, 상한가의 이유가 기업의 미래전망이 좋기 때문이라면 크게 나쁜 전략은 아니다. 차트로는 과거의 주가흐름밖에 알 수 없기 때문에 상한가와 하한가를 친 흔적은 확인할 수 있지만 앞으로 주가가 오를지 떨어질지는 알기 힘들다.

매일 상한가를 치고 있는 종목은 검색만으로도 충분히 확인할 수 있으니 종목 매수에 참고하면 좋을 것이다. 초보 투자자라면 인터넷 검색엔진에서 '오늘의 상한가'를 검색해보자. 그러면 관련종목이 뜨는 것을 볼 수 있다.

검색결과 가운데 가장 눈여겨봐야 할 것이 뉴스다. 거의 실시간으로 상한가를 치는 종목들이 뜨기 때문이다.

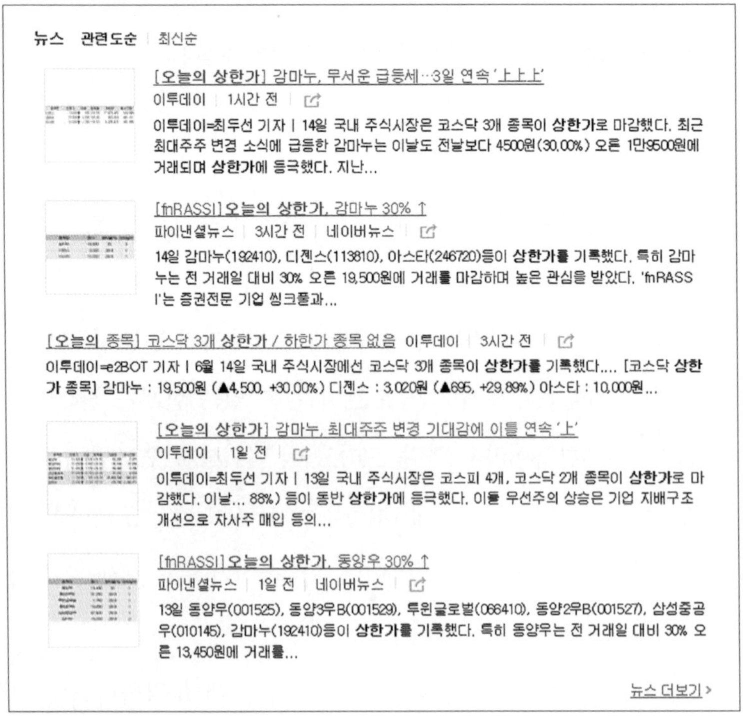

뉴스 **관련도순** | 최신순

[오늘의 **상한가**] 감마누, 무서운 급등세…3일 연속 '上上上'
이투데이 | 1시간 전
이투데이=최두선 기자 | 14일 국내 주식시장은 코스닥 3개 종목이 **상한가**로 마감했다. 최근 최대주주 변경 소식에 급등한 감마누는 이날도 전날보다 4500원(30.00%) 오른 1만9500원에 거래되며 **상한가**에 등극했다. 지난...

[fnRASSI] **오늘의 상한가**, 감마누 30% ↑
파이낸셜뉴스 | 3시간 전 | 네이버뉴스
14일 감마누(192410), 디젠스(113810), 아스타(246720)등이 **상한가를** 기록했다. 특히 감마누는 전 거래일 대비 30% 오른 19,500원에 거래를 마감하며 높은 관심을 받았다. 'fnRASSI'는 증권전문 기업 씽크풀과...

[오늘의 종목] 코스닥 3개 **상한가** / 하한가 종목 없음 이투데이 | 3시간 전
이투데이=e2BOT 기자 | 6월 14일 국내 주식시장에선 코스닥 3개 종목이 **상한가를** 기록했다.... [코스닥 **상한가** 종목] 감마누 : 19,500원 (▲4,500, +30.00%) 디젠스 : 3,020원 (▲695, +29.89%) 아스타 : 10,000원...

[오늘의 **상한가**] 감마누, 최대주주 변경 기대감에 이틀 연속 '上'
이투데이 | 1일 전
이투데이=최두선 기자 | 13일 국내 주식시장은 코스피 4개, 코스닥 2개 종목이 **상한가**로 마감했다. 이날... 88%) 등이 동반 **상한가**에 등극했다. 이들 우선주의 상승은 기업 지배구조 개선으로 자사주 매입 등의...

[fnRASSI] **오늘의 상한가**, 동양우 30% ↑
파이낸셜뉴스 | 1일 전 | 네이버뉴스
13일 동양우(001525), 동양3우B(001529), 투윈글로벌(066410), 동양2우B(001527), 삼성중공우(010145), 감마누(192410)등이 **상한가를** 기록했다. 특히 동양우는 전 거래일 대비 30% 오른 13,450원에 거래를...

뉴스 더보기 >

이렇게 상한가를 친 소수 종목의 추세가 상승세인 이유와 재무상태만 잘 분석해도 상승세를 유지할 종목을 가려내서 그 종목에 편승할 수 있다. 상한가의 이유는 뉴스나 증권사의 매체, 네이버 금융 등에서 검색해 기업정보를 확인하며 분석해봐야 한다.

어느 종목에 투자해야 할지 잘 모르겠다면, 이렇게 상한가를 치는 종목으로 좁혀서 단기투자를 하는 것도 괜찮은 전략일 것이다.

Chapter 2

왕초보를 위한 주식의 기초개념

029

자주 사용하는 주식용어는?

주식투자를 하다보면 용어가 생소하고 어렵게 느껴져 투자를 망설이거나 정보를 이해하지 못해 잘못 투자하는 사람들도 종종 봅니다. 주식용어는 주식투자를 자주 하면 익숙해지게 마련이지만, 처음 투자를 하는 초보들에게는 정리가 필요한 개념이죠. 자주 사용하는 주식용어를 정리하고 투자를 시작합시다.

1. 장부 : 회사가 작성하는 회계기록을 말하며, 재무제표를 장부라고 부르기도 한다.

2. 재무제표 : 기업이 자신의 재무정보를 기록, 요약해서 보고하는 보고서라고 보면 쉽다. 재무제표에는 재무상태표, 포괄손익계산서, 자본변동표, 현금흐름표, 주석이 있다.

3. 코스피KOSPI : 우리나라의 종합주가지수로서 증권거래소에 상장된 종목들의 주가를 그 비중으로 가중평균해 나타낸 수치다. 증권시장에 상장된 기업들의 주가를 평균한 것이기 때문에 규모가 큰 기업의 주가를 대표하는 지수로 보아도 무방하다.

4. 코스닥KOSDAQ : 전자거래시스템으로 운영되는 한국의 장외 주식거래 시장으로 증권거래소 시장과는 다른 특별한 시장이다. 코스닥 시장에는 주로 벤처기업이 상장되어 있다.

5. 거래량 : 주식시장에서 주식이 거래된 물량을 말하는 것으로 일별, 주별, 월별로 따질 수 있다. 거래량은 주가의 변동을 주도하는 대표적 요인으로서 주가의 상승과 하락만큼이나 중요하다.

6. 주도주 : 가장 인기가 있거나 유망한 종목을 말한다. 시장에서 주목을 받고 시장을 선도하는 종목의 주식이라고 보아도 된다.

7. 골든크로스 : 단기이평선이 장기이평선을 상향 돌파하는 경우를 말한다. 이것은 강력한 강세장으로 전환하는 신호라고 볼 수 있다. 쉽게 말하면 주가가 상승세를 탔다는 의미다.

8. 데드크로스 : 단기이평선이 중장기이평선을 하향 돌파하는 경우를 말한다. 일반적으로 데드크로스는 주식시장이 약세로 전환되고 있는 신호로 해석된다.

9. 액면분할 : 주식의 액면가액을 일정한 분할비율에 따라 나누어 주식수를 그만큼 증가시키는 것을 말한다. 액면분할을 하는 이유는 주식수를 늘리고 주가를 떨어뜨려 주식거래를 활성화하기 위해서다.

10. 순환매 : 특정 주식의 주가가 상승하면 그와 관련된 종목도 덩달아 주가가 상승해 순환적으로 매수하려는 분위기가 형성되는 현상을 말한다.

11. 증거금 : 주식거래를 위한 보증금을 말한다. 증거금제도는 투자자가 보유한 금액보다 몇 배 많은 금액의 주문이 가능하게 하는 제도다. 100% 증거금률이라면 보유금액까지만 주식매수가 가능하다는 뜻이다.

12. 예수금 : 현재 투자자가 보유 중인 현금을 말한다. 즉, 증권사 주식계좌에 넣어둔 현금이 예수금이다.

13. 턴어라운드 주 : 적자상태에서 실적의 개선으로 흑자전환이 예상되는 기업의 주식을 말한다.

14. 시간외 매매 : 정규 장이 열리는 시간 외에도 매매가 가능하게 만든 제도다.

장전 시간외 매매	8:30~8:40 전일 종가 매매
장후 시간외 매매	15:40~16:00 당일 종가 매매

15. 자전거래 : 증권사가 같은 주식을 동일한 가격과 수량으로 매도·매수 주문을 내서 거래를 체결하는 방법이다.

16. 자사주 매입 : 주식회사가 발행한 자사의 주식을 다시 매입하는 것을 말한다. 이 경우 자본의 마이너스 항목인 자기 주식으로 재무상태표에 기록한다.

17. 배당락 : 배당이 있은 뒤 배당을 지급한 만큼 주가가 하락하는 현상을 말한다.

18. 감자 : 회사가 자사의 자본금을 감소시키는 것을 의미하며, 주금액을 감소시키는 방법과 주식수를 감소시키는 방법이 있다.

19. 기관투자자 : 법인 형태의 대규모 자본을 보유한 투자자를 의미한다. 증권사, 은행 등 전문가들을 통해서 전문적으로 투자하는 기관투자자는 개미투자자들에 비해 정보력이 좋다.

20. 외국인투자자 : 외국계 금융회사와 해외 증권사를 통해 거래하는 투자자들을 뜻한다.

21. 가치투자 : 기업의 내재가치를 분석해 현재 주가가 저평가되어 있다면 이를 매수해서 내재가치에 수렴할 때까지 보유해 차익을 거두는 전략을 말한다. 워런 버핏이 이 방법을 사용해서 큰 부자가 되었다.

22. 기술적 분석 : 과거 주식의 가격, 거래량 등을 이용하여 주가변화 추세를 보고 미래의 주가를 예측하는 방법이다. 차트 분석이 기술적 분석의 대표적 사례이다.

030

보통주와 우선주는 무엇이 다를까?

> 주식의 종류에는 보통주와 우선주가 있습니다. 보통주는 우리가 주식시장에서 흔히 거래하는 일반적인 주식이고, 우선주는 보통주에 비해 배당이나 잔여재산분배 등을 우선적으로 받는 대신 의결권을 행사할 수 없는 주식을 말합니다.

주식에는 다양한 카테고리가 있지만, 대표적으로 구분하는 것이 보통주common stock와 우선주preferred stock이다. 기업을 상장하면 주식시장에서 주식을 발행해서 유통시킬 수 있는데, 대표적으로 두 가지 주식이 거래된다.

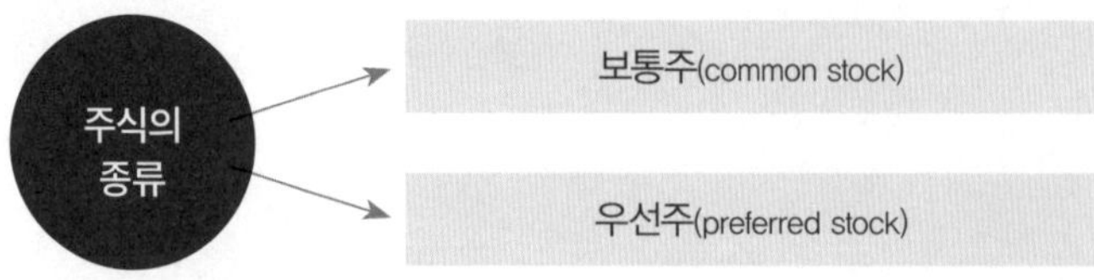

보통주, 누구냐 넌!

보통주는 일반적으로 거래되는 주식을 뜻한다. 주식투자자들이 매수와 매도를 반복하는 그 주식이 바로 보통주인 것이다. 보통주는 기업의 소유권을 반영하는 증서이다. 따라서 보통주를 소유한 투자자는 기업의 수익에 대한 소유권ownership을 갖게 되고, 보통주를 많이 보유해서 지분율을 확보하면 대주주가 될 수 있다. 대주주는 회사의 경영진을 좌지우지할 수 있고 이사회를 선임해 감시, 감독을 할 수 있다.

보통주 주주들은 기업을 운영하는 동안 기업의 이익에 비례해서 배당을 받을 수 있고, 이익이 발생하지 않으면 배당도 받지 못한다. 영위하던 기업을 접고자 할 때는 상법상 해산과 청산의 절차를 거치게 된다. 기업이 청산을 할 때는 모든 채권자에게 채무를 변제하는데, 가장 마지막에 남은 잔여재산을 분배받는 것이 보통주 주주들이다.

오랜 기간에 걸쳐 자본이 성장하고 기업이 이익을 내면서 보통주 주주들도 이득을 취해왔다면 기업의 청산 시에는 다른 이해관계자들에게 남은 재산을 먼저 분배한 다음 최종적으로 남은 재산만을 받게 된다. 결국 다른 채권자들에 대한 책임을 지고 남은 재산이 없으면 청산으로 인해 아무것도 건질 수 없게 된다. 보통주는 기본적으로 유한책임이지만 그만큼 원금을 날릴 가능성도 존재한다.

우선주, 누구냐 넌!

우선주는 보통주보다 특정한 권리에서 우선적 지위를 가진다. 보통주보다는 배당을 우선적으로 지급받는 배당우선주를 발행하는 것이 일반적이다. 우선주는 기업에 대한 소유권 및 이익이 나면 배당을 우선적으로 받을 권리가 있는 대신 보통주가 누리는 권리 가운데 하나인 의결권이 없다. 결국 우선주는 주주총회에서 경영에 참여할 기회를 박탈당하는 대신 기업의 배당을 우선적으로 수취하게 되는 것이다.

기업은 우선주 주주에게 정해진 배당금을 지속적으로 지불하게 되어 있다. 이익이 발생하는 이상 배당은 주주총회에서 결정하는 만큼 주주에게 지급하는데, 우선주 주주는 보통주 주주와는 달리 정해진 금액을 먼저 가져갈 수 있다. 우선주는 거의 매년 정해진 이자를 지급받는 채권처럼 안정적인 주식이라고 볼 수 있고, 이는 안정형 배당펀드에 우량기업의 우선주가 많이 포함된 이유이기도 하다.

또한 우선주 주주는 기업을 해산하고 청산할 때 보통주보다 우선적으로 잔여재산 분배를 받게 된다. 물론 주식의 특성상 채권자보다는 후순위로 잔여재산 분배를 받지만, 보통주보다는 우선적으로 잔여재산을 회수할 수 있는 것이다. 우선주의 경우 간혹 회사와의 계약에 따라 환매조건이 부여될 수도 있다. 즉, 우선주 투자자는 회사에 일정한 가격에 우선주를 매수하도록 청구할 수 있는 권리를 가지고 원금을 빨리 회수할 수 있는 것이다. 이렇게 안정적인 현금흐름을 확보할 수 있는 주식이 바로 우선주다.

031

매수 타이밍을 잡는 방법은?

주가의 저평가 여부를 파악하려면 EPS, PER 등 재무비율을 활용해야 합니다. 이를 분석할 수 있도록 공부하는 것은 주식투자에서 기본 중의 기본이죠. 또한 순이익률 등 수익성 지표 대비 주가가 적정한지 등도 따져보아야 하고, 아울러 차트를 통해서 주가가 상승 추세에 있는지도 봐야 합니다. 이를 종합해서 매수 타이밍이라고 생각되면 과감하게 투자해야 합니다.

경제활동에서 이득을 보는 원칙 가운데 하나는 '싸게 사서 비싸게 파는 것'이다. 기업의 내재가치에 비해 현재 주가가 충분히 저렴한가를 파악하는 여러 가지 기법이 있다(이에 대해서는 Chapter 3에서 자세히 다룬다).

흔히 PER가 업종 평균이나 유사기업에 비해 작은 경우 저평가 되었다고 보며, 순이익률 등을 통해 수익성까지 검토하면 저평가 여부를 확실히 알 수 있다. 또한 차트에서 주가가 상승세에 있으면 상대적으로 내재가치에 수렴하는 과정으로 판단하고 매수하는 것이 좋다.

간혹 외국인투자자들이 대규모로 우리나라 종목에 투자했다가 기업에 대한 전망 때문에 대량으로 매도하고 시장에서 떠나는 경우가 있다. 내재가치에 비해 주가가 갑자기 폭락하는 종목의 경우 이에 해당하는지 조사해볼 필요가 있다. 만약 주가가 폭락한 이유가 이러한 비정상적 충격 때문이라면 내재가치에 비해 현저히 저렴한 주가에 매수할 수 있는 기회라고 보면 된다.

손쉬운 종목 선택 팁을 공유하면 다음과 같다. 먼저 네이버나 구글 등 검색엔진에서 저PER주라고 검색해보자.

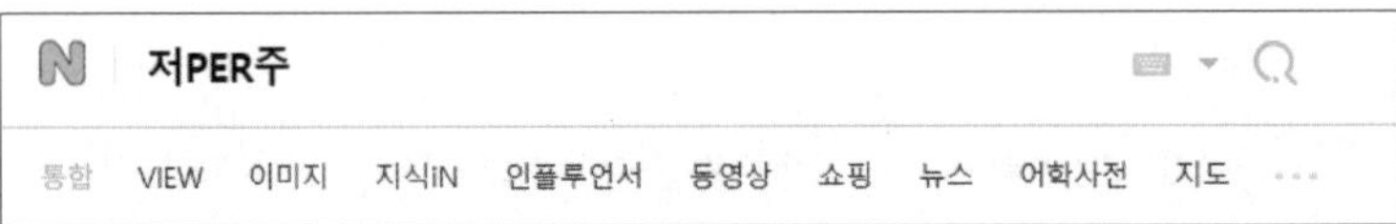

그러면 뉴스에서 올해 예상 저PER 주식 혹은 증권사 추천종목도 뜬다. 일단 증권사나 애널리스트들이 저PER주라고 정리해준 종목들은 실제로 업계평균 PER보다 낮고 많은 투자자가 관심을 둘 가능성이 높으므로 투자대상으로 삼기에 나쁘지 않다.

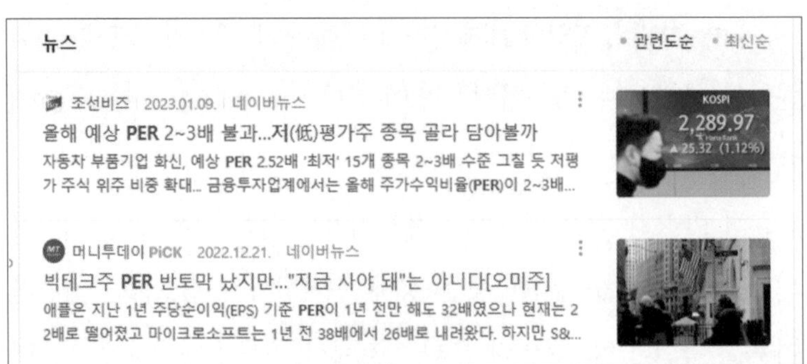

조선비즈에서 정리해놓은 기사를 클릭하면 구체적인 내용이 뜨는데 일부를 보면 다음과 같다.

> 9일 한화투자증권에 따르면 올해 PER이 2~3배에 그칠 것으로 예상되는 종목은 15곳이다. 가장 PER이 낮을 것으로 보이는 곳은 자동차부품업체 화신(8,480원 ▼ 110 -1.28%)으로 올해 예상 PER은 2.52배다. 올해 예상 순이익은 1002억원이며 지난해 말 기준 주가는 7220원이다. 또 화학제품 생산 기업 OCI(89,200원 ▲ 600 0.68%)(2.57배), 비메모리 반도체 위탁생산 기업 DB하이텍(44,000원 ▲ 150 0.34%)(2.62배), 대신증권(13,000원 ▲ 50 0.39%)(2.67배), 플라스틱 내구성 물질인 폴리머 안정제 제조기업 송원산업(19,600원 ▲ 100 0.51%)(2.7배) 등 10곳이 PER 2배가 조금 넘을 것으로 전망됐다.
>
> 건설사 중에서는 대우건설(4,645원 ▲ 180 4.03%)의 올해 PER이 3.32배로 예상돼 가장 낮았다. GS건설(23,850원 ▲ 1,050 4.61%)도 올해 PER이 3.43배에 그칠 것으로 전망됐다. 주요 금융지주사 중에서는 하나금융지주(51,500원 ▲ 700 1.38%)가 3.4배의 PER을 기록할 것으로 예상됐다.

이 중에서 자신이 관심있는 분야의 종목을 별도로 네이버 증권에서 검색해보면 종목에 대한 다양한 정보가 뜬다. 여기서는 OCI 종목을 검색해보면 아래와 같이 주가가 상당히 낮은 상태임을 쉽게 알 수 있다.

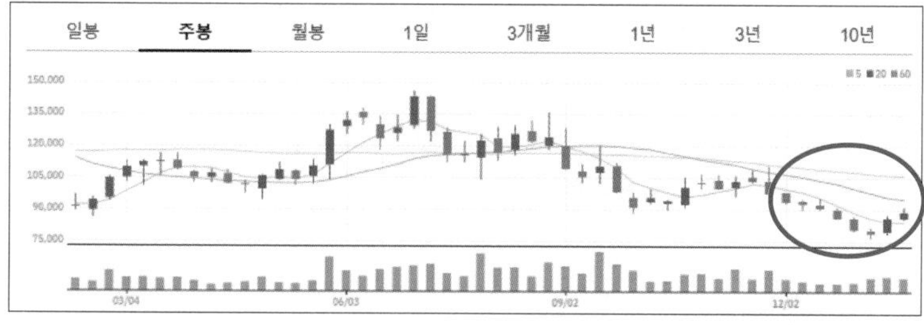

그런데 순이익은 오히려 2021년 흑자전환 이후 지속적으로 개선되고 있다.

주요재무 | 연간실적 | 분기실적

기간	2019.12.	2020.12.	2021.12.	Ⓔ 2022.12.
매출액	26,051	20,025	32,440	46,711
영업이익	-1,806	-861	6,260	9,419
당기순이익	-8,074	-2,512	6,521	7,523
지배주주순이익	-7,944	-2,462	6,476	-
비지배주주순이익	-130	-50	44	-
영업이익률	-6.93	-4.30	19.30	20.16
순이익률	-30.99	-12.54	20.10	16.11
ROE	-26.20	-9.89	23.93	21.75
부채비율	79.14	85.99	82.60	-
당좌비율	148.28	141.28	139.94	-
유보율	1,956.46	1,760.59	2,268.54	-
EPS	-33,308	-10,321	27,156	31,480
PER	-1.88	-9.01	3.83	2.83
BPS	110,515	98,978	128,783	162,663
PBR	0.57	0.94	0.81	0.55
주당배당금	-	-	2,000	2,380

결국 현재 PER가 업종 평균보다 낮으며 실적도 개선되고 있고 부채비율이 감소하며 당좌비율도 적절하다. 다만, 주가가 아직 상승추세에 있지 않고 전체적인 장세가 좋지 않기 때문에 당분간 관망하다가 거래량 증가와 함께 주가가 오르는 추세로 전환하면 매수할 만한 종목임을 확인하고 관심을 두면 된다.

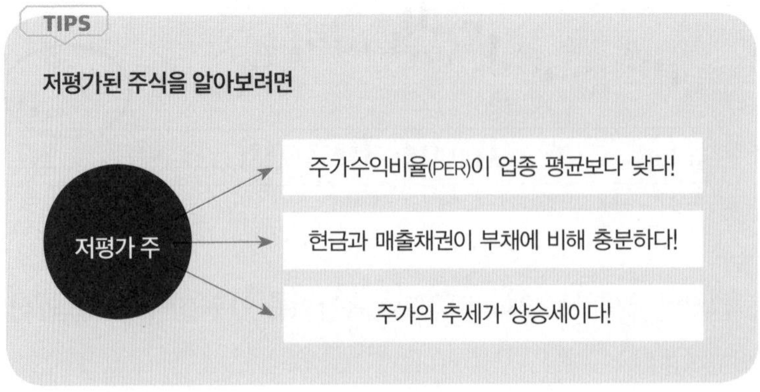

TIPS
저평가된 주식을 알아보려면
저평가 주
주가수익비율(PER)이 업종 평균보다 낮다!
현금과 매출채권이 부채에 비해 충분하다!
주가의 추세가 상승세이다!

032

절대로 사면 안 되는 종목은?

금융감독원에서는 상장폐지 기업을 조사해 그 징후를 밝히고 있습니다. 이런 징후는 결국 망할 기업의 징조라고 할 수 있겠지요. 이런 징후를 보이는 기업의 주식은 절대 사면 안 됩니다.

가끔 주식시장에 상장된 기업에 심각한 결함이 있어 상장폐지가 확정되는 경우가 있다. 상장폐지란 증시에 상장된 주식이 매매대상으로서 자격이 없어 상장이 취소되는 것을 말한다. 상장폐지가 되면 비상장주식이 거래되는 사이트에서 매도자와 매수자가 개별적으로 거래를 해야 한다.

상장폐지가 된 주식은 대부분 주가가 의미 없는 휴지조각이 된다. 주가가 높은 종목도 상장폐지 요건에 해당하면 상장폐지가 될 수 있으므로 투자 시에는 이런 종목을 각별히 주의해야 한다.

금융감독원에서는 상장폐지 기업을 대상으로 조사해서 다음의 징후를 밝히고 있다. 이에 해당하는 기업의 주식에는 절대 투자해서는 안 된다.

경영권 변동이 잦은 종목

경영권이 자주 변동된다는 것은 상장폐지의 전조증상이다. 조사에 따르면 상장폐지가 된 기업 가운데 최대주주가 2회 이상 변경되었거나 대표이사가 2회 이상 변경된 기업이 절반에 가까웠다. 이런 기업들은 경영진의 안정적·지속적 경영을 기대할 수 없는 상태였다. 경영권이 바뀐 가장 큰 이유가 배임과 횡령이라는 점에서 문제의 심각성을 알 수 있다.

주된 사업이 자주 바뀌는 종목

목적사업이 수시로 바뀐다면 상장폐지를 의심해봐야 한다. 상장폐지 기업의 절반 정도가 목적사업을 변경했으며, 그중 상당수는 기존의 사업과 전혀 관계없는 사업을 추가하기도 했다. 보통 중심사업 분야를 벗어나 신규사업을 벌일 경우 커다란 영업 위험을 수반하므로 이런 징후를 유심히 살펴볼 필요가 있다.

지분법 손실이나 단일 거래처 비중이 큰 기업 종목

상장폐지 기업의 상당수가 다른 법인에 출자하는 비중이 컸으며, 단일 거래처 공급계약 체결 비중이 크고 정정 횟수도 잦았다. 기업이 다른 회사의 주식을 과도하게 많이 보유하고 있다는 것은 부실징후 가운데 하나다. 타 회사의 지분을 20%가 넘게 보유하고 있고, 지분법손실 등을 통해 순이익을 악화시키고 있는 기업은 상장폐지가 될 가능성이 크다고 볼 수 있다.

게다가 특정 거래처와 맺은 단일 계약의 비중이 매출액의 대부분을 차지하고 그 공시정정 횟수가 많았다면 이는 거래의 실질을 의심해봐야 한다. 거래처가 부실해지면 해당기업도 망할 가능성이 크다.

감사보고서에 특기사항이 기재된 종목

상장폐지 직전 사업연도의 감사보고서에 특기사항이 기재된 기업은 80%가 넘었다. 여기서 감사보고서란 공인회계사인 감사인이 기업의 재무제표가 적정하게 작성되었는지 여부를 감사해서 그 결과를 공시한 보고서를 말한다. 이 보고서는 금융감독원 전자공시시스템을 통해 확인할 수 있다. 여기서 특기사항은 '계속기업 가정의 불확실성'과 같이 기업의 존속 자체가 불투명하고 위험한 상황이라는 것을 알려주는 사항이다.

참고

주요 상장폐지 요건(유가증권시장 상장규정 제48조)

1. 정기보고서 미제출
2. 감사인 의견 미달
3. 자본 잠식
4. 주식분산 미달
5. 거래량 미달 등 상세 내용은 아래 표 참고(출처: KRX 홈페이지)

유가증권시장 관리종목지정 및 상장폐지 기준

구분	관리종목 지정 (유가증권시장 상장규정 제47조)	상장폐지 기준 (유가증권시장 상장규정 제48조)
정기보고서 미제출	• 법정제출기한(사업연도 경과 후 90일) 내 사업보고서 미제출 • 법정제출기한(분·반기 경과 후 45일 이내) 내 분·반기보고서 미제출	• 사업보고서 미제출로 관리종목 지정 후 법정제출기한부터 10일 이내 사업보고서 미제출 • 반기·분기보고서 미제출로 관리종목 지정 후 사업·반기·분기보고서 미제출
감사인 의견 미달	• 감사보고서상 감사의견이 감사범위 제한 한정인 경우(연결감사보고서 포함) • 반기 검토보고서상 검토의견이 부적정 또는 의견거절인 경우	• 최근사업연도 감사보고서상 감사의견이 부적정 또는 의견거절인 경우(연결감사보고서 포함) • 2년 연속 감사보고서상 감사의견이 감사범위 제한 한정인 경우
자본잠식	최근사업연도 사업보고서상 50% 이상 잠식 * 자본잠식률=(자본금-자본총계)/자본금 * 종속회사가 있는 경우 연결재무제표상 자본금, 자본총계(외부주주지분 제외)를 기준으로 함	• 최근사업연도 사업보고서상 자본금 전액 잠식 • 자본금 50% 이상 잠식 2년 연속
주식분산 미달	• 최근사업연도 사업보고서상 일반주주 수 200명 미만 또는 • 최근사업연도 사업보고서상 일반주주 지분율 5% 미만. 다만 200만 주 이상인 경우 해당되지 않는 것으로 간주	• 일반주주 수 200명 미만 2년 연속 • 지분율 5% 미만 2년 연속. 다만 200만 주 이상인 경우 해당되지 않는 것으로 간주
거래량 미달	반기 월평균거래량이 반기말 현재 유통주식 수의 1% 미만	2반기 연속 반기 월평균거래량이 유통주식 수의 1% 미만
지배구조 미달	• 사외이사 수가 이사 총수의 1/4 미만 등(자산총액 2조 원 이상 법인의 경우 사외이사 3인 이상, 이사 총수의 과반수 미충족) • 감사위원회 미설치 또는 사외이사 수가 감사위원의 2/3 미만 등(자산총액 2조 원 이상 법인만 해당)	2년 연속 사외이사 수 미달 또는 감사위원회 미설치 등
공시의무 위반	최근 1년간 공시의무위반 누계벌점 15점 이상	• 관리종목 지정 후 1년간 누계벌점이 15점 이상 추가(상장적격성 실질심사) • 관리종목 지정 후 고의, 중과실로 공시의무 위반(상장적격성 실질심사)
매출액 미달	최근사업연도 50억 원 미만(지주회사의 경우 연결매출액 기준)	2년 연속 매출액 50억 원 미만

주가/시가총액 미달	• 주가가 액면상의 20% 미달 30일간 지속 • 시총 50억 원 미달 30일간 지속	관리종목 지정 후 90일 이내 관리지정사유 미해소
회생절차	회생절차 개시신청	• 회생절차기각, 취소, 불인가 등(상장적격성 실질심사) • 기업의 계속성 등 상장법인으로서의 적격성이 인정되지 않는 경우(상장적격성 실질심사)
파산신청	파산신청	법원의 파산선고 결정
기타 즉시 퇴출 사유		• 최종부도 또는 은행거래정지 • 법률에 따른 해산사유 발생 • 주식양도에 제한을 두는 경우 • 당해법인이 지주회사의 완전자회사가 되고 지주회사의 주권이 신규상장되는 경우 • 우회상장 시 우회상장 기준 위반
상장적격성 실질심사		• 주된 영업이 정지된 경우(분기 매출액 5억 원 미달) • 주권의 상장 또는 상장폐지와 관련한 제출서류의 내용 중 중요한 사항의 허위기재 또는 누락내용이 투자자보호를 위하여 중요하다고 판단되는 경우 • 기업의 계속성, 경영의 투명성, 기타 공익과 투자자보호 등을 종합적으로 고려하여 상장폐지가 필요하다고 인정되는 경우 　• 유상증자나 분할 등이 상장폐지요건을 회피하기 위한 것으로 인정되는 경우 　• 당해법인에 상당한 규모의 재무적 손실을 가져올 것으로 인정되는 횡령·배임 등과 관련된 공시가 있거나 사실 등이 확인된 경우 　• 국내회계기준을 중대하게 위반하여 재무제표를 작성한 사실이 확인되는 경우 　• 주된 영업이 정지된 경우 　• 자본잠식에 따른 상장폐지기준에 해당된 법인이 자구감사보고서를 제출하여 상장폐지사유를 해소한 경우 　• 거래소가 투자자보호를 위해 상장폐지가 필요하다고 인정하는 경우

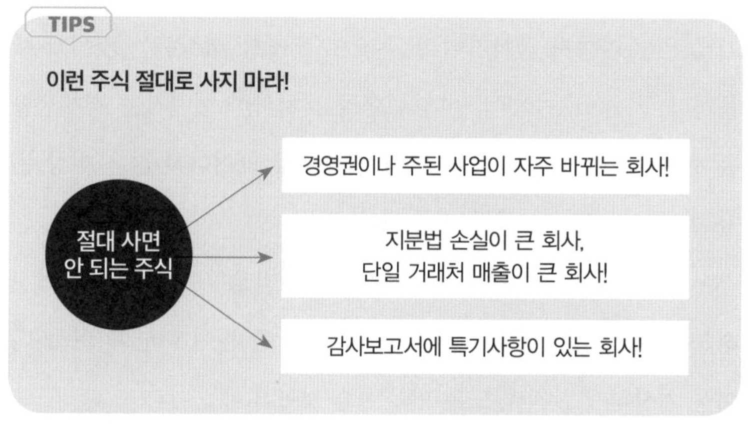

TIPS
이런 주식 절대로 사지 마라!
절대 사면 안 되는 주식
경영권이나 주된 사업이 자주 바뀌는 회사!
지분법 손실이 큰 회사,
단일 거래처 매출이 큰 회사!
감사보고서에 특기사항이 있는 회사!

033

왕초보는 얼마로 시작해야 할까?

> 월급에서 일정금액을 떼어 좋은 주식을 하나씩 모으세요. 큰돈으로 시작해서 부자가 되려고 하면 늦습니다. 작은 금액을 꾸준히 투자하는 것이 장기간에 걸쳐 부자가 되는 길이라고 생각합니다.

주식투자 자금은 정말 피 같은 돈이라고 생각하고 시작해야 한다. 매일 직장에 출퇴근하느라 피곤한 몸을 이끌고 직장상사의 듣기 싫은 소리까지 참아가며 번 돈으로 투자를 시작하는 것이기 때문이다. 돈을 버는 것이 얼마나 힘들고 치사한 일인지는 경제생활을 해본 사람이라면 누구나 안다. 금수저로 태어나지 않은 이상 돈을 벌려면 그만큼 고통을 감수해야 한다.

이렇게 일해서 받은 월급을 고스란히 여가생활이나 유흥에 탕진하는 일은 없어야 한다. 왜냐하면 이 피 같은 돈이 나중에 나를 더 이상 치사하게 살지 않도록 만들어줄 것이기 때문이다.

그럼 얼마로 시작해서 투자를 하면 나중에 부자가 될 수 있을까? 정답은 없다. 다만 주식공부는 빠를수록 좋고, 좋은 종목을 수집하는 것도 빠를수록 좋다는 것은 분명하다. 월급을 받으면 지출하고 남은 돈은 저축을 하게 마련이다. 적금을 넣거나 보험에 가입하는 사람도 많고, 금융기관에서 알아서 굴려줄 것을 기대하며 펀드에 가입하는 사람도 있다. 그런데 이렇게 해서는 우리가 상상하는 1000% 이상의 수익을 내기가 어렵다.

그렇다면 어떻게 해야 할까? 월급을 받으면 매월 지출액을 일정하게 통제하고 나머지는 무조건 주식을 하나씩 사는 것이다. 이것을 습관화하면 놀라운 효과가 발생한다.

내 주변에는 주식투자로 5억 원 이상을 번 선배도 있고, 어릴 때부터 주식을 사기 시작해서 부자가 된 친구도 있다. 이들의 이야기를 들어보면 하나같이 월급에서 일정금액을 떼서 좋은 주식을 매수하는 데 썼다고 한다. 부자들은 주식을 사서 파는 물건으로 생각지 않고 그 기업의 미래와 꿈이라고 생각한다. 그렇기 때문에 좋은 기업의 주식을 사서 모아둔다. 이들에게 주식을 수집하는 행위는 곧 그 기업의 미래를 함께 나누는 일이기 때문이다.

주식투자를 얼마로 시작해야 하느냐는 질문에 나는 이렇게 답하고 싶다.

"지금부터 주식공부, 기업공부를 시작하세요. 좋은 기업, 좋은 종목이라고 판단되면 작은 돈이라도 투자해서 하나씩 사두세요. 나중에 그 기업이 성장하고 주가가 성장하면 어느새 부자가 되어 있을 테니까요."

목돈을 모아서 주식을 한꺼번에 왕창 사겠다는 생각은 투자 마인드가 아니라 도박 마인드다. 주식을 기업에 대한 소유권으로 생각하고 하나씩 모으기 시작하면 나중에 그 기업이 성장하는 만큼 내 재산도 늘어날 것이다. 좋은 회사가 우량기업이 되면 나도 부자가 될 것이고, 그 기업의 제품이 대박나면 나도 배당을 많이 받을 것이다. 즉, 기업의 비전을 공유하고 행복을 공유하는 것이다.

주식투자는 잘 계획해서 작은 금액부터 투자하는 것이 좋다고 본다.

034

증권사를 선택하는 기준은?

"

증권사를 고르는 기준은 증권거래 수수료가 저렴한지, 증권거래시스템이 잘 갖춰져 있는지, 지점수가 많아 접근이 용이한지, 교육 프로그램이 잘 갖춰져 있는지 등 다양합니다. 그런데 요즘에는 스마트폰으로 거래가 간편해진 데다 주식과 관련해 좋은 책과 강연이 많기 때문에 그런 조건을 굳이 따져볼 필요가 없게 되었습니다. 그래서 가장 중요한 선택 기준은 아무래도 수수료와 편리한 주식거래시스템일 것입니다.

요즘은 어떤 증권사를 선택하든 주식거래를 위해 다양한 서비스를 제공하고 있기 때문에 크게 문제가 되지 않는다. 그런데 주식을 시작하는 왕초보들은 한번 증권사를 선택하면 바꾸기도 힘들고 가입절차나 계좌개설도 복잡하기 때문에 고민이 될 것이다. 그래서 초보자들이 증권사를 선택할 때 고려해야 할 몇 가지 기준을 다음에 제시해본다.

단기투자자에게 중요한 주식수수료

주식수수료는 주식을 거래할 때 주식투자자가 증권사에 내는 요금이라고 할 수 있다. 수수료는 매도와 매수 시에 모두 발생하므로 매도와 매수가 빈번한 경우에는 부담스러운 요인이다. 물론 내가 추천하는 가치투자를 하는 진득한 투자자들은 한번 종목을 사면 잘 팔지 않기 때문에 수수료 부담은 그리 크지 않다. 하지만 데이트레이딩을 하는 단기투자자의 경우는 수수료 출혈이 크기 때문에 잘 따져봐야 한다.

수수료보다 더 중요한 주식거래시스템

증권사 수수료를 비교해보면 가장 낮은 수수료율은 약 0.01%라는 것을 알 수 있다. 그런데 수수료만 싸다고 해서 좋은 증권사는 아니다. 왜냐하면 투자를 해서 이익을 얻으려면 종목분석을 철저히 해야 하고, 종목분석 프로그램이 얼마나 잘 갖춰져 있느냐에 따라 성능의 차이가 생기기 때문이다. 즉, 주식거래 시 자주 활용하는 홈트레이딩시스템HTS과 모바일트레이딩시스템MTS이 관건이다.

일단 초보자가 보아도 쉽게 종목을 비교할 수 있도록 화면구성이 잘되어 있고 빠른 정보 프로그램을 갖춘 증권사를 선택하는 것이 좋다. 현재 투자자들이 가장 많이 쓰는 프로그램은 키움증권의 영웅문S#(신버전)인 것 같다. 이 밖에도 이베스트투자증권, 유안타증권, KB투자증권, NH투자증권 등 다양한 증권사에서 편리한 HTS와 MTS를 제공하고 있다. 각각 비교해보고 사용하기 쉽다고 판단되는 증권사에 가입하면 된다.

035

주가지수를 꼭 봐야 할까?

> 주가지수는 자신이 투자하려는 종목이 속한 시장의 모든 주식의 가격을 가중평균한 시가총액을 기준시점을 100으로 해서 상대적 비율로 나타낸 것입니다. 주가지수를 보는 이유는 투자대상 종목이 속한 시장상황을 가장 잘 보여주기 때문입니다.

인터넷 검색엔진에서 '주가지수'로 검색을 하면 각종 주가지수 정보가 나온다. 우리나라의 종합주가지수는 코스피KOSPI이고, 코스닥 시장의 지수와 코스피200을 별도로 공시하고 있다.

주식 왕초보들이 가장 궁금해하는 점이 주가지수가 무엇을 나타내느냐는 것이다. 주가지수는 일정 시기의 주식가격을 100으로 해서 산출한 지수를 말한다. 즉, 주식시장에 상장된 모든 종목의 현재 시가총액을 기준시점의 총액으로 나누고 100을 곱해서 수치로 나타낸 것이다. 현재는 1980년 1월 4일의 주가지수를 기준시점으

참고

네이버에서 주가지수를 검색하면 나오는 화면

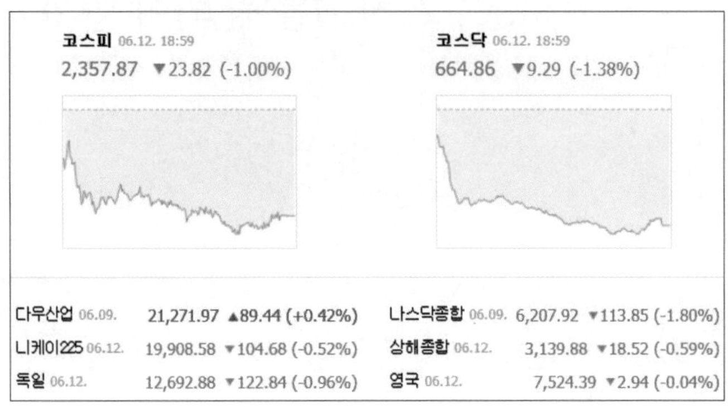

로 해서 공시하고 있다.

주가지수는 주식시장 전체가 어떤 방향으로 움직이는지를 보여준다고 할 수 있다. 코스피지수에 포함된 종목에 투자하려면 코스피지수를 참고하고, 코스닥지수에 포함된 종목에 투자하려면 코스닥지수를 봐야 한다. 참고로 코스피200지수는 한국 증권시장에 상장된 대표기업 200개의 주가를 종합해서 나타낸 지수다.

그런데 간혹 개별종목이 주가지수의 흐름과 다르게 움직이거나 오히려 반대로 움직이는 경우도 있다. 이런 종목은 개별종목 자체에 비체계적 위험(해당 종목에만 영향을 주는 위험)이 있거나 작전세력의 비정상적 투자일 수도 있다.

참고

네이버 금융〉국내증시 코너 화면

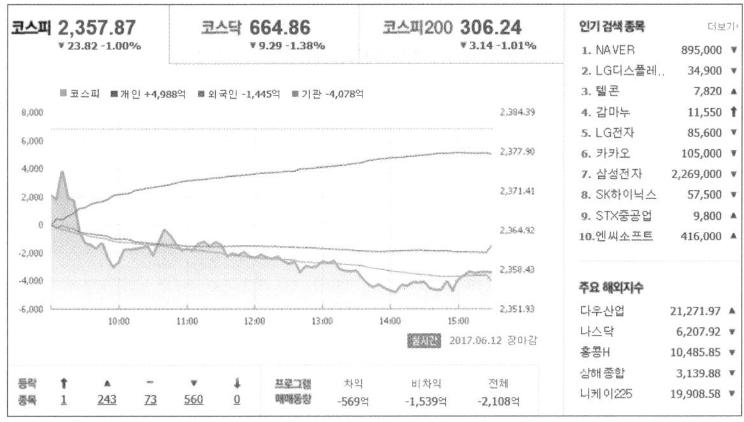

일반적으로 주가지수와 개별종목 간의 상관계수는 −1에서 1까지 있다. 상관계수가 1이라면 주가지수와 개별종목이 동일하게 움직인다고 볼 수 있다. 반면에 상관계수가 −1인 경우에는 주가지수와 개별종목이 정반대로 움직인다는 것을 뜻한다.

그런데 반대로 움직인다고 해서 나쁜 주식은 아니다. 주가지수가 하락할 때 오히려 상승하는 개별종목이 있다면 좋은 신호로 받아들일 수도 있다. 또한 상관계수가 반대인 종목으로 포트폴리오를 구성하면 한 종목에서 손실이 나더라도 다른 종목에서 이익이 발생해 안정적인 수익을 낼 수 있다.

보통 우량한 종목은 주가지수와의 상관계수가 0.5에서 1 사이에 분포하는 것으로 알려져 있다. 물론 단기투자를 하는 데이트레이더의 경우에는 주가지수와 관계없이 종목의 특성이나 정보 등에 따라 주식을 사고팔고 하면 된다. 그러나 장기투자를 하려는 가치투자자들은 주가지수가 상승할수록 전체 주가가 상승할 가능성이 높아지므로 주가지수의 추세를 파악해 상승기에 투자를 시작하는 것이 좋을 수 있다.

036

캔들차트를 보는 방법은?

> 차트는 양초 모양이어서 캔들차트라고도 합니다. 이 차트는 주가의 변화를 저가와 고가, 시가와 종가에 따라 나누어 표시하는 기법입니다. 차트의 해석은 주가를 해석하는 기본이기 때문에 잘 익혀두어야 합니다.

주식 차트는 모양이 양초처럼 생겼다고 해서 캔들차트candle chart라고도 한다. 이 차트는 일정기간 동안의 주가 추세를 막대 모양으로 나타낸 것을 말한다. 참고로 캔들차트는 해당 종목을 인터넷 검색엔진으로 검색해서도 찾을 수 있다.

네이버에서 '삼성전자'로 검색을 해보자. 스크롤을 조금만 내려도 삼성전자의 현재주가와 그래프가 나온다. 그래프 윗면에 보면 일봉, 주봉, 월봉이 있는데 이것을 클릭하면 주식 차트를 볼 수 있다.

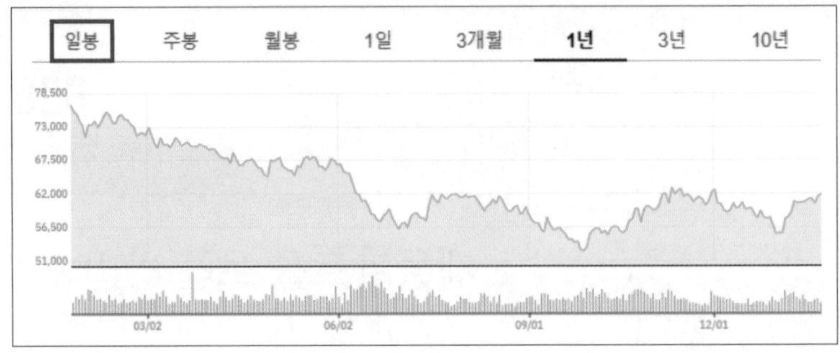

일봉을 클릭하면 다음과 같은 화면이 나온다.

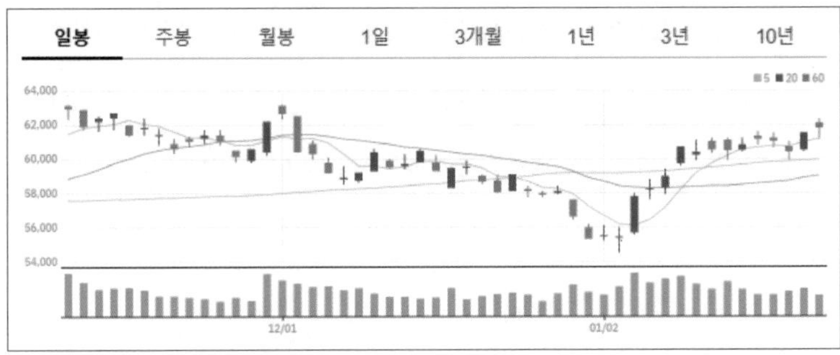

주가를 클릭하고 들어가면 해당 종목에 대한 정보를 좀 더 자세하게 볼 수 있다. 더 확대해보면 빨간색·파란색 막대와 꼬리 모양을 한 수많은 캔들을 볼 수 있을 것이다.

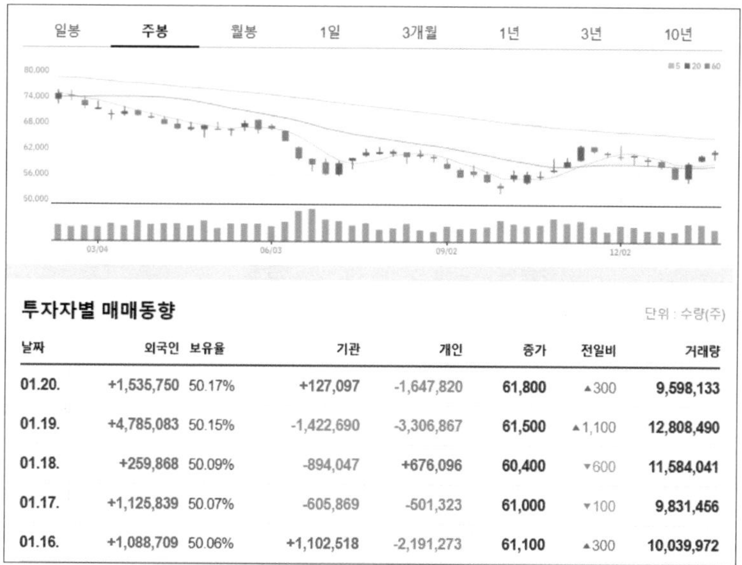

투자자별 매매동향

단위 : 수량(주)

날짜	외국인	보유율	기관	개인	종가	전일비	거래량
01.20.	+1,535,750	50.17%	+127,097	-1,647,820	61,800	▲300	9,598,133
01.19.	+4,785,083	50.15%	-1,422,690	-3,306,867	61,500	▲1,100	12,808,490
01.18.	+259,868	50.09%	-894,047	+676,096	60,400	▼600	11,584,041
01.17.	+1,125,839	50.07%	-605,869	-501,323	61,000	▼100	9,831,456
01.16.	+1,088,709	50.06%	+1,102,518	-2,191,273	61,100	▲300	10,039,972

이러한 주식 차트의 의미를 구체적으로 살펴보면 다음과 같다.

차트는 네모나고 길쭉한 박스 모양의 몸통과 위아래에 삐죽하게 솟아난 선 모양의 꼬리로 이루어져 있다.

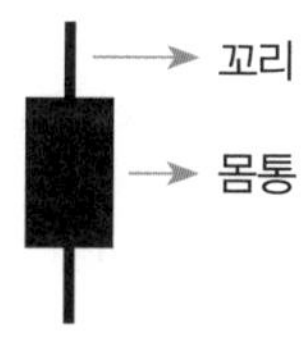

이러한 캔들의 색상은 주가가 올랐느냐 떨어졌느냐에 따라 빨간색과 파란색으로 나뉜다. 주가가 오르는 경우(종가 > 시가)에는 캔들의 색상이 빨간색이고 '양봉'이라 부른다. 반대로 주가가 떨어지는 경우(종가 < 시가)에는 캔들의 색상이 파란색이고 '음봉'이라고 한다.

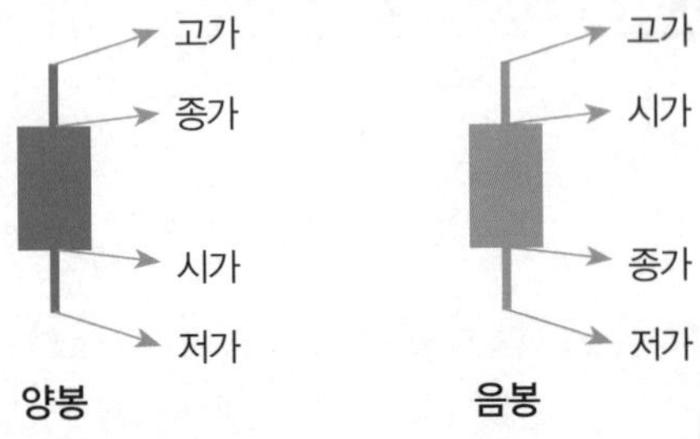

이제 주식 차트의 의미를 해석해볼 수 있다.

몸통의 길이는 시가와 종가가 얼마나 차이 나느냐에 따라 정해진다. 차이가 많이 나면 길어질 것이고, 차이가 적게 나면 길이가 짧아질 것이다.

꼬리의 경우는 저가와 고가의 시세가 얼마나 차이 나느냐에 따라 길이가 달라진다. 고가와 저가의 시세차이가 적게 나는 경우에는 꼬리가 짧을 것이고, 시세차이가 많이 나는 경우에는 꼬리가 길어질 것이다.

봉의 종류는 시간을 기준으로 해서 분봉, 일봉, 주봉, 월봉, 연봉으로 나눌 수 있다. 앞에서 설명한 데이트레이더인 단기투자자들은 차트를 볼 때 분봉, 일봉 등 주기가 짧은 봉 차트를 보고 투자하면 되고, 가치투자를 하는 장기투자자들은 월봉이나 연봉을 보고 투자하면 될 것이다.

037

가치투자란?

> 가치투자는 기업의 환경과 내재가치를 보고 적정주가를 판단해서 실제 주가가 저평가되어 있는 종목에 투자하는 기법입니다. 시간이 지나면서 주가가 기업의 내재가치를 반영한 적정주가에 수렴하게 되고 기업의 성장과 함께 주가도 성장하기를 기대하는 것이죠. 가치투자는 장기투자 기법인데, 미래의 부자를 꿈꾸는 사람들에게 바람직한 투자방법이라고 봅니다.

가치투자는 기업의 내재가치를 분석하고 적정주가를 판단해 시장에서 거래되는 주가와 비교한 다음 주가가 내재가치보다 저평가된 주식을 사서 장기보유 하는 기법이다. 가치투자는 잔기교를 부리지 않고 정석대로 주식에 투자하는 방법이라 할 수 있다.

먼저 재무제표를 분석하고 산업과 기업의 영업활동으로 기업의 미래를 전망해본다. 그리고 재무비율을 통해서 안정성, 성장성, 수익을 두루 확인해 장기적으로 보유해도 손실이 나지 않을지 분석한다. 이렇게 종합적으로 분석해 종목을 골라 내가 기업의 주인이라는 생각으로 투자를 유지한다. 이것이 바로 가치투자의 핵심이다.

가치투자도 결국 좋은 주식을 고르는 것에서 시작한다. 좋은 주식은 좋은 기업에서 발행한 주식일 수 있지만, 그중에서도 시장에서 아직 저평가되어 주가가 낮게 형성된 주식이라고 할 수 있다.

물론 좋은 기업의 주식은 장기적으로 경제가 성장함에 따라 함께 상승할 것이 분명하다. 이런 기업은 우량기업이고, 이 기업이 발행한 주식은 우량주라고 할 수 있다. 대표적인 예로 포스코나 삼성전자를 들 수 있다. 이런 종목은 돈이 생길 때마다 투자액을 늘려나가면 10년 후에는 상당한 재산이 형성될 것이다.

특히 우량기업인데도 기업의 내재가치보다 시장가격이 낮은 기업의 주식은 가격상승폭이 엄청날 수밖에 없고, 당연히 수익률도 몇 백 퍼센트를 달성하게 된다. 이렇게 저평가된 주식에 투자를 잘하면 단기적으로도 200% 이상의 수익률을 달성할 수 있다. 대표적인 예가 최근에 이슈가 되고 있는 보톡스 업계의 주식들이다.

이를테면 대표종목인 셀트리온의 주가만 보아도 저평가된 종목에 대한 투자가 얼마나 큰 이익을 가져오는지 알 수 있다. 단순히 봉 차트로 추세만 보며 투자하는 것보다는 훨씬 이득이다.

상장 당시인 2008년 발행가가 2천 원 정도였던 것을 감안하면 2023년 1월 29일 기준 주가인 166,800원은 거의 80배나 오른 가격이다. 수익률이 무려 5000%인 이 주식은 꾸준한 증가세를 보이며 기업의 내재가치에 수렴해왔다. 업종 평균주가가 20만 원을 넘긴 것을 볼 때 어쩌면 당연한 결과인지도 모른다. 당시에는 동종업종

의 PER에 비해 낮은 수치를 기록하며 저평가되었지만, 지금은 오히려 고평가된 것이 아닌가 할 정도로 PER가 높다.

2017년 2월 현재 셀트리온의 PER는 79.2배이며, 동종업계 PER가 18배인 것을 감안하면 상당히 고평가되었다고 볼 수 있다. 그런데 주가가 상승 중인 이유는 미래에 대한 기대와 전망 때문이다. 현재는 순이익이 나지 않아 '주가 ÷ 주당순이익'으로 계산된 PER가 너무 높지만, 미래에는 순이익이 많이 날 것으로 기대하고 있다.

어쨌든 약 10년 전에 저평가되었던 이 종목에 투자했다면 지금쯤 엄청난 부자가 되어 있을 것이다. 그리고 지금까지 매도하지 않고 끈기 있게 보유한 채 이 기업의 성장을 기다려주었다면 수천 퍼

참고

2008년 이후 셀트리온 주가의 상승세

센트의 수익률도 충분히 가능한 시나리오다.

셀트리온은 2017년에 아주 유명했던 종목이다. 그 당시 바이오 산업에 대한 관심이 컸던 이유도 있는 것이 사실이다. 2017년 주가가 고공행진하던 당시 100,000원이었고 2022년 1월 162,500원이니 그때 예상이 틀리지는 않았다.

이와 같이 가치투자는 기업가치를 예상하고 정공법으로 투자하는 방법이다. 종합주가지수가 어떻게 변화하느냐는 크게 중요하지 않고, 투자대상 기업의 종목이 저평가되었느냐가 최고의 관심사다. 주가에 미치는 다른 요인들은 기업가치보다 일시적·우발적인 요인으로 보고 시간이 지나면 기업가치가 주가에 적절히 반영될 것으로 믿으며 장기투자를 한다. 이것이 바로 가치투자다.

038

왕초보가 가치투자를 시작하는 방법은?

시중에는 가치투자에 대한 각종 정보가 쏟아져 나오고 있습니다. 가치투자는 현재 종목의 주가가 적정한지 판단하는 방법을 정확히 공부하는 데서부터 시작해야 합니다. 재무제표를 활용해 적정 주가를 판단하는 공부가 이루어지지 않으면 가치투자를 할 수 없기 때문이죠. '철저한 주식공부 + 시장기회 + 타이밍 = 고수익률'은 가치투자의 공식입니다.

시중에는 워런 버핏에 대한 책도 많고 가치투자에 대한 회계사, 애널리스트들의 강의도 넘쳐난다. 정보가 많으면 좋을 것 같지만 사람들마다 하는 이야기가 다소 달라 오히려 헷갈리기도 한다. 그렇다면 이제 막 주식투자를 시작하는 왕초보들은 가치투자를 어떻게 시작해야 할까?

언론이나 각종 증권사의 분석을 보면 아무것도 모르는 엉터리 분석이 많다. 이름만 가치투자일 뿐 실제로는 주식 차트를 이용해

단타매매를 주도하는 사람도 있다. 또 그냥 대형주나 우량주만 사면 부자가 된다고 허황된 소리를 하는 애널리스트도 있고, 가격이 내려가는 추세를 타고 내려가다가 반등하는 추세를 만나면 매수하는 것이 가치투자라고 사기를 치는 사람도 있다. 이렇게 전문가라는 사람들이 가치투자에 대해 제각기 다른 말을 하는 탓에 제대로 배워서 투자하려는 사람들이 오히려 손해를 보고 있는 것이 현실이다.

주식투자는 사실 답이 없는 게임이다. 이런 상황에서 손실을 보지 않으려면 먼저 이론부터 정확히 다진 다음 정석대로 이론이나 분석기법을 적용해 철저히 종목을 따져보고 좋은 주식을 최대한 선별해서 투자하는 것이 중요하다. 겉으로는 우량주처럼 보이지만 재무구조와 수익성, 성장성 등을 따져보면 위험이 큰 종목이 매우 많다. 반면에 좋은 기업이지만 주가가 너무 높이 형성돼 있어서 앞으로 주가가 하락할 수밖에 없는 종목도 상당하다.

저평가된 주식을 정확히 골라내는 재무적 기법을 공부하지 않은 채 남의 말만 믿고 투자한다면 이는 가치투자가 아니다. 그렇게 투자하는 것보다는 주변에서 주식 잘하는 회계사에게 한 번이라도 물어보고 투자하는 게 나을 수 있다.

주가는 단기적으로는 거래량에 의해 움직이지만 장기적으로는 차익거래에 의해 적정한 가치에 수렴하게 되어 있다. 어떤 가치에 수렴하는지를 알아야 저평가 여부를 판단할 수 있는데, 이 방법을 제대로 모른다는 것이 문제다.

워런 버핏의 이야기를 들어보면 미래의 '잉여현금흐름free cashflow'

의 현재가치를 기업가치로 본다. 이는 '할인현금흐름법'이라고도 한다. 이런 방식으로 기업가치를 평가하면 정확성이 높지만, 회계사나 감정평가사 같은 전문가들이 아니면 이를 활용하기 어려운 것이 사실이다.

그래서 좀 더 간단한 방법이 많이 나와 있다. 예를 들어 기업의 재무제표 간의 관계와 시장주가와의 관계만 가지고도 기업의 내재가치를 추정할 수 있다. 이것만 잘 활용해도 저평가된 주식을 파악해서 가치투자로 이익을 얻을 수 있다. 이런 기법으로는 해당기업의 PER와 업종 평균 PER를 비교하는 것부터 '영업이익/주가' 비율을 이용하는 방법, EV/EBITDA 비율, ROA, ROE 등의 수익성비율을 활용하는 방법 등 다양하다. 이런 기법들을 공부하지 않고는 가치투자를 제대로 할 수 없다(구체적인 내용은 Chapter 3에서 다룬다).

고수익률을 당성하려면 일단 주식공부, 회계공부, 기업공부를 철저히 해야 한다. 그리고 기회가 오면 그것을 정확히 분석하고 매수 타이밍을 잡아 번개같이 매수해야 한다. 그런 다음 주가가 오를 때까지 기다리면 부자가 될 수 있다.

철저한 주식공부 + 시장기회 + 타이밍 = **고수익률**

039

투자대상 종목을 찾을 때 무엇부터 해야 하나?

> 주식 초보자라면 투자하기 전에 무엇부터 해야 할지 막막할 것입니다. 초보자들은 간단하게 뉴스와 이슈에서 시작해 정보수집과 판단, 간단한 재무분석을 통해 투자에 접근해야 합니다. 공부를 많이 할수록 분석이 정교해지겠지만, 처음에는 약식으로라도 단계에 따라 투자해보는 연습을 합시다.

투자대상 종목을 분석하려면 먼저 최근 이슈가 되는 뉴스에서 시작해 기업의 재무상태와 손익을 분석하고 현재 주가의 저평가 여부를 고려해야 한다. 그런 다음 실제 기업의 이슈가 실현될지 여부를 기업 홈페이지나 IR(기업설명회) 자료로 알아보고 담당자와 연락해보거나 실물확인 등을 해보아야 한다. 다소 번거로워 보이지만 피 같은 돈을 투자하는 만큼 가능한 한 철저히 알아봐야 한다.

초보 투자자라고 해서 남들이 알려주는 정보에만 의존해 투자하다보면 평생 큰돈을 벌기 어렵다. 스스로 계획을 짜고 전략적으로 투자해서 재산을 늘리지 않는 이상 손실을 볼 때마다 남 탓만 하다가는 결국 투자를 포기하게 될 것이다. 첫술에 배부를 수는 없다. 일단 첫걸음을 잘 떼어보고 소액이라도 직접 분석한 결과로 투자를 할 때 비로소 부자가 되는 길로 접어들게 된다.

실전

왕초보는 우선 이 정도만!

1단계 : 이슈에 눈을 떠라!

초보 투자자라면 어떤 종목에 투자해야 할지 감이 안 올 것이다. 매일 뉴스에 증시 유망종목이라는 게 나오는데, 그것을 믿어도 될지 의심스럽기도 할 것이다. 주식을 잘하는 주변 사람들의 조언을 듣고 투자하는 것도 나쁘지는 않지만, 그렇다고 다 믿어서는 안 된다. 그들도 자신이 산 주식의 매수량을 의식하기 때문에 자신이 투자하는 종목을 추천할 가능성도 있고, 잘 모르는데 그냥 뜬소문만 듣고 대답하는 것일 수도 있기 때문이다.

일단 투자종목은 검색에 검색을 거듭해 스스로 발굴해야 한다. 처음에는 증권사의 무료 종목추천 서비스를 이용하는 것도 나쁘지 않다. 유료 서비스라고 해서 다 이익을 보는 것도 아니고, 주가가 의외로 전문가들의 분석대로 움직이지 않을 수도 있기 때문이다.

어쨌든 증시 뉴스를 검색해보는 것이 투자종목 발굴의 시작임을 잊지 말자. 하다못해 '오늘의 추천종목'을 검색해서 어떤 이야기가 나오는지라도 검토해보자.

NAVER 오늘의추천종목

이렇게 검색을 하면 아마 각종 언론사에서 분석한 뉴스가 뜰 것이다. 이것을 잘 살펴보는 것에서부터 시작하면 된다. 애널리스트들이 노하우를 발휘해 분석한 결과이기 때문에 눈여겨볼 만한 가치가 있다.

뉴스 관련도순 | 최신순

[오늘의 추천종목-한국투자증권]알엔투테크놀로지·하츠 등 아시아투데이 | 13시간 전

전망△신규추천종목 - 알엔투테크놀로지, 하츠.△제외종목 - 에스원, 해성디에스.◇중장기 유망종목 △SK-정부의 주주환원정책과 재벌기업 지배구조개선 정책에 따른 수혜 전망- 글로벌 경기 회복에 따른 자회사들의...

[오늘의 추천종목-신한금융투자]메지온·대상 등 아시아투데이 | 13시간 전

호조, 2) 정부의 지주회사 관련 공약(자회사 지분율 요건 20%→30% 강화, 기존 순환출자 해소 등)에 따른 영향 제한적 △신규추천종목 - 메지온.△편입 제외 종목 - 에버다임,삼성전기. 정단비 2234jung@asiatoday.co.kr

[오늘의 추천종목-하나금융투자]삼성전자·한국전력 등 아시아투데이 | 12시간 전

◇단기 투자유망종목△삼성전자 - 반도체·디스플레이유례없는경쟁력확보.이익흐름... 투자유망종목△서호전기 - 부산신항 발주 관련 모멘텀 및 고배당주로써 매력 보유△삼성물산 - 삼성전자기존자사주소각...

[오늘의 추천종목-유안타증권]삼성전기·주성엔니지어링 등 아시아투데이 | 13시간 전

△신규 편입 종목 : 없음△편입 제외 종목 : 없음◇중소형주△카카오- 다음포털앱 트래픽 급증 등 모바일 광고

2단계 : 증권사 홈페이지의 투자정보를 활용하자!

어느 증권사 홈페이지에 접속하든 투자정보 코너가 있을 것이다. 이 코너에는 산업별 핵심 포인트나 기업분석, 종목분석 등이 나와 있다. 특히 최근 매수물량이 가장 많은 기업을 따로 공시하기도 하는데, 이 기업들을 별도로 조사해보면 분명히 투자의 좋은 실마리를 발견하게 될 것이다.

다음 화면은 키움증권의 투자정보〉순매수 상위 코너다. 이 가운데 순매수 수량이 높은 종목명에서 자신이 잘 아는 업종을 기억해두었다가 별도로 검색해보자.

투자정보 즐겨찾기

순 매수 상위 | 순 매도 상위 | 외국인 한도 소진율 | 재미로 보는 기업정보 | 산업별 핵심 포인트 | 증시 테마 이야기

순 매수 상위

일간 주간

조회구분 ◉ 거래소 ○ 코스닥 | 검색조건 연속매매일수 조회

현재가 : 2017.06.12 310:00 현재

종목명	현재가	전일비(등락율)	순 매수 수량 (06/09)	외국인지분율 (증감율)	연속 매수일수
미래에셋대우	10,050	▼ 250 (-2.43%)	765,455 주	12.43% (.11%)	6 일
기업은행	13,750	▲ 150 (+1.10%)	389,304 주	18.48% (.07%)	6 일
KB금융	56,300	▲ 400 (+0.72%)	334,261 주	66.15% (.08%)	5 일
KTB투자증권	3,620	▼ 15 (-0.41%)	158,656 주	9.08% (.26%)	4 일
티웨이홀딩스	3,985	▼ 65 (-1.60%)	143,630 주	4.69% (.21%)	4 일
메리츠종금증권	4,755	▼ 60 (-1.25%)	307,517 주	8.37% (.05%)	3 일
동양철관	1,380	▲ 5 (+0.36%)	172,611 주	0.59% (.2%)	3 일
한화케미칼	29,550	▲ 50 (+0.17%)	426,184 주	27.11% (.26%)	2 일
남선알미늄	1,385	▲ 35 (+2.59%)	320,801 주	6.20% (.29%)	2 일
두산중공업	23,400	▲ 100 (+0.43%)	138,802 주	12.44% (.13%)	2 일
동부하이텍	22,050	▼ 650 (-2.86%)	542,802 주	26.52% (1.22%)	1 일
KODEX 레버리지	15,685	▼ 325 (-2.03%)	541,282 주	1.81% (.79%)	1 일
유진투자증권	3,875	▼ 5 (-0.13%)	422,814 주	11.46% (.44%)	1 일
휴성	9,700	▼ 130 (-1.32%)	251,938 주	3.91% (.27%)	1 일
우리종금	705	▲ 12 (+1.73%)	206,210 주	0.77% (.04%)	1 일
대한전선	1,360	▼ 15 (-1.09%)	193,264 주	0.95% (.02%)	1 일
TIGER 200선물인버스2X	6,780	▲ 130 (+1.95%)	187,538 주	1.29% (.69%)	1 일

3단계: 관심종목을 정하고 집요하게 정보를 파악하자!

예를 들어 유안타증권에서 추천하는 종목이며 최근 코스닥 대장주로 소문난 에코프로비엠을 검색해보고 차트에서 주가의 흐름을 살펴본다.

차트를 클릭하면 아래와 같이 구체적인 거래량과 이동평균선이 표시된 주가의 흐름을 파악할 수 있다.

주가 추세를 보면 2022년 10월에 최저가 86,900원에서 바닥을 찍고 이후 상승세를 보이다가 2023년 1월 초 다시 하락하다가 반등하였다. 이를 확인한 다음에는 구체적으로 뉴스를 검색해본다.

주가가 폭락했던 당시 베트남 종속회사의 대규모 유상증자결정이 있었고 그밖에는 이렇다 할 만한 악재가 없었던 것으로 보인다. 이후에 주가가 다시 급등하다가 2023년 1월 조정기를 거치고 있다. 이렇게 이슈마다 어떤 호재와 악재가 있는지 정보를 꼼꼼하게 읽어보고 자신의 지식을 활용하여 판단해야 한다.

4단계: 구체적으로 종목의 재무정보를 찾아보고 판단하자!

NAVER 증권 | 에코프로비엠 | 통합검색
247540 에코프로비엠 코스닥
증권 홈 국내증 기능끄기

기업에 대한 재무정보는 일반적으로 금융감독원 전자공시시스템을 찾아보면 정확히 알 수 있다. 그런데 왕초보들이 좀 더 쉽게 기업의 재무정보를 찾아보는 방법은 바로 네이버의 증권코너를 이용하는 것이다. 금융코너에 들어가서 검색창에 원하는 종목을 치고 검색 버튼을 클릭하면 기업의 재무정보가 요약되어 나온다.

스크롤을 아래로 조금만 내려보면 '종합정보'라는 메뉴가 보인다.

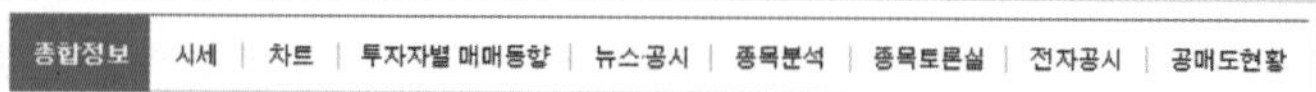

종합정보를 클릭하면 아래에 기업실적분석과 동일업종비교까지 나타난다.

기업실적분석 더보기

주요재무정보	최근 연간 실적				최근 분기 실적					
	2019.12 IFRS 별도	2020.12 IFRS 연결	2021.12 IFRS 연결	2022.12(E) IFRS 연결	2021.09 IFRS 연결	2021.12 IFRS 연결	2022.03 IFRS 연결	2022.06 IFRS 연결	2022.09 IFRS 연결	2022.12(E) IFRS 연결
매출액(억원)	6,161	8,547	14,856	52,173	4,081	5,039	6,625	11,871	15,632	17,987
영업이익(억원)	371	548	1,150	4,092	407	275	411	1,029	1,415	1,217
당기순이익(억원)	345	467	978	3,193	318	306	304	778	1,096	1,049
영업이익률(%)	6.02	6.41	7.74	7.84	9.97	5.45	6.20	8.67	9.05	6.77
순이익률(%)	5.60	5.46	6.58	6.12	7.79	6.08	4.59	6.55	7.01	5.83
ROE(%)	12.99		20.26	31.62	16.94	20.26	22.43	18.50	24.45	
부채비율(%)	75.67	70.97	139.18		126.97	139.18	190.83	133.20	128.64	
당좌비율(%)	62.84	78.31	65.22		84.56	65.22	56.32	97.67	85.13	
유보율(%)	3,526.31	3,900.07	4,510.82		4,367.25	4,510.82	4,554.93	2,392.37	2,596.90	
EPS(원)	430	554	1,145	3,069	368	357	280	738	1,025	897
PER(배)	30.46	75.92	108.06	32.39	125.61	107.75	78.18	64.82	36.23	110.85
BPS(원)	4,441	5,200	5,935	13,335	5,770	5,935	5,990	12,739	13,755	13,335
PBR(배)	2.95	8.08	20.85	7.45	19.89	20.74	16.32	8.91	6.40	7.45
주당배당금(원)	37	111	227	287						
시가배당률(%)	0.28	0.26	0.18							
배당성향(%)	8.91	20.10	20.84							

매출액과 실적이 급격히 증가할 것이 예상된다는 사실은 누구나 알 수 있다. 이러한 상황에서 해당 종목에 투자하는 것도 충분히 고려해볼 수 있다.

040

기본적 분석과 기술적 분석이란?

기본적 분석은 기업의 본질을 보고 종목에 투자하는 방법입니다. 주식을 미래의 재산증식 수단으로 생각하는 투자자라면 반드시 공부해야 하는 분석 기법이죠. 그런데 기술적 분석은 기업의 본질에는 관심이 없고 주식 차트의 패턴만 분석해서 투자하는 기법이죠. 이 기법은 위험이 따르기 때문에 단기 투자에만 통한다는 것을 명심해야 합니다.

주식분석은 크게 기본적 분석과 기술적 분석으로 나눌 수 있다. 여기에 심리적 분석을 추가하는 전문가들도 간혹 있지만, 이는 지나치게 주관적인 부분이므로 생략한다.

기본적 분석은 기업의 본질을 파헤친다!

기본적 분석은 기업의 내재가치(본질적 가치)를 보고 투자하기 위해 기업 자체가 좋은 기업인지를 분석하는 것이다. 기본적 분석을 통해 투자하는 것이 워런 버핏이 주장하는 가치투자다. 가치투자는 기업의 현재 재무상태에 비추어 안정적인지, 순이익과 순이익률에 비추어 수익성이 좋은지, 회전율 등을 통해서 영업활동을 효율적으로 하고 있는지 등을 분석해 투자에 반영한다. 이는 기업의 본질가치인 내재가치에 비해 주가가 저평가된 경우에 투자해서 장기간 보유하는 것을 목적으로 한다.

내 주변에는 이러한 기본적 분석만 가지고 투자해서 이익을 보고 있는 선배들이 많다. 나와 함께 근무한 김 중위님의 경우에도 딱 두 가지 문제만 따지고 투자해서 6억 원을 잘 굴리고 있다. 그분이 따지는 기본적 분석은 다음과 같다.

- 기업의 이익과 수익성에 비해 주가가 매력적인가?
- 이익을 늘리기 위해서 기업이 어떤 노력을 하고 있는가?

언뜻 간단해 보이지만 이 두 가지 궁금증을 해결하려면 기업의 다양한 활동과 재무상태를 분석해야 한다. 이 두 가지가 제대로 잡힌 기업의 경우 단기적으로는 주가가 그 본질을 따라가지 못하더라도 언젠가는 그 가치에 수렴할 것이기 때문이다. 그것을 믿고 몇 년간 보유하는 것이다.

기본적 분석에서는 기업의 영업실적, 대표이사의 마인드, 대주주의 마인드, 제품이나 서비스의 시장성, 기술개발이나 사업을 위한 적극적 투자 등의 기업경영적 측면을 보게 된다. 또한 기업의 외부 환경에서는 기업을 둘러싼 산업은 상승세에 있는지, 금리는 어떻게 변화하고 있는지, 주가지수의 방향은 어떻게 변하고 있는지, 환율은 어떻게 변하는지 등 경제환경을 분석하게 된다.

기술적 분석은 주가의 흐름을 파헤친다!

기술적 분석은 종목을 보는 관점이 기본적 분석과 다르다. 기본적 분석이 기업의 내재가치를 구하기 위해서 노력한다면 기술적 분석은 종목이 그동안 보여온 주가의 흐름을 주식 차트를 통해 알아보고 패턴을 분석해서 투자의사를 결정하는 것을 말한다. 기술적 분석은 주로 데이트레이딩을 하는 단기투자자들이 캔들차트의 모양을 보고 주식을 사고파는 데 이용한다.

기술적 분석은 주식 차트에서 패턴을 분석하고 그에 따라 주가를 예측해 투자하는 기법인데, 과거의 기록을 보고 미래를 맞힌다는 점에서 과거지향적 투자기법이라는 비판을 받기도 한다. 패턴에 따라 주가가 움직일 것이라는 것도 지금의 불확실한 경제상황에서는 위험이 큰 방법이다. "주가가 하락한 다음 장대양봉이 나오면 투자하라!"와 같이 패턴만 보고 투자를 하는 것이다.

나는 이 방법만 가지고 투자에 대한 강의를 하는 사람을 본 적이 있는데, 사기꾼이라고 생각한다. 장대양봉이 생긴 뒤 어떤 변수에 의해 하락할지 모르기 때문이다. 단순히 차트 모양만 보고 투자하는 것은 마치 사람의 얼굴만 보고 거래하는 것처럼 위험천만한 방법이다. 따라서 기술적 분석은 단기투자에만 활용할 것을 추천한다.

041

자본잠식은 망하는 종목의 징후?

자본잠식은 해당 종목이 망하고 있다는 가장 확실한 증거입니다. 기업이 자산을 처분해도 빚을 가리지 못하는 상태가 자본잠식 상태이기 때문이죠. 기업의 실제 가치는 0도 안 되는 마이너스입니다. 가장 대표적인 자본잠식 사례인 대우조선해양을 함께 살펴봅시다.

만약 내가 투자한 종목이 자본잠식이라면 그 주식이 휴지조각이 되는 것은 시간문제라고 보면 된다. 자본잠식이란 기업의 부채가 자산보다 커서 주주의 몫인 자본이 마이너스(-)인 상태를 말한다. 한마디로 기업이 자산을 모두 처분해도 빚을 가리지 못하는 상태인 것이다.

자본잠식 상태에서는 금방이라도 기업에 대해 청산 압력이 가해지며, 원금이라도 회수하기 위해 채권자들이 기업을 압박하게 된다. 그리고 이런 상태가 일정기간 지속되면 자연스럽게 증권시장에서 상장폐지가 되어 주식은 한마디로 똥값이 돼버린다.

해당기업이 자본잠식 상태인지를 알려면 재무상태표를 보면 된다. 재무상태표는 일정시점 기업의 자산, 부채, 자본을 나타내는 재무제표다. 자본잠식인 기업은 자산보다 부채가 크기 때문에 재무상태표상 자본이 마이너스일 것이고, 그 원인은 대부분 순이익이 마이너스인 결손금 때문일 것이다.

이해를 돕기 위해 정상적인 기업의 재무상태표를 간단히 살펴보자. 일반적으로 영업을 잘하고 있는 기업은 재무상태표상 자본은 플러스(+)가 된다. 재무상태표상의 자산은 유동자산과 비유동자산으로 구분되고, 부채도 유동부채와 비유동부채로 구분된다. 이때 유동과 비유동을 구분하는 기준은 1년이다(자세한 내용은 Chapter 3에서 다룬다).

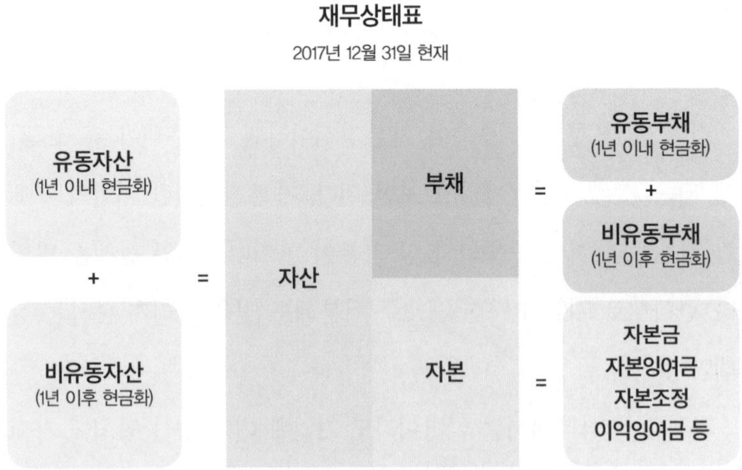

재무상태표

2017년 12월 31일 현재

자산 구성		재무상태표			부채·자본 구성
유동자산 (1년 이내 현금화) + 비유동자산 (1년 이후 현금화)	=	자산	부채	=	유동부채 (1년 이내 현금화) + 비유동부채 (1년 이후 현금화)
			자본	=	자본금, 자본잉여금, 자본조정, 이익잉여금 등

이제 앞에서 본 셀트리온의 재무상태표를 살펴보자. 다음은 2016년 9월 30일 현재 셀트리온의 재무상태표 금액이다.

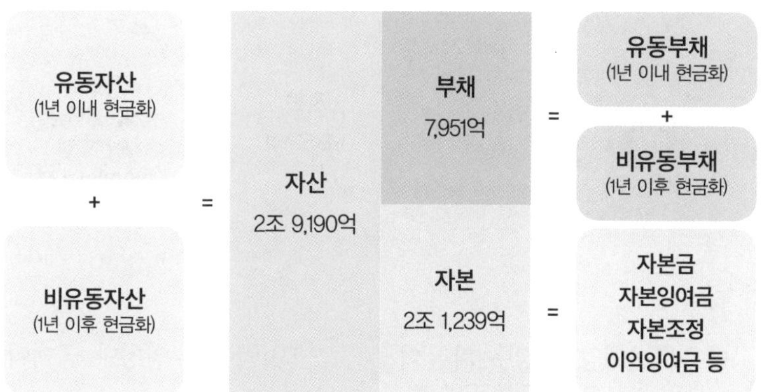

재무상태표를 보면 셀트리온은 부채에 비해 자산이 현저히 크다. 즉, 2조가 넘는 자본을 보유해 재무구조가 건전한 상태라고 볼 수 있다.

다음에서는 자본잠식이 이루어진 재무상태표를 살펴보자. 바로 말도 많고 탈도 많았던 대우조선해양의 재무상태표다. 이 자료는 2016년 9월 30일 현재 대우조선해양의 재무상태표 금액을 기초로 작성했다.

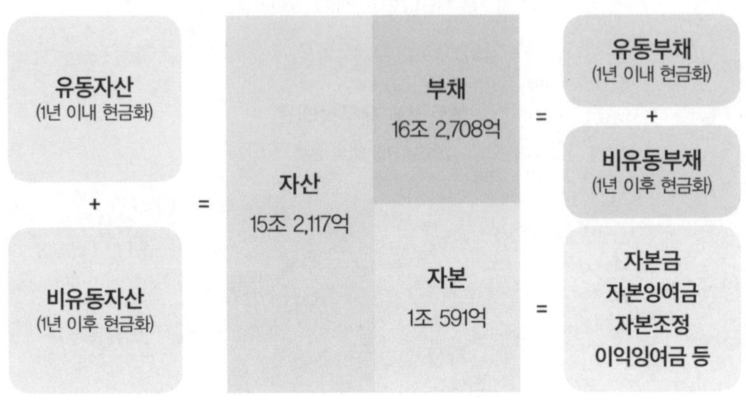

대우조선해양의 경우 자본이 (-) 1조 591억이다. 엄청난 금액이 자본잠식 되어 있는 것이다. 예상한 대로 대우조선해양은 상장폐지 위험은 가까스로 벗어났지만 거래가 정지되고 구조조정에 들어갔다. 당연히 주가는 곤두박질쳤다.

재무상태표를 자세히 보면 자본항목 가운데 이익잉여금이 마이너스라는 것을 알 수 있다. 그동안 손실이 누적돼 이 모양이 된 것이다.

정상적인 투자자라면 자본잠식 가능성이 높거나 자본잠식 상태의 기업에는 절대로 투자를 하면 안 된다. 이런 기업에 투자하는 것은 기업의 내재가치가 0도 안 되는데 투기 목적으로 돈을 넣어다 뺐다 하는 것이다. 이는 투자가 아니라 도박이며, 성공하기 힘들다는 것을 명심해야 한다.

참고

자본잠식이 된 대우조선해양의 주가 그래프

▲ 자본잠식이 되는 시점을 기점으로 주가가 가파르게 하락한 것을 볼 수 있다.

042

ETF로 돈 번 사람이 많다던데?

"

ETF는 수익성과 안정성은 높이고 펀드 운용비용은 절감한 실속 있는 종목입니다. 제 주변에도 ETF에 투자해서 상당한 수익률을 실현한 분들이 많습니다. 고액이 들어가는 개별종목 투자에 비해 소액으로 우량주를 보유하는 효과를 누릴 수 있어 인기가 있는 상품이 ETF죠.

과거 재테크 강의를 할 때 ETF에 투자하는 것이 유행이었다. 당시 교육생 중 한 명이 지수펀드에 가입하여 30% 이상의 수익률을 기록했다는 소식을 전해왔다. 그는 지수펀드에 가입하여 매달 월급에서 일정액을 넣었는데 목돈이 되었다고 했다. 목돈이 없는 상태에서 주식투자를 하려니 우량주는 너무 부담스러워서 소액으로도 가능한 ETF를 선택한 것이다.

ETFExchange Traded Fund는 주식처럼 거래할 수 있는 펀드를 말하며, 지수펀드도 ETF의 일종이다. ETF는 코스피200처럼 주가지수를 따라 가격이 움직이도록 구성된 여러 주식과 다른 금융상품이 혼합된 펀드다. 이 펀드는 시장의 평균적인 지수를 따라 수익률을 유지하는 데 목적이 있고, 다른 펀드나 금융상품에 비해 거래비용이 적다는 장점이 있다.

ETF는 펀드매니저가 운용하는 일반 펀드와는 달리 관리가 필요

TIPS

해외 ETF 종목 투자 시 참고할 웹사이트

인베스팅닷컴(Investing.com)은 해외투자를 준비하는 사람이라면 한 번쯤 들어가볼 만한 웹사이트다. 해외 증시와 지수, 환율, 각종 경제지표가 한눈에 정리돼 있고 기술적 분석을 위한 정보도 제공하고 있다.

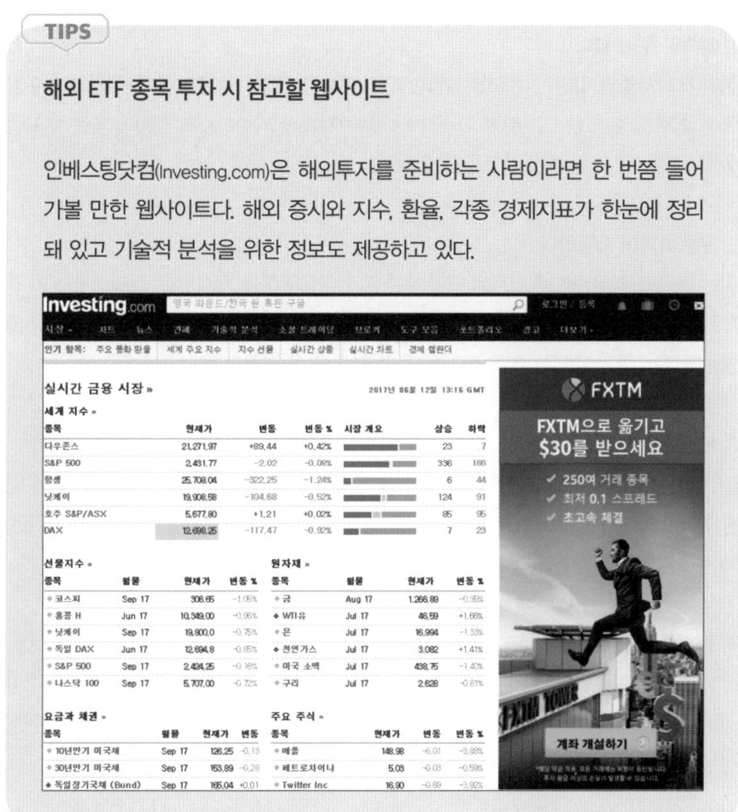

하지 않은 종목이다. 또한 우량주가 다수 포함돼 있지만 소액으로도 투자가 가능하기 때문에 소액투자자들에게 유리하다. 비용은 낮은 반면 수익률은 일반 펀드보다 높게 나오기 때문에 한동안 폭발적인 인기를 누리기도 했다. ETF는 단점보다 장점이 많기 때문에 아직 목돈을 마련하지 못한 소액투자자에게 추천할 만한 상품이다.

참고

ETF의 장점

1. 선택의 폭이 넓다

이미 투자자들의 다양한 수요에 적합한 ETF 상품이 다양하게 존재한다. 해외의 지수상품에 투자할 수 있는 ETF뿐만 아니라 단기투자자와 장기투자자의 성향에 맞는 투자상품을 골라서 투자할 수 있는 장점이 있다.

2. 운용비용이 저렴하다

일반 펀드의 경우 펀드매니저에 대한 수수료가 상당부분을 차지한다. 그러나 ETF의 경우는 시장지수에 연동되어 지수가 운용되기 때문에 펀드매니저 운용비용이 들어가지 않는다. 수수료가 없다는 것은 거래를 하면 할수록 큰 장점으로 다가올 것이다.

3. 배당수익을 노릴 수 있다

ETF 상품은 대부분 배당금을 지급한다. ETF 종류에 따라 다르지만 고배당 종목에 집중투자한 ETF의 경우에는 배당금 수익을 창출할 목적으로 투자하기에 적합하다. 또한 채권이 많이 포함된 ETF의 경우에는 이자수익도 노릴 수 있다.

4. 분산투자로 위험을 회피한다

ETF는 개별종목에 투자하는 것에 비해서 변동성이 다양한 주식으로 포트폴리오를 구성하므로 가격폭락에 대한 위험을 상당부분 회피할 수 있다. 개별종목에 비해서 안정성은 높고 수익성도 추구하는 상품으로 볼 수 있다.

043

꼭 분산투자를 해야 할까?

> 분산투자는 성격이 다른 두 주식을 이용해 위험을 회피하는 전략입니다. 단기적으로는 고수익을 포기해야 할 수도 있지만, 장기적으로 포트폴리오를 구성하며 가치투자 기법을 활용할 경우 전체 재산증식에 도움이 될 것입니다.

분산투자는 "계란은 한 바구니에 담지 말라"는 격언을 구체적으로 보여주는 주식투자 방법이다. 투자를 한 종목에만 할 경우 그 종목의 주가가 폭락하면 전 재산을 날릴 수 있다. 반면 성격이 전혀 다른 두 종목에 반반씩 나눠 투자하면 하나의 종목에서 손실이 발생해도 다른 종목에서 발생한 이익으로 이를 커버할 수 있다. 전 재산이 날아가는 것을 어느 정도 방지할 수 있다는 것이 분산투자의 매력이다.

그렇다면 무조건 투자금액을 여러 종목으로 나누어 투자하면 된다는 말인가? 아니다. 아무 종목이나 마구잡이로 포트폴리오에 포함시키면 손해만 커질 뿐이다. 분산투자의 본질은 최대한 좋은 주식들 가운데 '성격이 다른' 주식을 골고루 섞어 위험을 최소화하는 것이다. 여기서 중요한 두 가지 조건은 '좋은 주식을 골라야 한다는 것'과 '성격이 다른 주식을 포함해야 한다는 것'이다.

좋은 주식을 고르는 방법은 앞에서 소개한 기본적 분석을 통해 가능하다. 또한 성격이 다른 주식이란 업종이나 규모가 다른 주식을 말한다. 즉, 벤처기업의 잘나가는 주식에 투자할 생각이라면 우량주도 하나 포함시키는 것이다.

예를 들어 1년 동안 모은 1천만 원으로 주식투자를 시작한다고 가정해보자. 이때 한 종목에 올인할 경우 반 토막이 나면 원금이 500만 원으로 줄어 엄청난 손실을 보게 된다. 그런데 성격이 다른 종목 A, B에 500만 원씩 나누어 투자를 한다면 A주식에서 반 토막이 나서 주가가 250만 원이 되더라도 B주식에서 주가가 상승해 750만 원이 되면 결과적으로는 원금을 유지할 수 있다. 반대로 움직이는 종목에 분산투자를 하는 이유가 여기에 있다.

다만 분산투자를 하면 수익률은 낮을 수 있다. 그러나 "하이 리스크, 하이 리턴High risk, high return"이라는 말도 있듯이 위험을 줄이고 안정적으로 수익을 내는 대가로 단기적인 고수익은 어느 정도 포기해야 한다. 여기에 장기적인 가치투자를 할 경우 10년쯤 뒤에는 전체 포트폴리오가 경제성장과 함께 성장해서 재산증식에 일조할 것이다.

044

데이트레이딩 방법 중 스캘핑이란?

> 데이트레이딩 방법 가운데서도 스캘핑은 초나 분 단위로 매우 짧은 시간 동안 매수와 매도를 하며 시세차익을 노리는 전략이라고 볼 수 있습니다. 스캘핑만으로 1년에 1억을 벌었다는 사람도 있지만, 정확한 차트 기법에 대한 연구 없이 마구잡이로 했다가는 엄청난 손해를 볼 것입니다.

데이트레이딩의 특징은 매일 차트를 보고 비정상적 패턴을 발견하면 사고팔거나 소문이나 이슈에 따라 매매하는 것이다. 그런데 데이트레이딩을 아무나 할 수 있는 것은 아니다. 전문 주식꾼들은 이 방법으로 이득을 볼 수 있지만 개미들은 백날 해봤자 손해만 보게 된다. 데이트레이딩 가운데서도 가장 극단적인 기법이 스캘핑인데, 이에 대해서 알아본다.

스캘핑은 단기투자방법의 하나로 매우 짧은 기간에 매수 및 매도를 하는 것을 뜻한다. 여기서 짧은 기간은 초 단위 또는 분 단위를 말한다. 예를 들어 미투온이라는 주식을 오전 9시에 사서 9시 1분에 파는 것이 스캘핑이다. 극단적으로는 매수하자마자 매도를 하는 경우도 있고, 몇 분 동안 보유했다가 파는 경우도 많다.

이러한 스캘핑이 가능한 것은 대부분 단기적으로 가격이 요동치는 주식이다. 이러한 주식은 하루에도 몇 번씩 주가가 오르락내리락하며 소문이나 정보의 영향을 많이 받는 것이 특징이다. 특정 종목에 대한 이슈가 퍼질 경우 주가가 급등하거나 급락하는데, 이런 상황에서 타이밍을 잡아 동시에 매수와 매도를 하며 시세차익을 얻는다. 스캘핑 투자는 일단 몇 초 만에 성과가 바뀔 수 있기 때문에 매우 위험하며 금액이 클수록 그 리스트는 걷잡을 수 없게 된다.

간혹 데이트레이딩을 하는 개인투자자 가운데 1년 만에 스캘핑으로 몇 억을 벌었다는 사람들도 있다. 그런데 캔들차트를 정밀하게 분석하고 하지 않으면 손해만 보게 될 것이다.

참고

데이트레이딩 및 스캘핑 관련 커뮤니티

데이트레이딩클럽(cafe.naver.com/mystockcafe)

데이트레이딩 및 주식과 관련된 강의와 정보를 제공하고 트레이딩 후기 등 이야기를 나누는 곳이다. 신규상장 정보, 테마주 정보, 실전 데이트레이딩 기법 등에 대한 최신정보가 많이 올라오고 있으니 참고하면 도움이 될 것이다.

함께하는 투자클럽(cafe.naver.com/withstock)

주식 트레이딩에 대해 강의를 제공하고 노하우를 공유하는 많은 게시판을 운영하는 커뮤니티다. 실전매매 팁과 데이트레이딩 후기 등을 볼 수 있고, 데이트레이딩에 대한 감을 잡을 수 있는 정보가 많아 참고하면 도움이 될 것이다.

045

작전주를 구분하는 방법은?

> 작전주 주가가 상승하는 시기에 투자하면 원금도 날릴 가능성이 매우 큽니다. 1억이 눈앞에서 날아가는 경험을 한 투자자들은 대부분 이런 작전주에 속습니다. 작전주를 구분하고 그런 주식에는 절대 투자하면 안 됩니다. 작전주를 구분하는 방법을 소개합니다.

작전주는 작전세력이 거래량을 갑자기 늘리면서 해당 종목의 주가를 널뛰게 만드는 주식을 말한다. 얼마 전 가장 이슈가 되었던 작전주는 에스아이티글로벌이었다. 해당 종목은 현재 거래정지 상태에 있으며, 망하기 직전의 PER는 −16.51배였다. 16.51배가 아니라 마이너스(-) 16.51배 말이다.

이 회사는 이미 손실이 터져 나오던 기업이었고, 주가가 오를 이유가 없는데도 주가가 폭등했다가 폭락했다.

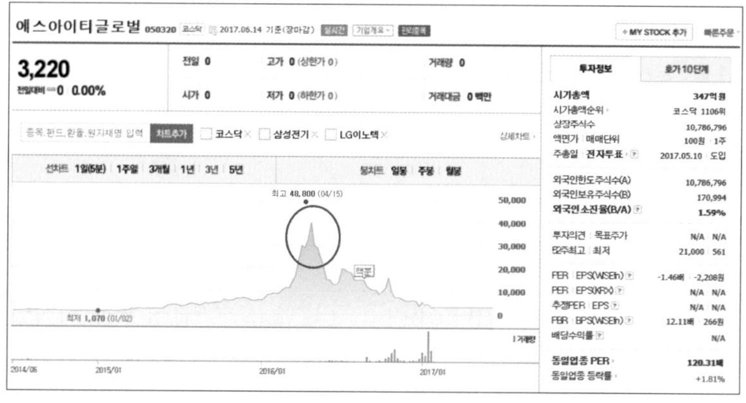

2017년 2월 주가가 644원까지 폭락하고 거래정지가 되었다. 해당 종목은 에이앤티앤으로 사명이 바뀐 후 2019년에 상장폐지되었다. 주가상승 시기에 이 종목에 투자했던 개인투자자들은 원금을 다 날리는 엄청난 손실을 입었다. 사기꾼들은 처벌을 받아야겠지만 이때 손해를 본 투자자들의 아픔은 누구도 알아주지 않는다.

이러한 작전주는 단기적으로 급등과 급락을 반복하기 때문에 주가가 고점일 때 매도하고 저점일 때 매수만 잘하면 단기적으로 고수익을 얻을 수 있다. 다만 급등하는 주가는 언제든 폭락할 수 있으니 몰빵을 하면 원금도 못 건질 각오를 해야 한다. 만약 주가상승 시기에 이런 종목에 투자했다면 손실에 대비한 매도원칙이 있어야 위험을 최소화할 수 있을 것이다.

작전주는 어떻게 구별할까?

작전주는 대부분 이익이 나지 않거나 손실이 나고 있는데도 주가가 계속 오르는 종목이다. 이런 종목에 투자하는 투자자들은 이

기업의 호재와 주가가 앞으로 오를 만한 정보가 많다는 이유로 투자를 홀딩하게 된다. 그런데 사실 그 정보와 소문은 모두 작전세력이 만들어낸 가짜 재료다. 주가가 오른 이유는 작전세력이 미리 준비한 거액의 자금으로 주식을 투매하기 때문이다.

이렇게 작전주는 기업의 내재가치나 이익에 비해 주가가 과도하게 높다는 특징을 보인다. 그리고 수많은 소문이 시장에 퍼지면서 투자자들을 현혹시킨다. 만약 왕초보라면 수익이 나지 않거나

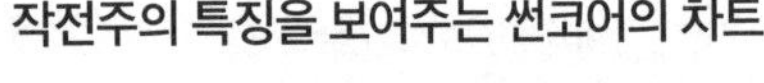
작전주의 특징을 보여주는 썬코어의 차트

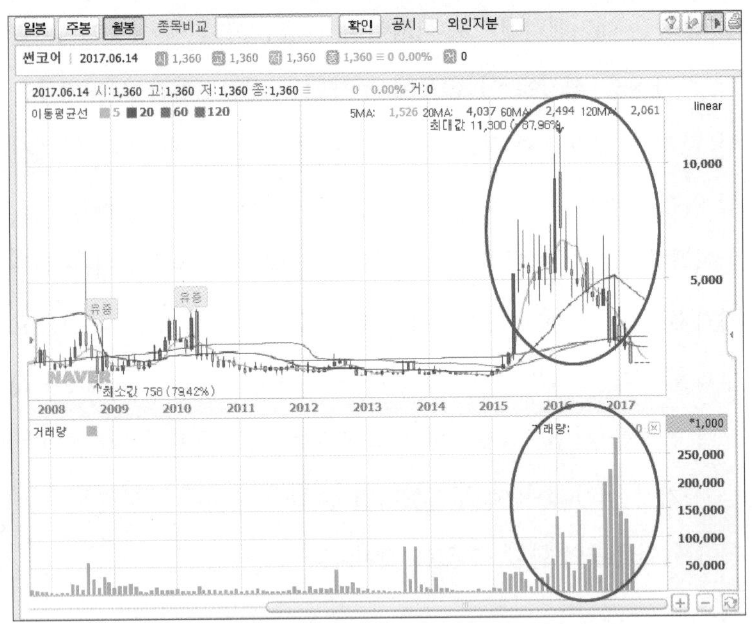

PER | EPS(WISEfn)	-6.53배 | -429원
PER | EPS(KRX)	N/A | N/A
추정PER | EPS	N/A | N/A
PBR | BPS(WISEfn)	2.40배 | 1,169원
배당수익률	N/A

PER가 지나치게 높은 경우에는 투자하지 않는 것이 바람직하다. 실적이 없는데도 주가가 올라가는 것에는 주의해야 한다.

또한 작전주는 그 종목의 거래량이 특정시기에 집중적으로 늘어나는 것이 특징이다. 그 시점에 매수량이 몰리다가 갑자기 매도량이 쏟아지면서 주가가 급상승과 급하락을 나타내는 것이다.

참고로, 썬코어의 주가 차트를 보면 썬코어의 주가가 갑자기 특정시기에 치솟다가 다시 폭락하는데, 거래량도 그 시기에 집중적으로 몰려 있다. 또한 썬코어의 PER와 주당순이익이 모두 마이너스로 실적이 거의 없는데도 주가가 폭등했다는 사실을 확인할 수 있다.

046

포트폴리오의 구성은 어떻게?

포트폴리오는 골고루 구성해야 합니다. 시장이 성장추세라면 안정성이 우량한 기업이지만, 손실이 나서 주가가 하락했던 기업도 포함시켜야 합니다. 상승세에 있는 기업에만 투자하는 것은 분산투자가 아닙니다.

장기투자를 하려는 왕초보는 거래할 때마다 수익을 내려고 해서는 안 된다. 포트폴리오를 구성할 때는 미래의 시장성을 보고 투자해서 장기적으로 수익을 실현하겠다는 마음으로 시작해야 한다.

데이트레이딩과 달리 장기투자는 적어도 5년 후 부자가 되는 것을 목표로 해야 한다. 시장조정이 이루어질 경우에는 급하게 매수하기보다는 기업의 내재가치를 따라가는 시장의 조정인지를 파악해 투자를 조금씩 늘리는 것이 좋다.

과거보다는 미래를 보고 투자하라

시장에 공시된 자료들은 모두 과거의 자료라고 해도 과언이 아니다. 재무제표나 종목의 PER, EPS, PBR 등은 물론 차트로 볼 수 있는 주가의 흐름도 모두 과거의 정보다. 물론 과거의 주가가 왜 그 정도였는지를 분석하는 것도 의미는 있지만, 그런 분석에 지나치게 에너지를 쏟아서는 안 된다. 주가는 기업의 꿈을 반영하는 만큼 성장성과 잠재력, 이익률의 증가 등을 고려해서 분석하는 것이 더 중요하다.

초보일 때는 증권가에 돌아다니는 전문가들의 칼럼이나 평을 보고 투자하는 것도 나쁘지 않지만, 그 정보에 전적으로 의존해서는 안 된다. 스스로 분석할 능력을 키워야만 사기를 당하지 않는다.

시장을 보고 점차 종목을 늘려라

주가지수를 보면 시장의 움직임을 대략적으로 파악할 수 있다. 주식시장은 경제상황을 반영하기 때문에 주가지수를 보면 전체 시장의 추이를 알 수 있는 것이다. 시장이 상승하는 추세일 때는 수익이 큰 종목은 이미 주가가 충분히 높아져 있을 테니 손실이 나서 주가가 바닥을 친 종목을 사는 것이 좋을 수 있다. 이익률이 높은 종목은 계속 보유하되 시장이 상승세라면 손실이 난 주식 가운데 오를 만한 종목도 안정성이 충분하면 매수해서 보유하는 것이 수익률을 높이는 데 유리할 수 있다.

시장의 추세에 관심을 가지되 앞으로 어느 업종이나 산업이 성장할지를 분석해 좋은 종목을 늘려 나가는 데 힘써야 한다. 상승세를 탄 종목에만 투자하면 위험이 지나치게 높아지므로 적당히 안정성이 높은 주식에도 비중을 두어야 한다.

포트폴리오 투자는 성공과 실패를 겪으면서 장기적으로 이익을 내는 투자방식이기 때문에 단기적으로 잃는 데 너무 연연하면 안 된다. 따라서 재무상태가 건실하고 이익률이 상승할 가능성이 있는 기업의 주가가 단기적으로 하락했다고 해서 너무 걱정할 필요는 없다.

047

분할매수와 분할매도는?

> 분산투자와 포트폴리오가 자산을 분산투자해서 위험을 회피하는 방법이라면 분할매수와 분할매도는 매수와 매도의 시점을 분산해서 위험을 회피하는 전략입니다.

주식투자를 하다보면 분할매수와 분할매도에 대해 많은 이야기를 듣는다. 그렇다면 분할매수와 분할매수는 무엇이고, 어떻게 하는 것이 좋을까?

분할매수와 분할매도의 개념 자체는 매우 쉽다. 분할매수는 주식을 한 번에 많이 사지 않고 조금씩 점진적으로 매수해 나가는 방식이고, 분할매도는 종목을 한 번에 다 매도하지 않고 조금씩 팔아 나가는 것을 말한다. 구체적으로 사전적 정의를 보면 다음과 같다.

분할매수의 개념

분할매수란 많은 분량의 특정 종목 주식을 점진적으로 매수해 나가는 것을 말한다. 분할매수는 주로 그 주식의 가격상승을 유발하지 않으면서 많은 물량을 확보하기 위해 이루어진다. 분할매수를 이용하면 평균매입단가가 낮아지기 때문에 안정성과 수익성을 동시에 얻을 수 있는 장점이 있다. **출처 -《시사경제용어사전》**

분할매도의 개념

상대적으로 대규모 물량의 단일종목을 일정기간에 걸쳐 매도하는 방식이다. 그 예로 상호기금이 보유하고 있는 한 종목의 주식을 수일 혹은 수주에 걸쳐 나누어 매각하는 것을 들 수 있다. 이것은 당해 종목의 시장가격을 하락시키지 않고 대규모의 물량을 매각할 수 있도록 한다. **출처 - <매일경제>**

분할매수, 어떻게 하나?

분할매수는 일단 매수하려는 금액 또는 물량 목표를 설정하고 체계적으로 나누어 매수하는 방식이다. 이를테면 종목을 2천만 원까지 매수할 목표를 세우고 분할매수를 하려고 한다면 차트를 보고 시점만 잘 계산하면 된다.

분할매수는 손실을 줄이기 위한 전략이 될 수 있다. 다음 차트를 예로 들어보면, 차트의 빨간색으로 표시한 부분의 아래지점(5일선이 20일선을 뚫고 올라갈 지점)에서 목표금액의 4분의 1에 해당하는 500만 원으로 종목을 매수한다. 만약 이렇게 투자했는데 갑자기 주가가 다시 내려가면 손실은 500만 원에서만 발생하므로 아직 목표 자금 가운데 1,500만 원이 남아 있다. 즉, 자금의 4분의 3은 아직 손실을 보지 않은 것이다. 만약 예상대로 주가가 상승해준다면 추가자금을 투입하면 된다.

결국 앞에서 소개한 분산투자와 포트폴리오 구성이 자산을 분산해서 위험을 회피하는 전략이라면 분할매수는 시간을 분산해서 위험을 회피하는 전략이라고 보면 된다.

048

공매도란?

> 공매도는 주가가 비쌀 때 빌려서 팔고 주가가 하락하면 사서 원래 주인에게 갚아 차익을 실현하는 방식입니다. 최근에는 일반인에게도 공매도가 가능한 부분이 많아졌지만 위험성 때문에 아무나 공매도를 하지는 못합니다.

앞에서 간단히 소개했던 셀트리온은 공매도 물량으로 한때 1위를 점유했던 종목이다. 2016년 초 셀트리온 거래량 중 5%가량이 공매도로 거래되었다는 사실만 봐도 공매도 물량이 얼마나 많은지 알 수 있을 것이다.

공매도空賣渡란 말 그대로 '없는 걸 판다'는 뜻으로 주식을 가지고 있지 않은 상태에서 매도주문을 내는 것을 말한다. 이렇게 없는 주식을 판 뒤 결제일이 돌아오는 3일 안에 주식을 구해 매입자에게 돌려주면 된다. 약세장이 예상되는 경우 시세차익을 노리는 투자자가 활용하는 방식이다.(출처 -《두산백과사전》)

공매도를 하는 이유는 대출을 받아서 거래하는 것보다 저렴한 비용으로 개인에게 주식을 빌려서 매도하고 나중에 다시 주가가 떨어지면 주식을 사서 줌으로써 시세차익을 얻을 수 있기 때문이다. 이를테면 5천 원짜리 주식을 빌려와 매도하고 주가가 하락해서 2천 원이 되면 사서 원래 주식의 주인에게 갚는다. 이렇게 해서 3천 원의 시세차익을 실현할 수 있는 것이다. 그런데 예상과는 달리 주가가 추가로 상승하면 손실을 보게 되며, 이것은 일반적인 투자의 경우와 다르지 않다.

앞에서 보았던 종목으로 설명하면, 6월 초에 50만 원 가까이 되었을 때 공매도를 하려고 빌려서 팔아 50만 원을 회수하고 40만 원까지 떨어졌을 때 다시 사서 원래 주인에게 갚는 것이다.

요즘에는 공매도를 제한하도록 하는 법률이 제정되고 감독기

관의 규제도 강화되고 있다. 한국거래소에서는 정보데이터시스템(data.krx.co.kr)을 통해 공매도 통계, 공매도 거래, 공매도 잔고, 공매도 과열, 대차정보, 공매도 제도 등 다양한 공매도와 관련된 정보를 제공하고 있다.

우리나라에서는 이미 공매도가 이루어지고 있지만, 주가가 상승하면 손실의 위험이 막대하기 때문에 아무나 할 수 있는 것은 아니다. 대부분 외국인투자자들이 공매도를 하고 있으며, 일반 개미투자자들은 접근이 어렵다.

049

테마주란?

> 테마주는 특정한 이슈나 사건, 분야 등에 관련되어 묶인 종목을 말합니다. 대표적으로 대선시기마다 나오는 정치 테마주가 있죠. 이런 테마주는 기업의 내재가치와 무관하게 주가가 고평가된 경우가 많기 때문에 장기투자에서는 신중해야 합니다. 다만 그룹으로 묶인 종목이 신성장동력이라든지 미래의 성장가능성 때문이라면 잘 분석해서 이익을 낼 수 있을 것입니다.

테마주는 투자자들의 심리를 반영한 주식이라고 보아도 무방하다. 대선 시즌에는 안철수 테마주, 박근혜 테마주, 문재인 테마주 등 각종 정치인과 관련된 테마주가 쏟아진다. 테마주의 특징은 그 시기의 특정한 이슈에 연동되어 주가가 급등한다는 점이다. 그런데 이런 주식은 기업의 내재가치와 무관하게 주가가 급등 또는 급락하는 경우가 많으며, 거의 대부분 기업의 본질보다 주가가 과대평가돼 있다.

사실 정치 관련 테마주는 대부분 학벌과 관련해서 엮인 기업들이거나 연고자와 관련된 종목일 것이다. 한 예로 미국의 대선과정에서 트럼프 대선주로 불린 예스24는 회장이 와튼스쿨 출신이라는 점에서 테마주로 불렸다. 또한 트럼프 테마주로 묶였던 페이퍼코리아는 2011년 트럼프그룹의 부회장 트럼프 주니어가 새만금 투자에 참석했고 새만금 인근의 토지를 소유하고 있다는 이유로 주가가 상승했다.

솔직히 테마주는 잠시 오르더라도 기업의 내재가치와 무관하게 주가가 요동치는 것이어서 주가의 변동이 그렇게 오래가지 못한다. 이 점을 고려해서 장기보유보다는 단타매매 전략으로 정치 테마주에 접근하는 것이 좋을 것이다.

정치 테마주 외에도 같은 이슈로 묶이는 테마주는 다양하다. 그 중에는 기후변화 테마주, 인공지능 테마주 등 미래의 성장동력으로 묶인 테마주도 있다. 테마주를 잘 활용하면 미래의 성장산업이나 업종으로 묶인 종목들을 발견할 수 있고, 그 종목 가운데 미래가치가 괜찮은 기업을 분석해서 해당 종목에 투자할 수 있을 것이다.

테마주 종목 검색하여 투자에 활용하기

네이버에 테마주라고 검색하면 다양한 뉴스와 정보를 찾아볼 수 있다.

N 테마주

통합 어학사전 뉴스 VIEW 이미지 지식iN 인플루언서 동영상 쇼핑 지도 ···

보통 뉴스에서 테마주를 소개하거나 추천하는 경우가 많고 주의 사항을 요약해놓은 정보도 발견할 수 있다.

뉴스 · 관련도순 · 최신순

뉴시스 PiCK 2시간 전 네이버뉴스

이번엔 '로리콘'...증시 **테마주** 이름 짓기 열풍

묶어 **테마주** 작명을 짓는 열풍이 이어지고 있다. 지난해 '태조 이방원'(태양광, 조선, 이차전지, 방산, 원전)... 단순 **테마주**가 아닌 이제 대세주가 되는 모습이다. 리...

조선일보 PiCK B1면 1단 2일 전 네이버뉴스

사업 계획만으로 주가 10배 급등... '리튬 **테마주**' 주의보

덩달아 다른 중소업체들도 리튬 **테마주**로 묶여 주가가 크게 오르고 있다. 출렁다리 등 교량 제조업체였던... '리튬 **테마주**'로 묶여 한때 주가가 급등했다. "130조원 리...

이코노미스트 PiCK 4일 전 네이버뉴스

비트코인 따라 비덴트·우리기술투자 상승..."**테마주** 성향 주의"

다만 거래량이 적은 데다가 **테마주** 성향이 있어 주의해야 한다. 17일 한국거래소에 따르면 코스닥 상장사... 코인주가 단지 비트코인과 관련됐다는 이유만으로 주가...

주로 증권포털 한두 개 정도에서 테마주를 일괄적으로 검색하고 투자종목을 선별하는 데 이용하는 것이 효율적인데, 요즘에는 팍스넷 증권포털(www.paxnet.co.kr/stock)의 테마주 뉴스를 많이 이용하는 것으로 보인다.

팍스넷의 증권포털에 접속하면 커뮤니티와 투자전략, 종목입체분석, 뉴스 등을 찾아볼 수 있다. 여기서 뉴스 하위항목에 테마주 뉴스를 클릭하면 테마뉴스와 주도주 1위를 발견할 수 있다. 테마는 건설 대표주, 코로나19, 통신장비, 사물인터넷, 마이데이터, NFT 등 최근 화제가 되는 키워드별로 분류하여 해당 종목에서 대장주가 어떤 것인지 파악할 수 있다.

테마명	등락률	테마뉴스	주도주 1위	주도주 2위
건설 대표주	+3.77%	'영등2구역 재건축' HUG 보증으로 5500억 PF 조달	▲ 현대건설	▲ GS건설
코로나19(힐…	+3.23%	증시요약(9) - 기술적 분석 특징주 A(코스닥)	▲ 블레이드 Ent	▲ 레몬
통신장비	+3.10%	증시요약(9) - 기술적 분석 특징주 A(코스닥)	↑ 텔레필드	▲ 기가레인
사물인터넷	+2.86%	증시요약(9) - 기술적 분석 특징주 A(코스닥)	↑ 텔레필드	▲ 기가레인
5G(5세대 이…	+2.81%	증시요약(9) - 기술적 분석 특징주 A(코스닥)	↑ 텔레필드	▲ 기가레인
항공/저가 항…	+2.68%	"대표가 쏜다"..에어부산, 직원소통 간식차 이벤트 '눈길'	▲ 에어부산	▲ 티웨이항공
마이데이터	+2.22%	이노엡(303530) +3.70%, 핑거 +3.73%, 비트나인 +2.63%, 올티시스 +2.2…	▲ 루픈	▲ 핑거
NFT(대체불가…	+2.17%	증시요약(9) - 기술적 분석 특징주 A(코스닥)	↑ 갤럭시아에스엠	▲ 서울옥션
은행	+2.09%	증시요약(7) - 기술적 분석 특징주 A(코스피)	▲ 제주은행	▲ JB금융지주
네옴시티 관련주	+2.08%	현대건설, 매출액 가이던스 상향에 목표가↑-한화투자증권	▲ 에스엠	▲ 현대건설
건설 중소형	+1.90%	증시요약(6) - 특징 상한가 및 급등종목	▲ 디와이디	▲ 범양건영
강관업체(Ste…	+1.89%	증시요약(6) - 특징 상한가 및 급등종목	▲ 금강공업	▲ 세아제강
LED장비	+1.89%	증시요약(9) - 기술적 분석 특징주 A(코스닥)	▲ 기가레인	▲ 네온테크

이 중에서 NFT(대체불가토큰)의 테마주 항목을 클릭하면 다음과 같이 종목명들과 증시요약을 볼 수 있다.

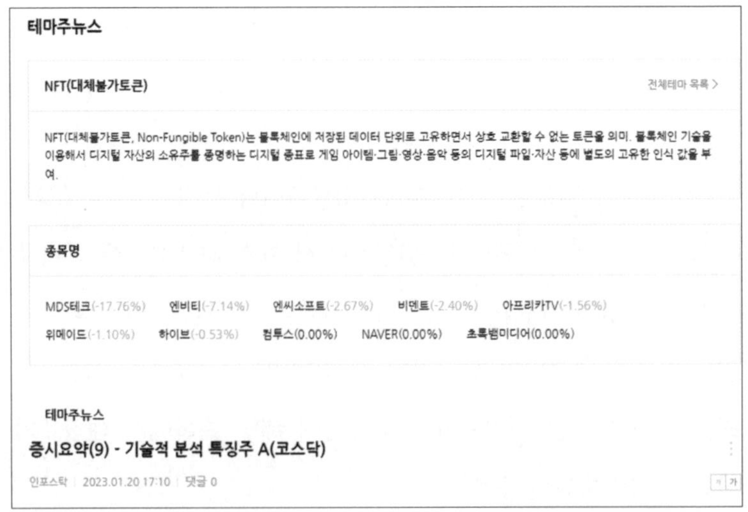

제목 : 증시요약(9) - 기술적 분석 특징주 A(코스닥)

갤럭시아머니트리 (094480)	톱텍 (108230)	서울옥션 (063170)	루트로닉 (085370)
엔텔스 (069410)	위세아이텍 (065370)	파마리서치 (214450)	골프존 (215000)
쿠콘(294570)	제로투세븐 (159580)	레이 (228670)	코세스 (089890)
레인보우로보틱스 (277810)	한주라이트메탈(198940)	셀바스AI (108860)	오스템임플란트 (048260)
코난테크놀로지 (402030)	솔트룩스 (304100)	휴메딕스 (200670)	엔에이치스팩24호 (437780)
엔에이치스팩26호 (439410)			
텔레필드 (091440)			
없음			
기가레인 (049080)	뉴로메카 (348340)	갤럭시아머니트리(094480)	에스엠 (041510)
로보스타 (090360)	톱텍(108230)	서울옥션(063170)	코퍼스코리아 (322780)
코닉오토메이션(391710)	바이오플러스(099430)	자이언트스텝 (289220)	가온미디어 (078890)
아우딘퓨쳐스 (227610)	에스씨엠생명과학 (298060)		

이 중에서 기술적 분석 특징주를 살펴보면 갑자기 주가가 급등 또는 급락한 종목을 살펴볼 수 있으며 이러한 종목은 테마주일 뿐만 아니라 세력이 주가의 변동성을 높일 가능성도 있으므로 예의 주시하면서 투자하면 도움이 될 것이다.

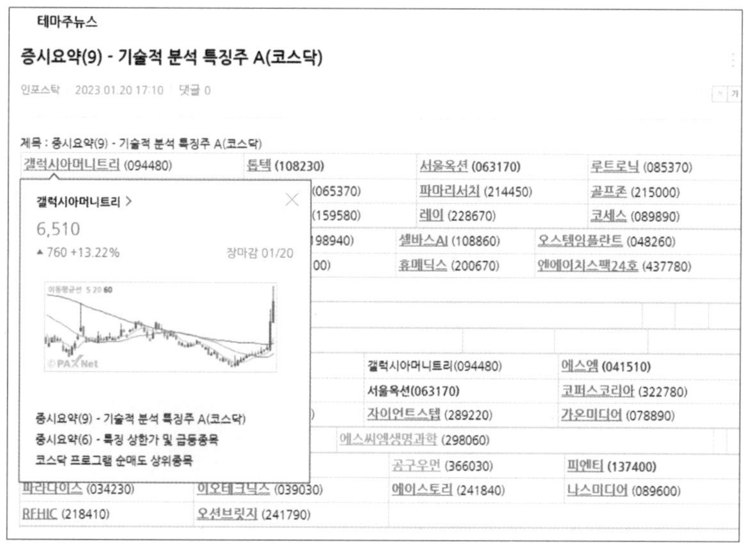

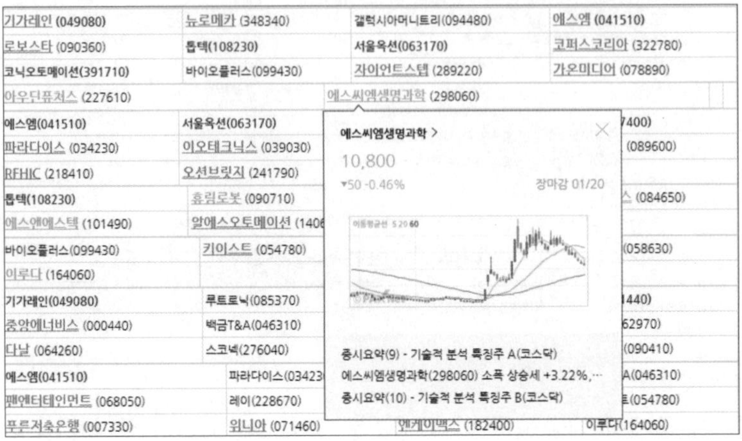

기가레인 (049080)	뉴로메카 (348340)	갤럭시아머니트리(094480)	에스엠 (041510)
로보스타 (090360)	톱텍(108230)	서울옥션(063170)	코퍼스코리아 (322780)
코닉오토메이션(391710)	바이오플러스(099430)	자이언트스텝 (289220)	가온미디어 (078890)
아우딘퓨쳐스 (227610)		에스씨엠생명과학 (298060)	
에스엠(041510)	서울옥션(063170)		7400)
파라다이스 (034230)	이오테크닉스 (039030)		(089600)
RFHIC (218410)	오션브릿지 (241790)		
톱텍(108230)	휴림로봇 (090710)		스 (084650)
에스엔에스텍 (101490)	알에스오토메이션 (1406		
바이오플러스(099430)	키이스트 (054780)		(058630)
이루다 (164060)			
기가레인(049080)	루트로닉(085370)		1440)
중앙에너비스 (000440)	백금T&A(046310)		62970)
다날 (064260)	스코넥(276040)		(090410)
에스엠(041510)	파라다이스(03423		A(046310)
팬엔터테인먼트 (068050)	레이(228670)		토(054780)
푸른저축은행 (007330)	위니아 (071460)	엔케이맥스 (182400)	이루다(164060)

에스씨엠생명과학 >
10,800
▾50 -0.46%
장마감 01/20
이동평균선 5 20 60
증시요약(9) - 기술적 분석 특징주 A(코스닥)
에스씨엠생명과학(298060) 소폭 상승세 +3.22%,…
증시요약(10) - 기술적 분석 특징주 B(코스닥)

붉은색은 급등하고 있는 종목이며, 파란색은 급락하고 있는 종목이니 이를 활용하면 고점과 저점을 파악하면서 매수와 매도 타이밍을 분석할 수 있다.

만약 증가세에 있는 종목이라면 성장하고 있는 이유가 무엇인지 뉴스 등에서 확인하고 호재가 있으면서 PER가 업계평균보다 낮은 등 투자할 만한 가치가 있다고 판단되면 투자를 고려할 수 있을 것이다.

050

초보 투자자라면 네이버 증권을 최대한 활용하자

> "과거에는 에프앤가이드를 통해서 주식에 대한 컨센서스 및 시장정보를 얻어 투자하는 것이 좋았습니다. 그러나 최근에는 네이버 증권에서 에프앤가이드의 정보를 받아 동일한 서비스를 종목별로 제공하고 있으며, ESG지표와 각종 투자를 위한 보조정보를 한눈에 제공하므로 네이버 증권만 제대로 익혀두어도 주식투자를 하는 데 충분합니다."

보통 초보 투자자들은 주로 소문이나 정보에 의존해서 투자를 한다. 친구가 어떤 종목이 좋다더라 하면 냉큼 매수하고 보는 분들도 많다. 그런데 이런 투자방식이 습관이 되면 장기적으로 부자가 될 수 없다. 아니, 잘못된 정보나 뜬소문을 믿고 투자했다가 퇴직금을 통째로 날리거나 목돈을 날리고는 "주식투자는 절대 해서는 안 된다"라고 자책하게 될 가능성이 크다.

초보일 때부터 기업을 조금씩 공부하고 투자해야 10년 후 수익률 1000% 이상의 고수익자에 오를 수 있다. 그냥 취미로 주식투자를 하거나 한두 푼 벌고 말 것이라면 상관없지만, 미래에 목돈을 더 크게 불리고 싶다면 공부해야 한다. 이익은 고사하고 손해라도 보지 않을 종목을 제대로 알고 투자해야 손해를 보지 않는다.

제대로 된 투자 정보는 전반적으로 '네이버 증권'에서 확인할 수 있다. 증권 홈에서는 주요 뉴스와 오늘의 증시(코스피, 코스닥, 코스피 200 등락), TOP종목, 업종상위, 테마상위를 확인할 수 있다.

국내증시를 클릭하면 구체적으로 국내 인기검색 종목부터 업종별 시세 등락, 테마별 시세와 주도주, 외국인 순매수 종목, 기관 순매수 종목 등을 확인할 수 있다.

개별종목으로 들어가면 해당 종목의 시가총액, 상장주식수, 액면가, PER, PBR, 배당수익률, 동일업종 PER 등을 확인할 수 있다.

해당 종목의 종합정보를 보면 거래원 정보와 외국인과 기관이 매수세에 있는지 매도세에 있는지를 확인할 수 있고 종목의 뉴스 그리고 종목에 대하여 토론을 볼 수 있다. 하지만 토론방에서 오래 머무르는 것은 정신적 소모만 클 수 있으므로 주의해야 한다.

조금 더 아래로 내려오면 기업실적분석을 볼 수 있는데 매출액이 증가세에 있는지, 영업이익과 당시순이익, 이익률이 증가세에 있는지, 그리고 부채비율은 적정한지, 당좌비율은 충분한지, PER는 적정한지 등을 확인해볼 수 있다.

기업실적분석 더보기 ›

주요재무정보	최근 연간 실적				최근 분기 실적					
	2019.12	2020.12	2021.12	2022.12(E)	2021.09	2021.12	2022.03	2022.06	2022.09	2022.12(E)
	IFRS 연결	IFRS 연결	IFRS 연결	IFRS 연결	IFRS 연결	IFRS 연결	IFRS 연결	IFRS 연결	IFRS 연결	IFRS 연결
매출액(억원)	2,304,009	2,368,070	2,796,048	3,054,876	739,792	765,655	777,815	772,036	767,817	735,244
영업이익(억원)	277,685	359,939	516,339	463,279	158,175	138,667	141,214	140,970	108,520	72,102
당기순이익(억원)	217,389	264,078	399,074	371,012	122,933	108,379	113,246	110,988	93,892	62,429
영업이익률(%)	12.05	15.20	18.47	15.17	21.38	18.11	18.15	18.26	14.13	9.81
순이익률(%)	9.44	11.15	14.27	12.14	16.62	14.16	14.56	14.38	12.23	8.49
ROE(%)	8.69	9.98	13.92	11.67	12.60	13.92	15.13	15.10	13.42	
부채비율(%)	34.12	37.07	39.92		38.30	39.92	39.34	36.64	36.35	
당좌비율(%)	233.57	214.82	196.75		210.70	196.75	202.26	219.39	226.19	
유보율(%)	28,856.02	30,692.79	33,143.62		32,225.78	33,143.62	34,110.56	35,054.68	35,798.23	
EPS(원)	3,166	3,841	5,777	5,374	1,775	1,567	1,638	1,613	1,346	788
PER(배)	17.63	21.09	13.55	10.29	14.36	13.55	10.92	8.65	8.61	70.19
BPS(원)	37,528	39,406	43,611	48,462	42,447	43,611	45,106	46,937	49,387	48,462
PBR(배)	1.49	2.06	1.80	1.14	1.75	1.80	1.54	1.21	1.08	1.14
주당배당금(원)	1,416	2,994	1,444	1,521						
시가배당률(%)	2.54	3.70	1.84							
배당성향(%)	44.73	77.95	25.00							

• 분기 실적은 해당 분기까지의 누적 실적에서 직전 분기까지의 누적 실적을 차감하는 방식으로 계산되므로, 기업에서 공시한 분기 실적과 차이가 있을 수 있습니다.
• 컨센서스(E) : 최근 3개월간 증권사에서 발표한 전망치의 평균값입니다.

게다가 동일업종의 경쟁업체들과 가격, 매출액, 영업이익, 순이익, ROE, PER, PBR에서 우위에 있는지도 한눈에 비교해볼 수 있어 참고할 만하다.

동일업종비교 (업종명 : 반도체와반도체장비 | 재무정보: 2022.09 분기 기준) 더보기›

종목명 (종목코드)	삼성전자* 005930	SK하이닉스* 000660	SK스퀘어* 402340	리노공업 058470	DB하이텍* 000990
현재가	61,800	87,600	35,250	161,300	44,000
전일대비	▲ 300	▲ 2,100	▼ 50	▼ 500	▲ 150
등락률	+0.49%	+2.46%	-0.14%	-0.31%	+0.34%
시가총액(억)	3,689,325	637,730	49,867	24,585	19,535
외국인취득률(%)	50.15	50.45	42.48	46.06	26.40
매출액(억)	767,817	109,829	12,436	901	4,474
영업이익(억)	108,520	16,556	1,694	420	2,204
조정영업이익	108,520	16,556	1,694	420	2,204
영업이익증가율(%)	-23.02	-60.51	-66.74	1.81	3.36
당기순이익(억)	93,892	11,027	2,079	387	1,708
주당순이익(원)	1,346.14	1,520.24	1,440.95	2,536.53	3,837.86
ROE(%)	13.42	14.56		28.86	47.51
PER(배)	10.03	6.88	3.04	19.29	3.22
PBR(배)	1.25	0.88	0.28	5.04	1.21

· PER, PBR 수치는 최근 4분기 기준입니다.
· * 종목은 IFRS (연결) 회계기준을 적용한 종목입니다. (최근 분기보고서 기준이며, 기준 분기는 업종마다 다를 수 있습니다.)
· IFRS (연결) 적용 종목의 당기순이익 및 가치지표(주당순이익, PER, PBR)는 지배주주지분을 기준으로 산출하였습니다.

그다음으로 자주 활용할 수 있는 기능이 차트인데 일봉, 주봉, 월봉으로 나누어 이동평균선과 거래량을 한눈에 볼 수 있다.

투자자 입장에서 가장 활용성이 높은 기능이 '종목분석' 탭의 기능이다. 이는 과거 에프앤가이드에서 제공하던 기능인데 네이버 증권에서 한번에 종합적으로 제공하므로 네이버 증권에서 이를 투자에 활용하면 좋다.

탭에서 종목분석을 클릭하면 바로 나오는 것이 '기업현황'이다.

종합정보 | 시세 | 차트 | 투자자별 매매동향 | 뉴스·공시 | 종목분석 | 종목토론실 | 전자공시 | 공매도현황

기업현황 | 기업개요 | 재무분석 | 투자지표 | 컨센서스 | 업종분석 | 섹터분석 | 지분현황 | 인쇄

삼성전자 005930 | SamsungElec | KOSPI : 전기전자 | WICS : 반도체와반도체장비

EPS **6,164** | BPS **49,387** | PER **10.03** | 업종PER **8.40** | PBR **1.25** | 현금배당수익률 **2.34%** | 12월 결산

* **PER**: 전일 보통주 수정주가 / 최근 분기 EPS(TTM)
* **PBR**: 전일 보통주 수정주가 / 최근 분기 BPS(TTM)
* **TTM**: 최근 4분기 합산
* PER, PBR값이 (-)일 경우, N/A로 표기됩니다.
* **현금배당수익률**: 최근 결산 수정DPS(현금) / 전일 보통주 수정주가
* **WICS**: WISE Industry Classification Standard, modified by FnGuide
* TTM 데이터가 없는 경우, 최근 결산 데이터로 표시됩니다.

시세 및 주주현황 [기준:2023.01.20]

주가/전일대비/수익률	**61,800**원 / +300원 / +0.49%
52Weeks 최고/최저	75,800원 / 51,800원
액면가	100원
거래량/거래대금	9,646,330주 / 5,954억원
시가총액	3,689,326억원
52주베타	0.88
발행주식수/유동비율	5,969,782,550주 / 75.78%
외국인지분율	50.17%
수익률 (1M/3M/6M/1Y)	+5.46%/ +11.35%/ +2.15%/ -19.22%

* 수정주가(차트포함), 보통주 기준, * 52주베타: 주간수익률 기준

[기준: 2023.01.20]

신용등급	BOND	CP
KIS		
KR		
NICE		

주요주주	보유주식수(보통)	보유지분(%)
+ 삼성생명보험 외 15인	1,237,981,437	20.74
국민연금공단	458,637,667	7.68
+ BlackRock Fund Advis…	300,391,061	5.03

* 보유지분 : 보유지분주식수/지수산정주식수*100

내재가치를 기준으로 투자하는 투자자들을 위해서 기업개요와 펀더멘털에 대한 요약정보를 제공하는데 주식투자에서 적정주가를 산출하는 데 필수적인 지표들을 요약하고 있다.

기업개요 [기준:2022.12.20]

- 한국 및 DX부문 해외 9개 지역총괄과 DS부문 해외 5개 지역총괄, SDC, Harman 등 233개의 종속기업으로 구성된 글로벌 전자 기업임.
- 세트사업(DX)에는 TV, 냉장고 등을 생산하는 CE부문과 스마트폰, 네트워크시스템, 컴퓨터 등을 생산하는 IM부문이 있음.
- 부품사업(DS)에서는 D램, 낸드 플래쉬, 모바일AP 등의 제품을 생산하는 반도체 사업과 TFT-LCD 및 OLED 디스플레이 패널을 생산하는 DP사업으로 구성됨.

펀더멘털

주요지표	2021/12(A)	2022/12(E)
PER	10.70	10.29
PBR	1.42	1.14
PCR	6.45	4.89
EV/EBITDA	3.60	3.14
EPS	5,777원	5,374원
BPS	43,611원	48,462원
EBITDA	858,812.2억원	861,701.3억원
현금DPS	1,444원	1,521원
현금배당수익률	2.34%	2.75%
회계기준	연결	연결

*(A)는 실적, (E)는 컨센서스

어닝서프라이즈 *단위: 억원, %

재무연월		2022/09	2022/12
영업이익	컨센서스	118,683.1	68,736.6
	잠정치	108,000.0	43,000.0
	Surprise	**-9.00**	**-37.44**
	전년동기대비	-31.72	-68.99
당기순이익	컨센서스	90,512.2	56,744.5
	잠정치	● 91,439.0	
	Surprise	**1.02**	
	전년동기대비	-24.16	
잠정치발표(예정)일/회계기준		2022/10/07(연결)	2023/01/06(연결)

* 연결 재무제표: 당기순이익 잠정치에서 ○는 전체, ●는 지배주주 기준

예를 들면, PER가 업종평균 PER에 비해서 낮을 경우 저평가되어 있다고 보면 되며 PBR, PCR도 마찬가지로 판단하면 된다. 각종 재무지표를 요약하고 있으며 영업이익과 당기순이익 컨센서스보다 실적이 높으면 어닝서프라이즈이므로 실적이 예상보다 좋다고 볼 수 있다.

투자의견 컨센서스는 투자를 하는 데 큰 도움이 되는데 매수의견일 경우 향후 주가가 상승할 것이라는 예상을 각종 증권사 애널리스트들이 내린 것으로 볼 수 있으며 이로써 해당 종목을 사도 좋을지 판단하는 데 도움을 받을 수 있다.

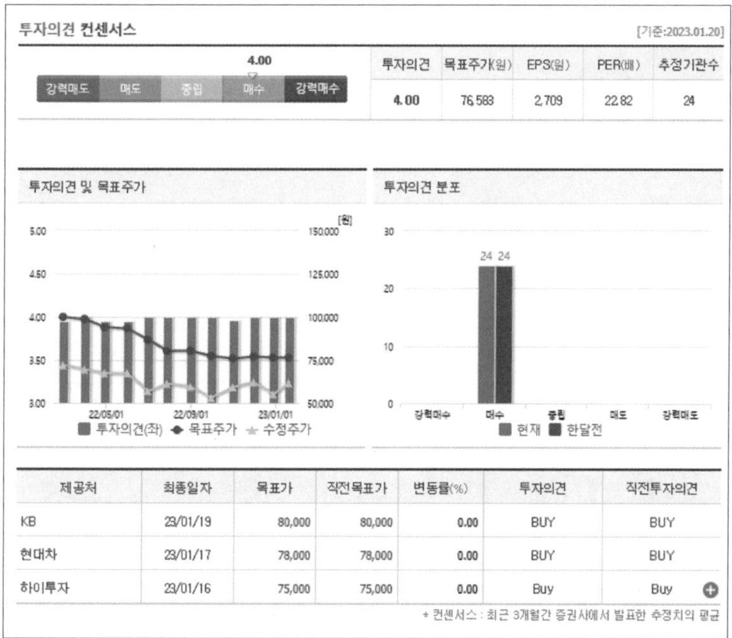

투자의견 컨센서스 [기준:2023.01.20]

투자의견	목표주가(원)	EPS(원)	PER(배)	추정기관수
4.00	76,583	2,709	22.82	24

제공처	최종일자	목표가	직전목표가	변동률(%)	투자의견	직전투자의견
KB	23/01/19	80,000	80,000	0.00	BUY	BUY
현대차	23/01/17	78,000	78,000	0.00	BUY	BUY
하이투자	23/01/16	75,000	75,000	0.00	Buy	Buy

* 컨센서스 : 최근 3개월간 증권사에서 발표한 추정치의 평균

종목분석에서 재무분석을 보면 좀 더 전문적인 정보를 얻을 수 있는데 포괄손익계산서 항목에서 수익성이 증가추세에 있는지를 그래프로 한번에 확인할 수 있다.

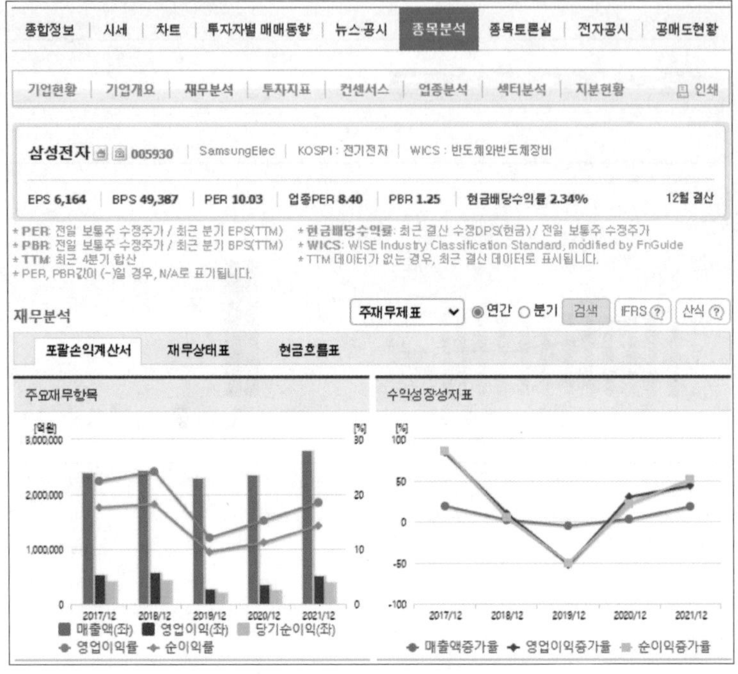

한편, 재무분석에서 재무상태표를 클릭하면 자산과 부채가 증가세에 있는지, 부채비율이 증가하여 재무리스크가 커지고 있지는 않은지, 자산의 증가율은 높아지고 있는지, 유동자산증가율도 적절히 증가하고 있는지, 유형자산증가율이 높아서 신규투자를 늘리고 있는 편인지 등을 확인할 수 있다.

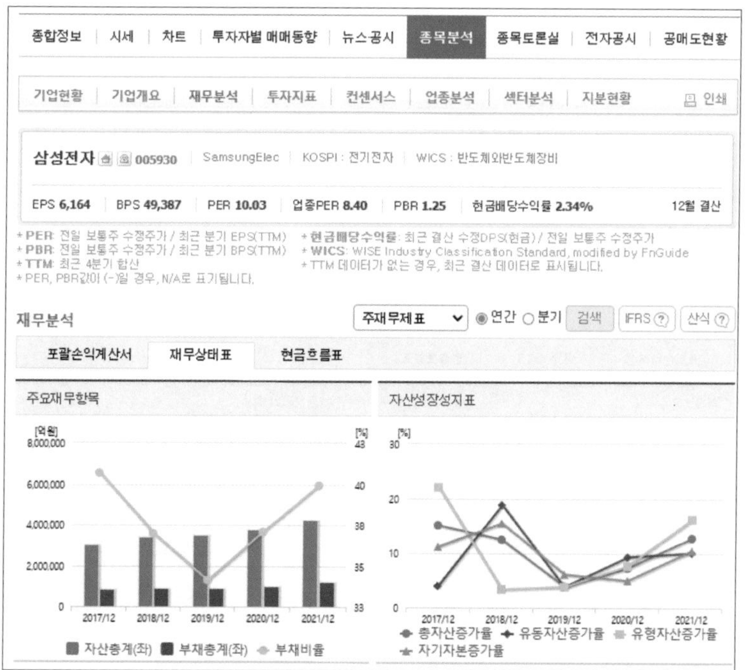

재무분석에서 현금흐름표를 클릭하면 회사의 영업활동 현금흐름이 증가하고 있는지, 현금흐름은 안정적인지 한번에 알 수 있다.

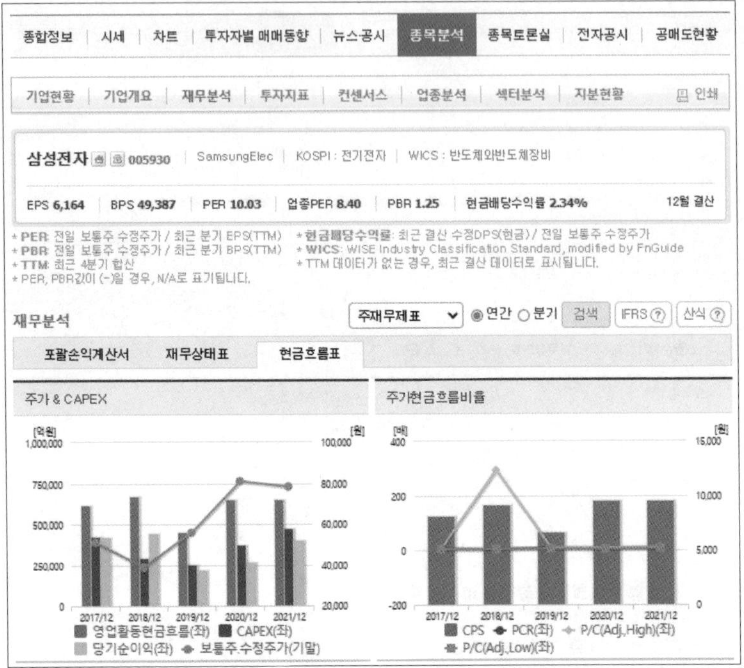

더 직접적으로 투자지표를 클릭하면 투자분석을 확인할 수 있는데 수익성, 성장성, 안정성, 활동성을 한번에 분석해서 제공한다. 수익성 지표는 증가추세에 있을수록 좋다고 보면 된다.

성장성지표도 확인이 가능한데 매출액증가율, 영업이익증가율, 순이익증가율, 총자산증가율, 유동자산증가율, 유형자산증가율, 자기자본증가율을 보여주며 증가율이 감소하지 않는 한 해당 항목이 성장하고 있다고 보면 된다.

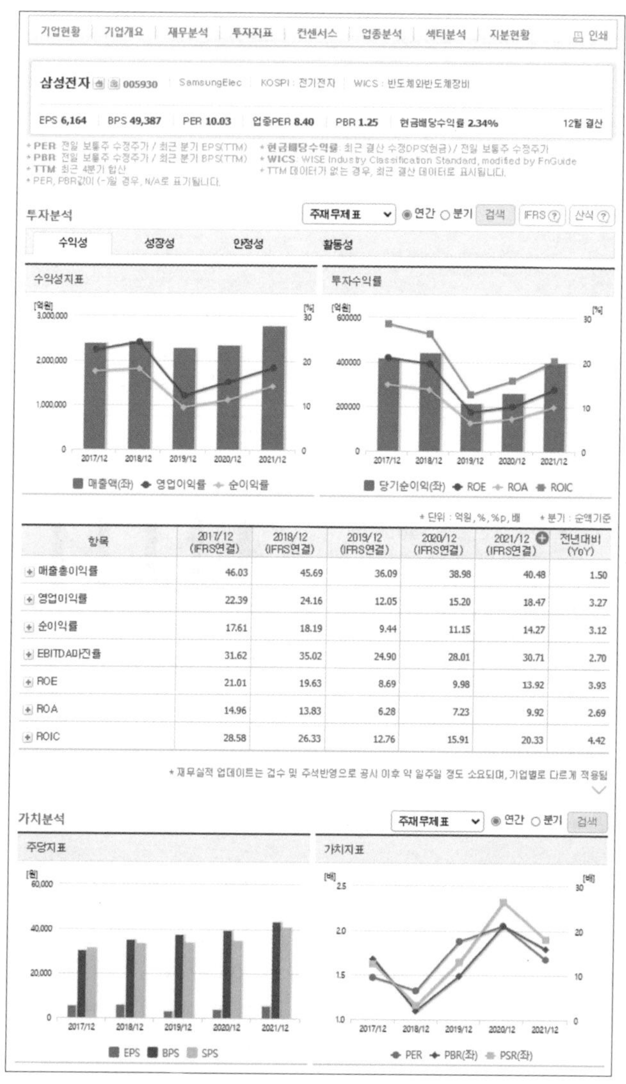

항목	2017/12 (IFRS연결)	2018/12 (IFRS연결)	2019/12 (IFRS연결)	2020/12 (IFRS연결)	2021/12 (IFRS연결)	전년대비 (YoY)
매출총이익률	46.03	45.69	36.09	38.98	40.48	1.50
영업이익률	22.39	24.16	12.05	15.20	18.47	3.27
순이익률	17.61	18.19	9.44	11.15	14.27	3.12
EBITDA마진률	31.62	35.02	24.90	28.01	30.71	2.70
ROE	21.01	19.63	8.69	9.98	13.92	3.93
ROA	14.96	13.83	6.28	7.23	9.92	2.69
ROIC	28.58	26.33	12.76	15.91	20.33	4.42

안정성지표도 한번에 확인할 수 있는데 부채비율은 낮을수록 좋지만 너무 낮은 것도 문제가 있으며, 유동부채비율이 너무 높으면 단기적으로 유동성 위기에 직면할 수 있으므로 주의해야 한다. 부채비율이 지나치게 증가세에 있다면 파산위험이 높아지므로 리스

크를 감안하여 투자해야 한다.

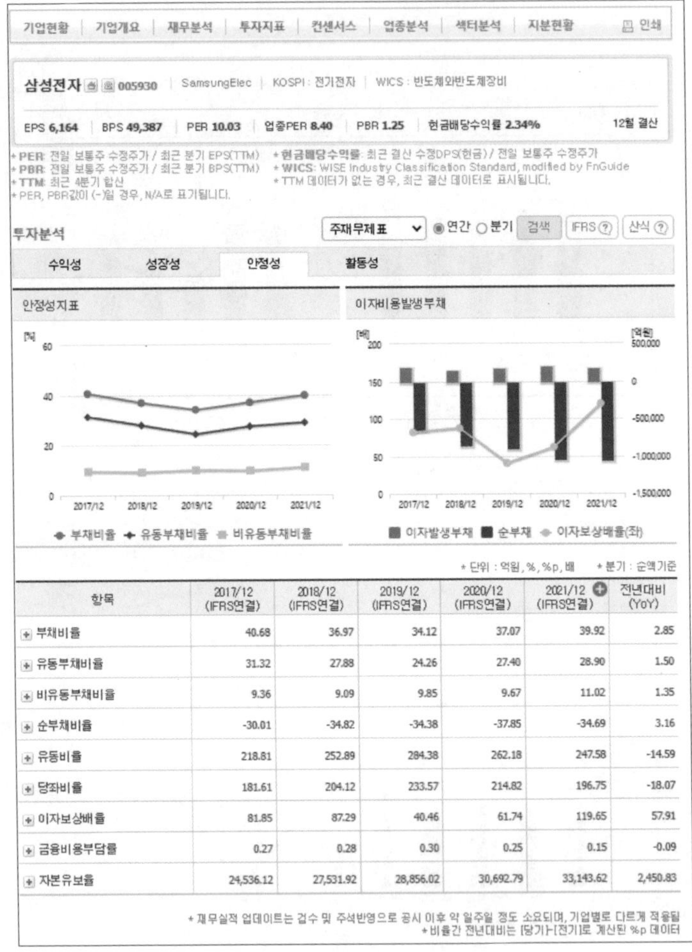

기업현황 | 기업개요 | 재무분석 | 투자지표 | 컨센서스 | 업종분석 | 섹터분석 | 지분현황 | 인쇄

삼성전자 005930 | SamsungElec | KOSPI : 전기전자 | WICS : 반도체와반도체장비

EPS **6,164** | BPS **49,387** | PER **10.03** | 업종PER **8.40** | PBR **1.25** | 현금배당수익률 **2.34%** | 12월 결산

+ **PER**: 전일 보통주 수정주가 / 최근 분기 EPS(TTM)
+ **PBR**: 전일 보통주 수정주가 / 최근 분기 BPS(TTM)
+ **TTM**: 최근 4분기 합산
+ PER, PBR값이 (-)일 경우, N/A로 표기됩니다.
+ **현금배당수익률**: 최근 결산 수정DPS(현금) / 전일 보통주 수정주가
+ **WICS**: WISE Industry Classification Standard, modified by FnGuide
+ TTM 데이터가 없는 경우, 최근 결산 데이터로 표시됩니다.

투자분석

주재무제표 ◉연간 ○분기 검색 IFRS ⑦ 산식 ⑦

수익성 | 성장성 | 안정성 | 활동성

안정성지표

이자비용발생부채

+ 단위 : 억원, %, %p, 배 + 분기 : 순액기준

항목	2017/12 (IFRS연결)	2018/12 (IFRS연결)	2019/12 (IFRS연결)	2020/12 (IFRS연결)	2021/12 (IFRS연결)	전년대비 (YoY)
부채비율	40.68	36.97	34.12	37.07	39.92	2.85
유동부채비율	31.32	27.88	24.26	27.40	28.90	1.50
비유동부채비율	9.36	9.09	9.85	9.67	11.02	1.35
순부채비율	-30.01	-34.82	-34.38	-37.85	-34.69	3.16
유동비율	218.81	252.89	284.38	262.18	247.58	-14.59
당좌비율	181.61	204.12	233.57	214.82	196.75	-18.07
이자보상배율	81.85	87.29	40.46	61.74	119.65	57.91
금융비용부담률	0.27	0.28	0.30	0.25	0.15	-0.09
자본유보율	24,536.12	27,531.92	28,856.02	30,692.79	33,143.62	2,450.83

+ 재무실적 업데이트는 검수 및 주석반영으로 공시 이후 약 일주일 정도 소요되며, 기업별로 다르게 적용됨
+ 비율간 전년대비는 [당기]-[전기]로 계산된 %p 데이터

활동성지표는 해당 종목의 기업이 영업활동을 얼마나 잘하고 있는지 간접적으로 확인할 수 있는 항목이며 매출채권회전율과 재고자산회원율은 높을수록 좋다. 매출채권회전일수와 재고자산회전일

수가 영업주기이므로 영업주기는 짧게 가져가면서 활동성이 높을수록 기업에 유리하다고 판단해볼 수 있다. 그리고 회전율이 지나치게 급감하지는 않는지 살펴보고 리스크를 판단하면 된다. 활동률이 너무 급감한다면 영업활동에 위기신호라고 판단할 수 있다.

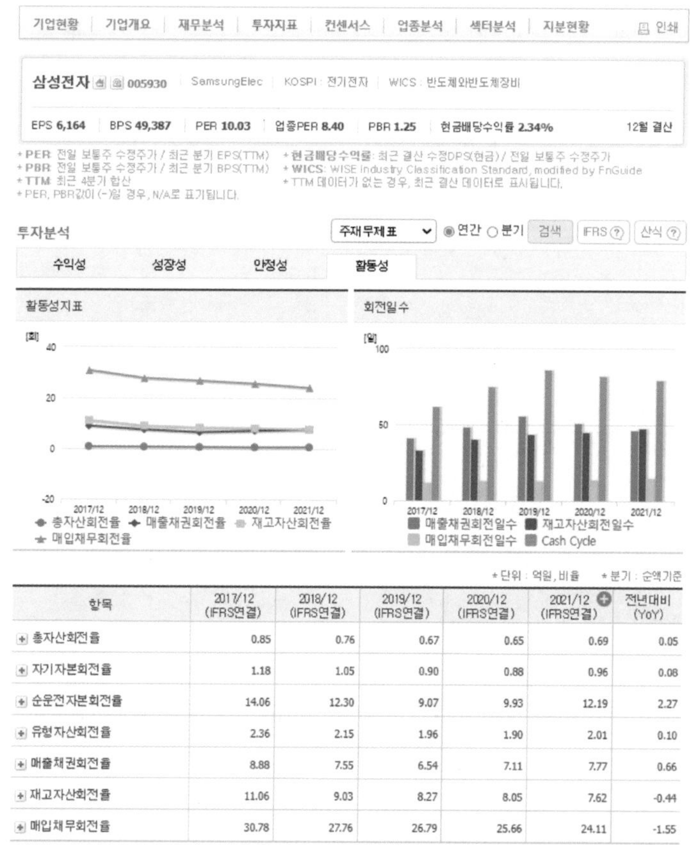

항목	2017/12 (IFRS연결)	2018/12 (IFRS연결)	2019/12 (IFRS연결)	2020/12 (IFRS연결)	2021/12 (IFRS연결)	전년대비 (YoY)
총자산회전율	0.85	0.76	0.67	0.65	0.69	0.05
자기자본회전율	1.18	1.05	0.90	0.88	0.96	0.08
순운전자본회전율	14.06	12.30	9.07	9.93	12.19	2.27
유형자산회전율	2.36	2.15	1.96	1.90	2.01	0.10
매출채권회전율	8.88	7.55	6.54	7.11	7.77	0.66
재고자산회전율	11.06	9.03	8.27	8.05	7.62	-0.44
매입채무회전율	30.78	27.76	26.79	25.66	24.11	-1.55

섹터분석은 동종업체들과 각 지표를 연도별로 비교분석하여 우위에 있는지 대략적으로 판단해볼 수 있으니 이 또한 활용하면 좋다.

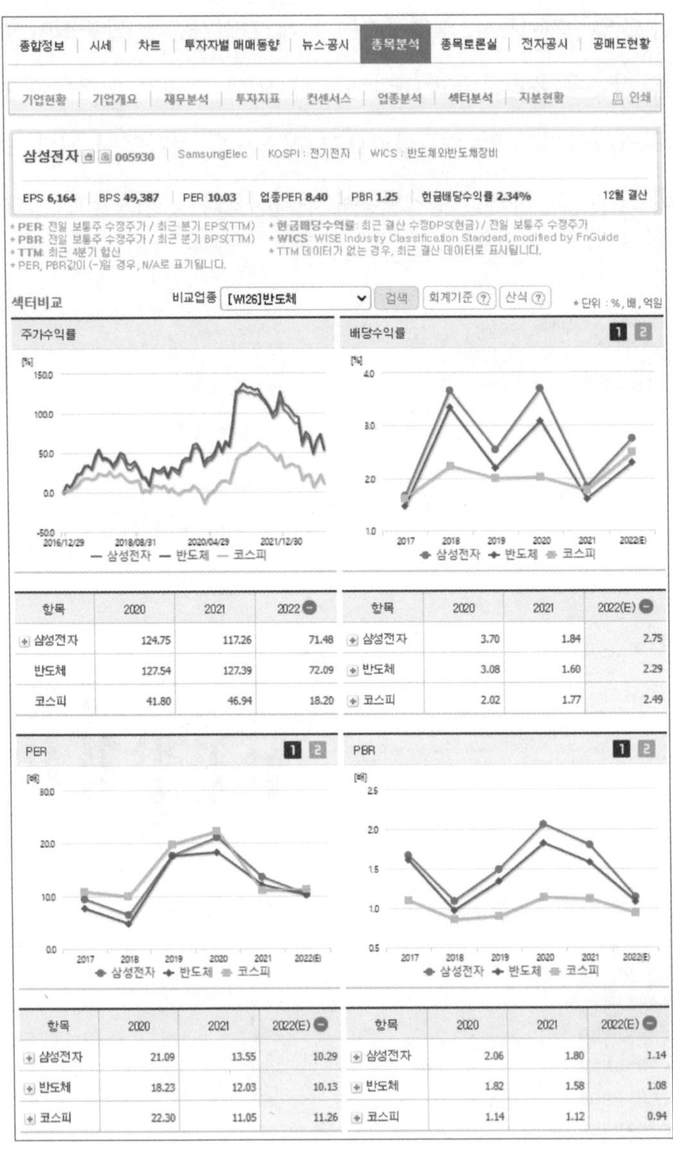

항목	2020	2021	2022
삼성전자	124.75	117.26	71.48
반도체	127.54	127.39	72.09
코스피	41.80	46.94	18.20

항목	2020	2021	2022(E)
삼성전자	3.70	1.84	2.75
반도체	3.08	1.60	2.29
코스피	2.02	1.77	2.49

항목	2020	2021	2022(E)
삼성전자	21.09	13.55	10.29
반도체	18.23	12.03	10.13
코스피	22.30	11.05	11.26

항목	2020	2021	2022(E)
삼성전자	2.06	1.80	1.14
반도체	1.82	1.58	1.08
코스피	1.14	1.12	0.94

051

연봉에 따른 투자전략은?

> 연봉수준에 따라서 투자할 수 있는 여력도 다를 수밖에 없습니다. '자산이 돈을 벌어준다'는 말이 있듯이 주식은 가지고 있을수록 더 큰 수익을 창출해 줄 것입니다. 연봉에 따라 어떤 투자전략을 취해야 할지 소개해봅니다.

월급생활자는 급여의 일정부분을 투자수단에 관계없이 일단 투자해야 미래에 목돈을 마련할 수 있다. 투자 없이는 부자가 될 수 없는 것이 우리나라의 현실이다. 하지만 2023년부터 투자한다고 해도 매달 50만 원씩 연수익률 5%의 증권에 투자할 경우 10년이 지난 2033년이 되어서야 1억 원을 만들 수 있다.

그런데 종합지수의 증가추이만 보아도 주식만 한 투자처를 찾기는 힘들다. 주식시장은 종합지수가 대변하는데, 종합주가지수는 과거 1,035.7원에서 시작해 2017년 2월 현재 2,083.86원까지 거의 두 배가 증가했다. 즉, 주식시장에 묻어두기만 해도 평균적으로 200%

의 수익률이 발생한 것이다.

일단 월급으로 생활하는 근로소득자의 경우에는 매달 약 100만 원씩 분할매수를 하면서 주가가 낮아질 때 주식수를 더 늘려 나가는 방식으로 분산투자를 하면 아직도 부자가 될 가능성이 크다고 본다. 매달 100만 원씩 투자를 한다 해도 종목을 분산해서 투자할 경우에는 위험이 크지 않고, 주식시장이 지속적으로 성장할 것이기 때문에 그와 더불어 자산가치도 늘어날 것이다. 소액투자자에게는 이만한 투자방법이 없다.

또한 증권사마다 적립형 펀드도 있으니 고려해볼 만하다. 요즘에는 지수펀드와 같은 ETF가 잘되어 있기 때문에 적금을 넣듯 이에 투자하는 것도 나쁘지 않다. 그런데 투자는 하되 주가가 오르지 않는 것에 대해 조급함을 가지면 절대 안 된다. 장기투자로 분산투자를 하면서 단타매매처럼 조급해하면 큰 재산을 모을 수 없다.

연봉에 따라 다른 투자방식

근로소득자는 직종과 연차에 따라 연봉이 천차만별이다. 그리고 연봉에 따라 매달 현금흐름이 다를 수밖에 없기 때문에 그에 따른 투자전략도 달라져야 한다.

우선, 연봉이 2천만 원이 안 되는 근로소득자의 경우에는 월 50만 원씩은 주식에 투자해볼 것을 권한다. 주식투자로 시작부터 큰 돈을 벌기는 힘들다. 다만 일단 자산 포트폴리오를 구축해두면 미래에 큰 자산을 형성할 수 있다. 처음부터 주식으로 돈을 벌기는 힘든 월급 수준이지만, 3~4년만 매월 50만 원씩 주식종목을 모으면 어느새 3천만 원 이상의 포트폴리오를 만들어낼 수 있을 것이다. 게다가 포트폴리오는 가만있지 않고 추가로 배당이나 무상증자 등을 통해 재산을 불려 더 큰 재산을 벌어다준다. 분산투자로 위험을 더 줄이고 싶다면 지수펀드와 주식에 일정금액을 나누어 투자하는 것도 좋은 방법이다.

연봉이 3천만~4천만 원 정도인 근로소득자의 경우 5년 안에 1억을 만들 수 있다. 매달 100만 원씩 투자하면 수익률이 5%만 나와도 5년 안에 1억이 모인다. 주식은 분산투자만 제대로 해도 최소 5% 이상의 수익을 충분히 낼 수 있고, 때에 따라 가치투자를 잘만 해두면 기업가치가 상승하면서 5년 안에 200% 이상의 수익도 기대해볼 만하다.

연봉 5천만 원 이상의 근로소득자는 투자금액을 유연하게 늘릴 수 있다는 것이 장점이다. 조금만 절제한다는 생각으로 초반부터 200만 원씩 투자금액을 설정해 3년만 투자해도 3억은 거뜬히 모인다. 적금상품보다는 오히려 주식시장을 통해서 분산투자 하는 것이 재산형성에 유리하다고 본다. 저금리시대에 은행에 맡기기에는 수익률이 너무 낮고, 부동산에 투자하려면 대출을 받아야 하는 소득수준에서는 주식이 가장 적절한 투자수단이다.

매달 100만 원 정도는 지수펀드에 넣고, 나머지 자금 중에서 100만 원 이상씩 분석한 종목을 모으는 데 투자하는 것도 좋은 전략이다. 분산투자로 위험은 줄어들고, 수익은 주식시장의 전반적 수익률만큼은 얻을 수 있을 것이기 때문이다.

Chapter 3

재무제표를 이용한 가치투자

052

가치투자를 제대로 하려면?

가치투자는 상당한 내공이 필요합니다. 가치투자를 제대로 하려면 가치주에 대한 개념을 이해하고 저평가된 주식을 고르는 방법을 잘 숙지해야 합니다. 회계 지식과 재무제표 분석법, 재무비율 분석법을 모두 동원해야 하는 것이 가치투자입니다.

가치투자에 대해 제대로 알고 싶다면 일단 공부를 많이 해야 한다. 이 책에 소개한 회계 지식과 재무제표 기본기 및 재무비율 분석은 기본이고, 가치투자를 전문으로 하는 교육이나 인터넷 동호회에 가입해서 활동할 것을 권한다. 아무 공부도 하지 않고 투자해서 성공하기를 바란다면 복권을 사서 1등에 당첨되기를 기대하는 것과 마찬가지다.

내가 추천하고 싶은 카페는 가치투자플랫폼cafe.naver.com/valuetool이다. 이 카페에서는 자체적으로 개발한 가치평가용 엑셀파일이나 양질의 정보가 많이 교류되고 있어 참 유용하다. 아울러 이 책에 나온 회계 지식을 바탕으로 가치투자 성공사례를 찾아서 공부해 볼 것을 권한다. 《워렌 버핏의 포트폴리오 투자 전략》(메리 버핏·데이비드 클라크 저, 비즈니스북스)이나 《눈덩이 주식투자법》(서준식 저, 부크온) 등의 책을 보고 구체적인 주식투자 마인드를 쌓는 것도 도움이 된다.

가치투자와 가치주

가치투자는 가치주value stock를 발굴하고 이에 투자해 장기적으로 고수익을 올리는 워런 버핏식 투자전략이다. 여기서 가치주는 현재 기업의 경영성과와 재무상태에 비해 시장에서 상대적으로 저평가된 주식을 말한다. 가치주는 증시가 불안정하고 경제상황이 급변하는 시기에 훨씬 큰 수익을 얻을 수 있는 주식이다.

가치주는 다른 주식에 비해 경기변동의 영향을 덜 받기 때문에 상대적으로 안정적이며, 미래에 꾸준히 가치가 상승하기 때문에 장기적으로는 예금이나 적금보다 훨씬 큰 수익을 가져온다. 우리나라에서는 2001년 코스닥 붕괴나 금융위기마다 가치주가 투자자들의 관심을 모았다.

옛날에는 가치투자라고 하면 기업의 재무상태를 보고 건실한 기업에 잘 투자하는 정도로만 생각했는데, 이제는 망하지 않기 위한 최선의 투자전략으로 급부상했다. 최근에는 가치투자와 더불어 주주를 위해 고배당을 주는 기업의 고배당주, 절대 망하지 않는 대마불사주 등으로 투자형태도 다양해지고 있다.

가치투자를 하는 방법

고수익을 보장해주는 가치주를 찾으려면 앞에서 배운 재무제표 분석을 활용해야 한다. 이를테면 주가수익비율인 PER가 낮으면서도 기업의 잠재적 내재가치가 높은 기업을 찾고 그 주식에 장기적으로 투자하는 것이 한 방법이다. 그런데 이런 투자도 산업 전체가 사양화돼 있으면 통하지 않는다는 맹점이 있다. 따라서 업종이나 산업이 발전하고 있는지, 미래의 신성장동력인지 확인하면서 이 기법을 이용해 투자하면 금상첨화일 것이다.

기업의 가치는 여러 가지 재무적 특성으로 결정된다. 기업의 수익성을 통해 창출되는 현금흐름과 현재 보유하고 있는 자산의 수준, 부채를 얼마나 쓰고 있느냐에 따른 리스크 등 여러 가지 요소에 따라 기업가치가 달라질 수 있다. 그러므로 재무제표 항목 한 가지만 가지고 투자했다가는 낭패를 볼 수 있다.

따라서 가치주를 발굴하려면 기본적으로 PER, PBR, PCR가 충분히 낮은지를 통해 저평가 여부를 파악하는 한편 EPS, SPS, CPS가 지속적으로 성장하는 추세인지를 검토하면서 재무제표상 기업의 위험요인이 없는지도 동시에 검토해야 한다(각각의 용어와 개념, 활용법에 대해서는 뒤에서 설명하겠다).

053

가치투자에도 맹점이 있을까?

가치투자를 했는데 몇 년 동안 주가가 오르지 않는다면 가치함정에 빠진 경우에 해당한다. 이럴 때는 가치함정에서 벗어나기 위해서 빨리 결단을 해야 한다.

가치투자의 블랙홀, 가치함정!

재무제표를 활용한 가치투자를 만능으로 생각하는 사람들이 많다. 물론 재무제표를 이용해서 분석적으로 투자에 접근하는 것이 다른 투자기법에 비해 상대적으로 안전한 것은 사실이다. 그리고 장기적으로 보면 수익이 날 가능성도 커진다.

그러나 가치투자에도 아킬레스건이 있다. 케인스John Maynard Keynes가 말한 '유동성 함정liquidity trap(이자율이 더 이상 떨어지지 않는 블랙홀 같은 구간)'처럼 '가치함정'에 빠질 위험이 있다는 점이다.

가치함정은 재무제표 분석을 통해서 살펴본 주식의 가치가 시장

상황에 비해 저평가돼 있어 매수를 했는데 몇 년이 지나도 가치가 오르지 않는 경우를 말한다. 평생 저평가돼 있는 주식이 바로 가치함정에 빠진 주식이다.

가치투자는 장기간에 걸쳐 저평가된 주식 또는 성장잠재력이 있는 주식을 보유하는 전략이다. 그렇기 때문에 장기간에 걸쳐 가치가 오르지 않을 경우 투자자로서는 난감할 수밖에 없는데, 의외로 이런 상황이 자주 발생한다. 가치투자의 대가 워런 버핏도 2006년부터 테스코 주식에 가치투자를 했지만 2014년까지 주가가 오르지 않은 데다 회계부정 스캔들까지 터지면서 최악의 투자였음을 시인한 바 있다.

가치함정 빠져나가기

가치함정에 빠지면 몇 년 동안 주가가 오르지 않는데 희한하게 재무제표 분석을 하면 항상 저평가 상태로 나온다. 이럴 때는 우선 가치함정에 빠졌는지 의심해봐야 한다. "내 분석에는 오류가 없다"고 고집을 부릴 것이 아니라 오류를 인정하고 새로운 해결책을 모색해야 한다.

재무제표는 만능이 아니다. 기업의 여러 의사결정 결과가 재무제표에 반영되지 않고 은폐되는 경우도 상당히 많다. 물론 회계부정이나 분식회계의 경우에는 범죄라고 볼 수 있지만, 범죄수준은 아니라도 재무제표에 기록되지 않은 잠재적 리스크가 생각보다 많기 때문이다.

일반적으로 가치투자를 잘하는 사람일수록 자신이 분석한 지표의 관계가 옳다고 맹신하는 경향이 있다. 이 판단이 옳다면 다행이지만, 5년이 지난 뒤에도 그것을 고집한다면 절대로 가치함정에서 빠져나올 수 없다. 오히려 매도시기를 놓쳐 손해를 볼 수도 있다. 따라서 가치함정이라고 판단되면 원인을 조사해보고 빨리 빠져나갈 전략을 세워야 한다.

워런 버핏은 이런 상태에 직면하면 이를 해결하는 전략으로 분산투자를 추천한다. 자신이 투자한 주식이 무조건 성공할 수는 없다. 그렇기 때문에 자금을 다른 가치주에 적절히 분산해서 투자하는 지혜가 필요하다. 만약 지금 내가 투자한 주식의 주가가 오르지 않는다면 일부는 매도하고 다른 가치주를 발굴해서 적절히 분산투자를 하는 것이 현명하다.

054

주식투자 잘하려면 회계공부를 하라?

그냥 복권을 사서 당첨되기를 바라듯 주식을 할 생각이라면 회계를 몰라도 됩니다. 하지만 제대로 분석해서 저평가된 주식을 고르고 거기에 투자해 장기적으로 큰 이익을 얻을 생각이라면 반드시 회계공부를 해야 합니다.

가치투자는 주식투자의 정석

가치투자는 기업가치의 펀더멘털을 보고 주식투자를 하며 투자 타이밍을 따지지 않는다. 코스피의 상승 또는 폭락에 대해서도 크게 동요하지 않는다. 오직 투자하기로 마음먹은 기업의 재무제표와 시장의 지표를 비교해서 저평가돼 있는지 고평가돼 있는지만 따질 뿐이다.

코스피 등 주가지수는 앞으로 어떻게 변할지 알기 힘들다. 그래서 이런 주가지수보다는 정말 괜찮은 기업을 발굴하는 데 온 힘을 쏟는다. 기업가치를 분석하고 시장과 비교해서 저평가된 기업에 투자하고 장기보유를 하면 그만이다.

기업가치는 기업의 수익성, 안정성, 활동성 등이 결정하게 되어 있고, 이는 적정주가를 파악할 수 있게 해준다. 적정주가와 실제 주가를 비교하면 고평가 또는 저평가 여부를 알 수 있다. 이런 작업에서 회계는 필수적인 지식이다.

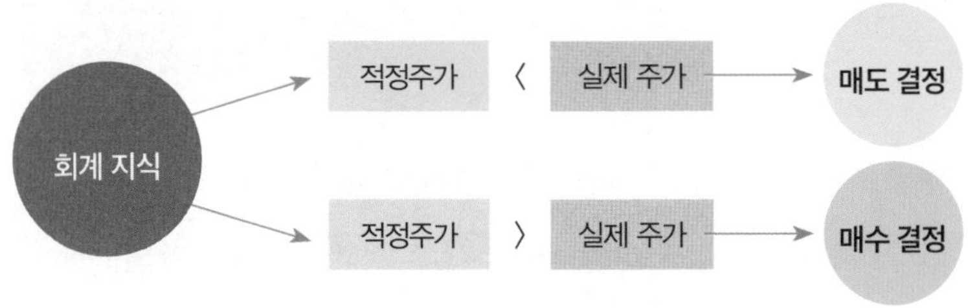

투자자는 적정주가가 실제 주가에 얼마나 근접해가느냐에 따라 투자 및 그 시기를 결정한다. 가치투자를 하려는 사람은 실제 주가가 적정주가보다 훨씬 낮을 때 미리 그 주식을 매수한다. 실제 주가가 적정주가보다 높아지면 그 주식을 팔아 매매차익을 챙기기 위해서다. 그런데 실제 주가가 적정주가를 향해 움직이지 않게 되면 이런 분석도 큰 의미가 없다. 이를 전문적 용어로 '가치함정에 빠졌다'고 한다.

그러면 실제 주가가 적정주가로 움직여간다는 것을 어떻게 믿을 수 있는가? 워런 버핏의 스승인 벤저민 그레이엄Benjamin Graham의 가르침에서 그 힌트를 얻을 수 있다.

그레이엄은 시장의 보이지 않는 손이 주식시장의 가격을 적정가격으로 이끄는데, 그것은 시장에서 거래가 빈번히 일어나는 과정에서 장기적으로 그럴 수밖에 없는 원리라고 설명했다. 장기적으로 기업의 실질적 내재가치를 반영한 적정주가로 수렴하는 것은 주식투자자들의 거래 때문이다. 그레이엄의 논리에는 장기적으로 투자자들이 기업의 진정한 가치를 알게 된다는 가정이 깔려 있는 듯하다.

요즘 회계 지식이 풍부해지고 있다. 이렇게 회계 지식이 전파되다 보면 모든 투자자들이 적정주가를 알게 되겠지만, 아직 그 정도 수준은 아니다.

실제 주가가 적정주가로 수렴하게 되는 장기가 언제인지에 대해서는 어느 누구도 명확한 답을 내놓지 못하고 있다. 사실 이것이 문제다. 주식시장에는 1년간 또는 10년간 저평가된 주식도 있다. 평생 가치가 오르지 못하다가 상장폐지 되는 기업도 있지 않은가. 또 주식투자에 가치투자 기법만 통용되는 것은 아니지 않은가.

이를 너무 맹신하는 것은 옳지 않다. 다만 다른 투자기법보다 확률적으로 수익을 낼 가능성이 높을 뿐이다.

워런 버핏 덕분에 가치투자와 재무제표에 대한 관심이 높아졌다. 이전에는 회계공부를 해서 주식투자를 한다고 하면 고리타분한 사람이라는 평가를 받았다. 그것은 "교과서만으로 공부하고 수능을 치는 것과 같다"는 비유를 들을 정도였다. 그러나 지금은 기업의 펀더멘털인 내재가치를 재무제표로 철저히 분석하고 업종을 파악해 차근차근 정공법으로 투자하면 안정적 수익을 보장해준다는 것을 많은 투자자가 깨닫고 있다.

기업가치의 변화를 잡는 회계

주식투자로 돈을 버는 방법이 뭘까? 투자수익을 내는 가장 확실한 원칙은 진짜 좋은 주식을 사는 것이다. 즉, 내재가치가 튼튼한 회사의 주식을 사야 한다. 그런데 기업의 내재가치를 파악하기 위한 재무적 분석은 회계 지식을 필요로 하는 매우 어려운 문제다.

그렇다고 개인투자자들이 회계 지식을 다 알 필요는 없다. 그것은 주식투자를 하기 위해 경영학을 전공할 필요는 없는 것과 같은 맥락이다. 회계 지식은 이 책에 나오는 정도만 알면 충분하다.

기업의 내재가치를 알기 위한 자료는 재무제표에 다 있다. 재무제표를 보면 이 기업이 영업활동을 잘하고 있는지, 빚은 얼마나 지고 있는지, 위험요소는 없는지 등을 파악할 수 있다. 경제환경과 산업에 대한 센스는 뉴스만 잘 봐도 파악되지만, 종목에 대한 센스는 뉴스만 봐서는 절대 알 수 없고 반드시 재무제표를 봐야만 한다. 가치투자에서는 처음부터 끝까지 재무제표가 중요하다.

재무제표는 회계 지식만 있으면 충분히 분석할 수 있다. 이미 투자자들은 재무제표를 통해 많은 정보를 비교하고 있다. 인터넷 커뮤니티만 봐도 기업별로 어떤 재무제표를 봐야 하는지 분석하는 사람들이 상당히 많다. 재무제표를 둘러싼 회계 지식 몇 가지만 갖추면 주요 지표를 직접 생산해내서 주식을 비교해볼 수 있다. 재무제표에는 일정시점의 재산상태를 나타내는 재무상태표, 일정기간의 경영성과를 나타내는 손익계산서, 일정기간 기업의 현금흐름을 보여주는 현금흐름표 등이 있다. 특히 손익계산서 및 재무상태표 분석지식은 주식투자자가 반드시 갖춰야 한다.

055

가치투자의 전제인 재무제표란?

> 재무제표는 기업의 성적표라 할 수 있습니다. 이는 기업의 재무상태와 성과, 현금의 흐름이나 주주의 자본변동내역 등을 보여주도록 구분되어 있습니다. 구체적으로 말하자면, 기업의 재무상태는 '재무상태표', 기업의 경영성과는 '손익계산서', 기업의 현금흐름은 '현금흐름표', 주주의 묶인 자본의 변동내역은 '자본변동표'를 통해 확인할 수 있습니다. 또 '주석'은 세부항목을 쉽게 설명해주는 내용이라고 보면 됩니다.

재무제표는 보고서다. 좀 더 정확히 말하면 기업을 객관적인 숫자로 나타내는 회계보고서라고 할 수 있다. 재무제표는 회계처리의 결과물이자 의사결정의 측면에서 보면 시작점이라고 볼 수 있다. 기업의 경제적 상황을 나타내며 필요에 따라서 회계기간 말(보통은 연말), 분기, 반기에 작성해서 보고한다.

기업은 보통 1년에 한 번은 재무상태와 경영성과를 이사회를 거쳐 주주총회에 보고하게 되며, 이때 제출하는 것이 재무제표다. 상장회사의 경우 전자공시제도를 통해 온 국민에게 재무제표를 공개하기도 한다.

이렇게 공개된 재무제표에 이익이 많이 났다면 주주에게 배당을 주고 종업원에게는 보너스를 주는 등 모두 행복한 연말을 맞을 것이다. 반대로 적자가 발생했다면 배당이 없는 것은 물론 종업원을 해고하거나 각종 구조조정에 시달리게 될 수도 있다. 심한 경우에는 기업을 청산하는 폐업에 이르게 될 것이다.

재무제표의 종류

재무제표는 '기업의 진단서'라 부르기도 하고 '기업의 성적표'라 부르기도 한다. 그렇다면 재무제표는 왜 기업의 진단서 또는 기업의 성적표일까?

우리는 매년 정기검진을 받는다. 현재 건강상태가 궁금해서 검진을 받기도 하고, 회사에서 의무적으로 정기검진을 받게 하는 경우도 있다. 어쨌든 정기검진을 받고 나면 혈압은 정상인지, 당뇨는 없는지, 체지방 정도는 어떤지, 콜레스테롤 수치는 어떤지 등 건강상태에 대한 수치가 요약되어 나오게 된다.

기업도 마찬가지다. 기업이 지금 정상적인 상태인지, 부채가 과다하지는 않은지, 자산은 충분한지, 현금이 충분한지, 자본은 적정한지 등기업의 재산상태를 진단하게 된다. 그 결과 기업의 현재 상태를 보여주는 재무제표가 나오게 되며, 이것이 바로 '재무상태표'이다.

한편, 기업도 매년 성적표가 나온다. 우리는 학창시절에 주기적으로 시험을 치렀다. 중간고사와 기말고사를 통해 평소 공부를 얼마나 잘했는지를 점수로 알 수 있다. 간혹 성적표에 등수도 나오는데, 등수가 잘 나오면 부모님에게 칭찬과 용돈을 받고, 반대로 등수가 낮을 때는 꾸지람과 벌을 받기도 한다.

기업도 마찬가지다. 올해 경영을 잘해서 성과가 좋으면 당기순이익이 많이 나오게 되어 있다. 이렇게 흑자가 나면 주주들에게 배당을 주고 경영자도 보너스를 받는다. 일종의 칭찬이다. 반대로 경영성과가 좋지 않아 적자가 나면 그 적자는 고스란히 주주들의 투자자금을 불태우는 무상감자로 메우게 된다. 당연히 경영자도 연봉삭감이라는 벌을 받게 된다. 이렇게 한 해의 경영성과를 나타내는 재무제표가 바로 '손익계산서'다.

그 밖에도 기업의 혈액이라 할 수 있는 현금이 잘 돌고 있는지, 어떤 경로로 현금의 유출입이 발생했는지를 볼 수 있는 '현금흐름표'와 기업의 주인인 주주들의 몫, 즉 자본이 어떤 경로로 변동하는지를 보여주는 '자본변동표'도 재무제표의 일종이다.

한편, 재무제표의 종류에는 '주석'이라는 것도 있다. 주석은 숫자와 계정과목으로만 표시돼 있는 다른 재무제표를 설명하고 꾸며주는 역할을 한다. 구체적으로 왜 그 금액인지, 어떤 사건으로 계정과목이 발생했는지 등을 설명한다. 주석을 보지 않고는 구체적인 거래를 알 수 없다.

참고

각 재무제표의 특성

재무상태표	•일정시점의 기업의 자산, 부채, 자본의 상태를 보여준다. •회계등식인 '자산 = 부채 + 자본'의 논리로 작성된다.
손익계산서	•일정기간 동안의 기업의 경영성과를 보여준다. •'수익 - 비용 = 순이익'의 논리로 작성된다. •최종적으로 당기순이익(순손실)이 당기의 경영성과다.
현금흐름표	•일정기간 동안의 기업의 현금흐름을 보여준다. •현금흐름은 수익과 비용과 달리 현금이 유입·유출된 것만을 보여준다. •현금흐름을 영업활동, 투자활동, 재무활동으로 구분해서 기록한다.
자본변동표	•일정기간 동안의 자본에 관한 변동내역을 보여준다. •자본의 항목으로는 자본금, 자본잉여금, 이익잉여금, 기타포괄손익누계액, 기타자본구성요소 등이 있다.
주석	재무제표의 계정과목과 금액에 대해 쉽게 이해할 수 있도록 기호를 붙여 페이지 하단이나 별지에 추가한 설명을 말한다.

056

분식회계란 무엇인가?

> 분식회계는 의도적으로 장부를 조작해 기업의 경영성과나 재산상태를 왜곡하는 것을 말합니다. 우리가 흔히 아는 대로 나쁜 기업을 좋은 기업으로 둔갑시키는 분식회계도 있지만, 좋은 기업을 나쁜 기업으로 깎아내리는 역분식회계도 있습니다.

2017년 1월 금융위원회는 회계 투명성과 신뢰성 제고를 위한 종합대책을 발표했다. 이에 따르면 외부감사인의 독립성을 높이기 위해 회계분식 발생 시 영향이 크거나 분식의 발생이 쉬운 회사는 회계법인이 자유수임을 제한하고 정부의 지정수임으로 한다는 것이 골자다. 또한 회계부정에 대한 제재 수준을 10년 이하의 징역 등으로 대폭 강화했다. 이는 대우조선해양 분식회계의 영향으로 많은 피해자가 양산된 데 따른 후속조치로 보인다.

회계부정은 이해관계자가 다수이기 때문에 위험성이 어마어마

하며, 회계부정의 대표적인 사례가 분식회계다. 분식회계粉飾會計는 한자를 보면 의미를 더 명확히 알 수 있다.

粉 가루 분

飾 꾸밀 식

會 모일 회

計 셀 계

즉, "분을 가지고 예쁘게 꾸미기 위해서 사람들이 모여 숫자를 센다"는 뜻이다. 이는 분식회계의 행태를 정확히 보여주는 말이다. 분식회계는 절대 혼자서는 할 수 없다. 기업은 거대한 조직이기 때문에 혼자 아무리 장부를 조작하려 해도 보고나 결제과정에서 들통이 나게 마련이다. 그렇기 때문에 여러 명이 모여 공모해서 장부를 변형하거나 없는 거래를 만들거나 숫자를 조작하게 된다.

분식회계는 하나가 아니다?

매출액을 부풀리거나 자산을 크게 부풀려 잡거나 비용을 줄여서 성과를 많이 낸 것처럼 꾸미는 것 등은 우리가 흔히 아는 일반적인 분식회계다. 이렇게 기업을 좋은 쪽으로 포장하는 분식회계가 아니라 기업이 망해가는 것처럼 회계조작을 하는 방식도 있는데, 이를 역분식회계逆粉飾會計라 한다.

그렇다면 분식회계와 역분식회계는 왜 하는 걸까?

일반적인 분식회계는 우리가 흔히 아는 대로 해당기업을 좋은 기업으로 둔갑시킨다. 재무제표만 봐서는 이익이 많이 나는 우량기업이고 자산규모가 크고 재무구조가 건실한 기업이다.

이런 기업의 임원들은 이해관계자들을 현혹시키고 자금을 조달하거나 고객을 모으거나 일정한 요건을 충족시킨 뒤 증권시장에 상장시키는 등기업을 통해 이득을 취할 목적으로 분식회계를 한다. 어떤 의도에서든 경영진의 이득을 위해 나쁜 기업을 좋은 기업으로 둔갑시키는 눈속임이 분식회계인 것이다.

이와는 달리 역분식회계는 좋은 기업 또는 괜찮은 기업을 나쁜 기업으로 깎아내리는 기법이다. 내 생각에는 역분식회계라는 용어보다는 변식회계便飾會計가 더 어울린다고 본다. 왜냐하면 똥으로 모여서 기업을 꾸미는 형국이기 때문이다.

그럼 좋은 기업을 나쁜 기업으로 둔갑시키는 이유는 뭘까? 여러 가지 이유가 있겠지만, 크게는 '경영권확보' 또는 시세차익을 위한 '지분확보'와 세금을 적게 신고하는 '탈세'에 목적이 있다.

우선 지분확보를 목적으로 기업의 경영성과를 악화시키는 수법은 M&A에서 널리 쓰인 방법이다. 대주주가 해당기업의 주식을 싸게 확보하기 위해 그 기업의 경영성과가 나쁘게 나오도록 매출을 누락하거나, 비용을 과다하게 잡아 당기순이익을 끌어내리거나 손실로 만들어버리는 것이다.

이렇게 손실이 나는 것으로 공시된 기업은 주식시장에서 매력적이지 않은 기업으로 찍혀 주가가 떨어지게 된다. 일시적으로 주가가 내려가면 역분식회계를 주도한 세력은 해당 주식을 헐값으로 매수해 지분율을 늘린다. 그러고 나서 다음 회계연도에 다시 이익을 만들어 주가를 올리면 시세차익과 지분율 확보를 동시에 취할 수 있다.

이보다 더 많이 쓰이는 방법이 탈세를 목적으로 이익을 낮추는 것이다. 세법상 세금은 당기순이익에서 시작해 세무조정을 거쳐 과세표준을 계산해서 걷어가게 된다. 순이익을 많이 낸 기업에서 세금을 많이 내는 것은 당연한 일이다. 이런 논리를 이용해서 순이익을 낮추기 위해 인위적으로 수익을 누락하거나 회계처리 방법을 조작해 비용을 과다하게 몰아서 잡으면 순손실을 만들어낼 수 있다. 손실이 나는 회사는 과세표준도 없기 때문에 세금을 내지 않아도 된다. 이런 방식으로 세금을 탈루하는 것이다.

057

투자하는 기업의 재무상태를 파악하면?

> 재무상태표는 일정시점의 기업의 자산·부채·자본의 상태를 보여줍니다. 자산은 미래에 돈을 벌 가능성을 보여주고, 부채는 미래에 돈이 나갈 가능성을 보여줍니다. 이 둘의 차이에서 주주의 몫인 자본이 계산됩니다.

재무상태표는 사람으로 치면 지금 이 순간 자신의 모습이라고 생각해볼 수 있다. 사람은 보통 자동차, 집, 옷, 스마트폰, 노트북, 자신의 잠재력 등 많은 자산을 가지고 있다. 반면 부채도 의외로 많을 것이다. 집을 사기 위해 은행에서 대출을 받거나 친구에게 돈을 빌리기도 하고, 심지어 술을 먹고 외상값을 깔아둔 가게도 있을 수 있다.

내가 가진 그 많은 자산 가운데 일부를 처분해서 부채를 갚고 나면 순수한 내 몫이 남게 된다.

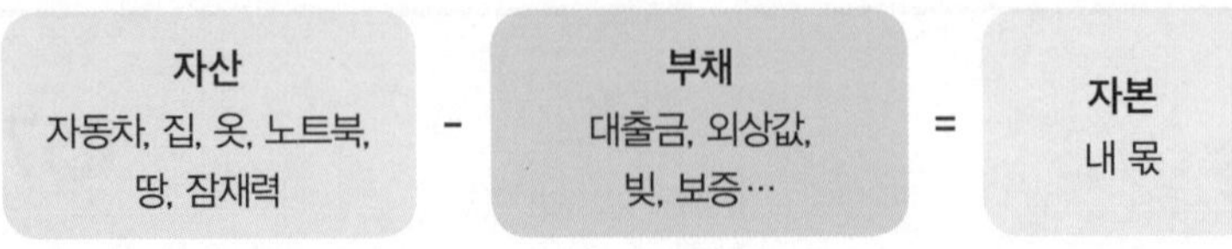

이는 기업도 마찬가지다. 기업은 건물, 재고자산, 현금 및 현금성 자산, 금융자산, 무형자산, 투자부동산 등 수없이 많은 자산을 보유하고 있다. 또 외상매입금, 미지급금, 사채, 장기차입금, 각종 충당부채 등 부채도 상당하다.

이러한 자산 총계에서 부채 총계를 차감하면 기업의 자본이 나온다. 여기서 자본은 기업의 주인인 주주의 몫이다. 결국 기업의 재무상태는 기업이 가진 자산, 부채, 자본의 크기와 구성을 말한다.

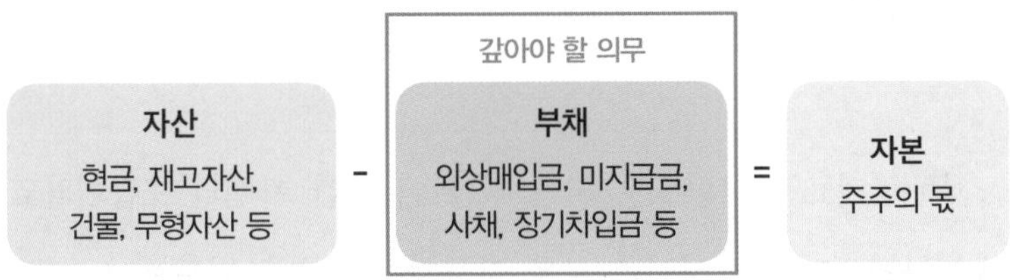

기업은 본질적으로 영업활동을 통해 지속적으로 성장해나가며, 기업의 영업활동을 위해서는 투자가 필요하다. 이를 위해서는 자금이 유입돼야 하고, 자금의 유입경로는 재무상태표만 보아도 명확하게 알 수 있다.

그렇다. 두 가지 경로가 있다. 하나는 부채를 통해 빌려오는 것이고, 다른 하나는 자본을 통해 투자자를 모집하는 것이다. 그리고 기업은 부채를 갚아야 할 의무가 있고, 다 갚고 남은 것은 투자자인 주주가 가져간다. 그래서 자본을 잔여지분이라고 하는 것이다.

재무상태표를 세부적으로 들여다보면 기업에 대해 많은 정보를 알 수 있다. 기업의 자산은 1년 이내에 현금화가 되는 유동자산과 1년 이후에 현금화가 되는 비유동자산으로 나뉜다. 부채도 마찬가지로 1년 이내에 현금화되는 유동부채와 1년 이후에 현금화되는 비유동부채가 있다. 그리고 자산에서 부채를 차감하고 남은 자본도 주주와의 거래형태에 따라 자본금, 자본잉여금, 자본조정, 기타포괄손익누계액, 이익잉여금으로 세분화된다.

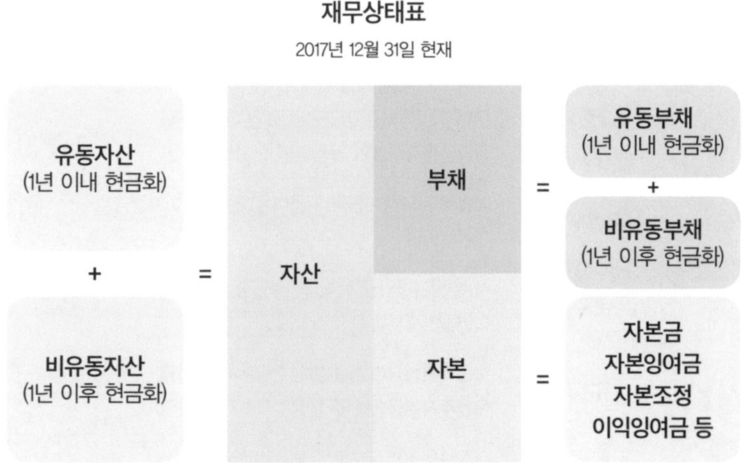

앞으로 소개하겠지만 유동자산과 비유동자산의 주요항목을 파악하고 유동부채와 비유동부채를 정확하게 알면 기업의 재정상태를 확실히 파악할 수 있다. 보통 재무상태표의 총자산금액을 통해

회사의 규모를 가늠해볼 수 있으며, 부채금액과 자본금액의 구성을 통해 회사 재무구조의 건전성 여부를 파악할 수 있다.

또한 이익잉여금 크기를 통해 과거 영업활동으로 내부에 유보된 자금이 어느 정도인지 파악할 수 있다. 그리고 유동자산, 유동부채를 비교해서 단기 채무상환능력 등 회사의 안정성에 대한 정보를 얻을 수 있다.

참고

각 재무제표의 특성

자산	유동자산	현금 및 현금성자산, 매출채권(외상매출금, 받을 어음), 선급금, 재고자산, 단기대여금
	비유동자산	유형자산(건물, 사용목적 토지, 기계장치, 차량운반구), 무형자산(특허권, 영업권, 상표권, 개발비 등), 장기금융자산(매도가능증권, 만기보유증권)
부채	유동부채	매입채무(외상매입금, 지급어음), 선수금, 미지급금, 단기차입금
	비유동부채	사채, 장기차입금, 퇴직급여충당금, 제품보증충당부채, 이연법인세부채 등
자본	자본금	보통주자본금(보통주 발행주식수×액면가액) 우선주자본금(우선주 발행주식수×액면가액)
	자본잉여금	주식발행초과금, 자기주식처분이익, 감자차익
	자본조정	주식할인발행차금, 자기주식, 자기주식처분손실, 감자차손
	기타포괄손익누계액	매도가능증권평가이익, 재평가잉여금, 해외사업장환산손익 등
	이익잉여금	임의적립금, 이익준비금, 미처분이익잉여금

058

재무상태표를 분석하는 방법은?

> 기업의 재무상태표를 구하는 방법 가운데 가장 대표적인 것이 금융감독원의 전자공시시스템을 이용하는 것입니다. 이 방법을 소개합니다.

기업의 재무상태표를 구하는 방법

재무상태표는 기업의 내부 비밀이어서 구하기 힘들다고 오해하는 사람들이 의외로 많다. 그런데 주식시장에 상장돼 있는 회사나 이해관계자가 많은 대규모 회사는 재무제표를 일반대중에게 공개하도록 법이 강제하고 있고, 이렇게 공개된 정보는 인터넷을 통해 쉽게 구할 수 있다.

1. 전자공시시스템을 통해 재무상태표 구하기

외부감사에 관한 법률에 따라 일정규모의 기업들은 회계감사를 받아야 하고 사업보고서와 감사보고서를 금융감독원의 전자공시시스템dart.fss.or.kr에 공개하게 되어 있다. 따라서 이 전자공시시스템에 접속하기만 하면 다양한 기업의 재무제표를 입수하는 것은 식은 죽 먹기다. 함께 따라 해보자.

우선, 전자공시시스템 웹사이트에 접속한다. 전자공시시스템 웹사이트 맨 위의 메뉴바 바로 아래에는 회사명과 기간을 체크해 사업보고서와 재무제표를 검색할 수 있도록 검색엔진이 마련돼 있다.

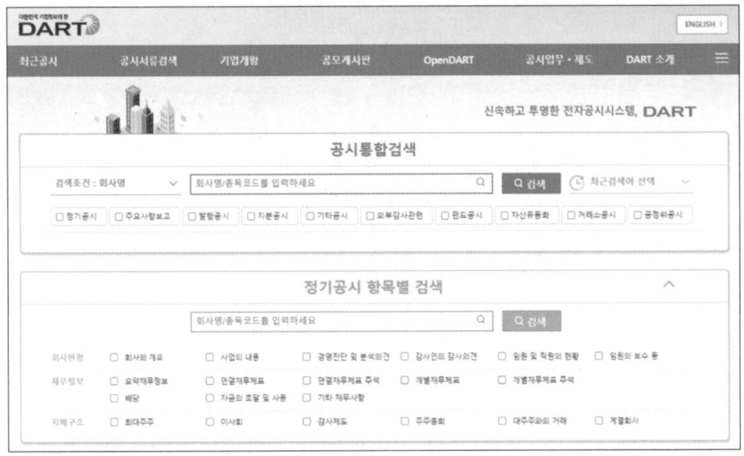

여기서 회사명에 '삼성전자'를 입력하고 정기공시에 체크하여 검색버튼을 클릭한다.

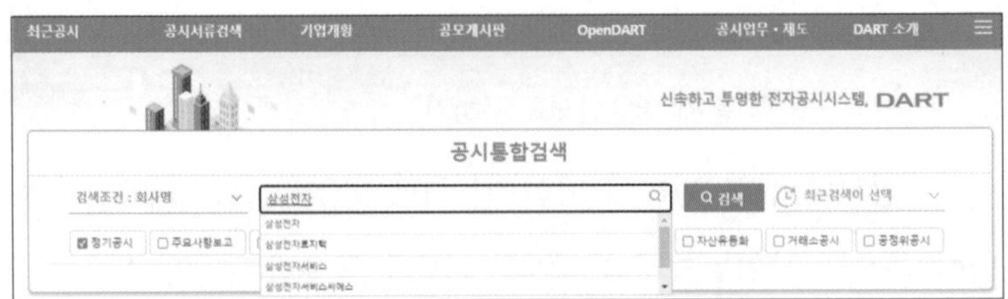

그러면 검색결과가 나온다. 가장 최근에 공시된 사업보고서와 분기, 반기 보고서가 검색되었다. 사업보고서를 클릭해보자.

번호	공시대상회사	보고서명	제출인	접수일자	비고
1	유 삼성전자	분기보고서 (2022.09)	삼성전자	2022.11.14	
2	유 삼성전자	반기보고서 (2022.06)	삼성전자	2022.08.16	
3	유 삼성전자	분기보고서 (2022.03)	삼성전자	2022.05.16	
4	유 삼성전자	사업보고서 (2021.12)	삼성전자	2022.03.08	연

사업보고서에 들어가서 왼쪽 메뉴 가운데 '재무제표'를 클릭하면 재무상태표부터 각종 재무제표를 볼 수 있다.

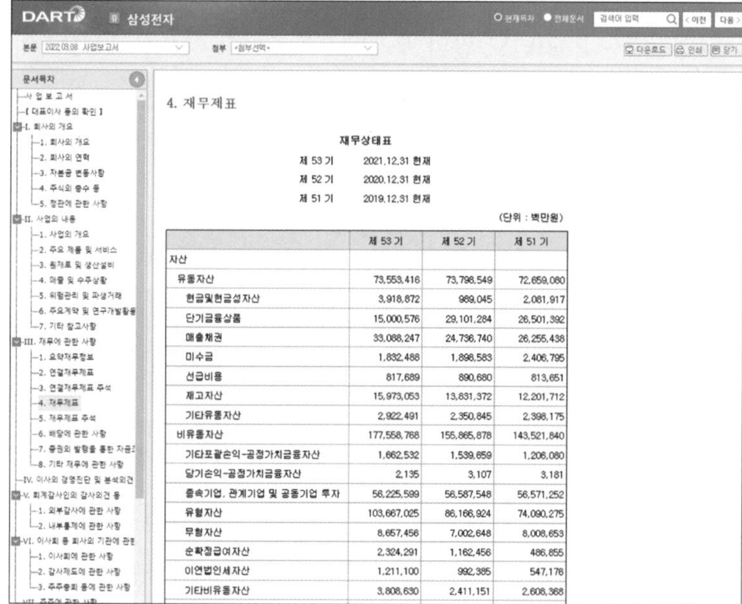
4. 재무제표

재무상태표

제 53 기 2021.12.31 현재

제 52 기 2020.12.31 현재

제 51 기 2019.12.31 현재

(단위 : 백만원)

	제 53 기	제 52 기	제 51 기
자산			
유동자산	73,553,416	73,798,549	72,659,080
현금및현금성자산	3,918,872	989,045	2,081,917
단기금융상품	15,000,576	29,101,284	26,501,392
매출채권	33,088,247	24,736,740	26,255,438
미수금	1,832,488	1,898,583	2,406,795
선급비용	817,689	890,680	813,651
재고자산	15,973,053	13,831,372	12,201,712
기타유동자산	2,922,491	2,350,845	2,398,175
비유동자산	177,558,768	155,865,878	143,521,840
기타포괄손익-공정가치금융자산	1,662,532	1,539,659	1,206,080
당기손익-공정가치금융자산	2,135	3,107	3,181
종속기업, 관계기업 및 공동기업 투자	56,225,599	56,587,548	56,571,252
유형자산	103,667,025	86,166,924	74,090,275
무형자산	8,657,456	7,002,648	8,008,653
순확정급여자산	2,324,291	1,162,456	486,855
이연법인세자산	1,211,100	992,385	547,176
기타비유동자산	3,808,630	2,411,151	2,608,368

삼성전자의 재무상태표를 보면 최근의 자산, 부채, 자본이 얼마인지 알 수 있다. 가히 어마어마한 금액이다.

사채	29,048	31,909	39,520
장기차입금	431,915	150,397	174,651
장기미지급금	2,653,715	1,247,752	1,574,535
장기충당부채	1,659,774	503,035	283,508
기타비유동부채	76,697	1,706	1,295
부채총계	57,918,452	46,347,703	38,310,673
자본			
자본금	897,514	897,514	897,514
우선주자본금	119,467	119,467	119,467
보통주자본금	778,047	778,047	778,047
주식발행초과금	4,403,893	4,403,893	4,403,893
이익잉여금(결손금)	188,774,335	178,284,102	172,288,326
기타자본항목	(882,010)	(268,785)	280,514
자본총계	193,193,732	183,316,724	177,870,247
부채와자본총계	251,112,184	229,664,427	216,180,920

삼성전자는 2021년도 말의 부채만 57.9조이고 자본은 193.2조이니 부채와 자본을 합치면 자산규모가 251조에 달한다. 이렇게 거대한 규모의 기업이 있는 것이 놀랍지 않은가.

어쨌든 전자공시시스템에서 검색해보면 주식시장에 상장된 기업들의 재무구조를 면밀히 알아볼 수 있다.

2. 기업 홈페이지를 통해서 재무정보 구하기

만약 전자공시시스템에 나오지 않는 기업이라면 어떻게 할까? 그 기업의 홈페이지에 들어가면 웬만해서는 기업의 IR 자료를 발견할 수 있다. 기업도 투자자를 모집하려면 자기 회사를 홍보해야 한다. 그렇기 때문에 기업의 홈페이지에는 자기 기업의 재무상태나 경영성과를 자체적으로 공시하게 되어 있다. 이를 참고하면 재무정보를 수집할 수 있을 것이다.

기업 간 재무상태표를 비교하는 방법

기업의 재무상태표를 입수하는 방법을 알았으니 다음에는 기업들 간의 규모나 재무상태를 어떻게 비교하면 되는지 알아보자. 좀 더 이해가 쉽도록 하기 위해 같은 IT 서비스 업종인 네이버와 카카오의 재무상태표를 비교 분석해본다.

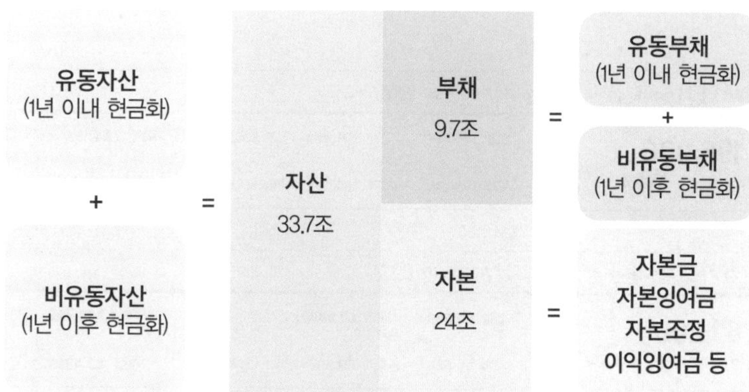

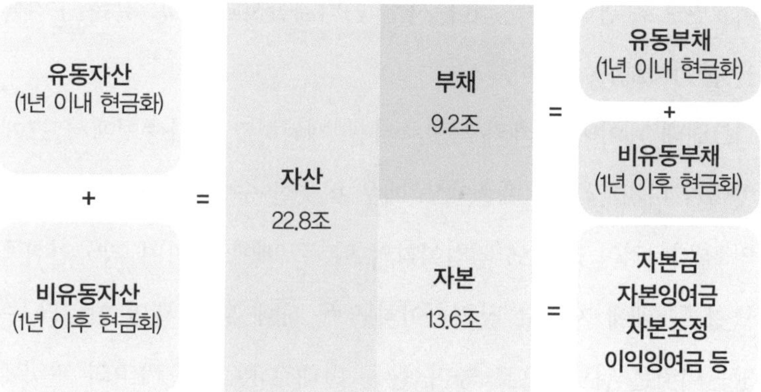

2021년 말 두 기업의 재무상태표를 보고 자산, 부채, 자본을 요약해보았다. 네이버의 자산은 약 33.7조인 데 비해 카카오의 자산은 약 22.8조다. 네이버가 약 10조나 많다. 부채는 네이버가 9.7조이며 카카오가 9.2조이니 자본규모도 10조 정도 차이가 난다. 즉 자본규모가 약 1.5배 네이버가 크다. 그런데 주가를 보면 네이버는 196,000원인 데 반해 카카오는 61,200원이므로 카카오가 상대적으로 저평가된 것으로 보인다.

NAVER 035420 코스피 2023.01.20 기준(장마감) 실시간 기업개요

196,000	전일 196,000	고가 201,000 (상한가 254,500)	거래량 784,158
전일대비 ━0 0.00%	시가 195,500	저가 195,000 (하한가 137,500)	거래대금 155,045 백만

카카오 035720 코스피 2023.01.20 기준(장마감) 실시간 기업개요

61,200	전일 60,800	고가 61,900 (상한가 79,000)	거래량 1,368,429
전일대비 ▲400 +0.66%	시가 60,500	저가 60,500 (하한가 42,600)	거래대금 83,591 백만

그러나 주식투자 의사결정에서 이렇게 재무상태와 주가의 단순 비교만으로 판단할 수 없다. 사실 손익계산서와 ROE 같은 수익률을 분석해보아야 한다.

그런데 네이버와 카카오는 주가를 제외하고 시가총액에서 크게 차이가 나지 않으며 매출액도 매우 비슷한 수준이다. 다만, 네이버의 영업이익이 카카오 영업이익의 약 두 배에 달하며 외국인취득률이 두 배에 가깝고 당기순이익도 두 배에 달할 뿐만 아니라 주당순이익은 압도적으로 높다. 물론 반대로 ROE와 PER의 관점에

서는 카카오가 우월하므로 향후 주가는 두고 보아야 할 것이다.

동일업종비교 (업종명 : 양방향미디어와서비스 | 재무정보: 2022.09 분기 기준) 더보기

종목명 (종목코드)	NAVER* 035420	카카오* 035720	아프리카TV* 067160	자이언트스텝* 289220	키다리스튜디오* 020120
현재가	196,000	61,200	75,700	21,800	10,500
전일대비	−0	▲ 400	▼ 1,200	▲ 2,200	▲ 150
등락률	0.00%	+0.66%	-1.56%	+11.22%	+1.45%
시가총액(억)	321,536	272,599	8,701	4,822	3,881
외국인취득률(%)	48.46	26.52	22.31	1.92	0.43
매출액(억)	20,573	18,587	818	110	375
영업이익(억)	3,302	1,503	207	-55	-9
조정영업이익	3,302	1,503	207	-55	-9
영업이익증가율(%)	-1.76	-12.10	-10.94	-48.05	-112.24
당기순이익(억)	2,316	1,372	170	-46	0
주당순이익(원)	1,566.44	238.86	1,493.91	-194.28	-1.94
ROE(%)	3.93	15.35	33.99	-12.99	0.45
PER(배)	34.53	17.55	11.86	-47.91	350.00
PBR(배)	1.24	2.33	3.46	4.00	1.44

059

기업의 경영성과에 대한 기본개념은?

> 손익계산서는 일정기간 동안 기업의 경영성과를 나타내는 재무제표입니다. 경영성과는 결국 기업에서 얼마나 벌었느냐 하는 것을 의미하죠. 이 경영성과에 따라 주주들이 배당을 받을지 여부가 결정되고, 이는 주가에도 영향을 줍니다.

앞에서 재무상태표를 통해 기업의 규모와 재무구조를 파악할 수 있었다. 뒤에 나오는 재무비율 파트에서는 구체적으로 좋은 기업인지를 따져보는 작업을 할 것이다. 이제 손익계산서를 통해 기업의 수익성을 따져볼 차례다.

손익계산서는 기업의 경영성과를 보여주는 재무제표로서 일정기간 동안 발생한 수익과 비용, 이 둘의 차액인 순이익을 보여준다. 여기서 계산된 순이익은 주주에게 배당을 줄 수 있는 재원으로서 재무상태표상의 이익잉여금으로 흘러 들어간다.

손익계산서의 구성

손익계산서를 크게 보면 '수익-비용=순이익'으로 구성돼 있다. 수익은 기업이 번 돈을 의미하고, 비용은 기업이 돈을 벌기 위해 쓴 돈을 의미한다. 또 순이익은 기업이 올해 벌고 남긴 돈을 의미한다. 손익계산서는 일정기간 동안 기업이 벌어들인 수익과 비용을 통해 얼마나 남겼는지 순이익을 따지는 작업을 보여준다.

손익계산서만의 구성항목을 구체적으로 살펴보면 다음과 같다.

손익계산서

2017년 1월 1일부터 12월 31일까지

	매출액
-	매출원가
=	매출총이익
-	판매비와 관리비
=	영업이익
+	영업외수익
-	영업외비용
=	법인세비용 차감전 순손익
-	법인세비용
=	당기순이익

(1) 맨 위에 매출액이 있다. 매출액은 기업의 주된 영업활동으로 벌어들인 수익을 의미한다. 만약 기업이 서비스업이라면 물건을 팔아 벌어들인 수익은 부수입이므로 영업외수익이 될 것

이다. 이런 기업의 경우 매출액은 서비스를 제공하고 벌어들인 수익이다.

(2) 매출원가는 매출액을 벌어들이는 데 직접 대응되는 비용이다. 판매기업에는 그 물건의 원가가 매출원가가 될 것이고, 서비스기업에는 그 매출액에 직접 기여한 노무비가 매출원가일 것이다. 매출원가는 컨설팅 실무에서 매출액의 일정비율로 계산할 때가 많은데, 이를 '매출원가율'이라 한다.

(3) 매출총이익은 매출액에서 매출원가를 차감한 금액이다. 매출총이익은 매출을 통해 당장 남긴 돈이라고 보면 된다. 매출총이익에서 시작해 각종 부수적 비용을 뺄 준비를 하기 때문에 이름은 총이익이지만 수익과 같은 개념이라고 보면 된다.

(4) 판매비와 관리비는 영업활동에 기여한 매출원가를 제외한 모든 비용이라고 보면 된다. 물건을 파는 기업을 가정할 때 물건의 원가가 매출원가라면 그 물건을 홍보하고 광고하는 비용, 사무실을 운영하는 비용, 접대하는 비용 등은 모두 판매비와 관리비인 것이다.

(5) 영업이익은 매출총이익에서 판매비와 관리비를 차감한 영업활동에서 벌어들인 이익이라고 볼 수 있다. 영업이익은 영업활동의 직접적 결과물이기 때문에 영업이익이 증가추세라면 그 기업의 사업성이 좋다고 볼 수 있다. 영업활동을 잘하는 기업일수록 영업이익이 높고 매 기마다 증가한다.

(6) 영업외수익과 영업외비용은 영업활동과 관련이 없는 손익이다. 예를 들면 자금을 조달하는 과정에서 발생한 이자비용은

영업외비용이고, 또한 이자수익은 영업외수익이라고 할 수 있다. 물론 금융업을 하는 기업의 경우는 이것이 주된 영업활동이기 때문에 이자수익이 매출액이 될 수 있지만, 그 밖의 기업에서 이자는 영업외항목이다.

(7) 법인세비용 차감전 순이익은 영업이익에 영업외수익은 더하고 영업외비용은 차감해서 구한다. 이를 다른 말로 세전이익이라고 하는데, 법인세비용을 계산하기 전 이익의 개념이다.

(8) 당기순이익은 매출액에서 모든 경제주체에게 비용을 귀속시키고 남은 이익으로 주주에게 귀속된다. 당기순이익은 재무상태표에서 이익잉여금 항목으로 대체되며, 주주에게 배당금을 줄 수 있는 재원이 된다.

060

실제로 손익계산서를 분석하는 방법은?

❝

손익계산서도 재무제표이기 때문에 금융감독원의 전자공시시스템을 통해서 검색해서 찾아볼 수 있습니다. 구체적으로 어떻게 찾고, 어떤 정보를 얻을 수 있는지 살펴봅시다.

손익계산서도 재무상태표와 마찬가지로 재무제표의 일종이다. 따라서 기업의 재무제표를 공시하는 전자공시시스템에 들어가면 상장기업 대부분의 손익계산서를 볼 수 있다. 이해를 쉽게 하기 위해 다시 네이버의 손익계산서를 찾아보자.

회사명에 네이버를 입력하고 기간은 1년을 클릭한다. 정기공시를 클릭해서 사업보고서를 체크한 다음 검색버튼을 누르면 네이버의 사업보고서가 검색결과로 뜬다.

사업보고서를 클릭하면 네이버의 사업보고서 창이 팝업으로 뜬다. 왼쪽 메뉴에서 재무제표를 클릭하고 스크롤을 내리면 손익계산서를 발견할 수 있다.

네이버의 손익계산서는 '영업수익'에서 시작한다. 네이버는 물건

포괄손익계산서

제 23 기 2021.01.01 부터 2021.12.31 까지

제 22 기 2020.01.01 부터 2020.12.31 까지

제 21 기 2019.01.01 부터 2019.12.31 까지

(단위 : 원)

	제 23 기	제 22 기	제 21 기
영업수익 (주32)	5,018,667,294,374	4,126,629,312,584	3,900,013,295,633
영업비용 (주23)	(3,459,938,514,095)	(2,685,815,580,704)	(2,506,201,301,207)
영업이익	1,558,728,780,279	1,440,813,731,880	1,393,811,994,426
기타수익 (주24)	51,361,277,372	50,734,211,779	19,881,970,261
기타비용 (주24)	279,284,899,638	206,972,193,347	99,543,705,520
이자수익	5,275,649,103	4,956,097,488	7,819,792,284
금융수익 (주25)	824,513,997,579	412,115,444,862	267,155,641,370
금융비용 (주25)	71,247,340,942	41,343,378,557	47,629,623,696
법인세비용차감전순이익	2,089,347,463,753	1,660,303,914,105	1,541,496,069,125
법인세비용 (주26)	564,592,453,792	463,379,370,520	448,971,525,987
당기순이익	1,524,755,009,961	1,196,924,543,585	1,092,524,543,138
기타포괄손익	(70,103,083,855)	112,773,681,347	8,821,138,556
후속기간에 당기손익으로 재분류되는 항목			297,056,077
기타포괄손익-공정가치 측정 금융자산 평가손익(세후기타포괄손익)			297,056,077
후속기간에 당기손익으로 재분류되지 않는 항목	(70,103,083,855)	112,773,681,347	8,524,082,479

▲ 네이버의 손익계산서

을 파는 회사가 아니라 전체 매출액이 서비스 매출이기 때문에 영업수익에서 간단하게 영업비용을 차감하는 형식으로 보여준다.

다음에는 삼성전자의 손익계산서를 가져와봤다. 삼성전자는 제조업이기 때문에 맨 위에 정상적으로 '매출액' 항목이 있는 것을 확인할 수 있다.

손익계산서

제 53 기 2021.01.01 부터 2021.12.31 까지

제 52 기 2020.01.01 부터 2020.12.31 까지

제 51 기 2019.01.01 부터 2019.12.31 까지

(단위 : 백만원)

	제 53 기	제 52 기	제 51 기
수익(매출액)	199,744,705	166,311,191	154,772,859
매출원가	135,823,433	116,753,419	113,618,444
매출총이익	63,921,272	49,557,772	41,154,415
판매비와관리비	31,928,110	29,038,798	27,039,348
영업이익	31,993,162	20,518,974	14,115,067
기타수익	7,359,004	797,494	5,223,302
기타비용	745,978	857,242	678,565
금융수익	3,796,979	5,676,877	4,281,534
금융비용	3,698,675	5,684,180	3,908,869
법인세비용차감전순이익(손실)	38,704,492	20,451,923	19,032,469
법인세비용	7,733,538	4,836,905	3,679,146
계속영업이익(손실)	30,970,954	15,615,018	15,353,323
당기순이익(손실)	30,970,954	15,615,018	15,353,323
주당이익			
기본주당이익(손실) (단위 : 원)	4,559	2,299	2,260
희석주당이익(손실) (단위 : 원)	4,559	2,299	2,260

▲ 삼성전자의 손익계산서

이왕 두 기업의 손익계산서를 가져온 김에 한번 비교해보자. 네이버의 당기순이익은 1조 5,000억 원이다. 삼성전자는 당기순이익이 30조 9,000억 원이 넘는다. 두 기업은 규모만 보아도 비교가 되

지 않을 정도로 차이가 크다. 시총도 차이가 크고 업종도 매우 다르다. 재미있는 사실은 네이버는 매출수익이 5조이고 삼성전자는 199조가 넘어 40배 가까이 차이가 나는데, 당기순이익은 20배밖에 차이가 나지 않는다는 점이다. 그렇다면 삼성전자의 경우는 중간에 비용으로 차감되는 항목이 매우 크다는 점을 추측해볼 수 있다. 실제로도 그러니 확인해보기 바란다.

투자를 하거나 기업분석을 할 때 매출액 규모만 보고 섣불리 판단하는 경우가 많다. 그러나 매출액이 아무리 커도 비용을 통제하지 못하면 당기순이익이 크게 나올 수 없다. 오히려 당기순손실을 기록하는 적자기업일 수도 있다. 따라서 비용구조도 잘 따져봐야 한다. 구체적인 분석기법은 재무비율 분석 파트에서 소개하기로 한다.

061

현금흐름표로 알 수 있는 것은?

> 현금흐름표는 발생주의에 따라 작성하는 다른 재무제표와 달리 현금의 유출입이 있는 거래만을 모아서 작성합니다. 게다가 기업의 활동을 영업활동, 투자활동, 재무활동으로 구분해서 현금흐름이 어떻게 구성되었는지를 보여주어 정보 이용자의 의사결정에 도움을 줍니다.

현금흐름표는 기업의 현금변동을 당해 회계연도의 기초현금과 기말현금 중간에 활동별로 세분화해서 보여준다. 현금흐름표에서 세분화한 활동은 영업활동, 투자활동, 재무활동으로 구분된다. 구체적으로는 기초현금액에 영업활동 현금흐름, 투자활동 현금흐름, 재무활동 현금흐름을 가감해서 기말현금액을 구하는 일련의 과정을 표로 만든 것이다.

현금흐름표가 다른 재무제표와 확연히 구분되는 특징은 바로 현금주의 원칙을 토대로 작성했다는 점이다. 다른 재무제표는 모두 발생주의 회계원칙에 따라 작성된다. 여기서 간단히 발생주의와 현금주의에 대해 알아보자.

현금주의는 현금의 유출과 유입이 있는 항목만 회계처리를 하는 방법이다. 현금주의는 우리가 일반적으로 작성하는 가계부의 원리와 유사하다. 실제로 현금이 들어오면 플러스(+) 항목으로 기록하고 현금이 나가면 마이너스(-) 항목으로 기록한다. 만약 기업의 거래가 100% 현금 유출입이 있는 거래라면 현금흐름표의 현금유출입과 손익계산서의 당기순이익이 일치할 것이다.

현실은 어떨까? 현금흐름표와 손익계산서는 절대로 일치할 수 없다. 만약 일치했다면 그것은 우연의 일치거나 현금만 통과하는 도관pipe line 기업일 것이다.

이에 반해 발생주의는 실제로 현금이 들어오거나 나가지 않아도 회계상 거래가 발생하면 모두 기록하는 방식이다. 현금이 들어오지 않아도 기록해야 할 거래는 매우 많다.

예를 들어 상품 100만 원어치를 거래처에서 외상으로 구입했다고 하자. 그러면 현금이 나가지는 않았지만 상품은 우리 기업의 창고로 들어온다. 이 경우 차변에 상품 100만 원을 기록해야 한다. 그럼 대변에는? 현금은 나가지 않았지만 앞으로 갚아야 할 돈이기 때문에 부채가 잡혀야 한다. 그래서 대변에는 매입채무라는 부채를 기록한다.

이와 같이 발생주의 회계를 적용하기 때문에 다른 재무제표는 다소 복잡한 계정과목이 얽히고 꼬여 있다. 이것을 잘 풀어서 현금의 유출입만 발라내어 작성하는 것이 바로 현금흐름표다.

구체적으로 2015년 12월 31일에 공시된 크리스탈신소재라는 회사의 현금흐름표를 살펴보면 아래와 같다.

	제 4 기	제 3 기	제 2 기
영업활동으로부터 발생한 현금흐름			
당기순이익	146,366,365	115,196,420	132,501,110
조정사항:			
감가상각비	8,905,854	8,794,182	3,997,460
무형자산상각비	734,722	374,124	387,301
유형자산폐기손실	102,983	0	0
이자수익	2,029,598	1,161,128	795,195
이자비용	2,032,802	2,469,441	2,698,426
법인세비용	26,837,617	22,470,798	0
재고자산의 증감	(323,852)	1,835,480	2,878,375
매출채권 및 기타채권의 증감	(14,019,540)	(10,207,182)	(56,647,992)
기타자산의 증감	(6,589,888)	(333,955)	(3,597)
이연법인세자산의 증감	181,867	0	0
매입채무 및 기타채무의 증감	19,549,328	(8,177,805)	37,516,419
이자수취	2,029,598	1,091,362	795,195
이자지급	2,032,802	2,539,208	2,698,426
법인세지급액	25,865,248	25,207,860	18,760,806
투자활동으로부터 발생한 현금흐름			
유형자산의 취득	214,922,132	924,130	55,883,336
무형자산의 취득	508,288	406,139	18,633
재무활동으로부터 발생한 현금흐름			
단기차입금의 증가	43,000,000	30,000,000	0
단기차입금의 상환	30,000,000	40,000,000	0
유상증자	0	166,411,348	40,222,341
현금및현금성자산의순증가	(45,902,509)	256,014,788	90,431,892
기초현금및현금성자산	547,625,562	291,610,774	201,178,882
기말현금및현금성자산	501,723,054	547,625,562	291,610,774

현금흐름표를 보면 맨 아래 기초현금 및 현금성자산과 기말현금 및 현금성자산의 금액이 나와 있다. 이 기업은 4기에 현금이 감소한 사실을 알 수 있다. 기초현금 547,625,562에서 기말현금 501,723,054로 45,902,509나 줄어든 것이다.

그 원인을 보여주는 것이 바로 위에 나와 있는 영업활동, 투자활동, 재무활동 현금흐름의 내역이다. 이 기업의 경우 영업활동 현금흐름과 재무활동 현금흐름을 통해서는 현금이 유입되었다는 것을 알 수 있다. 그러나 투자활동 현금흐름의 내역에서 유형자산의 취득이 크게 발생했다.

투자활동으로부터 발생한 현금흐름			
유형자산의 취득	214,922,132	924,130	55,883,336
무형자산의 취득	508,288	406,139	18,633

이것만 보아도 4기에 이 기업에서 대규모 공장설립이나 설비증설이 있었다는 것을 알아챌 수 있다.

제목	증설 및 제3공장 건설 관련 진행상황 보고		
작성자	관리자	작성일	2017.01.05
파일		조회	443

안녕하세요. 크리스탈신소재 홈페이지 관리자입니다.

합성운모플레이크 신규 설비 생산 개시 및 제3공장 허가 관련한 문의가 많아 정리해서 알려 드립니다.

Q) 합성운모플레이크 증설 관련 사항 정리
A) 합성운모플레이크 생산 설비 추가 1.5만톤 증설은 완료가 되었으며 현재 전기용융로 60기에 대한 순차적인 테스트 생산과 본생산을 병행하여 실시하고 있습니다. 증설된 설비로부터의 생산되는 합성운모플레이크와 내부 소진을 통해 가공 제조되는 합성운모파우더의 매출은 1분기에 일부 반영되기 시작할 것으로 기대하고 있습니다. 원래 계획했던 증설 및 생산개시 일정을 맞추는 데 차질을 빚어 투자자 여러분에게 양해의 말씀을 드립니다.

Q) 제3공장 건설에 대한 허가 절차 진척 사항
A) 신공장 인허가 진행 절차는 아래와 같습니다.

1. 건설당국 (준공 검사) --> 2. 서류 등록--> 3. 건물관리국 (측량 제도) --> 4. 합격증서 발급 --> 5. 서류 보관 및 부동산등기증 취득(인허가 완료)

실제로 크리스탈신소재 홈페이지에 들어가보니 FAQ에 공장증설 관련 공지사항이 올라와 있었다. 이처럼 현금흐름표를 보면 그 기업에서 일어난 이슈를 쉽게 알 수 있다.

062

재무제표의 일종인 주석이란?

> 주석은 다른 재무제표의 계정과목과 금액에 대해 구체적으로 설명해주는 재무제표입니다. 재무상태표, 손익계산서, 자본변동표, 현금흐름표에는 각 항목과 금액만 나와 있기 때문에 주석을 봐야 어떤 거래가 어떤 이유에서 발생했는지를 상세히 알 수 있습니다.

재무제표의 한 종류인데도 사람들이 잘 모르는 것이 '주석'이다. 주석은 재무제표 본문에 대한 상세 정보와 재무제표 본문에 기재할 수 없는 추가 정보를 부연해서 설명한다.

재무상태표상에는 자산의 종류도 가지각색인데 그냥 통일해서 유형자산으로 표시하는 경우가 많다. 그렇다면 각 자산의 내역과 자산에 담보처럼 권리가 제한돼 있는지 여부를 알 수 있는 방법은 없을까? 이럴 때 살펴보는 것이 주석이다.

삼성전자의 재무제표를 검색해서 보면 주석이 예상 외로 자세히 나와 있다. 주석에는 유형자산의 감가상각 방법과 내용연수 등 회계처리 방법이 명시되어 있지만, 특이한 사항에 대해서는 자세히 분석되어 있다. 그 가운데 매출채권이 눈에 띄는데, 매출채권을 잘 회수할 수 있는지 여부는 많은 이해관계자들에게 중요한 문제다. 이에 대한 주석내용은 다음과 같다.

가. 매출채권

(단위: 백만원)

구 분	당기말	전기말
외부신용등급이 있는 거래상대방		
상환능력 우수, 최고	395,067	608,089
상환능력 양호	731,050	417,334
상환능력 적정	45,004	62,244
상환 가능	125,353	957
소 계	1,296,474	1,088,624
외부신용등급이 없는 거래상대방		
Group 1	17,781,245	16,703,909
Group 2	769,096	657,351
Group 3	-	4,845
소 계	18,550,341	17,366,105
연체 및 손상되지 아니한 매출채권 계	19,846,815	18,454,729

매출채권의 금액이 18,550,341백만 원으로 공시되어 있지만, 구체적인 내역은 상환능력별로 나누어 설명하고 있다.

상환능력 우수, 최고 - Aaa~Aa(Moody's), AAA~AA(S&P, Fitch), A1(국내신용평가사)
상환능력 양호 - A(Moody's, S&P, Fitch), A2(국내신용평가사)
상환능력 적정 - Baa(Moody's), BBB(S&P, Fitch), A3(국내신용평가사)
상환가능 - Ba 이하(Moody's), BB 이하(S&P, Fitch), B 이하(국내신용평가사)
Group 1 - 외부신용등급이 없는 연결자회사
Group 2 - 자본잠식경험 및 채무불이행경험이 없는 일반고객
Group 3 - 자본잠식경험 및 채무불이행경험이 있으나 보험 및 담보가 설정되어 채무불이행위험이 해소된 일반고객

이런 정보를 보면 단순히 금액만 볼 때보다 기업을 훨씬 자세히 이해할 수 있다. 우량하다고 생각한 기업의 내역도 주석을 자세히 들여다보면 위험요소를 발견할 수도 있다.

주석은 회계정보 가운데서 가장 중요한 '설명'에 해당하는 부분이다. 재무제표만 보고 주석을 보지 않는다면 절반만 이해하는 것이다. 그런데 아쉽게도 주식투자자나 그 밖의 정보 이용자들 대부분이 재무제표의 숫자만 보려 할 뿐 주석에는 관심을 가지지 않는다. 이 책의 독자들은 재무제표를 분석할 때 반드시 주석을 보는 습관을 들이기를 바란다.

참고

현금흐름표 주석 공시사항

1. 현금의 유출입이 없는 투자 및 재무활동에 속하는 거래 중에서 중대한 거래는 주석에 공시한다.

기본적으로 현금흐름표는 현금의 흐름을 나타내는 재무제표이다. 따라서 원칙적으로 현금의 흐름이 발생하지 않는 형식적인 계정 대체거래는 나타내지 못한다. 그러나 당장 현금흐름이 발생하지 않아도 미래의 현금흐름에 영향을 주는 중대한 거래의 경우에는 현금흐름표에 직접적으로 명시하지는 않아도 주석으로 부연설명을 하게 되어 있다.

여기서 미래의 현금흐름에 중대한 영향을 줄 수 있는 투자활동과 재무활동은 다음과 같다.

(1) 무상증자, 무상감자, 주식배당
(2) 전환사채의 전환
(3) 현물출자로 인한 유형자산의 취득
(4) 유형자산의 손상차손 사유
(5) 장기연불구입 조건으로 매입한 유형자산

2. 간접법으로 현금흐름표를 작성한 경우 직접법으로 작성한 현금흐름표를 주석으로 공시해야 한다.

국제회계 기준에서는 직접법으로 작성한 현금흐름표가 정보 이용자에게 영업활동 현금흐름에 대한 정보를 더 상세히 제공해주기 때문에 이를 강제하고 있다. 만약 간접법으로 현금흐름표를 작성했다면 주석으로라도 직접법으로 작성한 현금흐름표를 공시해야 한다.

063

배당은 어디에서 나올까?

> 배당은 기업의 돈주머니인 '이익잉여금'이라는 자본계정에서 지급됩니다. 배당은 현금으로 지급하는 현금배당과 주식으로 지급하는 주식배당으로 나누어 생각할 수 있습니다.

배당은 주주의 주요 수익원이다. 기업은 매출액에서 시작해서 각종 비용을 차감하고 최종적으로 주주에게 귀속되는 당기순이익을 창출해낸다. 올해 창출된 당기순이익은 재무상태표상의 이익잉여금이라는 자본 항목으로 들어간다.

이익잉여금은 매년 벌어들인 당기순이익을 모아서 형성한 곳간의 곡식에 비유할 수 있다. 이를 상법에서는 '배당가능이익'이라 한다. 배당을 줄 수 있는 재원이라는 뜻이다. 이익잉여금이 클수록, 이익잉여금의 원천인 당기순이익이 클수록 주주는 많은 배당을 가져갈 수 있다.

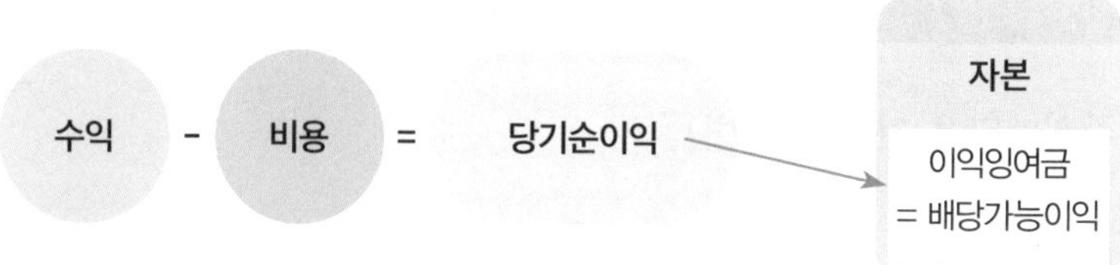

배당은 상법상 주주총회를 통해서 지급된다. 배당의 재원은 이익잉여금이지만, 회계상으로는 주주총회를 거쳐 처분이 되므로 '미처분 이익잉여금'이 재원이다. 주주총회를 통해 배당으로 처분이 되고 그 과정에서 일정한 준비금도 적립하게 된다. 상법상으로는 자본금의 2분의 1에 달할 때까지 현금배당액의 10%를 이익준비금으로 적립하도록 강제하고 있다. 이는 지나치게 배당을 많이 주어 회사의 재원이 모두 유출되는 것을 방지하기 위한 내용이다.

우리가 잘 아는 것은 주주총회를 통해 현금으로 배당을 지급하는 현금배당이지만 다른 방식의 배당도 있다. 주주에 대한 이익의 분배는 모두 배당이라고 할 수 있는데, 현금 대신 주식으로 배당을 주는 것을 주식배당이라고 한다.

주식배당은 이익잉여금을 재원으로 주식을 발행해서 주주들에게 지급하는 것을 말한다. 즉, 신규로 발행해서 주는 주식수만큼 자본금이 증가하고 그만큼 이익잉여금은 감소하는 것이다. 주식배당은 재산이 기업외부로 유출되지 않기 때문에 재정구조를 튼튼히 한다는 측면에서는 현금배당보다 낫다. 그러나 지나친 주식배당으로 자본금의 비대화를 초래할 수도 있다.

참고

주식배당은 자본이 불변!

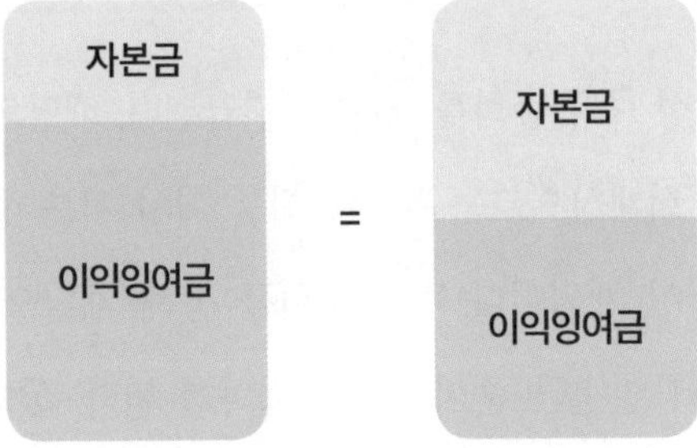

064

회계감사!
기업의 감사의견이란?

회계감사는 내부감사와 외부감사로 나눌 수 있습니다. 일반적으로 우리가 생각하는 회계감사는 외부감사입니다. 공인회계사인 감사인은 회계감사 결과 감사의견을 표명하게 되는데, 그 의견에 따라 기업의 생사가 결정되기도 합니다.

내부감사 vs 외부감사

회계감사는 내부감사와 외부감사로 나뉜다. 내부감사는 기업 내부의 별도 감사팀이나 내부감사인이 위험요소를 모니터링하고 자체적으로 규정에 맞게 검토하는 것을 뜻한다. 내부감사는 기업의 내부자들에 의해서 이루어지므로 객관성이 떨어질 수 있다.

한편 외부감사는 우리가 흔히 접하는 '회계감사'라고 할 수 있다. 이는 국가로부터 권한을 부여받은 공인회계사CPA에게 기업의 재무제표가 적정하게 작성되었는지를 감사받는 것을 말한다. 외부감사는 기업회계기준과 외부감사에 관한 법률, 국제감사기준 등 법과 규정에 따라 엄격히 이루어진다.

분식회계의 감시자, 공인회계사

옛날에는 공인회계사가 감사대상 기업과 내통해서 부정한 회계처리를 눈감아주거나 함께 공모해서 회계부정을 저지르기도 했지만, 지금은 워낙 감독도 살벌하고 법규도 엄격해 그것은 불가능에 가깝다.

회계사가 분식회계를 눈감아주었다가는 대우그룹 사태로 산동회계법인이 몰락하고 미국의 엔론 사태로 아더 앤더슨이 몰락했듯이 회계법인 자체가 공중분해 되어 날아갈 수도 있다. 해당기업을 감사했던 회계사들은 당연히 엄청난 벌금을 물거나 구속되기도 한다. 가끔 이렇게 손실을 본 주주가 조직폭력배일 때도 있는데, 쥐도 새도 모르게 회계사를 잡아가 해코지할지도 모를 일이다.

요즘에는 회계사가 회계감사를 잘못했다가는 재기가 불가능하다는 말이 돌 만큼 회계감사는 엄격한 영역이 되고 있다. 이는 기업의 부정과 재무제표 분식회계를 감시해야 할 회계사들의 어깨가 더 무거워졌음을 의미한다.

회계감사는 재무제표에 대한 의견제시로 끝!

회계감사는 공인회계사(회계법인)가 기업의 재무제표가 기업회계기준(상장기업의 경우 국제회계기준)에 따라 적정하게 작성되었는지를 검토해서 감사의견을 제시하는 것으로 마무리된다. 공인회계사는 기업의 재무제표를 감사하고 적정의견, 한정의견, 부적정의견, 의견거절 등을 표명하게 되며, 이것이 감사의견이다.

1. 적정의견

적정의견은 공인회계사인 감사인이 감사범위에 제한을 받지 않고 회계감사기준에 의거하여 감사를 한 결과 해당기업의 재무제표가 기업회계기준에 따라 적정하게 작성하여 신뢰할 수 있음을 밝힌 것이다.

사실 실무적으로 우리나라 상장기업의 재무제표를 감사한 결과인 감사보고서를 보면 90% 이상이 적정의견이다. 공인회계사가 적정의견 외에 다른 의견을 내기는 정말 쉽지 않다. 다른 의견을 받은 기업은 상장폐지가 되거나 다른 불이익을 받기 때문이다. 만약 상장폐지가 되어 주식이 휴지조각이라도 된다면 주주들은 회계법인으로 몰려와 공인회계사의 멱살을 잡으려 할 것이다.

적정의견은 감사인이 보기에 기업의 재무제표 감사과정에서 기업이 요구하는 자료를 성실히 제공해주어 감사에 지장이 없었고 재무제표도 국제회계기준에 맞게 잘 작성되어 있을 경우 찍혀 나가는 의견이다. 여기서 주의해야 할 점은 적정의견이 나왔다고 해서 이 기업이 우량한 기업이라는 보장은 아니라는 것이다. 또한 재무제표를 잘 작성했다고 해서 부정이나 분식회계가 전혀 없다는 것을 보장하는 것도 아니다.

2. 한정의견

감사인이 수행할 수 있는 감사범위가 부분적으로 제한된 경우 또는 감사를 실시한 결과 기업회계기준에 따르지 않은 몇 가지 사항이 있지만 해당사항이 재무제표에 그다지 큰 영향을 미치지 않는다고 판단한 경우에 제시하는 의견이다.

한정의견은 재무제표의 작성이 전체적으로는 양호한 편이지만 일부분에서 중요 정보가 공시되지 않았거나 기업회계기준(국제회계기준)에 따라 작성되지 않은 일부분이 문제가 되는 경우 제시하는 의견이다. 한정의견은 상장폐지가 되는 의견이지만 부적정의견이나 의견거절처럼 즉각적으로 폐지되는 것은 아니다. 한정의견을 받으면 처음에는 관리종목으로 지정되고, 연속해서 두 번 한정의견을 받으면 상장폐지가 이루어진다.

3. 부적정의견

기업회계기준에 위배되는 사항이 재무제표에 중대한 영향을 미쳐 기업의 경영상태가 전체적으로 왜곡되었다고 판단된 경우 감사인이 표명하는 의견이다.

부적정의견은 해당기업의 재무제표가 기업회계기준(국제회계기준)을 전체적으로 지키지 않은 경우에 내려진다. 회계감사를 한 결과 이 기업의 재무제표는 총체적 난국일 정도로 작성상태가 엉망이라는 의견이다. 웬만해서는 부적정의견이 나가지 않는다는 사실만 봐도 재무제표가 얼마나 엉터리인지 알 수 있다. 부적정의견을 받으면 즉각적으로 상장폐지가 이루어진다.

4. 의견거절

감사인이 감사보고서를 만드는 과정에서 필요한 증거를 얻지 못해 재무제표 전체에 대한 의견표명이 불가능한 경우나 기업의 존립에 의문을 제기할 만한 객관적 사항이 중대한 경우, 또는 감사인이 독립적 감사업무를 수행할 수 없는 경우에 의견거절을 하게 된다.

의견거절은 기업의 부도나 회계부정처럼 기업운영 자체가 심각한 위기에 처한 경우나 감사증거의 확보가 어려워 정상적인 회계감사가 불가능한 경우에 제시하는 의견이다. 한마디로 기업 자체가 쓰레기라고 판단될 경우에 내려지는 의견이기 때문에 그 영향력도 크다. 의견거절이 내려지면 즉각적으로 상장폐지가 이루어진다.

065

재무비율분석을 왜 해야 할까?

> 재무비율분석은 기업의 상태를 금액으로 표현한 재무제표를 비율로 변환해 규모가 다른 기업 간에 비교를 하거나 시장의 지표와 비교를 해서 주식투자에 적용하기 위한 기법을 말합니다.

주식투자에서 재무비율분석이 필요한 이유

주식투자를 위해서는 재무제표를 뜯어볼 수 있어야 한다. 그 가운데서 질적인 비교를 확실하게 하는 방법이 재무비율분석이다. 금액을 비교하다보면 작년과 올해의 금액변화는 확인할 수 있지만 상대적으로 얼마나 성장했고, 얼마나 질적으로 성장하고 있는지, 그리고 주가에 어느 정도 영향을 주는지를 파악하기는 힘들다. 그렇기 때문에 비율을 통해서 주가를 분석하고 기업의 잠재력 등을 가늠해보는 것이 더 효과적이다.

재무제표의 요소들을 재무비율로 바꿔서 분석하면 매년 기업의 추세와 시장에 비해 어떤 위치에 있는지도 알아볼 수 있다. 여기서 재무제표 요소라고 하면 매출액, 매출총이익, 영업이익, 당기순이익, 자산, 부채, 자본 등 큰 틀에서의 재무제표 항목들을 의미한다. 재무비율은 재무제표 요소 간의 비율을 구한 것이며, 이를 통해서 좀 더 명확한 관계를 파악할 수 있다.

이를테면 총자산수익률ROA(당기순이익/총자산)을 통해서 기업이 보유한 자산 대비 수익을 파악할 수 있다. 그리고 이것은 수익의 질을 평가하는 지표로 활용된다.

주식투자자에게 가장 많이 쓰이는 재무제표 요소는 손익계산에는 매출액, 매출총이익, 판관비(판매비와 관리비), 영업이익, 당기순이익, 이자비용 등이 있다. 그리고 재무상태표에는 총자산, 유동자산, 재고자산, 유동부채, 총부채, 자본, 이익잉여금 등이 있다.

예를 들어 매출액이 전년 대비 얼마나 증가했는지에 따라 기업의 시장성을 파악할 수 있고, 총자산이 얼마나 증가했는지를 파악해서 투자규모가 어느 정도인지 가늠해볼 수 있다. 이러한 재무제표 요소들을 비율화해서 전년도와 비교하거나 시장의 지표들과 비교하는 것은 투자자에게는 기본 중의 기본이다.

재무비율의 활용

재무비율은 재무제표 요소 간의 비율이고, 그 가운데서 주식투자자에게 가장 필요한 것은 딱 두 가지다. 하나는 '가치비율'이고, 다른 하나는 '손익비율'이다.

가치비율은 자산, 부채, 자본 그리고 기업자산의 총체적 가치인 기업가치 등 가치value로 표현되는 재무제표 요소들을 활용한 재무비율을 말한다. 손익비율은 매출액, 영업이익, 당기순이익 등 손익계산서 요소들을 활용한 재무비율이다. 이 두 가지는 시장성비율과 함께 주식투자에서 유용하게 사용된다. 따라서 이 장에서는 특별히 구분해서 설명하지 않고 어떤 비율을 어떻게 활용할지에 중점을 두고 소개하기로 한다.

066

종목별로 재무비율을 한눈에 보는 방법은?

재무비율은 가치투자에서 가장 유용한 도구라고 할 수 있습니다. 재무비율만 정확하게 분석해도 적정주가를 추정해볼 수 있고 현재 주가가 과대평가되었는지, 과소평가되었는지 판단하기 용이합니다. 종목별로 재무비율을 한번에 확인하는 방법으로 네이버 증권만큼 간편하고 효과적인 방법은 없는 것 같습니다.

재무비율에 대한 구체적이고 다양한 정보를 얻을 수 있는 곳으로 네이버 증권이 있다. 앞서 설명하긴 했지만 재무비율을 분석하기 위해 네이버 금융만큼 좋은 수단은 없다.

NAVER 증권 | 삼성전자 | 통합검색

증권 홈 | 국내증

005930	삼성전자	코스피
005935	삼성전자우	코스피

기능끄기

검색창에서 '삼성전자'를 검색하면 주요 재무제표 항목이 나온다. 아래와 같이 기업실적분석으로 요약되어 나온다.

기업실적분석　　더보기 ›

주요재무정보	최근 연간 실적				최근 분기 실적					
	2019.12	2020.12	2021.12	2022.12(E)	2021.09	2021.12	2022.03	2022.06	2022.09	2022.12(E)
	IFRS 연결	IFRS 연결	IFRS 연결	IFRS 연결	IFRS 연결	IFRS 연결	IFRS 연결	IFRS 연결	IFRS 연결	IFRS 연결
매출액(억원)	2,304,009	2,368,070	2,796,048	3,054,876	739,792	765,655	777,815	772,036	767,817	735,244
영업이익(억원)	277,685	359,939	516,339	463,279	158,175	138,667	141,214	140,970	108,520	72,102
당기순이익(억원)	217,389	264,078	399,074	371,012	122,933	108,379	113,246	110,988	93,892	62,429
영업이익률(%)	12.05	15.20	18.47	15.17	21.38	18.11	18.15	18.26	14.13	9.81
순이익률(%)	9.44	11.15	14.27	12.14	16.62	14.16	14.56	14.38	12.23	8.49
ROE(%)	8.69	9.98	13.92	11.67	12.60	13.92	15.13	15.10	13.42	
부채비율(%)	34.12	37.07	39.92		38.30	39.92	39.34	36.64	36.35	
당좌비율(%)	233.57	214.82	196.75		210.70	196.75	202.26	219.39	226.19	
유보율(%)	28,856.02	30,692.79	33,143.62		32,225.78	33,143.62	34,110.56	35,054.68	35,798.23	
EPS(원)	3,166	3,841	5,777	5,374	1,775	1,567	1,638	1,613	1,346	788
PER(배)	17.63	21.09	13.55	10.29	14.36	13.55	10.92	8.65	8.61	70.19
BPS(원)	37,528	39,406	43,611	48,462	42,447	43,611	45,106	46,937	49,387	48,462
PBR(배)	1.49	2.06	1.80	1.14	1.75	1.80	1.54	1.21	1.08	1.14
주당배당금(원)	1,416	2,994	1,444	1,521						
시가배당률(%)	2.54	3.70	1.84							
배당성향(%)	44.73	77.95	25.00							

- 분기 실적은 해당 분기까지의 누적 실적에서 직전 분기까지의 누적 실적을 차감하는 방식으로 계산되므로, 기업에서 공시한 분기 실적과 차이가 있을 수 있습니다.
- 컨센서스(E) : 최근 3개월간 증권사에서 발표한 전망치의 평균값입니다.

이를 참고하면 영업이익률, 순이익률, ROE, 부채비율, 당좌비율, 유보율, EPS, PER, BPS, PBR, 주당배당금, 배당성향 등을 쉽게 확인할 수 있다.

이제 좀 더 구체적인 재무비율을 구해보자.

종목분석을 클릭하여 재무분석을 클릭하면 해당 종목의 다양한 재무비율을 확인할 수 있다. 우선 주요 지표인 매출액증가율, 영업이익증가율, 순이익증가율 등의 증감추세를 그래프로 한눈에 볼 수 있다.

아울러 다음의 다양한 재무비율을 연도별로 한눈에 확인할 수 있다.

* 단위 : 억원, %, 배, 천주　　* 분기 : 순액기준

항목	2017/12 (IFRS연결)	2018/12 (IFRS연결)	2019/12 (IFRS연결)	2020/12 (IFRS연결)	2021/12 (IFRS연결)	전년대비 (YoY)
매출액(수익)	2,395,753.8	2,437,714.2	2,304,008.8	2,368,069.9	2,796,048.0	18.1
*내수			2,304,009.0		2,796,048.0	
*수출						
매출원가	1,292,906.6	1,323,944.1	1,472,395.5	1,444,883.0	1,664,113.4	15.2
매출총이익	1,102,847.2	1,113,770.0	831,613.3	923,186.9	1,131,934.6	22.6
판매비와관리비	566,396.8	524,903.4	553,928.2	563,248.2	615,596.0	9.3
영업이익	536,450.4	588,866.7	277,685.1	359,938.8	516,338.6	43.5
*기타영업손익						
영업이익(발표기준)	536,450.4	588,866.7	277,685.1	359,938.8	516,338.6	43.5
*[구K-IFRS]영업이익						
금융수익	97,373.9	99,993.2	101,616.3	122,676.0	85,431.9	-30.4
금융원가	89,789.1	86,089.0	82,748.7	113,180.6	77,045.5	-31.9
기타영업외손익	15,910.1	3,430.2	3,639.6	-11,048.3	1,497.2	113.5
종속기업,공동지배기업및관…	2,014.4	5,398.5	4,129.6	5,065.3	7,296.1	44.0
법인세비용차감전계속사업…	561,959.7	611,599.6	304,321.9	363,451.2	533,518.3	46.8
법인세비용	140,092.2	168,151.0	86,933.2	99,372.9	134,443.8	35.3
종속회사매수일전순손익						
처분된종속회사순손익						
계속사업이익	421,867.5	443,448.6	217,388.7	264,078.3	399,074.5	51.1
중단사업이익						
*중단사업법인세효과						
당기순이익	421,867.5	443,448.6	217,388.7	264,078.3	399,074.5	51.1
기타포괄이익	-55,022.6	-122.4	30,161.9	-36,739.1	100,023.0	372.3
총포괄이익	366,844.9	443,326.2	247,550.6	227,339.3	499,097.5	119.5
*주당계속사업이익	5,997	6,461	3,166	3,841	5,777	50
*주당순이익	5,997	6,461	3,166	3,841	5,777	50
*희석주당계속사업이익						
*희석주당순이익						
*(지배주주지분)주당계속사…	5,997	6,461	3,166	3,841	5,777	50
*(지배주주지분)주당순이익	5,997	6,461	3,166	3,841	5,777	50
*(지배주주지분)희석주당계…						
*(지배주주지분)희석주당순…						

* 재무실적 업데이트는 검수 및 주석반영으로 공시 이후 약 일주일 정도 소요되며, 기업별로 다르게 적용됨
* 비율간 전년대비는 [당기]-[전기]로 계산된 %p 데이터

특히 종목분석에서 투자지표를 클릭하면 수익성, 성장성, 안정성, 활동성에 대한 지표를 한번에 확인할 수 있다.

- 수익성비율: 매출총이익률, 세전계속사업이익률, 영업이익률, EBITDA 마진율, ROA, ROE, ROIC

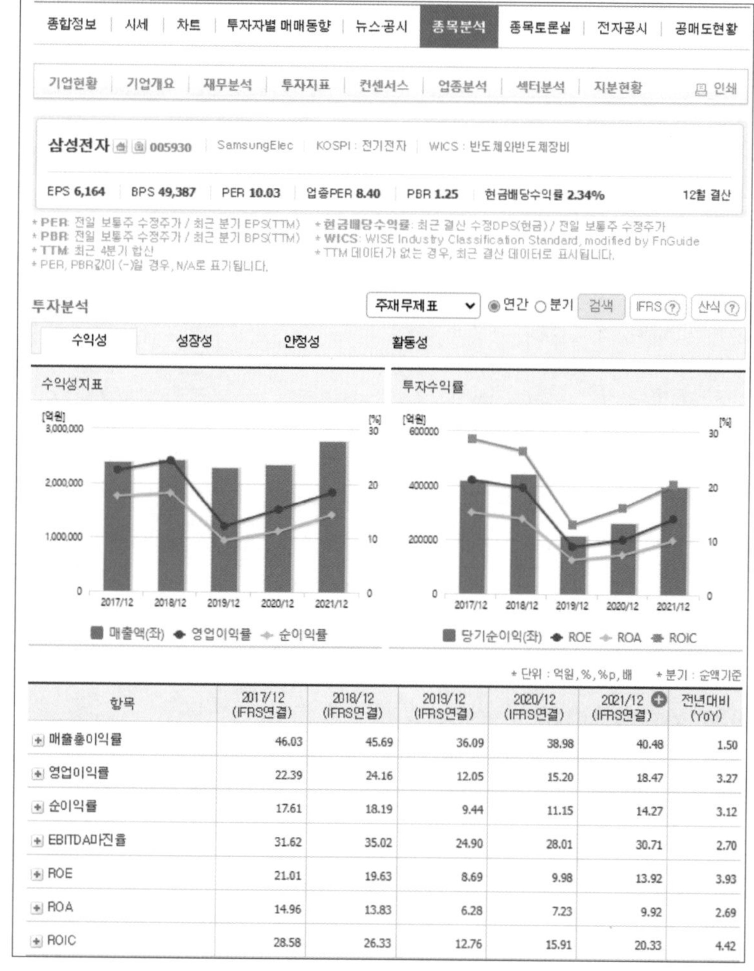

항목	2017/12 (IFRS연결)	2018/12 (IFRS연결)	2019/12 (IFRS연결)	2020/12 (IFRS연결)	2021/12 (IFRS연결)	전년대비 (YoY)
매출총이익률	46.03	45.69	36.09	38.98	40.48	1.50
영업이익률	22.39	24.16	12.05	15.20	18.47	3.27
순이익률	17.61	18.19	9.44	11.15	14.27	3.12
EBITDA마진율	31.62	35.02	24.90	28.01	30.71	2.70
ROE	21.01	19.63	8.69	9.98	13.92	3.93
ROA	14.96	13.83	6.28	7.23	9.92	2.69
ROIC	28.58	26.33	12.76	15.91	20.33	4.42

- 성장성비율: 매출액증가율, 판매비와 관리비 증가율, 영업이익 증가율, EBITDA 증가율, EPS 증가율

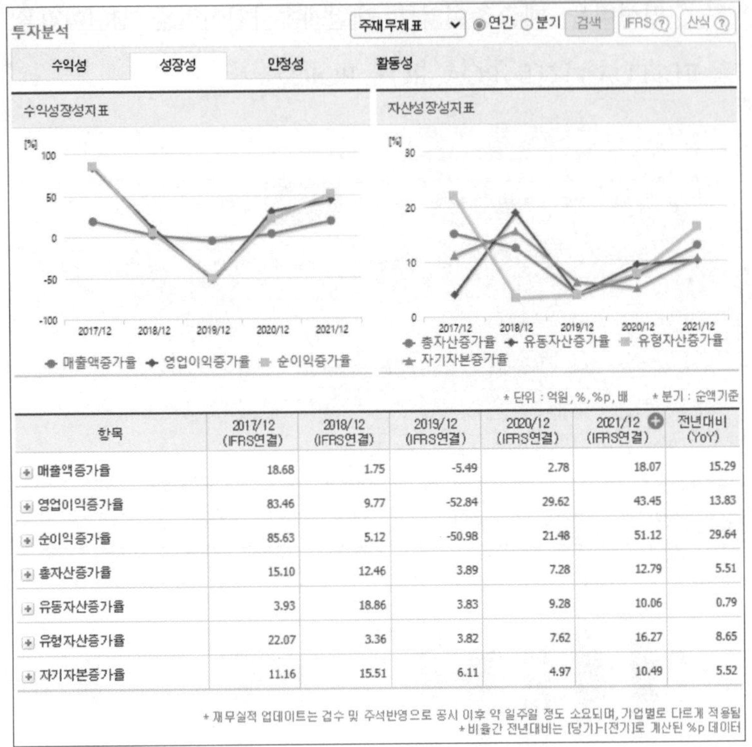

항목	2017/12 (IFRS연결)	2018/12 (IFRS연결)	2019/12 (IFRS연결)	2020/12 (IFRS연결)	2021/12 (IFRS연결)	전년대비 (YoY)
매출액증가율	18.68	1.75	-5.49	2.78	18.07	15.29
영업이익증가율	83.46	9.77	-52.84	29.62	43.45	13.83
순이익증가율	85.63	5.12	-50.98	21.48	51.12	29.64
총자산증가율	15.10	12.46	3.89	7.28	12.79	5.51
유동자산증가율	3.93	18.86	3.83	9.28	10.06	0.79
유형자산증가율	22.07	3.36	3.82	7.62	16.27	8.65
자기자본증가율	11.16	15.51	6.11	4.97	10.49	5.52

* 재무실적 업데이트는 검수 및 주석반영으로 공시 이후 약 일주일 정도 소요되며, 기업별로 다르게 적용됨
* 비율간 전년대비는 [당기]-[전기]로 계산된 %p 데이터

안정성비율: 유동비율, 부채비율, 유보율, 순차입금비율, 이자보상비율, 자기자본비율

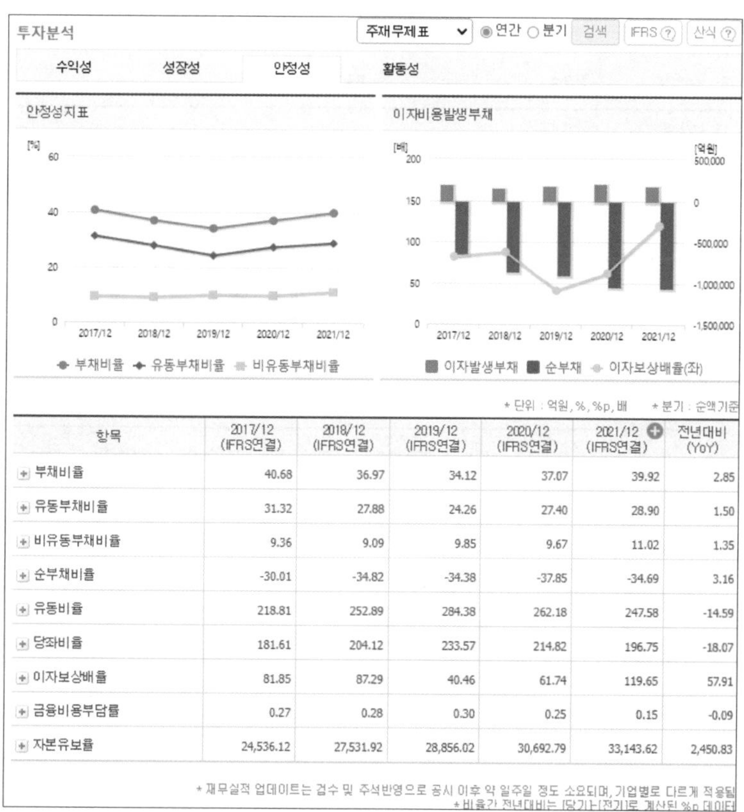

항목	2017/12 (IFRS연결)	2018/12 (IFRS연결)	2019/12 (IFRS연결)	2020/12 (IFRS연결)	2021/12 (IFRS연결)	전년대비 (YoY)
부채비율	40.68	36.97	34.12	37.07	39.92	2.85
유동부채비율	31.32	27.88	24.26	27.40	28.90	1.50
비유동부채비율	9.36	9.09	9.85	9.67	11.02	1.35
순부채비율	-30.01	-34.82	-34.38	-37.85	-34.69	3.16
유동비율	218.81	252.89	284.38	262.18	247.58	-14.59
당좌비율	181.61	204.12	233.57	214.82	196.75	-18.07
이자보상배율	81.85	87.29	40.46	61.74	119.65	57.91
금융비용부담률	0.27	0.28	0.30	0.25	0.15	-0.09
자본유보율	24,536.12	27,531.92	28,856.02	30,692.79	33,143.62	2,450.83

* 재무실적 업데이트는 검수 및 주석반영으로 공시 이후 약 일주일 정도 소요되며, 기업별로 다르게 적용됨
* 비율간 전년대비는 [당기]-[전기]로 계산된 %p 데이터

– 활동성비율: 총자산회전율, 총부채회전율, 총자본회전율

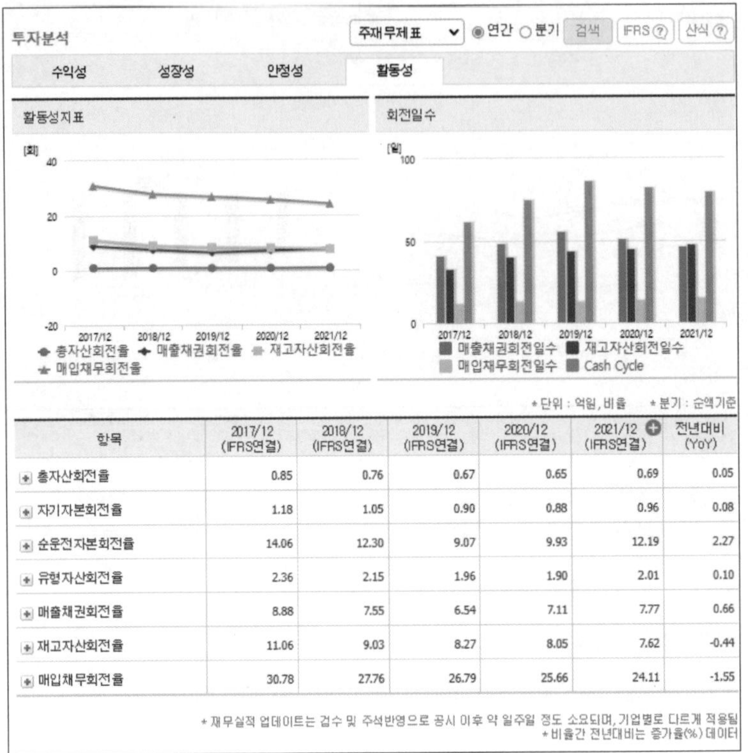

투자분석

주재무제표 / 연간 / 분기 / 검색 / IFRS / 산식

수익성 | 성장성 | 안정성 | 활동성

활동성지표

회전일수

* 단위 : 억원, 비율　* 분기 : 순액기준

항목	2017/12 (IFRS연결)	2018/12 (IFRS연결)	2019/12 (IFRS연결)	2020/12 (IFRS연결)	2021/12 (IFRS연결)	전년대비 (YoY)
총자산회전율	0.85	0.76	0.67	0.65	0.69	0.05
자기자본회전율	1.18	1.05	0.90	0.88	0.96	0.08
순운전자본회전율	14.06	12.30	9.07	9.93	12.19	2.27
유형자산회전율	2.36	2.15	1.96	1.90	2.01	0.10
매출채권회전율	8.88	7.55	6.54	7.11	7.77	0.66
재고자산회전율	11.06	9.03	8.27	8.05	7.62	-0.44
매입채무회전율	30.78	27.76	26.79	25.66	24.11	-1.55

* 재무실적 업데이트는 검수 및 주석반영으로 공시 이후 약 일주일 정도 소요되며, 기업별로 다르게 적용됨
* 비율간 전년대비는 증가율(%) 데이터

067

종목분석에 안정성비율을 활용하는 방법은?

안정성은 기업이 파산하지 않을 가능성을 말합니다. 이를 평가하는 비율에는 부채비율, 자기자본비율, 유동비율, 당좌비율, 이자보상비율 등이 있죠. 각 비율의 개념과 투자 시 활용법에 대해 살펴봅시다.

통상적으로 안정성이 높은 종목은 그 기업의 기반 덕분에 망할 일은 거의 없다. 사업성만 추가로 검토해서 사업성이 좋고 미래 전망이 괜찮다면 투자해도 손해 볼 일은 없다. 지금부터 안정성비율에 대해 구체적으로 살펴보자.

안정성비율은 매우 다양하다. 투자자가 안전성비율을 보는 이유는 그 기업이 망할 가능성이 있는지를 파악하기 위해서다. 한마디로 말하면 기업의 리스크를 가늠해보기 위해 안정성비율을 검토하고, 일정수준을 넘어가서 위험하다고 판단되면 투자를 하지 않는 것이 좋다. 실전에서 활용할 수 있는 안정성비율을 살펴보자.

부채비율 활용하기

$$\text{부채비율} = \frac{\text{총부채}}{\text{자기자본}}$$

부채비율은 부채를 자본으로 나눈 비율이다. 이 비율은 기업이 자기자본보다 외부의 채무자에게 얼마나 의존하고 있는지를 나타낸다. 기업의 재무레버리지financial leverage의 정도라고도 하는데, 이는 부채를 외부에서 가져다 쓴 만큼 수익성이 좋을 때는 확실하게 고수익이 나오고, 수익성이 나쁠 때는 확실하게 망하는 정도를 뜻한다.

보통은 부채비율이 1.0 아래이면 매우 안전한 상태라고 생각할 수 있고, 1.0~2.0인 경우에도 상대적으로 안전한 상태라고 본다. 그러나 부채비율이 산업평균에 비해 지나치게 높으면 투자를 해서는 안 된다. 투자해서 잘되면 큰돈을 벌 수 있는 기업이지만 반대로 잘되지 않으면 파산위험이 대단히 큰 기업일 것이기 때문이다.

금융업은 다른 업종보다 부채비율이 높고, 제조업은 상대적으로 부채비율이 낮은 편이다. 또 건설업은 금융업과 마찬가지로 부채비율이 높은 편인데, 대출을 받아서 사업을 일으키는 경우가 많기 때문이다. 부채비율만으로 해당기업이 안전한 기업인지를 파악하는 데는 무리가 있으므로 다음에 소개하는 비율과 함께 판단하는 것이 좋다.

자기자본비율 활용하기

$$\text{자기자본비율} = \frac{\text{자기자본}}{\text{총자산}}$$

자기자본비율은 총자산에서 자기자본(자본)이 차지하는 비율을 의미한다. 여기서 자본은 총자산에서 총부채를 뺀 잔여지분의 개념이다. 이 비율은 기업의 전체 자산에서 주주의 몫인 자기자본의 비중이 얼마나 되는지를 나타낸다.

자기자본비율은 0.5를 기준으로 삼고 이를 넘어서면 자본이 부채보다 많기 때문에 일반적으로 안전하다고 본다. 보통 자기자본비율이 0.5라는 것은 부채비율이 1.0이라는 의미와 크게 다르지 않다. 어쨌든 자기자본비율이 클수록 파산위험은 적다고 볼 수 있다.

그런데 자기자본비율이 너무 높아서 1.0에 가깝다면 부채를 전혀 쓰지 않아 레버리지를 통한 사업확장 가능성은 오히려 떨어질 수도 있다. 따라서 0.5 언저리의 적당한 상태가 좋다고 생각한다.

유동비율 활용하기

$$\text{유동비율} = \frac{\text{유동자산}}{\text{유동부채}}$$

유동비율은 유동부채 대비 유동자산의 비율이다. 이는 기업의 단기적 채무상환능력을 나타낸다. 부채비율이 전반적인 기업의 재무건전성을 나타낸다면 유동비율은 단기적인 지급능력을 파악하는 지표다. 그만큼 흑자도산이나 단기적 파산가능성을 가늠하기에 좋다.

유동비율이 클수록 재무안정성이 높다고 볼 수 있다. 유동자산은 재고자산 및 당좌자산으로 구성되는데, 현금화 가능성이 높은 자산들이다. 이런 자산을 처분해서 유동부채를 상환할 수 있는 가능성이 높다는 것은 그만큼 단기적 안정성이 크다는 뜻이다. 여기서 '유동'이라는 것은 통상 1년 안에 현금화가 가능하다는 것을 뜻한다.

그런데 유동비율이 높으면 일반적으로 좋다고 볼 수는 있지만 이 비율이 절대적인 것은 아니다. 오히려 유동비율이 높다는 것은 재고자산이 지나치게 많이 누적돼 팔리지 않기 때문일 수도 있다. 따라서 유동자산 중에서 재고자산을 제외하고 판단할 필요가 있는데, 이는 바로 다음에 설명할 당좌비율로 파악할 수 있다.

당좌비율 활용하기

$$\text{당좌비율} = \frac{\text{당좌자산(유동자산 - 재고자산)}}{\text{유동부채}}$$

당좌비율은 유동부채 대비 당좌자산의 비율이다. 여기서 당좌자산이란 유동자산에서 재고자산을 제외한 나머지를 말한다. 그렇기 때문에 유동비율보다 안정성과 활동성을 더 잘 반영한 비율이라는 평가를 받는다.

이 비율은 안정성에서 유동비율보다 더 엄격한 비율이며, 당좌비율이 1.0을 넘는 기업은 매우 안정적이라고 볼 수 있다. 당좌자산이 유동부채보다 많다는 것은 웬만한 유동부채는 당좌자산을 즉시 사용해서 갚을 수 있다는 뜻이기 때문이다. 구체적으로 당좌자산은 현금 및 현금성자산, 단기금융자산, 장기금융자산 가운데 만기가 일찍 도래하는 것 등이므로 현금화가 매우 용이하다.

이자보상비율 활용하기

$$\text{이자보상비율} = \frac{\text{영업이익(EBIT)}}{\text{이자비용}}$$

이자보상비율은 이자비용 대비 영업이익의 비율로서 기업이 이자를 갚을 수 있는 능력을 나타낸다. 이자보상비율이 1.0을 넘으면 영업이익으로 이자를 충분히 갚을 수 있다는 뜻이며, 반대의 경우는 영업이익으로 이자를 갚고도 모자라 자산을 처분해야 한다는 뜻이다. 따라서 이자보상비율이 1.0 이하라면 기업이 위기에 처한 것으로 봐도 좋다. 일반 기업의 경우 2.0~5.0 정도이기 때문이다.

영업이익은 기업이 주된 영업활동을 통해 벌어들인 이익이므로 매년 시장상황에 따라 달라진다. 이자보상비율도 이에 따라 변동될 수 있으므로 매 기마다 잘 파악해야 한다. 이자보상비율을 분석해서 웬만하면 2.0이 넘는 기업에 투자하자.

068

손익계산서만으로 이익률을 뽑아 활용하는 방법은?

> 손익계산서는 매출액에서 시작해 당기순이익을 계산하는 과정을 보여줍니다. 이러한 손익구조를 평가하는 비율에는 매출총이익률, 영업이익률, 순이익률 등이 있습니다. 각 비율의 개념과 투자 시 활용법을 알아봅니다.

수익성비율은 기업이 올해 벌어들인 수익의 양quantity보다는 질quality을 분석하는 도구다. 일반적으로 매출액이나 자산 등에 비해서 이익이 얼마나 났는지를 분석해 투자자가 해당기업의 주식으로 얻을 수 있는 수익률을 추정하게 해준다. 좀 더 살펴보면 다음과 같다.

매출총이익률 활용하기

$$\text{매출총이익률} = \frac{\text{매출총이익(매출액 - 매출원가)}}{\text{매출액}}$$

매출총이익률은 매출액에 대비해 매출총이익이 얼마나 창출되었는지를 나타내는 비율로서 손익계산서상 가장 위에 자리한다. '매출원가율 + 매출총이익률 = 1'의 등식을 만족하기 때문에 해당기업의 매출원가율에 따라 매출총이익률이 달라진다. 즉, 원가구조에 따라 매출총이익률이 다르므로 기업의 사업형태를 반영한다고 볼 수 있다. 이는 기업 자체보다는 경쟁사와 비교해서 사업성이 좋은지, 원가가 적정한지를 파악하는 지표로 쓰인다.

매출총이익률은 업종에 따라 천차만별이다. 유통업의 경우 물건을 사서 매출을 일으키기 때문에 중간마진만이 매출총이익이 되므로 매출총이익률이 낮을 수밖에 없다. 반면 제조업은 원가절감으로 매출총이익률이 높은 편인데, 이는 경쟁기업이나 산업평균지표와 비교해서 파악하는 것이 타당하다. 단순하게 따지면 매출총이익률도 높을수록 좋은 지표이기는 하다.

영업이익률 활용하기

$$\text{영업이익률} = \frac{\text{영업이익}}{\text{매출액}}$$

영업이익률은 매출액 대비 영업이익의 비율을 나타낸다. 영업활동으로 벌어들인 수익이 매출액에서 얼마나 차지하는지를 보고 지속적으로 창출되는 수익률을 평가할 수 있다.

여기서 영업이익은 매출액에서 매출원가를 차감한 매출총이익에서 판매비와 관리비를 차감한 순액으로서 주된 영업활동으로 벌어들인 수익을 뜻한다. 따라서 영업이익률은 기업의 본업에 충실해서 벌어들인 수익률이므로 사업성을 나타낸다. 영업이익률도 업종별로 다르므로 산업평균치나 경쟁기업의 수치와 비교해서 높을수록 좋다.

당기순이익률 활용하기

$$\text{당기순이익률} = \frac{\text{당기순이익}}{\text{매출액}}$$

당기순이익률은 매출액 대비 당기순이익의 비율을 나타낸다. 이는 주주에게 배당을 줄 수 있는 재원인 당기순이익이 매출액에 비해서 얼마나 창출되었는지를 보여주는 지표다. 당기순이익률이 5%라는 것은 매출수익에서 모든 비용을 차감하고 주주에게 귀속되는 이익이 5%라는 뜻이다.

당기순이익은 영업외수익과 영업외비용이 모두 반영된 것이므로 당기순이익률은 기업을 영위하면서 발생된 모든 수익과 비용이 조정된 뒤에 주주에게 귀속되는 결과치다. 한마디로 사후적인 배당을 예측할 수 있는 이익률이지만 사실 그 자체로는 큰 의미가 없다. 왜냐하면 영업외손익은 매년 큰 폭으로 변화하기 때문이다. 따라서 당기순이익률은 당기 실적파악에만 유용하고 장기적인 예측치로서의 의미는 크지 않다.

069

종목분석에 ROE, ROA, ROIC를 어떻게 활용할까?

투자액 대비 순이익의 비율은 투자자가 투입한 원금에 비해 돈을 얼마나 벌었는지를 나타내는 지표입니다. 이에는 ROE, ROA, ROIC가 있습니다. 각 비율의 개념과 투자 시 활용법을 살펴봅시다.

ROE와 ROA가 상승하는 것은 수익률이 증가해 기업의 주인인 주주들이 돈을 많이 벌어갈 수 있다는 의미다. 그만큼 주가도 높은 상

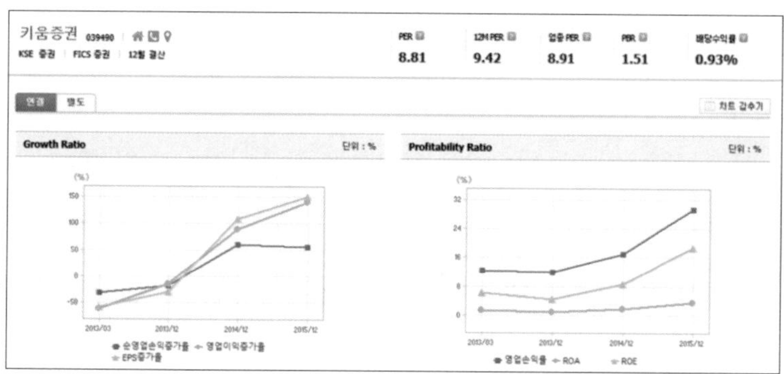

관관계를 가지고 움직인다. 특히 ROE는 주주가 거두는 직접적 수익률의 지표인 만큼 상승세에 있다면 주가도 오를 가능성이 크다.

과거에 키움증권의 경우 영업이익률과 EPS 증가율이 상승세에 있던 시기에 주가도 상승세에 있었으며 ROA와 ROE도 상승한 것을 알 수 있다.

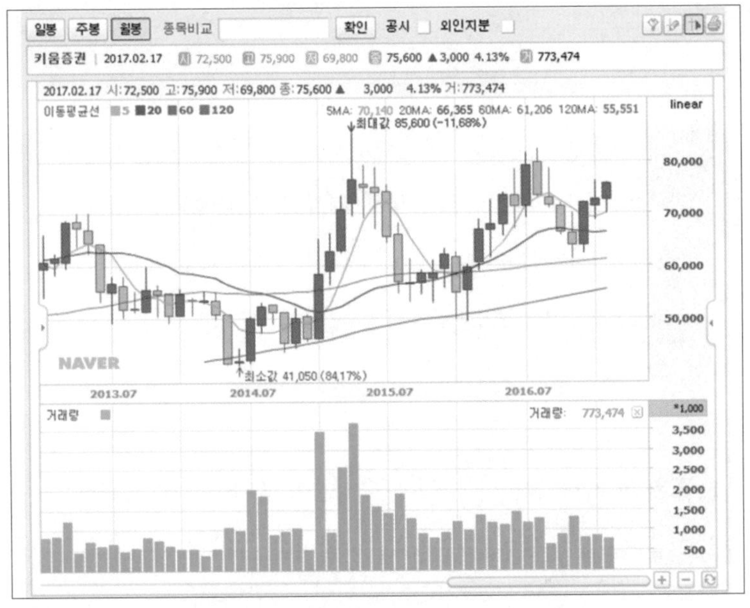

수익률은 역시 주가를 결정하는 비중 있는 요인 가운데 하나인 것이다.

가치 대비 수익률은 진정한 수익률의 개념이라고 할 수 있다. 내가 투자한 돈이 원금이라고 할 때 그 원금에서 열린 과실果實의 비중을 파악하는 것이 내가 얻은 이익을 파악하는 데 더 적합하기 때문이다.

수익률에는 ROE, ROA, ROIC가 있는데, 다음에서 알아보자.

ROA(총자산수익률)

$$\text{ROA} = \frac{\text{당기순이익}}{\text{총자산}}$$

ROA[Return On Assets]는 총자산수익률이라고도 하며, 기업의 총자산에 비해 당기순이익을 얼마나 벌어들였는지를 나타내는 지표다. 현재 운용하는 자산으로 얼마나 많은 당기순이익을 창출했는지를 보면 투자액 대비 수익성을 알 수 있다. 이 지표는 주주에게 귀속되는 당기순이익이 기업 전체 자산에서 차지하는 비율이므로 주주의 수익성을 검증하는 데도 사용한다.

ROA는 ROE에 자기자본승수를 곱한 값이므로 기업의 부채비율이 클수록 ROA는 감소하는 경향이 있다. 즉, 기업이 빚을 많이 지면 ROA가 작아진다는 뜻이다. 따라서 ROE를 계산해보니 ROE와 ROA가 동시에 높으면 기업의 전체적 수익성이 좋다는 뜻이며, 기업의 잠재력이 크다고 해석해도 좋다.

ROE(자기자본순이익률)

$$\text{ROE} = \frac{\text{당기순이익}}{\text{자기자본}}$$

ROE^Retrun On Equity^는 자기자본순이익률이라고도 하며, 자기자본에 비해 당기순이익을 얼마나 벌어들였는지를 나타내는 지표다. ROE는 순수하게 주주가 투자한 금액 대비 주주에게 귀속되는 순이익의 비율이므로 주식에 투자해서 올린 수익률이라고 보아도 무방하다. 즉, 이 비율과 다른 자산에 투자했을 때의 수익률을 비교해서 투자의 적정성 여부를 파악해 의사결정에 활용하는 것은 의미가 있다.

ROE는 주주가 투자한 금액에서 발생된 수익률을 의미하므로 투자 대상 주식의 주가가 몇 퍼센트로 성장할지를 예측하는 데도 사용된다.

ROIC(투하자본수익률)

$$ROIC = \frac{세후영업이익}{영업투하자본}$$

ROIC^Return On Invested Capital^는 투하자본수익률이라고도 하며, 영업활동을 위해 투하된 자산 대비 영업이익의 비율이다. 이는 영업활동만으로 발생된 수익률을 뜻하므로 기업의 수익성을 가장 잘 반영한다고 볼 수 있다.

여기서 세후영업이익은 '영업이익×(1−세율)'로서 세금을 반영한 영업이익이고, 영업투하자본은 '순운전자본 + 유형자산증가액' 등을 의미한다.

증권분석가들은 대부분 기업의 성장성에만 관심을 두고 기업의 가치 측면에는 소홀한 경향이 있다. ROIC를 분석하는 것은 가치투자에서 매우 중요한 의미를 지닌다. 높은 ROIC를 나타내는 기업은 ROIC를 유지하거나 더 성장시킴으로써 주주에게 주가상승의 기회를 제공하고, WACC(가중평균자본비용)보다 낮은 ROIC를 나타내는 기업에 투자하면 장기적으로는 주가가 하락해서 손실을 본다는 것이 여러 통계에서 입증되었기 때문이다.

070

종목분석에 각종 회전율을 활용하는 방법은?

회전율은 기업자산을 얼마나 효율적으로 사용했는지를 보여주는 지표입니다. 회전율에는 총자산회전율, 유형자산회전율, 재고자산회전율 등이 있습니다. 각 회전율의 개념과 활용방안을 살펴봅시다.

보통 재무비율 가운데 '회전율'이라고 불리는 것들은 활동성 비율이라고도 한다. 이런 활동성 비율은 기업이 가진 자산의 종류마다 얼마만큼의 매출이나 매출원가를 일으키는지 그 속도를 나타낸다. 자산을 얼마나 잘 활용했는지를 나타내는 지표인 것이다. 다음에서 구체적으로 알아보자.

총자산회전율

$$\text{총자산회전율} = \frac{\text{매출액}}{\text{총자산}}$$

총자산회전율은 매출액을 창출하는 데 기업의 총자산을 얼마나 활용했는지 그 수준을 나타내는 지표다. 자산을 투자해서 매출액이 많이 창출될수록 활동성이 높고 효율적으로 자산을 이용한 것으로 평가된다. 이 비율은 과거보다 높을수록 좋으며, 다른 기업보다 높을수록 유리한 것으로 평가된다.

총자산회전율이 높아지는 추세라면 기업의 전체 자산이 잘 활용되고 있다는 증거이며, 산업마다 이 비율이 다르기 때문에 해당기업이 속한 산업 및 업종의 평균과 비교해서 판단하는 것이 좋다.

유형자산회전율

$$\text{유형자산회전율} = \frac{\text{매출액}}{\text{유형자산}}$$

유형자산회전율은 유형자산 대비 매출액이 얼마나 창출되었는지를 나타내는 비율이며, 이는 제조업에서 주로 사용하는 수치다. 유형자산회전율은 과거의 추세와 비교하는 것이 좋은데, 지속적으로 높아지는 추세라면 유형자산의 활용성이 높아진다는 뜻이다.

그런데 유형자산이 별로 없는 서비스업의 경우에는 크게 의미가 없는 지표이기도 하다.

제조업이면서 유형자산회전율이 떨어지고 있는 기업은 성장가능성도 그만큼 낮아질 수 있다는 의미일 수 있다. 자산의 이용효율이 떨어진다는 것은 매출액 저하의 선행현상일 수도 있기 때문이다.

재고자산회전율

$$\text{재고자산회전율} = \frac{\text{매출액}}{\text{재고자산}}$$

재고자산회전율은 재고자산 대비 매출액이 얼마나 발생하는지를 측정하는 지표다. 이 바탕에는 재고자산이 팔려서 매출액을 창출한다는 논리가 깔려 있어 재고자산이 얼마나 빠르게 매출로 이어지는지를 나타낸다.

재고자산회전율은 높을수록 좋으며, 업종 평균보다 지나치게 높은 경우에는 적정재고를 늘릴 필요가 있다. '365 ÷ 재고자산회전율'로 계산하면 '재고자산 회전기간'을 구할 수 있다. 이것은 재고자산이 며칠마다 모두 팔리는지를 기간으로 계산한 지표이며, 이 기간이 짧을수록 판매력이 좋은 기업이라는 뜻이다.

재고자산회전율은 과거보다 증가하는 추세일수록 긍정적이므로 추세를 보고 기업의 활동성을 평가하는 것이 좋다.

매출채권회전율

$$\text{매출채권회전율} = \frac{\text{매출액}}{\text{매출채권}}$$

매출채권회전율은 매출채권 대비 매출액이 얼마나 되는지를 나타내는 비율이다. 이는 매출채권이 얼마나 빨리 회수되는지를 보여주는 지표다. 매출채권회전율이 높을수록 매출채권이 빠르게 현금화되므로 해당기업 구매자와의 관계에서 우위에 있다는 것을 보여준다.

해당기업의 과거 매출채권회전율보다 낮아지는 추세를 보이는 경우 매출채권의 회수에 문제가 생겨 대손이 발생할 가능성이 높아지고 있음을 의미한다. 이는 기업의 수익성이 악화될 가능성이 높다는 것을 나타낼 뿐 아니라 기업의 흑자도산 가능성도 보여주는 위험한 신호다. 매출채권회전율이 낮은 기업은 경쟁력이 낮은 것으로 판단해도 좋으니 동종업종의 평균수치와 비교하는 것도 의미가 있다.

071

각종 손익증가율을 활용하는 방법은?

손익증가율을 파악하는 이유는 수익성이 얼마나 성장하고 있는지, 그리고 그 추세는 어떠한지를 보고 주가를 예측하기 위해서입니다.

손익증가율은 주가의 흐름과 연관성이 매우 높은 지표다. 과거 삼성엔지니어링의 사례만 보아도 이를 잘 알 수 있다.

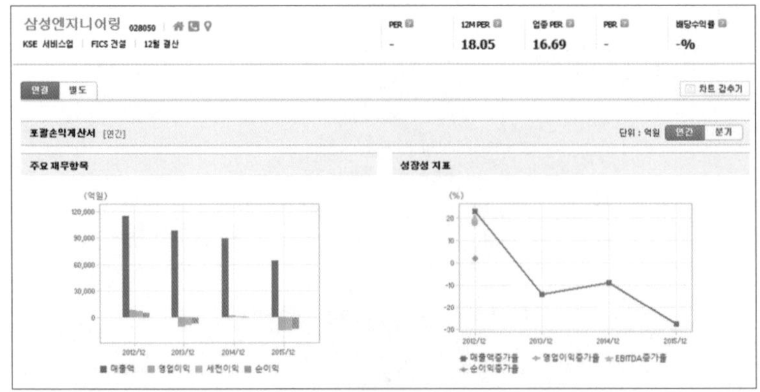

이 자료는 삼성엔지니어링의 주요 재무지표를 그래프로 나타낸 것이다. 오른쪽의 성장성 지표를 보면 매출액증가율, 영업이익증가율, 순이익증가율 등이 매년 하락세에 있다. 이것은 기업의 수익성이 악화되고 있다는 의미다.

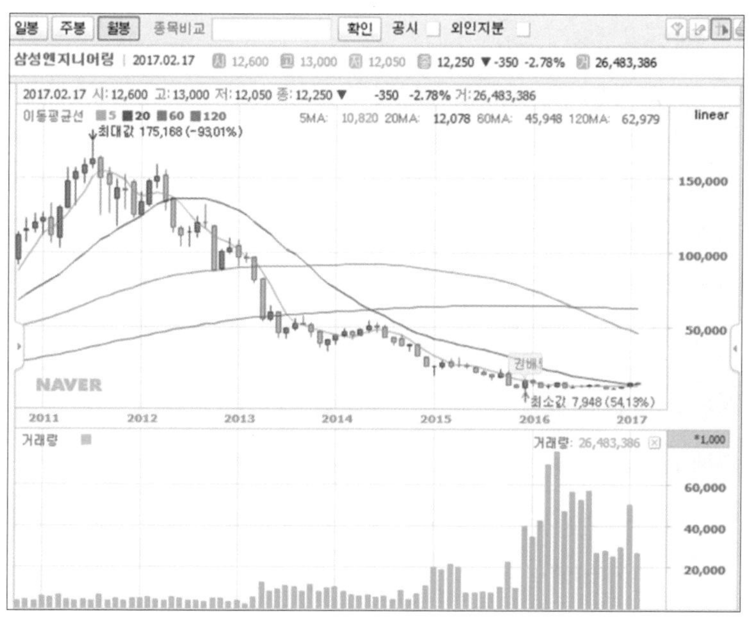

삼성엔지니어링의 월봉 차트를 보면 역시 지속적으로 주가가 하락하며 바닥에 수렴하는 것을 볼 수 있다.

전년도 대비 재무제표의 요소가 증가한다는 것은 그 기업이 성장하고 있다는 뜻이므로 각종 증가율은 기업의 성장성을 나타내는 지표다. 대표적인 증가율 몇 가지만 분석해도 해당기업의 성장 가능성과 주가의 추세를 간단하게나마 예상해볼 수 있기 때문에 증가율 분석은 의미가 있다. 다음에서 구체적으로 알아보자.

매출액증가율

$$\text{매출액증가율} = \frac{\text{당기매출액} - \text{전기매출액}}{\text{전기매출액}}$$

매출액증가율은 전년 대비 매출액의 증가를 나타내는 지표다. 매출액은 주된 영업활동으로 벌어들인 수익으로 기업의 수익성을 보여준다. 매출액이 지속적으로 늘어난다는 것은 곧 기업의 시장성이 좋다는 것을 증명한다. 매출액이 증가하는 추세여서 매출액증가율이 지속적으로 양수(+)를 유지하면 기업의 영업이익도 증가할 것이다. 이와 함께 자연스럽게 기업의 현금흐름도 증가하고 주가도 상승할 가능성이 커진다. 이 추세를 분석해 증가세를 보인다면 투자해도 나쁘지 않다.

만약 매출액증가율이 음수(-)를 보이면 사업성 때문인지 경제상황 때문인지 따져보고 투자 여부를 고민해보아야 한다. 거시경제상황이 좋지 않아 매출액증가율이 낮은 경우에는 주가가 하락했을 때 해당 주식에 투자하는 것도 좋은 전략일 수 있기 때문이다.

영업이익증가율

$$\text{영업이익증가율} = \frac{\text{당기영업이익} - \text{전기영업이익}}{\text{전기영업이익}}$$

영업이익증가율은 전기에 비해 영업이익의 증가 추세가 어떤지를 보여주는 지표다. 영업이익증가율이 양수(+)라면 영업이익이 증가 추세에 있는 것이므로 기업가치와 주가가 성장할 가능성이 있다. 영업이익은 조금만 변형하면 기업의 현금흐름이기 때문이다.

기업은 영업레버리지(고정비효과) 때문에 매출액증가율보다 영업이익증가율의 변동이 크다. 특히 고정비가 큰 설비산업의 경우 감가상각비 때문에 그 변동성이 다른 업종보다 크다. 따라서 매출액증가율보다 영업이익증가율이 훨씬 커야 정상적인 영업활동을 하고 있는 것이다.

만약 그 증가율이 비슷하다면 매출액의 증가 추세에 비례해 영업비용의 증가 추세도 증가하는 것이므로 기업의 비용효율성이 많이 낮아지고 있다는 것을 의미한다. 이 경우 경영진의 관리능력이 저하되고 있다는 신호이므로 투자를 미루는 것이 현명하다.

순이익증가율

$$\text{순이익증가율} = \frac{\text{당기순이익 - 전기순이익}}{\text{전기순이익}}$$

순이익증가율은 당기순이익이 전기순이익에 비해 얼마나 증가 추세에 있는지를 보여준다. 순이익은 주주에게 배당가능이익으로 귀속되는 이익이므로 주가에 큰 영향을 미치는 요소다. 따라서 순이익증가율이 클수록 주가가 상승할 가능성이 높다고 보면 된다.

주가가 상승할 가능성이 높다는 것은 그만큼 기업의 성장성이 높다고 풀이할 수도 있다.

만약 매출액과 영업이익증가율은 양수(+)로 지속적으로 성장하는데 순이익증가율은 정체돼 있거나 음수(-)를 보인다면 이는 영업외손익의 영향이 분명하다. 보통 영업외손익은 이자비용이나 법인세비용, 기타 우발적 손실의 영향을 받으므로 특별한 사항이 있는지 분석해보고 경영과정에서 지속적으로 영업외손실이 우려된다면 해당기업에 투자하지 않는 것이 타당하다.

한편, 당기순이익증가율이 음수(-)라 해도 당기에만 일시적으로 영업외손실이 발생한 것이라면 앞으로의 성장가능성은 긍정적으로 평가할 수 있다. 따라서 다른 비율과 계정과목을 잘 살펴봐야 한다.

072

각종 가치증가율을 어떻게 활용할까?

> 각종 가치증가율은 기업의 규모가 어떻게 성장하는지를 보여줍니다. 이 또한 주가를 예측하거나 기업이 성장세에 있는지를 파악할 때 사용합니다.

앞서 살펴본 바와 같이 수익요소의 증가율은 기업의 성장성을 잘 반영하는 지표로서 분석을 할 때는 비율 간의 관계를 이해해야 한다. 가치증가율은 총자산증가율, 유형자산증가율, 자기자본증가율이 대표적이고 이 또한 기업의 성장성을 분석하기에 유용한 지표다. 다음에서 구체적으로 살펴보자.

총자산증가율 활용하기

$$\text{총자산증가율} = \frac{\text{기말총자산} - \text{기초총자산}}{\text{기초총자산}}$$

총자산증가율은 당기말 총자산이 전기말 총자산에 비해서 얼마나 증가했는지 증가추세를 나타내는 지표다. 총자산은 기업 전체의 규모와 기업가치를 대변하는 요소이므로 총자산증가율은 기업 자체가 얼마나 성장하고 있는지를 보여준다고 할 수 있다.

총자산은 자기자본과 부채로 이루어진다. 자기자본의 성장으로 총자산이 성장하는 것이라면 긍정적이다. 주주의 몫이 커진다는 것은 주가가 상승할 가능성이 크다는 것이기 때문이다. 반면, 부채의 증가로 인해 총자산증가율이 높은 형상은 바람직하지 않다. 채무자의 몫이 커져 결국 주가가 하락할 수도 있기 때문이다.

총자산은 기업의 영업활동에 사용하는 영업자산과 영업활동과 무관하게 보유하는 비영업자산으로 구성된다. 영업자산의 증가는 매출액과 영업이익을 성장시키는 요인으로서 바람직하다. 그러나 비영업자산은 성격에 따라 전혀 수익을 내지 않은 무수익자산도 존재하고, 이는 일종의 비용이라고 볼 수 있다. 이런 무수익자산의 비중이 크다면 주가에 좋은 영향을 끼치지 못하고, 결국에는 주가가 하락하는 요인이 될 수도 있다.

따라서 총자산증가율이 높더라도 무수익자산의 증가율이 더 높다면 이런 주식에는 투자하지 않는 것이 좋을 수도 있다. 물론 주가는 기업의 내재적 성장성을 모두 반영하는 것은 아니지만 말이다.

유형자산증가율 활용하기

$$\text{유형자산증가율} = \frac{\text{기말유형자산} - \text{기초유형자산}}{\text{기초유형자산}}$$

유형자산증가율은 당기말 유형자산이 전기말 유형자산에 비해 얼마나 증가하고 있는지 그 추세를 나타내는 지표다. 유형자산은 서비스업을 제외한 대부분의 업종에서 수익성의 기초가 되는 자산이므로 유형자산의 증가율이 높다는 것은 곧 투자를 많이 한다는 것을 뜻한다. 즉, 경영진의 의지가 확실하고 미래에 기업의 성장이 예상된다는 것을 말해준다.

기업은 수익성이 있는 시장에 진입해서 앞으로 수익을 더 창출하고자 할 때 유형자산에 대한 투자를 확대하며, 이는 유형자산증가율의 양수(+)로 증명된다. 새로운 공장을 증설하거나 기계설비에 투자하는 등 캐파capacity를 늘리는 것은 기업가가 기업의 성장잠재력을 확신하기 때문이다. 이 때문에 부채도 증가한다면 조금 위험하겠지만, 유상증자 등을 통해 대주주의 지분율이 늘면서 유형자산증가율이 양수(+)를 보인다면 긍정적으로 해석하는 것이 타당하다.

자기자본증가율 활용하기

$$\text{자기자본증가율} = \frac{\text{기말자본} - \text{기초자본}}{\text{기초자본}}$$

자기자본증가율은 당기말 자기자본이 전기말 자기자본에 비해 얼마나 증가하고 있는지 그 추세를 나타내는 지표다. 자기자본은 주주의 몫이므로 그 증가율이 크다는 것은 곧 주가가 상승할 가능성도 크다는 것을 뜻한다. 자기자본증가율이 클수록 주가는 빠르게 성장할 것이다.

물론 주식수가 빠르게 증가하면 그만큼 주가는 증가하지 않을 수도 있다. 따라서 자본항목 내부적으로도 이익잉여금이나 기타자본요소가 증가해서 자기자본증가율이 증가하면 곧 주가가 상승하리라는 것을 알 수 있지만, 자본금과 자본잉여금이 증가해서 자기자본증가율이 높아진 경우에는 추가증자로 인한 물타기 효과 때문에 주가가 오히려 하락할 수도 있다는 점에 유의해야 한다.

073

주당 가치비율이란?

주당 가치비율은 주식 1주당 특정한 항목의 비율이 어떠한지를 보여주는 지표입니다. EPS(주당순이익), BPS(주당장부가치), SPS(주당매출액), CPS(주당현금흐름) 개념을 알아보고 주식투자 시의 활용방안을 살펴봅시다.

주가는 주식 한 주당 얼마인지로 계산된다. 재무제표를 통해 주가를 추정하기 위해서는 총재무요소가 아닌 주식 한 주당 얼마의 금액으로 재무요소가 평가되는지를 파악할 필요가 있다. 이 때문에 분석하는 것이 주당 가치비율이다. 주당 가치비율에는 EPS, BPS, SPS, CPS가 있다. 이에 대해 구체적으로 살펴보자.

EPS(주당순이익)

$$\text{EPS} = \frac{\text{당기순이익}}{\text{발행주식수}}$$

주당순이익은 당기순이익을 발행주식수로 나누어 계산한다. 즉, 보통주 주식 한 주당 당기순이익이 얼마인지를 나타내는 주당 가치비율이다. 기업의 주가를 주당순이익으로 나누면 PER가 나오는데, 이에 대해서는 뒤에 소개하겠다.

EPS[Earning Per Share]는 주식 한 주에 귀속되는 주주의 몫을 나타낸다. 그렇기 때문에 EPS의 증가추세를 분석하면 주가의 추세를 간접적으로 예상할 수 있다.

주당순이익은 당기순이익의 크기뿐만 아니라 발행주식수에도 큰 영향을 받는다. 이때 발행주식수만 증가시키는 신주인수권부사채의 행사나 전환사채의 행사는 주당순이익을 희석시켜 주식가치에 부정적인 영향을 미칠 수 있다. 반대로 무상감자를 통해 주식수가 감소하면 주당순이익이 증가해서 주주가치에 긍정적인 영향을 미치게 된다.

BPS(주당장부가치)

$$\text{BPS} = \frac{\text{장부상 자기자본}}{\text{발행주식수}}$$

주당장부가치는 재무상태표상 자산에서 부채를 차감한 잔여지분인 자본을 발행주식수로 나누어 계산된 지표다. 이는 장부가 기준으로 한 주당 얼마의 자본이 있는지를 나타내는 것으로 장부가 기준의 주가라고 볼 수 있다. 시간가치기준 주가를 주당장부가치로 나누면 PBR가 나오는데, 이에 대해서는 뒤에 설명하겠다.

BPS Book Value Per Share는 발행주식수에 영향을 많이 받는다. 즉, 주식수가 늘수록 주당장부가치는 감소하게 되어 있다. 주당장부가치는 해당기업의 순자산이 지속적으로 성장하는지를 파악하기 위해 전기와의 금액비교가 중요하다. 매 기마다 증가하는 추세에 있다면 주가도 상승할 것이기 때문이다.

SPS(주당매출액)

$$SPS = \frac{\text{매출액}}{\text{발행주식수}}$$

주당매출액은 당기에 발생한 매출액을 발행주식수로 나누어 계산한다. 이는 주식 한 주당의 매출액이므로 수익의 질을 나타낸다. 투자자의 입장에서는 SPS Sales Per Share가 증가하는 추세에 있는 주식에 투자하는 것이 타당하다. 재무비율 분석에서는 주당매출액을 자주 사용하지 않는다.

CPS(주당현금흐름)

$$\text{CPS} = \frac{\text{영업활동으로 인한 현금흐름}}{\text{발행주식수}}$$

주당현금흐름은 현금흐름표에 나와 있는 영업활동으로 인한 현금흐름을 발행주식수로 나누어 계산한 지표다. 영업활동으로 인한 현금흐름은 기업가치를 평가할 때 주로 사용하는 요소로 한 주당 현금흐름으로 전환해서 적절한 할인율로 할인만 하면 주가를 구할 수도 있다.

CPS Cashflow Per Share는 기업가치를 대변하므로 주당현금흐름이 증가하는 기업은 기업가치가 증가할 가능성이 매우 높은 기업이다. 발생주의 순이익보다 현금흐름이 기업가치에 더 직접적으로 영향을 끼치므로 적극 활용하는 것이 좋다.

074

PER, PBR, PSR, PCR를 활용하는 방법은?

주가와 주당가치 비율을 나타내는 지표에는 PER, PBR, PSR, PCR가 있습니다. 이 지표들은 주식투자에서 기업의 저평가 여부를 판단하는 데 유용하게 활용됩니다.

주가와 주당가치비율의 관계를 통해 주가를 추정하는 것은 일종의 상대가치평가법이다. 즉, '주가 ÷ 주당가치'로 산출한 비율에 대응되는 주당가치를 곱하면 주가를 구할 수 있다는 논리다. 구체적으로 소개하면 다음과 같다.

PER(주가이익비율)

$$PER = \frac{\text{주식의 시장가치}}{\text{주당순이익(EPS)}}$$

주가이익비율은 주가를 주당순이익으로 나누어 계산한 값이다. 이는 현재 주가가 현재 이익에 대비한 적정 주가보다 과대평가되었는지 과소평가되었는지를 알게 해주는 지표다. 주가이익비율은 주가를 추정할 때 많이 사용한다. 해당기업의 PER를 계산해서 작년의 PER에 비해 높으면 과대평가되었다고 해석하거나, 업종 평균 PER와 비교해서 높으면 과대평가된 것으로 판단할 수 있다. 이렇게 고PER 주식에는 되도록 투자하지 않는 것이 유리하고, 저PER 주식은 시장에 비해 과소평가된 주식이므로 투자하는 것이 좋다.

일시적으로 기업에서 영업외이익이 발생하거나 영업외비용이 감소해서 당기순이익이 높아지면 PER가 급락할 수도 있다. 이렇게 저PER가 된 경우 섣불리 투자를 했다가는 오히려 손해를 볼 수도 있으니 주의해야 한다. 이런 오류를 방지하기 위해 다른 재무비율을 분석하고 함께 검토해봐야 한다.

PBR(주가장부가비율)

$$\text{PBR} = \frac{\text{주식의 시장가치}}{\text{주당장부가치(BPS)}}$$

주가장부가비율은 주가를 주당순자산장부가치로 나누어 구하며, 이는 현재 주가수준이 순자산장부가치에 비해 고평가되었는지 저평가되었는지를 나타내는 지표다. 장부가치에 비해 고평가된 경우에는 원인을 파악하는 것이 중요하지만, 일반적으로 장부가치 대비 주가가 과대평가된 것으로 파악한다.

PBR가 1.0 이상이면 장부가치 대비 과대평가된 것이므로 투자할 때 신중해야 한다. 최근 국제회계기준이 도입되면서 공정가치평가가 확대돼 PBR는 과거에 비해서 1.0에 가까워졌다. 따라서 PBR가 1.0보다 훨씬 크다면 그 주식에는 투자하지 않는 것이 더 현명하다고 볼 수 있다.

PSR(주가매출액비율)

$$PSR = \frac{\text{주식의 시장가치}}{\text{주당매출액(SPS)}}$$

주가매출액비율은 주가를 주당매출액으로 나누어 구하는 값이다. 이는 현재의 주가가 한 주당 매출액에 비해 과대평가되었는지 과소평가되었는지를 판단하는 지표다. PSR는 매출수익을 통한 상대가치평가방법으로 PER와는 달리 고정비 때문에 적자를 볼 수밖에 없는 신생기업이나 설비투자가 큰 기업의 가치평가에 주로 사용한다.

PCR(주가현금흐름비율)

$$PCR = \frac{\text{주식의 시장가치}}{\text{주당현금흐름(CPS)}}$$

주가현금흐름비율은 주가를 주당현금흐름으로 나누어 구하는 값이다. 현재의 주가가 한 주당 영업활동 현금흐름에 비해 과대평가되었는지 과소평가되었는지를 판단하는 지표로 활용된다. 이 지표 또한 낮을수록 저평가된 것이므로 투자하는 것이 좋고, 높을수록 투자에 신중을 기해야 한다.

075

EV/ EBITDA 비율로 저평가 종목을 고르는 방법은?

> EV/ EBITDA 비율은 증권가에서 기업가치를 평가할 때 흔히 사용하는 비율입니다. 이 지표를 잘만 활용하면 기업가치를 추정할 수 있고, 이를 통해서 주가도 예측해볼 수 있습니다.

EV/EBITDA 비율은 증권가에서 기업가치를 평가할 때 흔히 사용하는 비율이다. 이 비율은 인수자가 지불할 기업가치인 EV(시가총액+순부채의 시장가치)를 EBITDA(이자와 법인세, 감가상각비 차감전 순이익)로 나눈 비율이다.

$$\text{EV/ EBITDA 비율} = \frac{\text{EV}}{\text{EBITDA}}$$

이 비율은 시장에서 평가되는 기업의 가치를 추정할 때 유용하게 사용된다. 분모는 기업의 수익성이고 분자는 기업의 시장가치이므로 이 비율은 기업의 수익성 대비 기업의 시장가치를 나타낸다.

분자인 EV를 시가총액과 순부채를 더해 구하는 이유는 기업을 매수할 때 기업의 시장가치와 함께 기업이 차입한 부채까지 떠안아야 하기 때문이다. 또한 EBITDA는 영업이익EBIT에 감가상각비depreciation를 더해서 구할 수도 있고, 매출액에서 매출원가와 현금유출비용만 따로 차감해서 구할 수도 있다.

이때 감가상각비는 기업의 영업활동에 사용하기 위해 취득한 유형자산 또는 무형자산을 매 기마다 일정한 방법으로 비용화한 항목으로 현금유출이 없는 비용이다. EBITDA는 EBIT에 감가상각비를 더해서 구하므로 현금유출입이 있는 수익비용만 고려한 영업이익이라고 볼 수 있다. 즉, 영업현금흐름의 대용치로 적합하다.

EV/EBITDA 비율이 1이면 1년간 기업에서 창출된 영업이익 또는 영업현금흐름으로 해당기업을 인수하는 것이 가능하다는 의미다. 만약 EV/EBITDA 비율이 5라면 5년은 걸려야 영업이익으로 이 기업을 인수할 수 있다는 의미로 볼 수 있다. 따라서 EV/EBITDA가 낮을수록 기업의 수익창출력에 비해 기업가치가 낮게 평가돼 있다는 것이므로 매력적인 인수대상 기업이라고 볼 수 있다.

이는 주식투자에도 유용하게 활용할 수 있다. EV/EBITDA가 낮은 기업의 주식은 저평가되었을 가능성이 크므로 매수하는 것이 좋다.

076

배당 관련 비율 총정리

주식투자자들이 가장 헷갈려 하는 것이 배당과 관련된 지표들이다. 배당성향, 사내유보율, 배당률, 배당수익률을 각각 살펴보자.

배당성향

$$\text{배당성향} = \frac{\text{배당금총액}}{\text{당기순이익}}$$

'배당'은 기업이 일정기간 동안 벌어들인 당기순이익을 사내에 유보하지 않고 주주들에게 지급하는 것을 말한다. '배당금'은 주주총회를 거쳐서 지급하는 주주에 대한 회사의 이익분여금이라고 볼 수 있다.

이런 배당을 얼마나 주는지를 보여주는 대표적 비율이 배당성향이다. 즉, 배당성향은 당기순이익 중에서 현금으로 지급한 배당금 총액의 비율을 말하는 것으로 '배당지급률'이라고도 한다. 만약 당기순이익이 100만 원인데 주주총회를 거쳐 배당금으로 50만 원이 지급되었다면 배당성향은 50%가 된다.

배당성향이 클수록 당기순이익에서 배당금으로 지급되는 부분이 높아지기 때문에 재무구조 악화의 원인이 되기도 한다. 한편, 배당성향이 낮으면 사내유보율이 높아지는데, 이는 다음번에 주식배당이나 현금배당의 재원인 미처분이익잉여금이 늘어나는 것을 의미한다. 이는 달리 보면 사내유보금을 통한 재투자 여력이 증가하는 것을 의미하기도 한다.

배당성향이 큰 것이 나쁜 것만은 아니다. 주주의 입장에서 보면 배당성향이 크면 현금으로 받는 이익이 늘어 주식의 매력도가 상승하며, 그만큼 주가에도 긍정적인 영향을 줄 수 있다.

사내유보율

$$\text{사내유보율} = \frac{\text{사내유보금(당기순이익 - 배당금)}}{\text{당기순이익}}$$

사내유보금은 당기순이익 중에서 배당금으로 주주에게 주고 회사 내부에 남은 금액을 뜻한다. 사내유보율은 사내유보금이 당기순이익에서 차지하는 비율인데, 이는 '1-배당성향'으로도 구할 수 있다. 만약 당기순이익이 100만 원인데 40만 원을 배당으로 지급했다면 60만 원은 사내유보금이 되고, 사내유보율은 60%가 된다. 사내유보율이 높을수록 재투자 재원도 많아진다.

사내유보율은 일반적으로 기업성장을 위한 투자가 많이 필요한 고성장기업에서 다소 높게 나타난다. 이런 기업은 배당성향이 낮은데, 성장 후 안정기업에 돌입하면 사내유보율보다 배당성향이 늘어나게 된다.

배당률

$$\text{배당률} = \frac{\text{주당배당금}}{\text{액면가}}$$

배당률은 액면가 대비 배당금의 비율을 나타낸다. 이와 같은 배당률은 주식 액면가당 배당을 얼마나 지급하는지를 알려준다는 점에서 주식에 대한 순배당수익률을 알려주는 유용한 지표다. 여기서 주식의 액면가는 주식의 순가치라고 할 수 있다.

주식의 액면가는 쉽게 변하지 않기 때문에 다른 지표에 비해 배당금의 수준을 안정적으로 나타낸다. 이때 주식의 액면병합과 액면분할로 액면가가 변하면 배당률이 높아지거나 낮아지는 특징이 있다.

배당수익률

$$\text{배당수익률} = \frac{\text{주당배당금}}{\text{주식의 시장가치}}$$

배당수익률은 주식의 액면가가 아니라 시장가치 대비 주당배당금을 나타내는 비율로서 '시가배당수익률'이라고도 한다. 만약 시장에서 주가가 10만 원이고 주당배당금이 5천 원이라면 배당수익률은 5%가 된다.

배당수익률은 배당으로 얻게 되는 실질적 수익률을 알려주는 지표다. 현재 시장의 주가를 기준으로 배당수익률이 10%라면 지금 해당 주식에 투자했을 때 실질수익률이 세전 10%라고 말할 수 있다. 다만 주당배당금은 전년도 배당을 기준으로 하기 때문에 이 배당금이 유지된다는 보장은 없다.

배당수익률이 높다는 것은 배당금이 높거나 주식의 시장가치가 낮기 때문이므로 배당수익률이 높은 주식에 투자할 경우 저평가된 주식일 가능성이 크다. 따라서 배당수익률이 높은 주식에 투자하면 그만큼 시세차익을 볼 가능성도 크다.

Chapter 4

차트의 활용

077

차트 분석은 왜 하는 걸까?

> 차트 분석을 하는 이유는 간단합니다. 과거부터 지금까지의 주가흐름을 보면서 그 종목이 앞으로 어떤 방향으로 움직일지 예측하기 위해서죠. 단기적으로는 주가가 기업의 내재가치를 따라가지 못할 수도 있기 때문에 매매시점을 잡아 단기투자를 하려는 투자자에겐 차트만큼 좋은 무기가 없습니다.

차트는 종목의 과거를 보여준다. 특정 종목의 캔들차트 또는 봉차트를 보면 그 종목의 과거 주가 추세와 함께 최고가와 최저가를 알아볼 수 있다. 심지어 바로 어제의 시가·종가, 최고가·최저가를 알 수 있다. 말하자면 차트는 주식의 과거라고 볼 수 있다.

그런데 과거를 보고 미래를 예상할 수 있을까? 또 과거는 과거일 뿐일까? 나는 아니라고 본다. 과거의 흔적이 그 종목의 미래를 예측하는 확실한 자료가 되기 때문이다. 해당 종목의 주가가 오래전부터 상승세를 이어왔고 거래량도 꾸준히 유지됐다면 당분간 상승세를 유지할 것으로 예상해볼 수 있다.

어릴 적 모습으로 그 사람의 미래를 예상할 수 있듯이 종목도 과거의 흔적을 보면 앞으로 어떻게 움직일지 대략 추측해볼 수 있다. 즉, 지속적으로 하락세인 주식은 특별한 일 없이는 반등하기 힘들다. 반등한다고 해도 금세 본전치기를 하려는 투자자들의 매도로 주저앉고 만다. 특별한 호재가 없이는 회복이 어려운 것이다.

차트 분석은 단기적으로 더 큰 의미가 있다. 추세와 패턴을 조금만 분석할 줄 알면 언제 매수하고 매도해야 하는지를 판단해서 거래할 수 있다. 이익은 최대화하고 손실은 최소화할 수 있는 시점을 잡는 데는 주식 차트만 한 것이 없다.

앞에서 다룬 기업의 재무제표를 통한 종목 투자는 장기적인 가치투자를 위한 방법이다. 시장이 효율적이라는 가정 하에서 장기적으로는 주가가 해당기업의 내재가치에 수렴할 것이다. 기관투자자나 외국인투자자들은 바보가 아니다. 기업의 내재가치가 높은데 비해 주가가 저가라면 분명히 매수가 들어온다. 주가는 이러한 매수세의 영향으로 적정주가에 수렴하게 된다. 그 기간이 얼마나 걸리는지가 문제일 뿐이다.

그러나 단기적으로는 기업의 내재가치와 주가는 끊임없이 괴리된다. 일치하는 것 자체가 말이 안 된다. 오늘의 해당 종목이 내일 어떤 이슈 때문에 어느 방향으로 튈지는 알 수 없다. 이는 일정주기로 공시되는 재무제표로는 포착하기 힘들고, 매일 실시간으로 나오는 주식 차트상의 주가정보가 신속한 매매 결정에 훨씬 도움이 된다. 데이트레이딩을 하는 단기투자자들에게 차트는 필수도구다.

078

캔들차트의 모양이 상징하는 것은?

> 차트는 기본 패턴만 알면 그 패턴이 조금 특별한 형태로 변형되어도 해석이 가능합니다. 캔들차트의 기초적인 모습부터 살펴봅시다.

캔들차트는 시가, 종가, 최고가, 최저가 총 4가지의 요인에 의해 다양한 패턴을 만들어낸다. 그 기본적인 패턴을 알아두면 주가흐름에 대한 시장의 장세를 이해할 수 있고 주가의 단기적 흐름도 예측할 수 있다. 그러므로 단기적으로 매매 포인트를 잘 포착하려면 캔들차트의 기본 패턴을 자주 분석해보는 것이 좋다.

캔들차트의 몸통 부분은 일정기간 동안의 주가의 상승과 하락폭을 보여준다. 시가와 종가의 차이가 몸통의 길이를 나타내는데, 이를 통해 장이 얼마에 시작해서 얼마에 마감했는지를 알 수 있다. 또한 고가선과 저가선을 통해서는 주가의 총변동범위를 파악할 수 있다. 고가와 저가 사이의 차이가 크면 클수록 주가의 상승과 하락폭이 크다는 것을 뜻한다.

여러 개의 개별 차트가 모여 주가의 특정한 패턴을 만들어내며, 이를 잘 분석하면 주가변동의 전환시점을 찾아낼 수 있다. 개별 차트의 모양에서는 시장의 매입세력과 매도세력의 심리와 의도도 파악할 수 있다. 재미있는 점은 같은 모양의 캔들차트라 해도 시장상황에 따라 의미하는 바가 다르며 원인도 다양하다는 것이다. 다음에서 캔들차트의 모양에 대해서 구체적으로 알아보자.

캔들의 모양을 알면 주가가 보인다

이는 시가와 저가가 일치하고 종가와 고가가 일치하는 패턴이다. 매입세력이 강하다는 의미이고, 특히 긴 상승선이 저가권에서 나타나면 방형전환이 되는 경우도 생긴다. 강한 매수세라고 보면 된다.

이는 시가와 고가가 일치하고 종가와 저가가 일치하는 패턴이다. 매도세력이 강하다는 의미이고, 하락세도 강력해서 주가가 급락할 가능성이 있다. 고가권에서 긴 하락이 나타나면 방향전환이 되는 경우가 발생한다.

이는 시가보다 저가가 낮지만 고가와 종가가 일치하는 패턴이다. 매입세력이 강하다는 뜻이며, 특히 저가권에서 나타나면 매입세력이 강력하고 주가가 급등할 가능성이 있다. 이 모양은 하락세에서 상승으로 전환될 때 자주 보인다.

이는 시가와 고가가 일치하고 종가가 저가보다는 높은 경우의 패턴이다. 하락세이기는 하나 저가권에서는 주가가 반등할 가능성도 있다.

이는 시가와 저가가 일치하고 고가보다는 종가가 낮을 때 보이는 패턴이다. 상승세이기는 하지만 고가에서 매도세력의 압력이 있다는 것을 의미하고, 고가권에서 이 모양이 발견되면 주가가 다시 하락할 우려가 있다.

이는 시가보다 고가가 높지만 종가와 저가가 일치할 때 보이는 패턴이다. 하락세가 강하다는 것을 의미하며, 고가권에서 발견될 경우 주가가 하락할 가능성이 크다. 이 모양은 주가가 상승에서 하락으로 전환될 때 자주 발생한다.

이는 시세의 전환점을 의미하는 경우가 많다. 저가권에서는 주가가 반등할 가능성이 크고 고가권에서는 주가가 하락할 가능성이 크다. 이 모양은 매입세력과 매도세력이 서로 균형 있게 대립하는 상태라고 볼 수 있다.

079

캔들차트의 기초적인 모양을 분석하는 방법은?

> 캔들차트의 기초적인 모양은 대략 10가지 정도입니다. 그리고 여기서 조금 특이한 형태만 추가적으로 볼 수 있으면 주식장세를 읽고 매매시점을 잡는 데 활용할 수 있지요.

캔들차트는 그 모양을 보고 주가흐름이 어떻게 이어질지 예상하고 매매에 참고하는 것이 중요하다. 향후 주가가 어떤 방향으로 움직일지 파악만 돼도 매수시점인지 매도시점인지, 아니면 결정을 보류해야 할지 알 수 있을 것이다. 다음에서 대표적인 캔들차트의 형태를 살펴보고 함께 분석해보자.

장대음봉

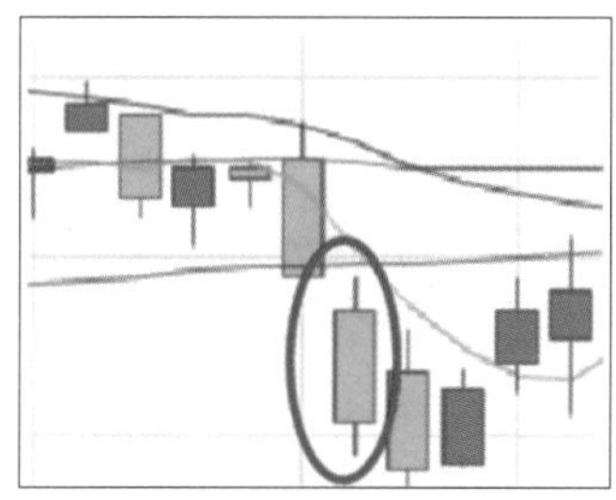

장대음봉은 시가와 종가의 등락폭이 커서 몸통이 상대적으로 길게 나타나는 형태다. 이는 하락장일 때 계속 하락이 유지되는 경향을 보이지만 절대적이지는 않다. 장대음봉 이후 주가가 상승하는 경우도 있으므로 향후 주가의 추이를 관찰하면서 매매에 임하는 것이 좋다.

장대양봉

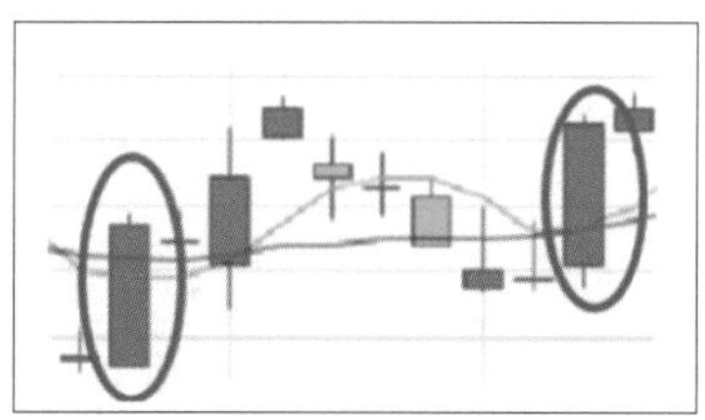

장대양봉은 시가와 종가의 등락폭이 커서 몸통이 상대적으로 긴 형태 가운데 양봉을 말한다. 상승장에서의 양봉은 주가상승을 지속할 가능성이 크지만 섣불리 판단해서는 안 된다. 이 패턴만 보고 매매를 하기보다는 향후 주가의 추이를 관찰하면서 매매에 임하는 것이 좋다.

단대음봉

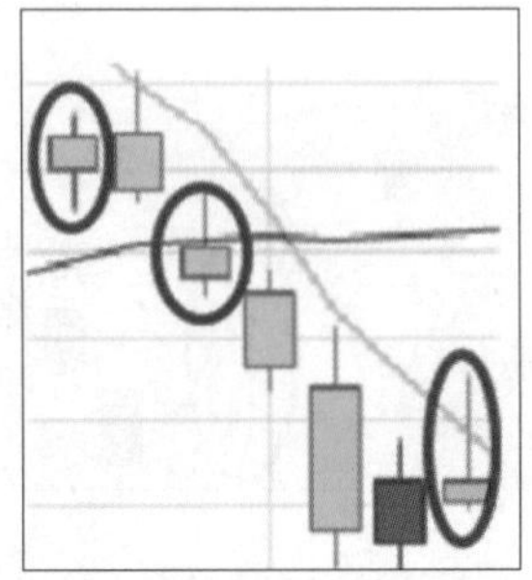

단대음봉은 시가와 종가의 등락이 작아서 몸통이 상대적으로 작은 음봉을 말한다. 이는 애매한 캔들이므로 이 형태만 가지고는 매매를 결정할 수 없다. 단, 전날 긴 음봉이 발생한 다음 하락 갭을 보이며 이 봉이 생겼다면 장세전환이 임박했다는 신호로 받아들이면 된다. 이후 장세전환 패턴이 완성된 뒤에 매매를 하는 것이 좋다.

단대양봉

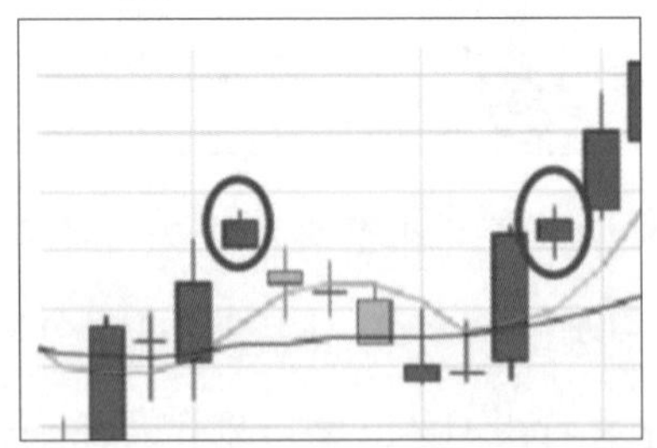

단대양봉은 시가와 종가의 등락폭이 작아 몸통이 짧은 양봉을 말한다. 이 형태만 가지고는 매매를 판단하기 어려우며, 전날 긴 양봉이 발생한 다음 상승 갭을 하며 단대양봉이 발생했다면 장세전

환이 임박한 신호 정도로 판단할 수 있다. 이후 장세전환이 된 뒤 매매에 임하는 것이 바람직하다.

위꼬리 양봉

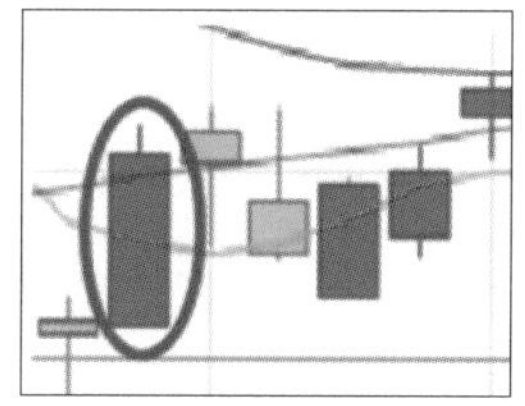

위꼬리 양봉은 시가와 저가가 같아서 아래쪽 꼬리가 없는 형태로서 종가보다 고가가 높아 위쪽의 꼬리가 위로 솟아 있다. 이는 주가의 강한 상승세를 나타내는 패턴이다. 시장에서 이 패턴이 나타나면 완전양봉보다는 약하지만 지속적으로 주가가 상승하리라고 예상해볼 수 있다.

위꼬리 음봉

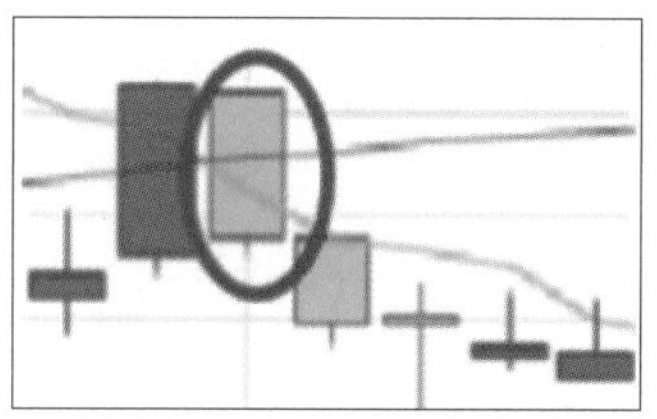

위꼬리 음봉은 시가와 고가가 같아서 몸통 위쪽으로는 꼬리가 없고 종가보다 저가가 낮은 경우로서 아래 꼬리는 밑으로 축 늘어진 모양이다. 이는 하락장을 지속하는 신호로 여겨지지만 완전음봉에 비해서는 힘이 약한 편이다.

밑꼬리 양봉

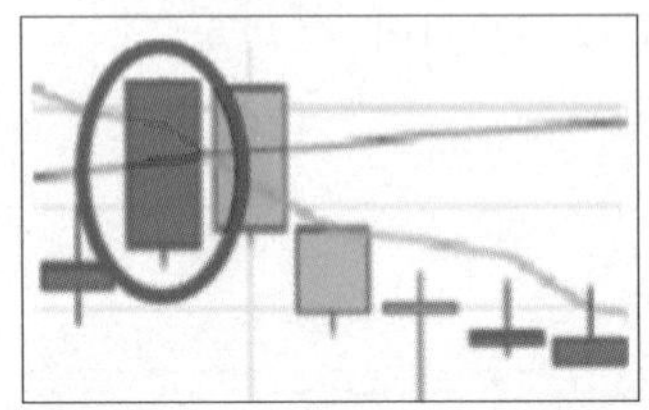

밑꼬리 양봉은 종가와 고가가 같고 시가가 저가보다 다소 높을 때 나타난다. 이는 아래쪽의 꼬리부분이 몸통보다는 작고 강한 주가상승세를 의미하는 패턴으로 해석된다.

밑꼬리 음봉

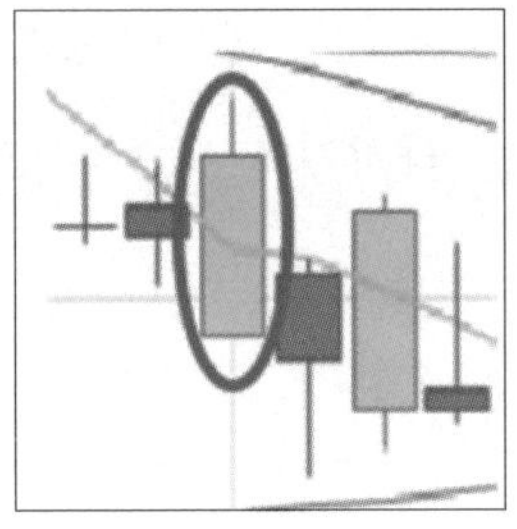

밑꼬리 음봉은 종가와 저가가 같으며 몸통 아래의 꼬리는 없다. 이는 고가가 시가보다 높아서 몸통 위쪽으로 꼬리가 나 있으며 꼬리는 몸통에 비해서 짧다. 주가가 하락하는 신호로 여겨지며 하락세를 지속하는 패턴이다.

완전양봉

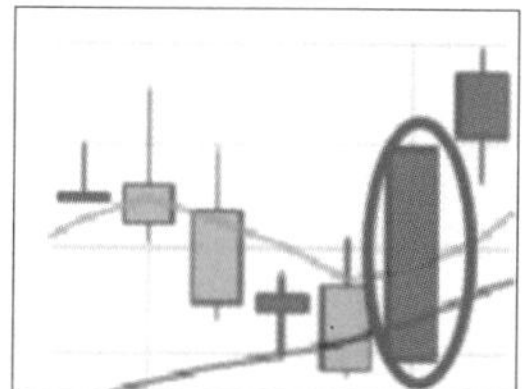

완전양봉은 종가와 고가가 같고 저가와 시가가 같은 경우에 몸통만 있는 양봉을 말한다. 이는 매우 강한 상승장세를 보여주는 형태로 상승지속형 패턴으로 작용한다. 한편, 간혹 상승국면의 마지막에 출현해 하락을 예고하기도 하므로 주의해야 한다.

완전음봉

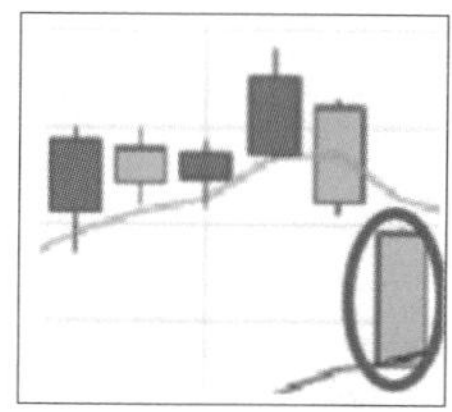

완전음봉은 시가와 고가가 같고 저가와 종가가 같은 경우에 보이는 형태다. 이는 매우 취약한 하락장을 보이는 형태로 종종 하락지속형 패턴으로 작용한다. 가끔은 하락 국면의 막바지에 투매를 나타내고 강세전환 패턴의 첫날에 나타나기도 하므로 주의해야 한다.

080

캔들차트의 특이한 모양을 분석하는 방법은?

지금부터 살펴볼 캔들차트의 모양을 알면 매수·매도시점을 더 정확히 예측할 수 있습니다. 주가 추세의 반전신호를 읽을 수 있는 모양이 많기 때문입니다.

앞에서는 자주 나오는 기본적인 캔들차트 모형을 설명했다. 다음에는 차트에 자주 등장하기는 하지만 특별한 캔들차트를 소개하려 한다. 이 모양을 추가적으로 숙지해둔다면 장세를 파악하는 데 큰 도움이 될 것이다. 외국서적을 번역한 책들을 보면 학자마다 번역이 제각각이어서 다음에 나오는 모양의 이름은 내 나름대로 붙여 보았다.

위아래 길쭉이

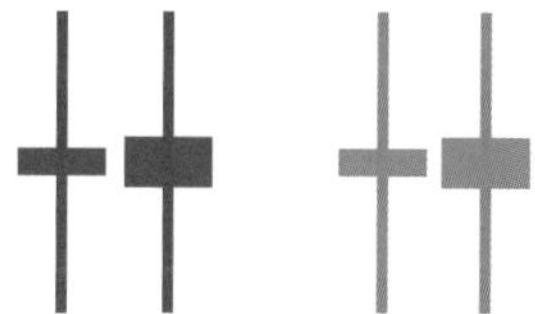

이러한 모양은 몸통보다 위아래 꼬리가 길쭉하며, 몸통은 위아래 꼬리의 중간쯤에 있다. 위아래 길쭉이는 상승과 하락의 힘이 대등해 시장을 예측하기 어려운 상태라고 보면 된다.

정망치

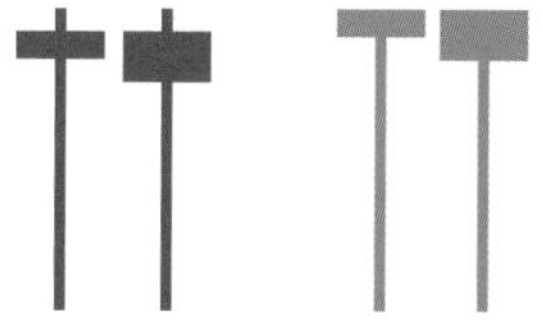

이 모양은 몸통 위에는 꼬리가 거의 없고 아래 꼬리가 매우 긴 형태다. 이는 하락장에서 발생할 경우 매도세가 강하다는 뜻이고, 시장이 거의 바닥을 치고 이후 상승세로 돌입할 수 있다는 신호다. 만약 하락세에서 주가가 바닥권일 때 이런 정망치 모양이 발견된다면 매수신호로 볼 수 있다.

역망치

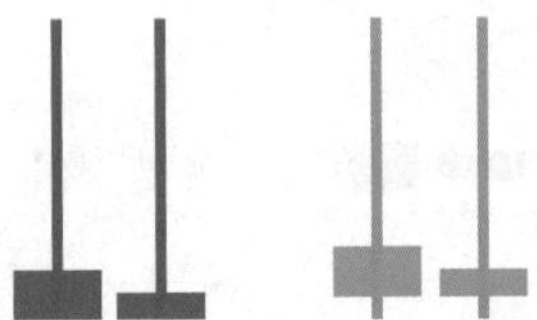

이 모양은 몸통 아래에는 꼬리가 거의 없고 위꼬리는 굉장히 길게 난 형태다. 하락장에서 발견될 경우 상승반전을 예상해볼 수 있고, 반대로 상승세에서 발견되면 이는 하락반전의 신호다. 즉, 반전의 대왕이라고 봐도 무방하다. 이를 읽고 상승세에서는 매도신호로, 하락세의 바닥권에서는 매수신호로 보면 된다.

수평이

이것은 시가와 종가, 고가와 종가의 가격이 모두 같아서 수평선 모양이 되는 형태다. 수평이는 주가가 움직이지 않는 형태로서 이후의 주가를 종잡을 수 없다. 이 패턴 아래서는 투자의사 결정에 신중해야 한다.

위로 삐죽이

위로 삐죽이는 종가와 시가와 저가가 같으며 위꼬리가 긴 형태를 띤다. 이 형태를 보면 시가 이후 주가가 상승세를 보이다가 장 마감시점에 다시 시가로 수렴한 것을 알 수 있다. 이러한 형태는 상승 추세의 고점에서 발생할 경우 주가가 하락할 신호이며, 위꼬리가 길수록 그 힘은 강하다. 만약 하락 추세에서 발생한다면 상승세로 반등할 수 있는 형태다. 이럴 때는 매수를 고려해보아야 한다.

아래 삐죽이

아래 삐죽이는 시가와 종가, 고가가 모두 같아서 아래로 꼬리가 길게 나온 형태다. 보통 하락세의 바닥권에서 발생하면 상승반전의 신호로 볼 수 있고, 반대로 상승세에서 발생하면 하락반전의 신호로 볼 수 있다.

081

캔들차트 간의 패턴 분석은 어떻게 할까?

캔들차트는 개별 캔들만 봐서는 정확한 매수·매도시점을 잡기가 어렵습니다. 적어도 두 개 이상의 캔들을 보고 추세를 읽으면서 이후 주가를 예상하는 것이 현명합니다. 캔들 간의 관계를 분석하는 패턴 분석을 살펴봅시다.

앞서 캔들차트를 개별적으로 분석해보았다. 이제는 두 개 이상의 캔들차트를 통해서 장세를 읽어보자. 캔들차트는 하나만 가지고 투자의사 결정을 이끌어내기에는 무리가 있으므로 캔들 간의 관계를 분석할 필요가 있다.

먼저 잉태형 패턴부터 살펴보자. 이것은 앞선 캔들이 뒤에 있는 캔들을 품는 모양이기 때문에 '잉태'라는 단어를 사용했다. 전날의 캔들이 다음 날 캔들보다 크고 우람해 잉태하는 모양을 한다면 주의 깊게 살펴봐야 한다.

다음 패턴을 보자.

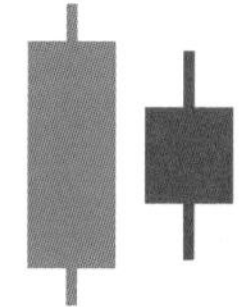

이는 전날 주가가 하락하는 장대양봉이었다가 다음 날 상승하는 모습을 보이고 있다. 이는 전날 캔들이 다음 날 캔들을 품는 형태로 하락세이던 주가가 상승세로 반전할 수 있음을 보여준다. 하락 추세에서는 전날의 봉이 음봉이고 다음 날 봉이 양봉이며, 몸통이 클 경우 더욱 분명한 상승반전을 예상해볼 수 있다.

그럼 반대의 경우는 어떨까? 다음 패턴을 보자.

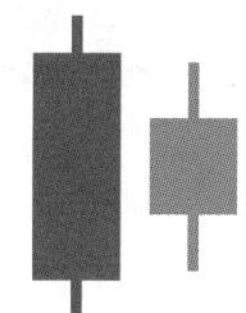

장대양봉이 전날 발생했고 다음 날 음봉이 발생했다. 양봉이 음봉을 품고 있는 모양이다. 이는 상승 추세에서 하락반전세로 전환하는 신호로 해석될 수 있다. 음봉이 작으면 작을수록 하락세는 깊어지므로 앞으로 주가를 예상하는 데 참고하면 된다.

이제 좀 더 재미있는 모양을 살펴보자. 천장을 치고 주가가 내려오거나 바닥을 치고 주가가 올라갈 것을 암시하는 패턴이다.

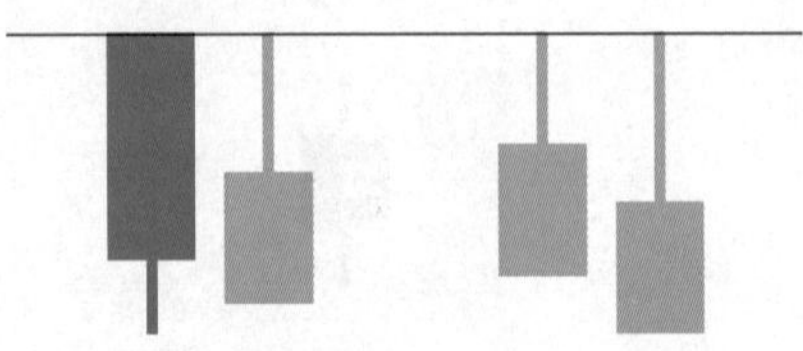

이 패턴은 천장인 고점이 일치하며 고가를 넘어서지 못하고 이를 저항선으로 해서 주가가 떨어질 것임을 보여준다. 이러한 패턴이 발견되면 매수해봐야 손실만 보게 되니 매도결정을 해야 한다.

이와는 반대의 패턴도 생각해볼 수 있다.

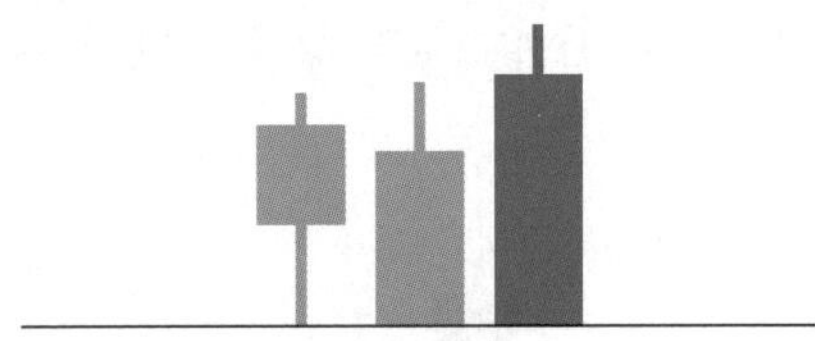

이런 패턴 하에서는 여러 캔들이 저가를 뚫고 내려가지 못한다. 오히려 저점이 일치되므로 저점을 지지선으로 해서 반등하고 주가가 상승할 수 있는 신호다. 주가상승이 강력히 예상되는 만큼 매수시점인 것이다.

가끔 주가가 상승하는 도중 갑자기 하락하는 경우가 있는데, 이를 찾을 수 있는 패턴도 있다. 매도할 시점인지는 정확하지 않지만, 상승에서 하락으로 전환되는 패턴을 살펴보자.

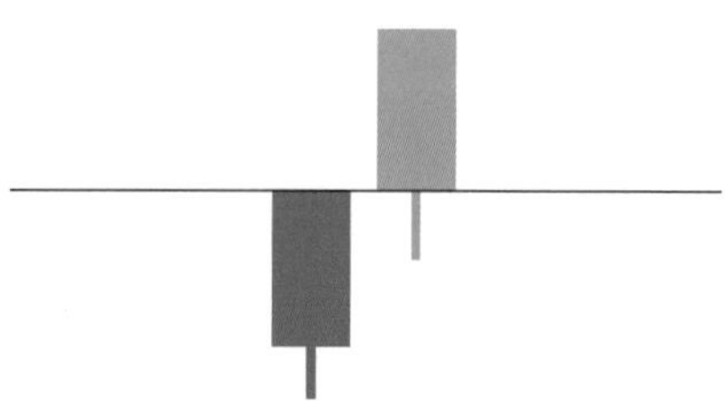

이 패턴은 전날의 상승 추세에 있는 양봉의 종가 및 고가와 다음 날 종가가 일치하지만 고가와 시가는 한참 위에 있을 때 발생한다. 상승세를 탄 주가는 하락반전을 하며, 이 패턴 이후 다음 날 종가가 더 낮은 지점에서 형성되면 하락세를 탄 것으로 볼 수 있다.

그럼 이 패턴은 어떨까?

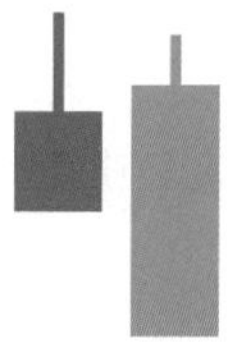

이 패턴은 상승에서 하락으로 전환되는 것이 더 명확하게 보인다. 전날의 주가상승세를 다음 날의 주가 하락이 장악했다. 상승 추세에서 이런 패턴이 발생했다면 주가가 하락세를 탈 가능성이 매우 크다. 상승 추세의 고점에서 이런 패턴이 나오면 분명히 하락반전하게 돼 있으니 매도시점이다.

082

조금 애매한 패턴들을 알아보는 방법은?

상승세를 보이다가 하락세로 접어드는 패턴은 앞에서도 몇 번 살펴보았습니다. 그런데 다시 하락할지 아니면 상승할지 애매한 경우도 있습니다. 반대로 하락세에서 상승세로 전환되는 신호로도 애매한 패턴이 있지요. 이런 패턴에서는 매매의사 결정을 유보할 필요가 있습니다.

이제 조금 애매한 패턴을 살펴보자. 매수·매도시점을 보류해야 하는 유형도 있어 이를 알아둘 필요가 있다.

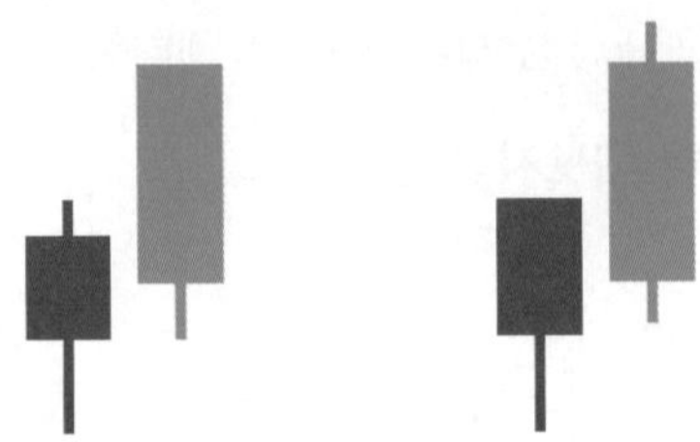

이 패턴은 전날은 양봉이었으나 오늘은 음봉으로 바뀌었다. 문제는 음봉이긴 음봉인데 전날의 주가 범위보다 높게 형성되어 있다. 물론 종가는 하락했지만 음봉이 더 위에 위치한 것은 사실이다. 종가가 낮을수록 하락반전일 가능성이 높지만 아직 선불리 판단하기는 힘들다. 만약 상승세의 최고점에서 이런 패턴이 발생했다면 하락반전으로 매도할 시점이지만 아직 불안하다.

이와 반대되는 패턴도 한번 살펴보자.

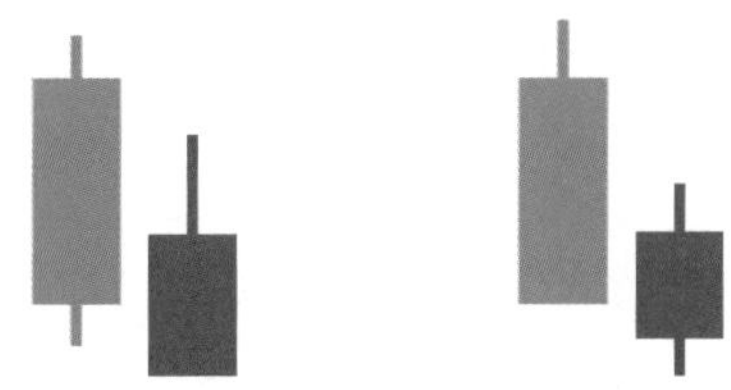

이 패턴은 전날 캔들은 음봉이고 오늘 캔들은 양봉인 경우로서 얼핏 보면 상승전환처럼 보인다. 그러나 조심해야 할 점은 양봉이 음봉보다 낮게 형성돼 있다는 사실이다. 전날 종가와 오늘 종가의 차이가 크지 않기 때문에 완전히 상승세에 접어들었다고 보기는 애매하다. 그래도 하락 추세의 맨 밑바닥에서 이런 패턴이 보인다면 향후 주가가 상승할 것으로 예측해도 크게 무리는 없지만, 아직은 불안한 것이 사실이다.

그럼 이런 패턴은 어떨까?

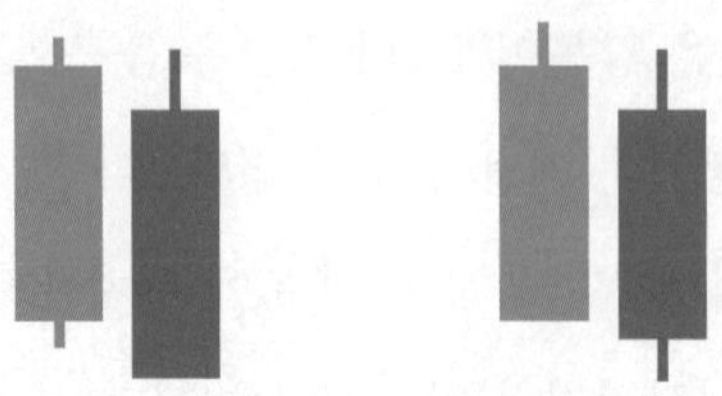

앞에서 본 패턴보다 양봉의 몸통이 훨씬 길어지고 종가도 높게 형성되었다. 오늘 고가가 전날 고가와 근접하면서 종가도 상당히 위에 형성되어 하락에서 상승으로 반전될 가능성이 앞의 패턴보다는 크다. 만약 이런 패턴이 하락세의 바닥권에서 보인다면 다시 주가가 반등해 상승세로 갈 것을 예상해볼 수 있다.

더 확실한 상승세를 보이는 패턴도 있다. 다음 패턴을 살펴보자.

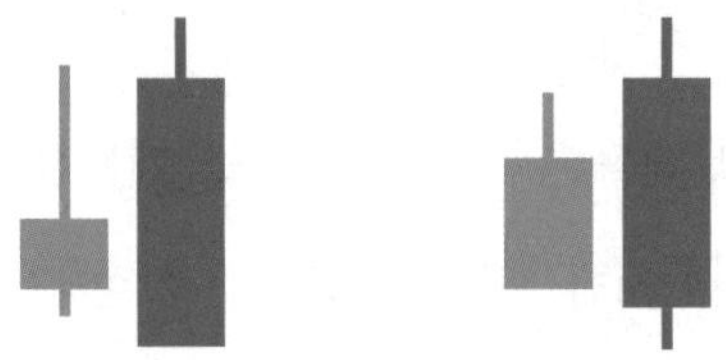

이는 전날의 주가하락을 보인 음봉이 다음 날 주가상승을 보이는 양봉에 먹힌 패턴이다. 즉, 주가의 하락이 있다가 제대로 주가가 상승하는 모습을 보여준다. 만약 주가가 하락 추세에 있다가 일정한 시기를 지나 이런 패턴을 보인다면 주가의 상승세를 예상해볼 수 있다. 또한 상당기간 하락세를 이어오다가 갑자기 이런 패턴이 발생한다면 매수시점이라고 볼 수 있다.

083

주가 추세를 암시하는 적삼병과 흑삼병이란?

> 적삼병은 주가상승세를 예고하는 강력한 신호, 흑삼병은 주가 하락세를 예고하는 강력한 신호입니다. 형태가 달라짐에 따라 상승과 하락의 힘은 달라지지만 본질적 추세는 달라지지 않습니다.

주식투자자라면 흑삼병, 적삼병이라는 패턴을 익히 알 것이다. 이처럼 기본이 되는 패턴을 눈에 익혀두면 종목 차트를 볼 때 될 만한 종목을 가려내기가 훨씬 쉽다. 좀 더 정교한 패턴분석이 가능해지는 것이다. 이에 대해 몇 가지를 소개해본다.

우선 차트 투자를 할 때 흔히 듣는 적삼병이란 무엇인가? 다음 패턴을 살펴보자.

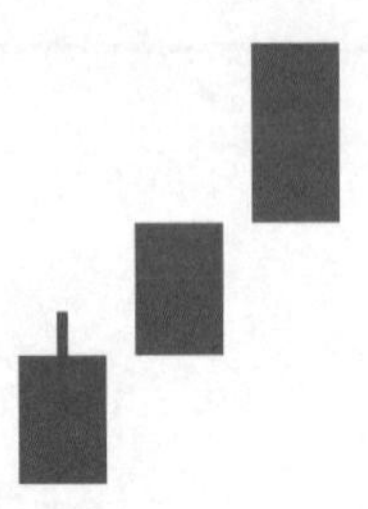

이는 마치 계단을 타고 주가가 올라가는 것 같은 어마어마한 패턴이다. 3개의 양봉이 종가가 지속적으로 급등하면서 상승 패턴을 만드는데, 이것이 적삼병이다. 만약 이런 패턴이 하락 추세 끝에 발견된다면 주가의 상승 추세를 강하게 예측해볼 수 있다. 주가가 꾸준히 상승할 전조증상인 것이다. 적삼병은 꼬리가 짧고 몸통이 클수록 주가를 더 끌어올리는 힘을 지닌다.

다음에는 적삼병의 조금 다른 형태를 살펴보자.

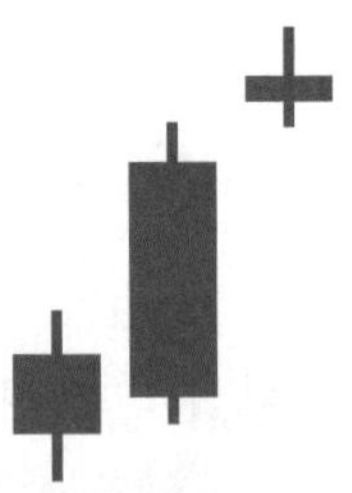

이는 적삼병 가운데서도 조금 극단적인 경우로 현실에 많이 나타나는 형태다. 전날과 전전날에 비해 오늘의 캔들은 몸통이 짧고 위에 붕 떠 있는데, 이렇게 붕 뜨는 것을 상승 갭GAP이라고 한다. 이런 상승 갭을 보이면 몸통이 큰 세 덩어리로 이루어진 앞의 적삼병에 비해 상승세를 지속할 힘이 모자란다고 볼 수 있다.

이제 반대의 경우도 살펴보자. 적삼병의 반대인 흑삼병의 패턴은 다음과 같은 형태를 보인다.

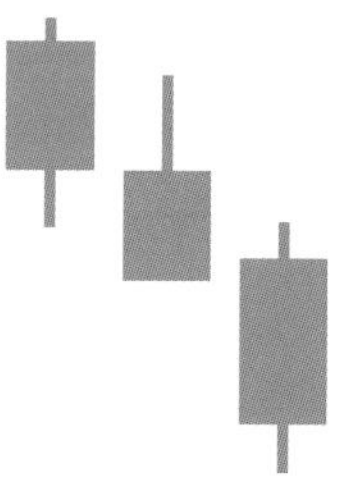

이런 패턴은 세 개의 음봉이 연속적으로 하락하면서 주가 하락세를 이어가는 특징이 있다. 매일의 종가가 폭락하면서 주가를 끌어내리므로 하락세를 강력하게 이끄는 패턴이다. 꼬리가 짧을수록 더 주가를 폭락시키는 힘을 가지게 된다. 만약 주가상승세에서 이런 패턴을 만나면 주가가 하락세로 접어들 것을 예상할 수 있다.

084

좀 더 복잡한 패턴으로 주가를 예측하는 방법은?

앞에서 살펴본 패턴이 상승세와 하락세를 분명하게 보여주는 적삼병과 흑삼병이었다면 이번 패턴은 좀 더 복잡합니다. 상승세에서는 하락반전을, 하락세에서는 상승반전을 예고하는 패턴을 살펴 매매시점을 결정해봅시다.

앞에서 적삼병과 흑삼병 패턴을 통해 주가가 상승세인지 하락세인지를 살펴보았다. 이제 좀 더 복잡한 패턴을 통해 주가를 예측해볼 차례다.

먼저 아래의 패턴을 살펴보자.

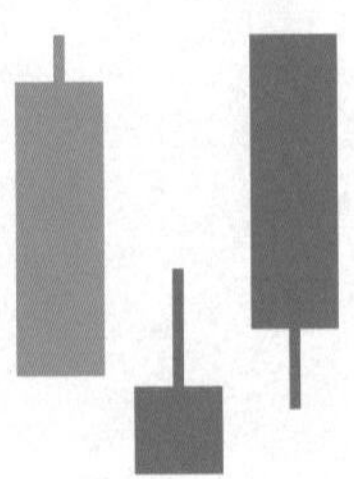

위꼬리 음봉 이후 역망치 양봉 다음 날 최종적으로 밑꼬리 양봉을 보이고 있다. 이는 초기 매도세가 지나치게 낮은 가격으로 매도하는 것을 꺼려 다시 양봉으로 돌아서고, 결국 긴 몸통의 양봉으로 전환돼 주가가 상승반전한 것이다. 오랜 주가 하락세 이후 이런 패턴이 발견된다면 매수시점이라고 볼 수 있다.

그럼 이런 패턴은 어떨까?

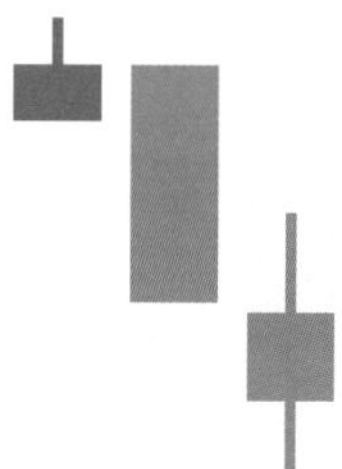

이 패턴은 최근의 종가가 전날 종가와 전전날 종가보다 훨씬 낮게 형성되면서 주가 하락세에 들어섰음을 암시한다. 만약 오랜 상승세 속에서 이러한 패턴이 나타난다면 하락반전이 일어날 것을 예상해볼 수 있다. 이때는 매도시점으로 보아도 될 것이다.

상승세에서 하락으로 반전하는 패턴은 이외에도 다양하다. 다음 패턴 역시 하락세로 반전하는 모습인데, 자세히 살펴보자.

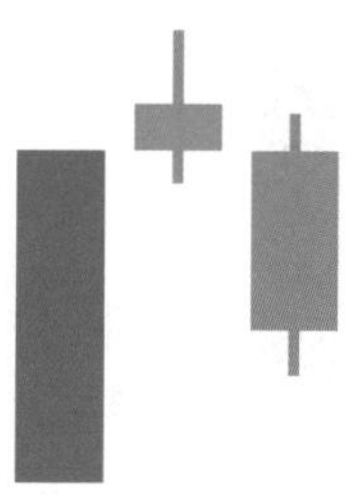

이 패턴은 주가가 상승하기 전전날의 일봉이 긴 몸통의 양봉을 보인 이후 전날은 작은 몸통의 역망치음봉을 보이고 최종적으로 장대음봉이 아래에 형성되는 형태다. 만약 이런 패턴이 주가상승기에 발생하면 주가의 하락반전 신호로 볼 수 있다. 이는 분명한 매도시점이다.

좀 더 분명한 주가 하락반전 패턴을 살펴보자.

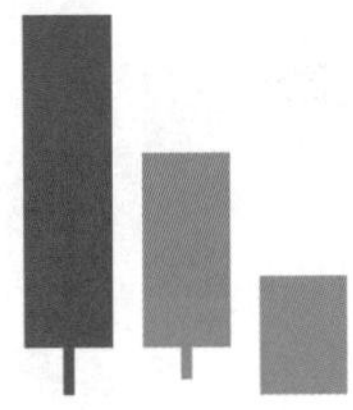

이 패턴은 전전날 몸통이 긴 밑꼬리 양봉이 발생하고 다음 날에는 밑꼬리 음봉, 최종적으로는 완전음봉이 아래에 형성돼 주가의 하락을 견인하고 있다. 만약 주가상승세에서 이 패턴이 발생하면 주가가 하락세로 전환될 것을 예상해볼 수 있다.

이번에는 조금 애매한 패턴을 살펴보자.

이 패턴은 주가가 상승세를 이어가다가 몸통이 긴 양봉이 발생한 뒤 두 개의 음봉을 만들어내면서 최종적으로 종결한다. 이는 최근의 음봉이 주가 하락을 견인하는 듯 보이지만 아직 완전한 하락세로 판단할 수는 없다. 종가가 높게 형성되어 있기 때문에 이후 추세를 지켜보고 매매시점을 잡는 것이 현명하다.

이와 반대의 경우도 생각해볼 수 있다. 주가가 하락세를 보이다가 상승세로 반등하는 듯 보이지만 주의해야 하는 경우가 그것이다. 다음 패턴을 보자.

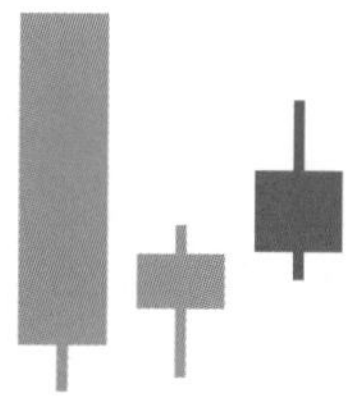

이 패턴은 주가가 하락세를 이어오다가 음봉이 연속으로 두 번 발생하고 상승 갭을 일으키면서 마무리하고 있다. 이는 주가가 하락세에서 상승반전을 예상하는 신호라고 볼 수 있지만, 완전한 상승세라고 보기에는 아직 종가가 별로 높지 않으므로 좀 더 지켜볼 필요가 있다.

085

헤드앤숄더와 역헤드앤숄더를 통해 매매전략을 짜는 방법은?

헤드앤숄더 패턴을 잘 알아두기만 해도 언제 종목을 매도해야 하는지 감을 잡을 수 있고, 역헤드앤숄더 패턴을 잘 알아두면 매수시점을 파악하는 데 도움이 됩니다. 이 두 패턴은 기본적인 패턴이므로 이를 통해서 매매전략을 짜 보는 것도 좋습니다.

차트를 통해서 주식투자를 하는 데이트레이더에게 가장 기본이 되는 차트 패턴은 헤드앤숄더와 역헤드앤숄더 패턴일 것이다.

헤드앤숄더head and shoulder 패턴은 반전형의 패턴 가운데 가장 유명한 패턴이다. 양 봉우리 가운데 큰 봉우리가 솟아 있는 것이 사람의 머리와 양어깨를 닮았다고 해서 붙여진 명칭이다.

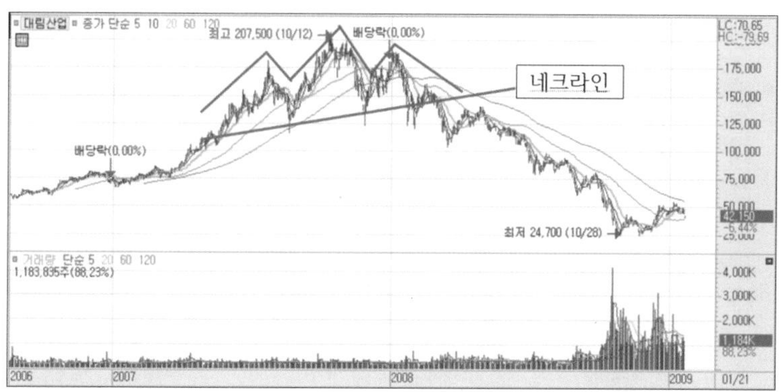

가운데 머리를 중심으로 양어깨는 각자 의미가 있는데, 왼쪽 어깨와 오른쪽 어깨로 나누어 설명해보면 다음과 같다.

먼저 왼쪽 어깨는 지속적으로 상향 추세선을 따라서 주가가 큰 폭으로 상승을 지속한다. 상승세를 인식한 투자자들은 이에 반응하면서 매매에 나선다. 가운데 머리는 왼쪽 어깨보다 치솟은 주가를 보여준다. 오른쪽 어깨는 세 번째로 주가가 치솟은 지점인데, 가운데 머리에 비해 주가가 상승하지 못하고 하향 전환하는 것이 특징이다.

여기서 중요한 개념이 네크라인이다. 네크라인은 상승세에서 하락반전을 판단하는 기준이며, 네크라인 아래로 주가가 내려오기 시작하면 다시 주가가 하락세를 탄 것으로 확신해도 된다. 이때가 매도시점이라고 볼 수 있는데, 잘못해서 주가가 더 하락한 뒤 매도하게 되면 손실이 커질 수밖에 없다. 오히려 네크라인 아래서 주가가 한참 내려간 뒤 매수시점을 잡는 것도 나쁘지 않은 전략이다.

매도시점을 잡거나 하락세를 예측하기 위해서 헤드앤숄더 패턴을 살펴보았으니 이제 매수시점을 잡아 차익을 만들어볼 차례다. 매수시점을 잡으려면 역헤드앤숄더 패턴을 알아둘 필요가 있다.

다음 패턴을 살펴보자.

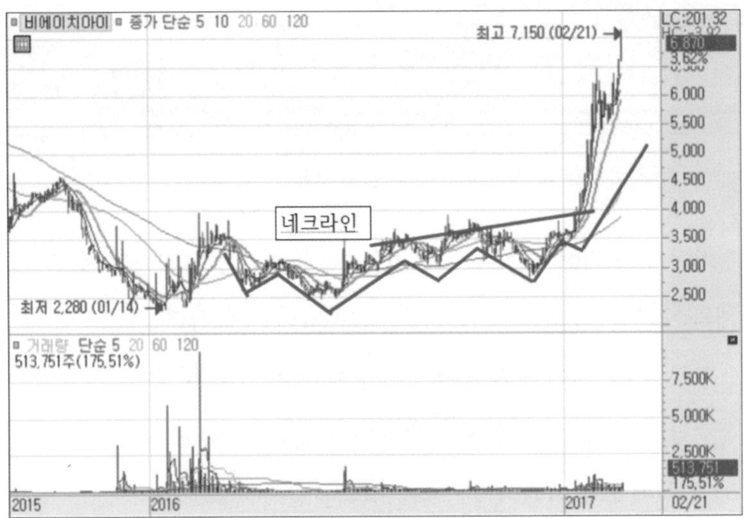

역헤드앤숄더 패턴은 주가가 하락세에 있다가 일정하게 오르락내리락한 뒤에 주가가 반등해서 상승할 때 나타나는 패턴이다. 이는 헤드앤숄더 패턴을 뒤집은 것과 같다.

우선, 왼쪽 어깨 부분은 장기간 하락세를 이어오다가 주가의 하락세가 작아지면서 반등해 상승하는 모습을 보여준다. 그러나 다시 본전찾기 매도물량에 밀려 하락하고 다시 반등을 거듭하면서 가운데 머리를 만들어낸다. 이것이 다시 하락과 반등을 보이면서 오른쪽 어깨를 만들고 난 뒤 주가가 급등하게 된다. 이는 강력한 매수세라고 할 수 있다.

086

선형과 둥근 바닥형 패턴을 이용한 투자전략은?

> 선형과 둥근 바닥형 패턴은 투자자들에게 돈을 벌 수 있는 시점을 그대로 보여줍니다. 이를 통해 투자전략을 세워봅시다.

선형 패턴과 둥근 바닥형 패턴은 많은 투자자들이 노리는 패턴이다. 왜냐하면 이것은 매매시점을 판단하기 편리할 뿐만 아니라 큰 오차 없이 이익을 취할 수 있는 형태이기 때문이다. 이는 다른 패턴에 비해 미래에 주가가 어떻게 움직일지를 더 잘 예측할 수 있기 때문에 돈 버는 투자에 적합하다.

먼저 선형 패턴부터 살펴보자. 다음은 정말 극적인 사례인 뉴프라이드 종목의 2013년부터 2015년까지의 주가 차트다.

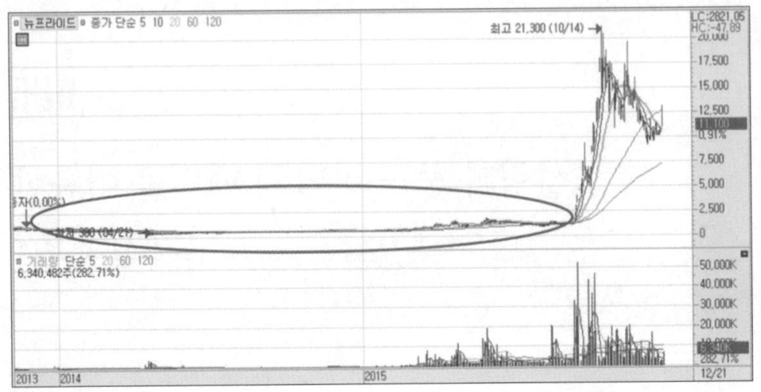

선형은 주가가 거의 미동 없이 등락을 하지 않고 장기간 보합세를 유지하는 경우다. 이후 어느 시점이 되면 거래량이 증가하면서 주가가 폭등하게 되는데, 이 시점이 되면 해당 종목을 보유하고 있던 주주는 갑자기 100%, 많게는 2000%까지 엄청난 수익을 얻게 된다.

만약 선형 패턴을 발견했다면 이 주식에 묻어두고 해당 주식이 폭등하기를 기다리는 것도 투자의 한 방법이다. 다만 상장폐지 직전의 종목은 아닌지 재무제표를 통해 검증함으로써 원금도 못 건지는 일은 방지해야 한다.

다음으로 둥근 바닥형을 살펴보자. 다음은 2008년부터 2009년까지 네오위즈게임즈의 주가 차트를 나타낸 것이다.

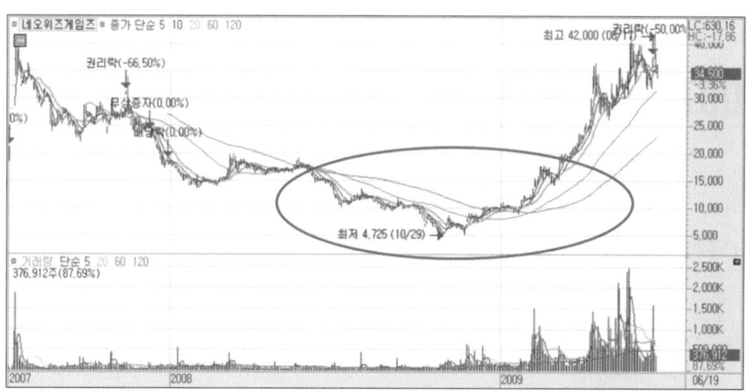

둥근 바닥형은 주가 하락세가 부드러운 곡선을 그리며 서서히 상승 추세로 변환되는 형태로서 주가가 상승세로 전환되면서 둥근 바가지 모양을 그리게 된다. 바닥권에서는 거래량이 주춤하다가 다시 상승시점에 가서는 거래량이 급증하면서 큰 폭의 주가상승을 이끌게 된다. 이런 패턴은 투자자들의 관심을 받지 못하던 종목의 수익률이 갑자기 상승하면서 종종 만들어진다. 이 패턴을 발견하고 매수시점을 잡을 경우 안전하게 큰돈을 벌 수 있다.

둥근 바닥형에서는 주가가 천천히 상승하면서 거래량이 줄어드는 시점에 매수를 하면 조금이라도 이익을 극대화할 수 있다. 또한 이 시점을 놓치더라도 주가가 일정한 네크라인을 넘어가는 시점에서 매수할 경우 큰 이익을 얻을 수 있다.

087

이동평균선이란?

> 이동평균선은 5일, 20일, 60일, 120일 등으로 구분해서 그 기간 동안 주가를 평균하여 낸 선을 말합니다. 이 선은 주가의 불필요한 변동을 최소화해 매매시점을 잡는 데 도움을 줍니다.

이동평균선이란 일정한 기간 동안의 주가를 평균하여 낸 선으로서 주가의 지속적 변화에서 비정상적 등락의 영향을 줄여주어 전체 주가의 흐름을 잘 보여주기 위해서 만들어낸 선이다. 이동평균선을 통해서 주가의 평균적인 방향을 알 수 있고, 주가가 어떻게 움직일지 예측하는 데 이를 사용한다.

다음은 이동평균선의 HTS상 모습이다.

이동평균선은 보통 5일, 20일, 60일, 120일, 200일을 사용한다. 5일과 20일을 단기로 보고, 60일과 120일을 중기, 200일을 장기로 분류한다.

이동평균선은 HTS상에서 기본적으로 제공되는 차트의 일부이므로 사용하기가 편리하며, 네이버 금융이나 각종 주가 차트 서비스에서도 모두 제공되어 언제 어디서나 주가분석에 사용할 수 있다는 장점이 있다. 또한 이동평균의 추세와 형태에 따라서 매매시점을 잡을 수 있다는 점에서 초보자가 활용하기에 좋은 선이다. 다만 이 또한 과거 주가의 흔적이기 때문에 미래를 예측할 때는 주의를 기울여야 한다.

강세장에서는 주로 주가가 이동평균선의 상방에서 삐죽삐죽 튀어나온 형태로 운동을 지속하며 상승하는 추세를 만들어낸다. 그 모양은 다음과 같다.

반대로 약세장에서는 주가가 이동평균선의 하방에서 삐죽삐죽 아래로 튀어나온 형태로 운동하면서 하락하는 추세를 나타낸다. 그 모양은 아래와 같다.

이동평균선은 기간이 길어질수록 완만한 모양을 이루며, 주가가 이동평균선과 멀어져 있는 경우 주가에 가까워지려는 성질을 지닌다.

088

이동평균선을 분석하는 방법은?

> 이동평균선의 형태와 배열만 잘 분석해도 매도·매수시점을 대략적으로나마 파악할 수 있습니다. 이동평균선의 기초적인 분석방법을 살펴봅시다.

이동평균선은 주가를 예측하기 위해서 많이 사용한다. 주가를 예측하기 위한 이동평균선의 기초적 분석방법을 하나씩 살펴보자.

이동평균선은 단기(5일, 20일), 중기(60일, 120일), 장기(200일) 순으로 상승하므로 상승기에는 5일, 20일, 60일, 120일 순으로 배열된다. 반대로 하락세에서는 단기선인 5일선과 20일선이 가장 빨리 하락해서 내려가고, 중기선인 60일선과 120일 선이 뒤따라 내려간다.

여기서 배열상태를 나눌 수 있다. 5일선, 20일선, 60일선, 120일선, 200일선의 순서로 배열될 경우에는 '정배열'이라 하고, 반대로 200일선, 120일선, 60일선, 20일선, 5일선의 순서로 배열된 경우에는 '역배열'이라고 한다.

주가는 상승기에 정배열을 보이다가 하락반전 시 역배열로 전환해 역배열을 유지하게 된다. 반대로 하락기에 역배열을 보이다가 반등할 경우에는 정배열로 전환된다. 이런 순환을 거치면서 주가가 순환되므로 이를 잘 분석하면 매매시점을 잡을 수 있다.

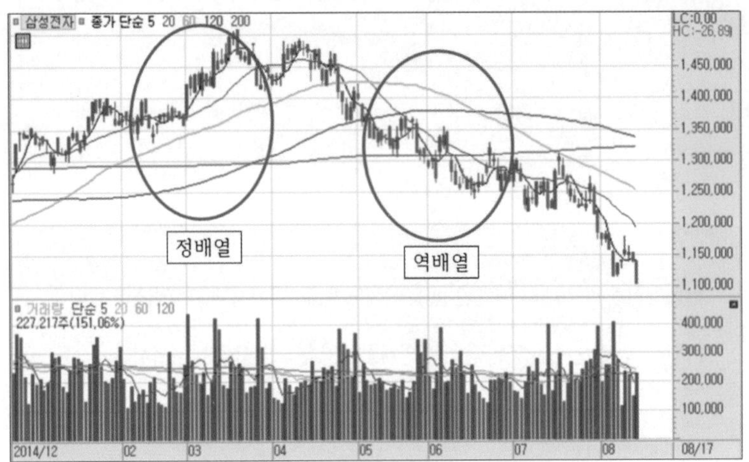

주가가 하락하는 추세에서는 역배열을 보이면서 이동평균선이 움직인다. 그러다가 갑자기 주가가 반등할 때는 주가가 5일선, 20일선, 60일선, 120일선을 차례로 뚫고 올라가게 된다. 이것은 새로운 상승세를 예고한다.

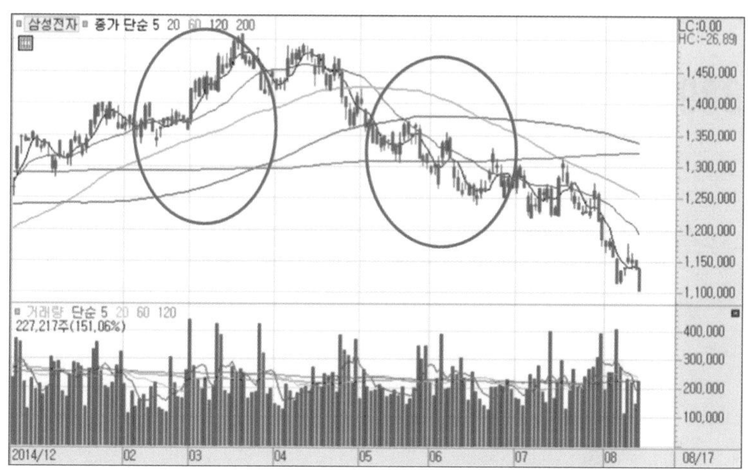

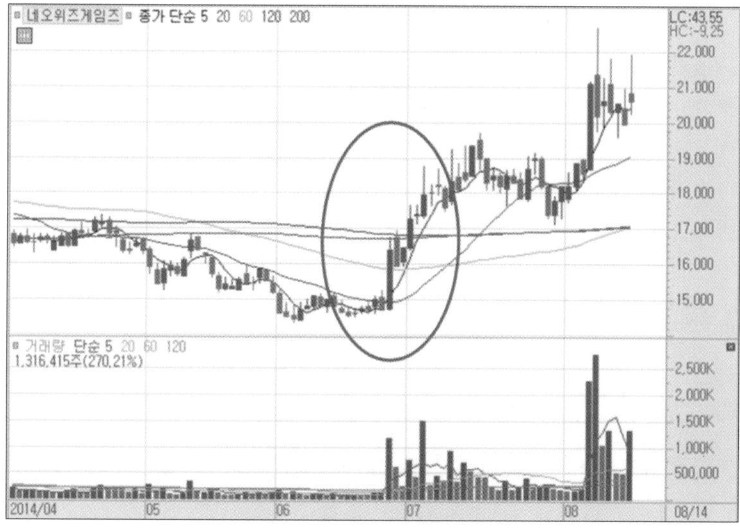

이러한 추세를 보이는 경우 매수시점으로 보고 적극적으로 매수에 나서는 것도 한 방법이다.

089

골든크로스에서 사고, 데드크로스에서 판다?

골든크로스는 기간이 짧은 이동평균선이 기간이 긴 이동평균선을 뚫고 올라가는 현상, 데드크로스는 기간이 짧은 이동평균선이 기간이 긴 이동평균선을 뚫고 내려가는 현상을 말합니다. 일반적으로 골든크로스는 주가가 상승할 것으로 예상해 매수시점으로 보고, 데드크로스는 주가가 하락할 것으로 예상해 매도시점으로 봅니다.

골든크로스와 데드크로스로 매매시점을 잡는 것은 전통적인 이동평균선을 이용한 투자기법이다. 전통적인 기법인 만큼 현재 완벽한 투자시점을 잡는 기법은 아니지만 많은 사람들이 투자에 고려하는 기법이라고 할 수 있다.

골든크로스는 기간이 짧은 이동평균선이 기간이 긴 이동평균선을 아래에서 위로 뚫고 올라가는 현상을 말한다. 예를 들어 5일 이동평균선이 20일 이동평균선을 뚫고 올라가거나 60일선을 뚫고 올라가는 것을 생각해볼 수 있다.

이렇게 기간이 짧은 이동평균선이 기간이 긴 이동평균선을 뚫고 올라갈수록 주가가 상승할 가능성은 높아진다. 즉, 매수시점으로 해석한다. 골든크로스 분석을 하려면 이동평균선이 적어도 두 개 이상은 돼야 한다. 다음 차트를 살펴보자.

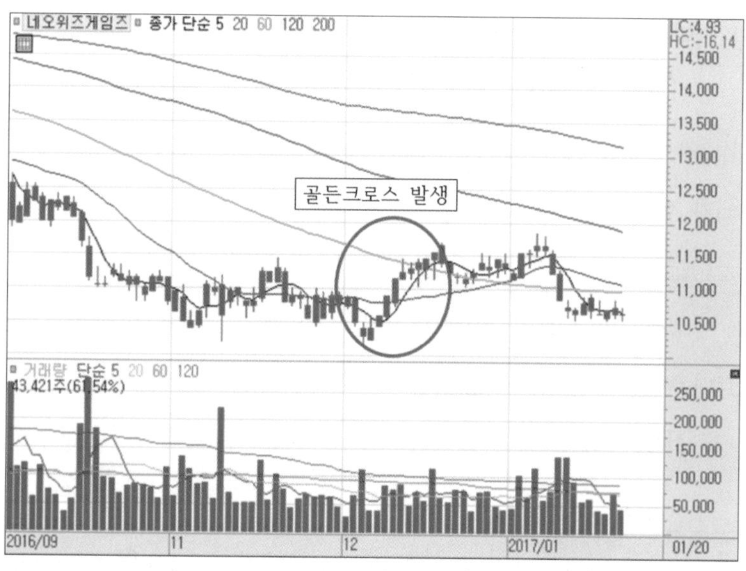

이 차트는 네오위즈게임즈의 2016년 9월부터 2017년 1월까지의 주가흐름을 나타낸다. 자세히 보면 2016년 12월, 5일짜리 짧은 이동평균선이 20일과 60일짜리 긴 이동평균선을 뚫고 올라갔다. 이는 분명 골든크로스다. 그런데 주가는 조금 상승하다가 2017년 1월 말에 다시 하락세를 탔다.

골든크로스는 원래 주가의 상승을 예측하는 데 이용한다. 그런데 왜 네오위즈게임즈의 주가는 상승하다가 다시 하락반전해서 추락했을까? 골든크로스라고 해서 다 같은 골든크로스가 아니라는데 이유가 있다. 골든크로스도 강한 놈과 약한 놈이 있다. 네오위즈게임즈의 차트에서 발생한 골든크로스는 약한 골든크로스다. 5일 이동평균선이 20일 이동평균선을 뚫고, 60일 이동평균선을 뚫고 올라가다가 주저앉았다. 그만큼 단기적인 매수세력이 달린다는 의미다. 힘이 약하기 때문에 주가가 더 상승하지 못하고 하락했다.

강한 골든크로스는 5일 이동평균선이 20일, 60일뿐만 아니라 120일, 200일 이동평균선도 뚫고 올라가게 돼 있다. 단기적인 매수세가 장기적인 주가의 흐름을 뚫고 올라가는 힘이 있으므로 강한 골든크로스는 분명한 주가상승을 예측하게 해준다. 다음을 보자.

삼성전자의 2011년 7월부터 12월까지의 주가흐름을 나타내는 차트다. 이를 보면 5일 이동평균선이 20일, 60일, 120일, 200일 이동평균선을 차례로 뚫고 올라가는 모습을 볼 수 있다. 이는 분명히

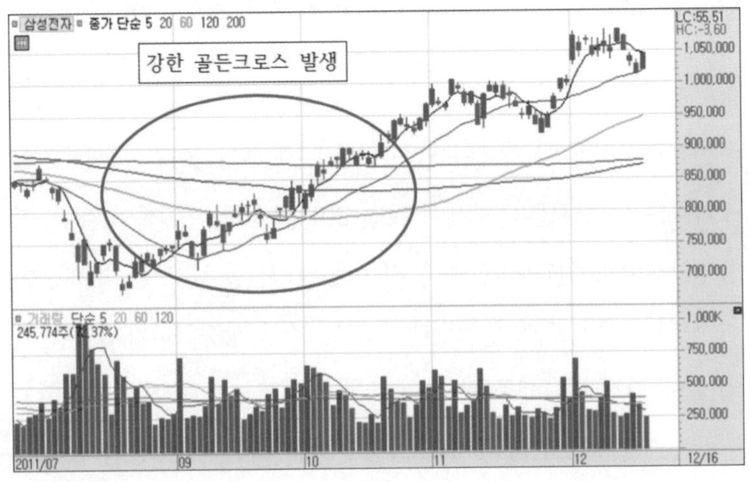

강한 골든크로스다. 강한 골든크로스는 주가를 상승시키는 힘이 있기 때문에 그 뒤의 주가도 지속적으로 상승세를 보이고 있다. 단기적 매수세가 전반적인 주가상승을 이끌고 있는 것이다.

이와 같이 강한 골든크로스와 약한 골든크로스를 구분할 수 있어야 매수시점을 제대로 잡을 수 있다. 강한 골든크로스에서는 해당 종목을 매수해야 하고, 약한 골든크로스에서는 조금 지켜볼 필요가 있다. 그런데 골든크로스를 통한 분석도 이동평균선의 특성상 과거의 주가흐름으로 미래를 예측하는 한계가 있으므로 투자할 때는 거래량이나 외국인·기관투자자의 동향도 함께 분석해야 한다. 자, 이번에는 데드크로스에 대해서 살펴보자.

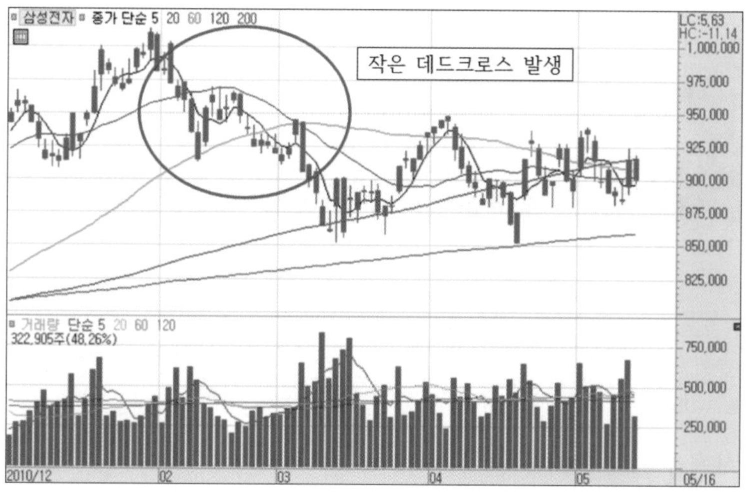

이 차트는 삼성전자의 2010년 12월부터 2011년 5월까지의 주가흐름을 나타낸다. 5일 이동평균선이 20일과 60일의 이동평균선을 뚫고 내려갔지만, 120일 이동평균선까지는 뚫지 못하고 다시 반등

해서 주가가 엎치락뒤치락하고 있다. 이런 데드크로스를 약한 데드크로스라고 한다. 약한 데드크로스의 경우 주가가 다시 올라갈 여지가 있으므로 완전한 주가 하락세를 예상하기는 힘들다.

반면 강한 데드크로스는 완전한 주가 하락세를 예상하도록 도와준다. 다음 차트를 살펴보자.

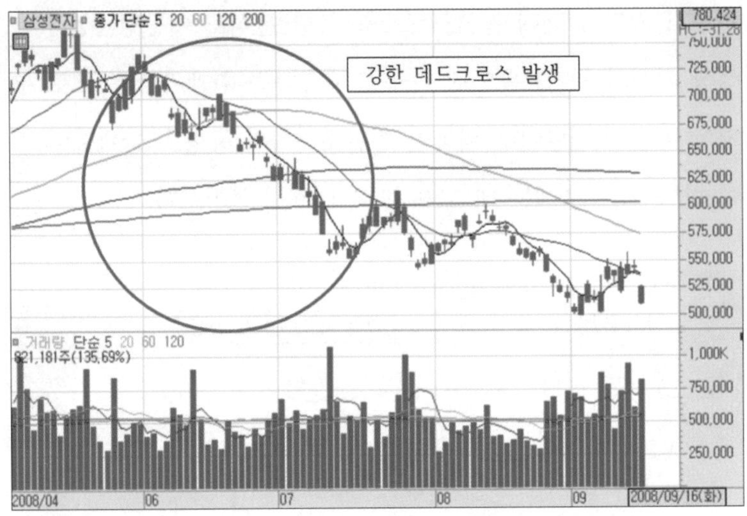

이 차트는 삼성전자의 2008년 4월부터 9월까지의 주가흐름을 나타낸다. 5일 이동평균선이 20일, 60일, 120일, 200일 이동평균선을 차례로 뚫고 내려갔다. 이는 주가의 하락세를 예고하며 매도시점이라는 것을 뜻한다. 또한 데드크로스도 약한 놈과 강한 놈을 구분해서 분석할 필요가 있다.

이와 같이 이동평균선만으로도 주가의 추세를 대략적으로 예상할 수 있으니 주식투자를 할 때 참고하자.

090

거래량 이동평균선의 분석은?

> 거래량 이동평균선은 주가 이동평균선과 같은 방식으로 계산합니다. 또한 배열방식과 크로스 형태를 활용해 매매시점을 잡을 수 있습니다.

거래량은 보통 주가에 선행한다. 거래량 추이를 분석하면 주가가 어떻게 움직일지 예상하는 데 큰 도움이 된다. 주가가 상승세인 경우 거래량이 증가하면 주가의 상승에 더욱 가속도가 붙게 된다. 또한 주가가 감소 추세에 있는 경우 거래량도 감소하는 것이 일반적이다. 감소하던 거래량이 지속적으로 증가하면 주가가 상승하고, 반대의 경우에는 하락하는 것이다.

이렇게 거래량의 증감 추세를 잘 이용하면 앞으로 주가가 어떻게 움직일지 예상할 수 있고, 이를 통해 매매시점을 잡을 수 있을 것이다. 거래량 추이를 잘 활용하기 위해 추가로 따져볼 수 있는 것이 거래량 이동평균선이다.

거래량 이동평균선도 주가 이동평균선과 같은 방식으로 계산한다. 5일선, 20일선, 60일선, 120일선을 주로 사용하며 다음과 같이 HTS상의 주가 차트 바로 아래에 자동으로 뜨게 되어 있다.

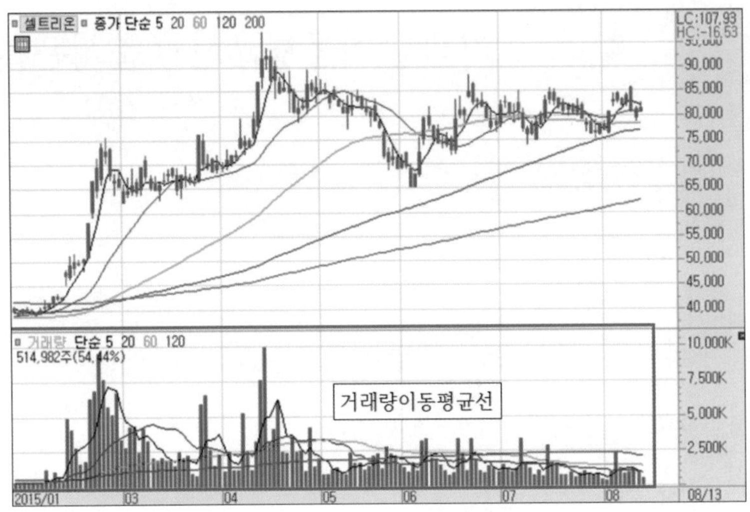

거래량 이동평균선은 거래량에 따른 추세를 보여주며 단기와 중기, 장기로 나누어 주가 이동평균선 분석과 같은 방식으로 분석해 볼 수 있다. 먼저, 거래량 이동평균선도 5일, 20일, 60일, 120일의 순으로 배열되는 경우는 정배열이라고 한다. 또한 120일, 60일, 20일, 5일 순으로 배열되는 경우는 역배열이라고 한다.

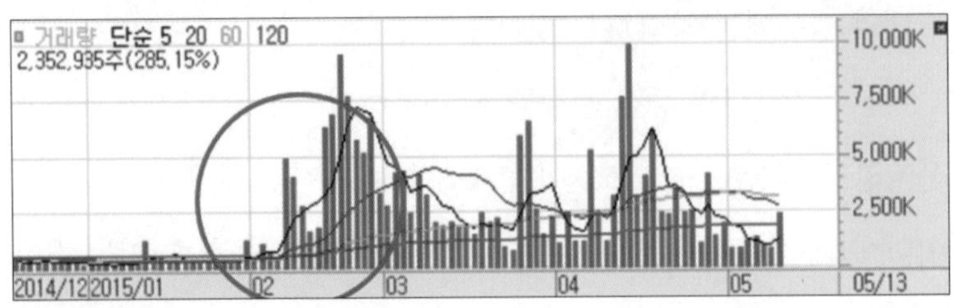

▲ 정배열의 거래량 이동평균선

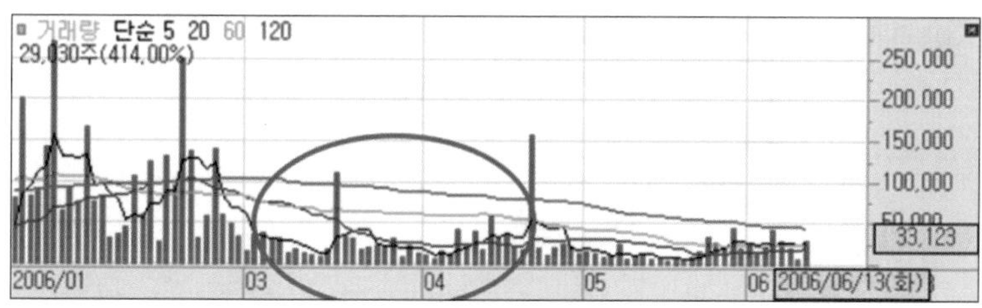

▲ 역배열의 거래량 이동평균선

다음과 같이 정배열의 거래량 이동평균선에서는 단기적 거래세력이 강하므로 주가가 상승하게 돼 있다.

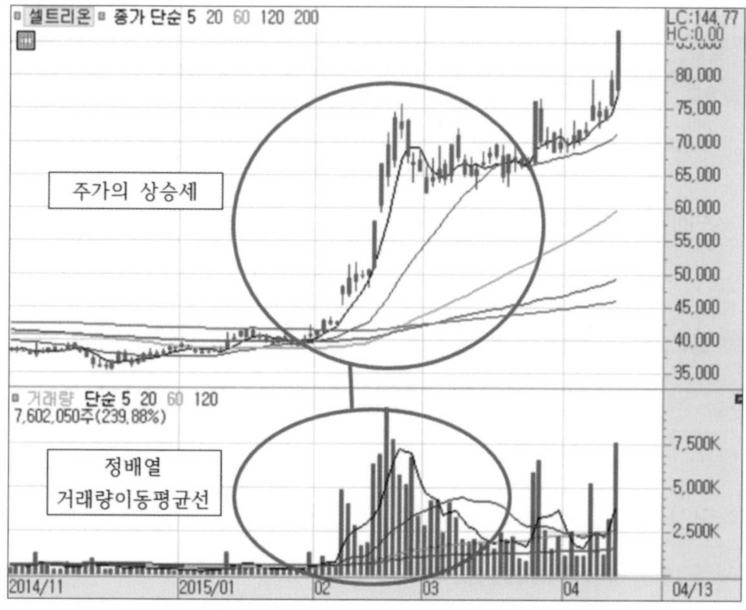

반대로 다음과 같이 거래량 이동평균선이 역배열인 경우 주가는 하락세를 보이게 된다.

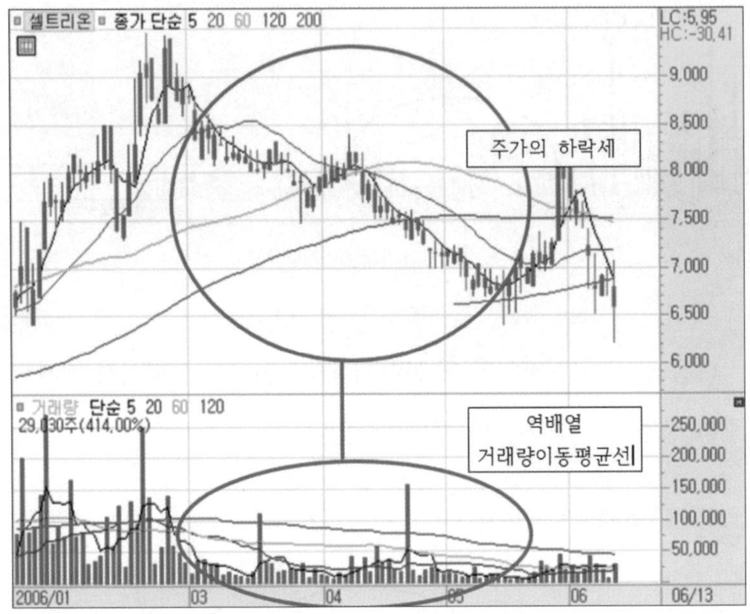

거래량 이동평균선도 골든크로스와 데드크로스로 나누어볼 수 있다. 기간이 짧은 거래량 이동평균선이 기간이 긴 거래량 이동평균선을 뚫고 올라가는 모습을 보인다면 골든크로스가 함께 나타날 가능성이 크고, 이때를 매수시점으로 보면 된다. 반대로 기간이 짧은 거래량 이동평균선이 기간이 긴 거래량 이동평균선을 뚫고 내려가는 모습을 보이면 데드크로스가 발생할 가능성이 크고, 이때를 매도시점으로 보아도 된다.

091

거래량과 주가의 관계는?

거래량은 주가의 상승과 하락을 견인합니다. 거래량이 증가하면 그만큼 물량의 세력이 강해서 주가의 상승을 이끌게 되고, 반대로 거래량이 저조하면 주가의 하락을 이끌게 됩니다. 거래량의 추세만 잘 활용해도 매매시점을 잡을 수 있습니다.

일반적으로 거래량과 주가는 비례관계에 있다. 거래량이 증가하면 그만큼 물량의 세력이 강해서 주가가 상승하고, 반대로 거래량이 감소하면 주가가 하락하게 된다.

거래량이 증가하면서 주가가 상승세라면 매수시점으로 보고, 거래량이 감소하면서 주가가 하락세라면 매도시점으로 보고 거래하면 된다.

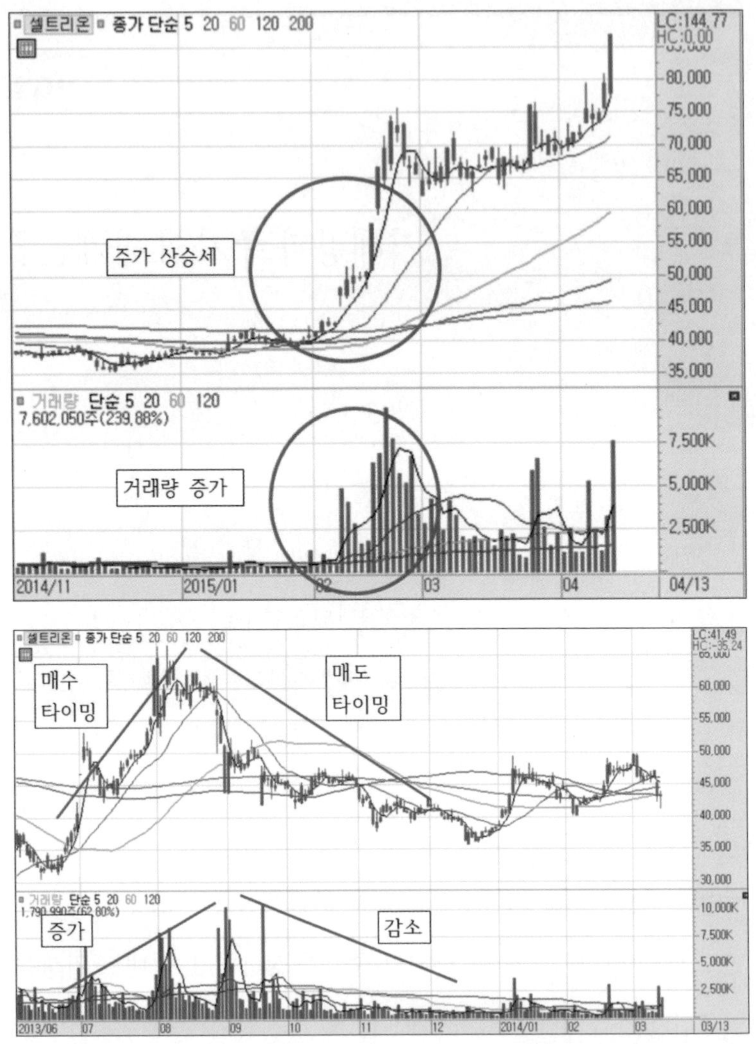

좀 더 섬세한 매매전략을 생각해보기 위해 다음 차트를 보자.

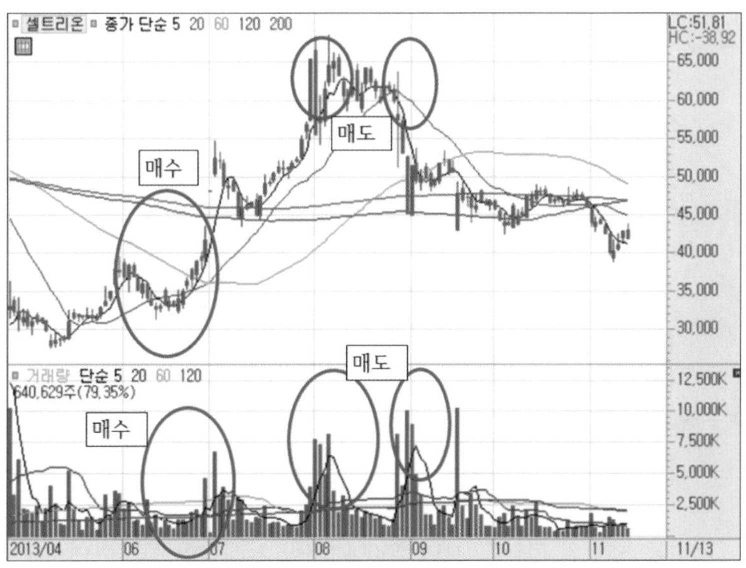

거래량이 증가하다가 5일 거래량 이동평균선이 상승반전하는 경우에는 매수시점으로 해석하고, 거래량이 급감하다가 5일 거래량 이동평균선이 하락반전하면 매도시점으로 해석하면 된다. 5일 거래량 이동평균선의 상승과 하락반전을 보고 매수 및 매도시점을 잡는 전략도 사용해볼 만한 것이다.

또한 주가는 지속적으로 상승하면서도 거래량은 줄어들고 있는 경우 해당 종목의 주가는 하락 가능성이 높다고 판단할 수 있다. 거래물량이 주가를 끌어올릴 정도의 힘을 가지지 못하기 때문이다. 곧 주가가 하락할 것이므로 이 경우는 매도시점으로 해석해도 무방할 것이다.

메디톡스의 위 차트를 보면 2009년 3월 거래량이 증가하면서 주가가 상승했지만 거래량이 저조해지면서 주가는 지속적으로 하락했다. 거래량의 감소가 주가하락을 견인한 격이다.

이와 반대의 경우도 가능하다. 주가가 보합세에 있는데 거래량이 갑자기 늘어나는 경우 조만간 주가가 상승할 것으로 예상할 수 있다. 이럴 때는 매수에 나서는 것이 현명하다.

092

추세선이란?

> 추세선은 주가의 이동방향을 알려주는 선이라고 할 수 있습니다. 추세선은 일봉, 주봉, 월봉으로 나누어 상승 추세선, 하락 추세선, 보합 추세선을 그려볼 수 있습니다. 일반적으로 추세선의 기간이 길수록 그 추세를 신뢰할 수 있습니다.

추세선은 주가가 만들어내는 추세trend를 이은 선을 말한다. 여기서 추세란 주가가 이동하는 방향을 말한다. 주가는 지속적으로 곡선운동을 하면서 일정한 추세를 만들어가는데, 추세는 시간이 지남에 따라 변하는 것이 정상이다. 차트에서 추세는 고점과 저점을 만들며 일정한 방향을 형성하고, 이를 연결한 추세선은 형태에 따라 다양한 종류로 분류할 수 있다.

먼저 주가가 상승세에 있는 경우 상승 추세선을 그어볼 수 있다.

이는 매도물량보다 매수물량이 강해서 주가의 상승방향을 만들어 내는 것이다. 상승 추세선은 주가의 저점을 연결해서 그릴 수 있다. 반대로 하락 추세선은 매수물량보다 매도물량이 강해서 형성되는 것으로 주가의 고점들을 연결해서 그려볼 수 있다. 보합 추세선의 경우에는 추세를 보았을 때 방향성이 불분명하고 수평 형태로 나타나는데, 분석할 때 별로 사용하지 않는 편이다.

추세선은 일반적으로 두 개 이상의 고점과 저점을 연결해 그릴 수 있다. 추세선의 고점과 저점의 개수가 많을수록 추세의 신뢰도는 높아진다. 추세선은 일봉, 주봉, 월봉 모두로 그릴 수 있는데, 기간이 길수록 더 신뢰성이 높은 추세로 볼 수 있다. 장기간에 걸쳐 주가의 이동방향이 일관되게 형성되면 그 추세의 지속 가능성이 높다고 보기 때문이다.

093

추세선을 활용한 매수 포인트 잡기는?

추세선은 일정한 범위를 형성하면서 진행될 수 있습니다. 그 범위 안에서 움직이다가 갑자기 주가가 치솟는 지점이 나타나는데, 그 지점을 매수 포인트로 보고 투자하면 수익률을 높일 수 있습니다.

추세선은 주가의 상승 또는 하락, 보합세를 알기 쉽게 선으로 표시한 것이다. 추세선을 잘만 활용하면 매수시점을 포착해 수익률을 높일 수 있다. 이에 대해 알아보자.

주가가 상승 추세선을 그리다가 갑자기 상향 돌파하는 지점

주가가 지속적으로 상승세를 보이며 상승 추세선을 타다가 갑자기 치솟는 경우 그 치솟는 지점이 바로 매수 포인트다. 이 포인트에서 매수하면 수익률을 높일 수 있다.

위에 있는 선을 저항선, 아래 있는 선을 지지선이라고 하지만 용어는 중요하지 않다.

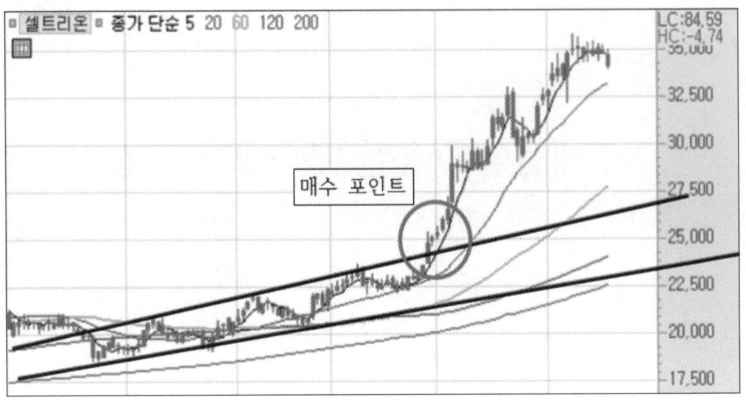

주가가 보합 추세선을 그리다가 갑자기 상향 돌파하는 지점

주가가 곡선운동을 하며 보합세를 유지하는 보합 추세선 범위 안에 있다가 갑자기 급등하면서 치고 올라가는 지점이 매수 포인트다. 이 지점에서 매수하면 수익률을 높일 수 있다.

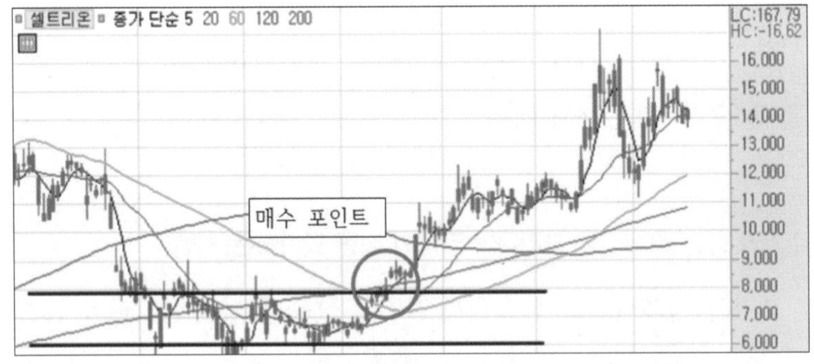

주가가 하향 추세선 안에 있다가 상향 돌파하는 지점

주가가 지속적으로 하향세를 그리며 하향 추세선 안쪽에 있다가 갑자기 반등하면서 치솟는 경우 그 지점을 매수 포인트로 본다. 이 지점에서 매수하면 수익률을 높일 수 있다.

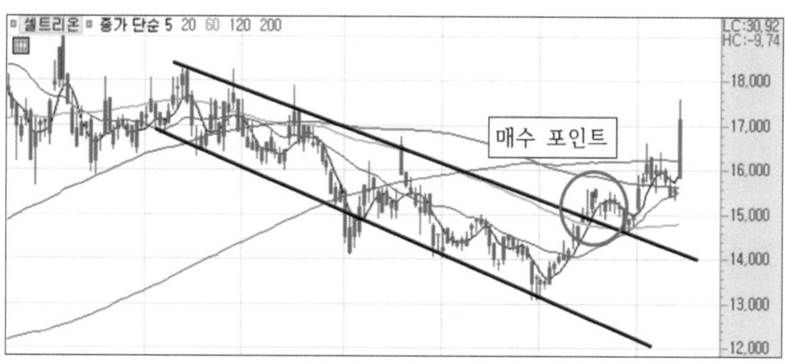

094

추세선을 활용한 매도 포인트 잡기는?

> 추세선은 하향 추세선, 보합 추세선, 상승 추세선으로 나눌 수 있고, 이에 따라 주가가 추세선을 뚫고 내려가는 지점만 잘 파악해도 매도 포인트를 잡을 수 있습니다. 매도시점에 제대로 매도만 해도 높은 수익률을 실현할 수 있습니다.

매도 포인트는 주가가 갑자기 하락하는 지점을 찾는 것이라고 보면 이해가 쉽다. 하지만 주가가 갑자기 하락하더라도 다시 상승반전이 있을 수 있으니 주의해야 한다. 주식 초보자들도 파악할 수 있는 매도 포인트를 함께 살펴보자.

주가가 하향 추세선을 하향 돌파하는 지점

주가가 하락세를 타면서 일정 범위 안에 있거나 저점만 연결한 하향 추세선을 타고 움직이다가 일정한 지점에서 급락하는 경우 그 지점이 매도 포인트가 된다. 매도 포인트에서는 신속하게 매도하는 전략을 취하는 것이 좋으며, 이 지점을 놓칠 경우 지나치게 낮은 주가에서 평가손실을 떠안아야 할 수도 있으니 조심해야 한다.

주가가 보합 추세선을 그리다가 갑자기 하향 돌파하는 지점

주가가 보합 추세선을 따라서 수평적으로 곡선운동을 하다가 어느 순간 보합 추세선 아래로 뚫고 내려가는 경우 그 지점이 매도 포인트다. 이 지점에서 신속하게 매도를 해야 손해를 줄이고 실현 수익률을 높일 수 있다.

주가가 상향 추세선을 그리다가 갑자기 하향 돌파하는 지점

주가가 상승세를 타고 저점을 연결한 상향 추세선을 따라 곡선 운동을 하다가 갑자기 상향 추세선을 뚫고 내려오는 지점이 매도 포인트다. 이 지점을 빠르게 파악해서 매도를 진행하면 손실을 최소화하고 수익률은 높일 수 있다.

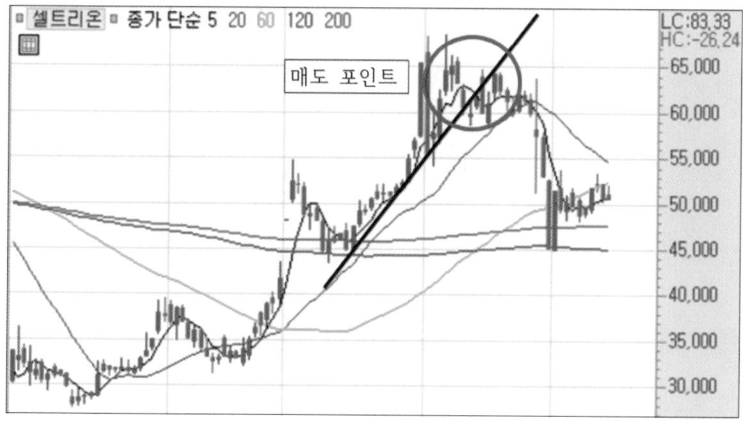

이 밖에도 매도 포인트를 잡는 다양한 전략이 있지만, 다 안다고 해서 쓸 수 있는 것은 아니다. 초보 투자자일수록 오히려 기본 기술만 알아두고 반복적으로 투자하면서 노하우를 쌓는 것이 중요하다.

095

OBV선으로 장세를 파악하는 방법은?

OBV는 On Balance Volume의 약자로 거래량이 주가에 선행한다는 기본 가정 아래 거래량을 분석해서 주가를 예측하기 위한 지표입니다. OBV선은 시장이 보합세나 방향성 없이 곡선운동을 하고 있을 때 주가의 변화를 예측하는 데 사용됩니다. OBV를 통해 매매시점을 잡는 방법을 살펴봅시다.

지금부터 OBV선을 이용해 매매시점을 잡는 방법을 알아보자.

우선 HTS상에서 차트를 띄운다. 다음에서는 셀트리온 종목을 가지고 설명하도록 한다. 차트의 여백에 마우스를 대고 마우스 우측을 클릭한다. 메뉴바가 나오면 지표추가를 클릭한다. 지표추가 창이 뜨면 OBV를 선택하고 적용을 클릭한다.

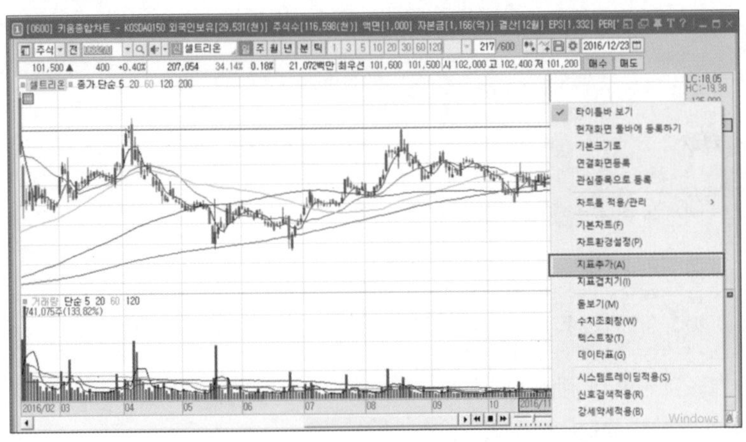

그러면 다음과 같이 OBV 차트가 맨 아래에 추가된다.

OBV 창을 자세히 들여다보면 빨간색으로 된 OBV선과 파란색 시그널선이 보일 것이다. 이를 활용한 가장 기본적 투자방침은 OBV선이 시그널선을 뚫고 올라가는 골든크로스가 발생할 때 매수하고, OBV선이 시그널선을 뚫고 내려가는 데드크로스에서 매도하는 것이다.

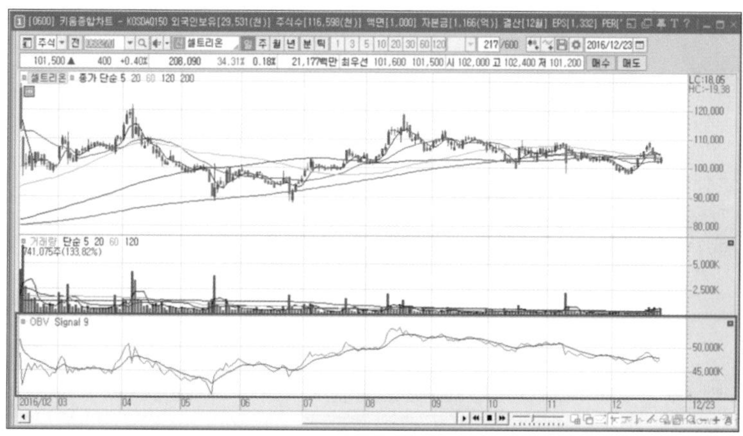

차트를 보면 골든크로스가 발생했을 때 주가가 90,000원까지 떨어졌는데, 이때 매수전략을 취한다. 그리고 데드크로스가 발생했을 때 주가가 118,000원까지 올라갔는데, 이때 매도전략을 취한다. 이를 통해 28,000원의 차익을 실현할 수 있다.

OBV선은 물량의 힘이 주가를 끌어올리는 것을 보는 데 활용한다.

2012년도 상반기 셀트리온의 주가는 4월까지 보합세를 유지했다. 한편, OBV선의 고점은 꾸준히 상승해왔는데, 이때 물량의 상

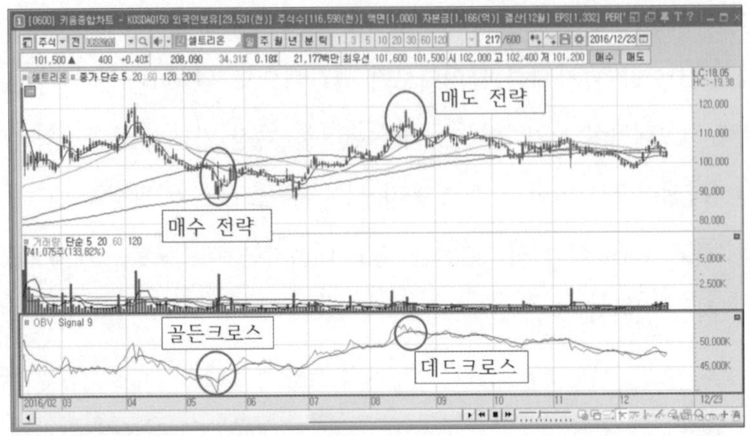

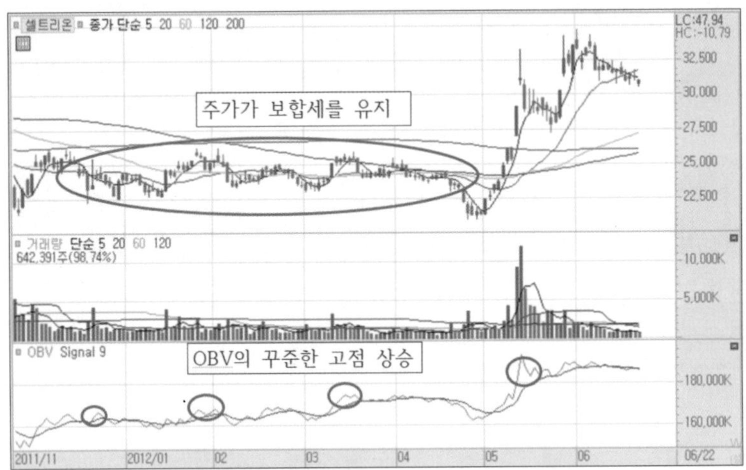

승세로 주가가 조만간 상승할 것으로 예측해볼 수 있다. 예측대로 5월과 6월에 주가가 급등해 25,000원에서 32,500원까지 치솟았다.

반대로 주가가 하락하는 추세에서도 OBV선이 증가하거나 유지되는 추세에 있다면 이 또한 주가가 반등해 상승할 것으로 예측해 볼 수 있다. 이처럼 OBV선은 물량의 힘을 나타내며, 그 흐름만 잘 읽어도 매매시점을 잡아 수익률을 극대화할 수 있다.

096

투자심리선을 활용한 매매시점의 포착은?

투자심리선은 주식시장에서 해당 종목 투자자들의 심리상태를 반영하는 지표입니다. 75%를 넘으면 '과매수'로 보아 매도전략을 취하고, 25% 아래라면 '과매도'로 보아 매수전략을 취해야 합니다. 투자심리선은 주가의 변동을 반영하지 못한 지표라는 한계는 있지만, 투자에 참고하면 시세차익을 얻는 데 도움이 됩니다.

투자심리선은 최근 12일 동안의 매일 종가를 전날 종가와 비교해 상승일수와 하락일수를 계산해서 주식의 과매수over bought 또는 과매도over sold를 파악하는 보조지표다. 즉, 투자심리선은 상승일수/12일로 계산된다. 투자심리선의 형태에 따라 현재 시장이 과열인지 침체인지 판단할 수 있으며, 매매시점도 잡아볼 수 있다.

보통 투자심리선이 75% 이상인 경우에는 주가가 과열돼 매도시점으로 판단하고, 25~75%인 경우에는 중립상태이기 때문에 매매시점을 유보하는 것이 좋다. 만약 투자심리선이 25% 이하라면 주가가 침체기이므로 매수하는 것이 좋다고 판단한다.

이제 투자심리선을 불러와서 실제로 투자에 어떻게 활용하는지 알아보자.

먼저 HTS를 실행하고 접속한다. 그리고 분석하고 싶은 종목의 차트를 열어 투자심리선을 띄우는 데서부터 시작한다.

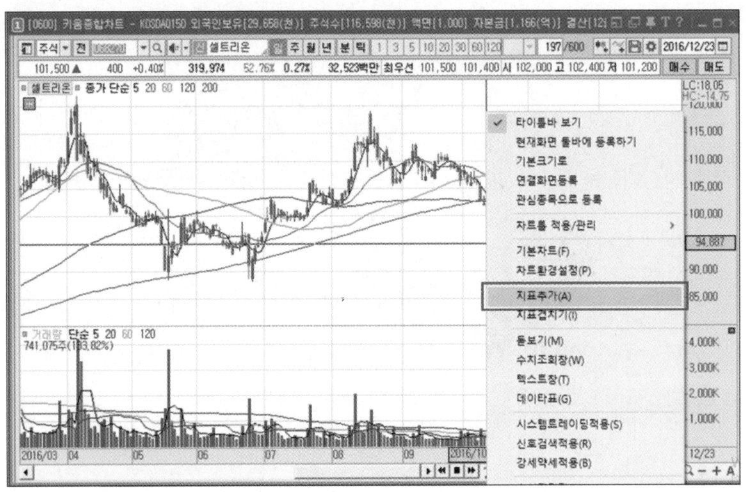

차트의 여백에 마우스를 대고 마우스 우측을 클릭해 지표추가(A)를 클릭한다.

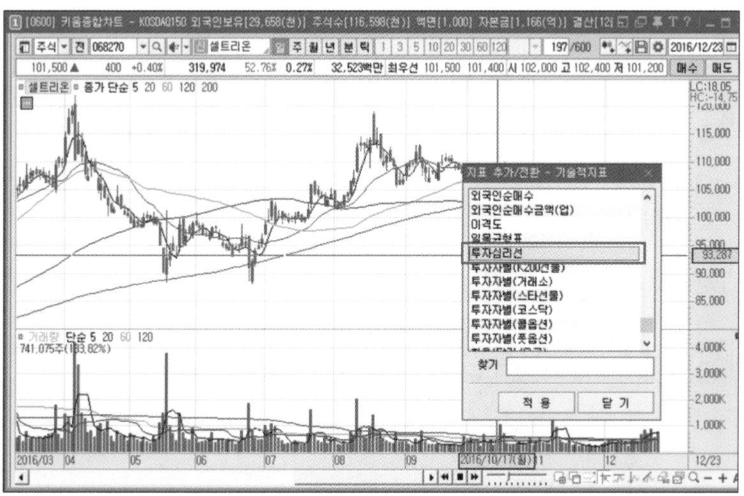

지표추가 창이 뜨면 투자심리선을 선택하고 적용을 클릭한다.

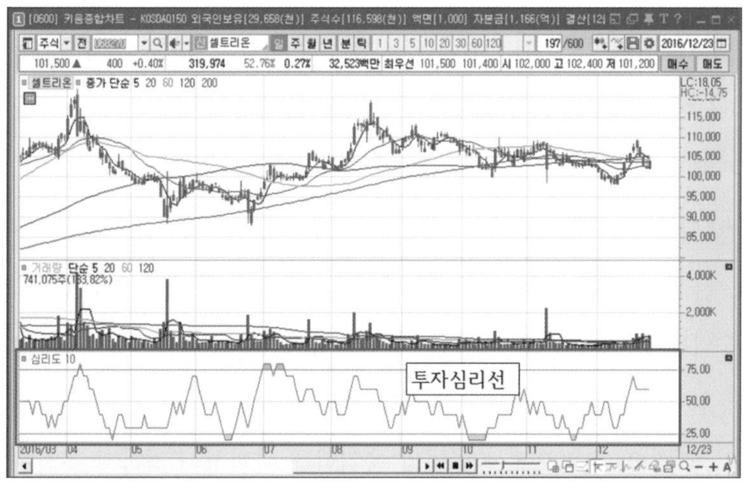

차트와 거래량 아래에 투자심리선 창이 추가되었으니 이제 매매 시점을 파악해 투자전략을 세워보자.

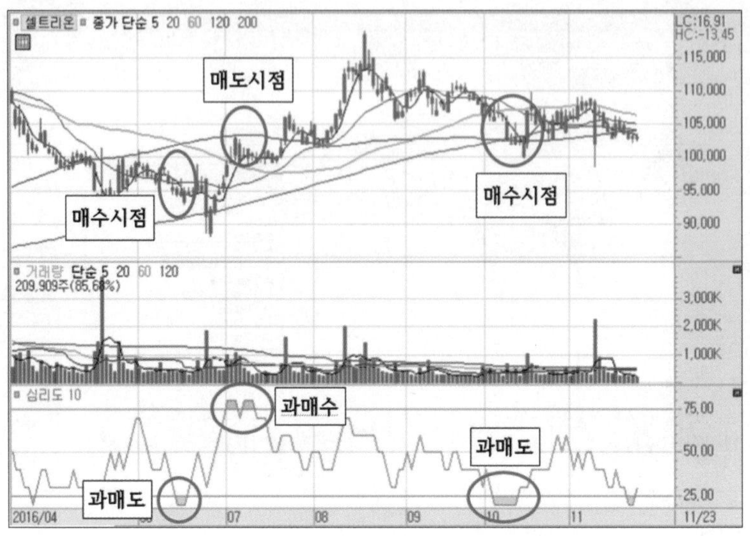

이 차트는 셀트리온의 2016년 주가 차트와 투자심리선을 나타낸 것이다. 투자심리선을 보면 25% 이하는 과매도 구간으로 보고 2016년 6월 약 95,000원에 주식을 매수했다. 그리고 투자심리선 7% 이상은 과매수 구간이어서 주식을 팔아야 하므로, 2016년 7월 과매수 구간에서 약 102,000원에 매도했다. 이에 따라 시세차익이 7,000원 정도 발생했다.

사실 자세히 보면 주식 매도시점 이후에도 주가가 상승했으니 수익을 최대화시키는 전략은 아니다. 하지만 참고해볼 만은 하다.

투자심리선은 주식시장의 심리상태를 나타내는 도구다. 이는 파워풀하지만 한편으로는 주가의 움직임을 완벽히 고려하지 못하는 한계도 지니고 있다. 따라서 다른 보조지표와 함께 사용할 것을 권한다.

097

MACD를 활용한 매매시점의 포착은?

> MACD는 단순 이동평균선 분석보다 주가에 대한 예측력이 높고 매매시점을 판단하는 방법도 단순해서 많은 투자자들이 활용하는 지표입니다. MACD를 투자에 활용하는 방법을 살펴봅시다.

MACD는 Moving Average Convergence and Divergence의 약자로 장단기 이동평균선의 차이를 활용한 지표다. 이동평균선을 통해 주가의 흐름을 예측하고 매매시점을 잡았던 것처럼 지속적으로 모였다 흩어지는 이동평균선의 성질을 이용해서 매매시점을 잡는 데 사용한다. 더욱이 이동평균선은 과거 주가의 평균 추세이므로 미래 주가를 예측하는 데는 한계가 있는데, MACD는 이 한계를 어느 정도 보완해준다. 즉, 이동평균선 분석보다 주가 추세를 훨씬 잘 예측하는 기법인 것이다.

그렇다면 MACD를 활용해서 매매를 하려면 어떻게 해야 할까?

우선 MACD를 불러와서 구성요소와 이를 통한 매매전략도 함께 살펴보자. 먼저 HTS를 실행해 사용자 아이디로 접속하고 분석을 원하는 종목의 차트를 띄운다. 그런 다음 차트의 여백에 마우스를 대고 마우스 우측을 클릭해 지표추가(A)를 클릭한다.

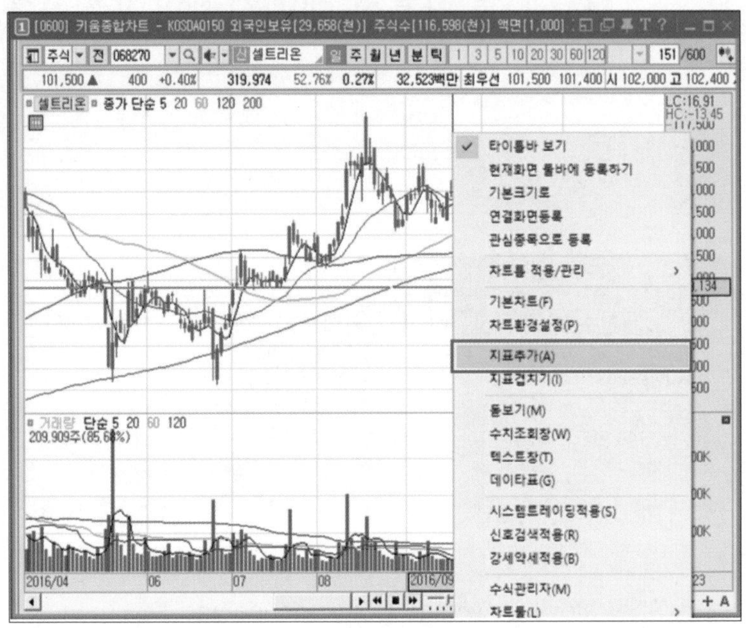

지표추가창이 뜨면 MACD를 선택한 후에 적용을 클릭한다.

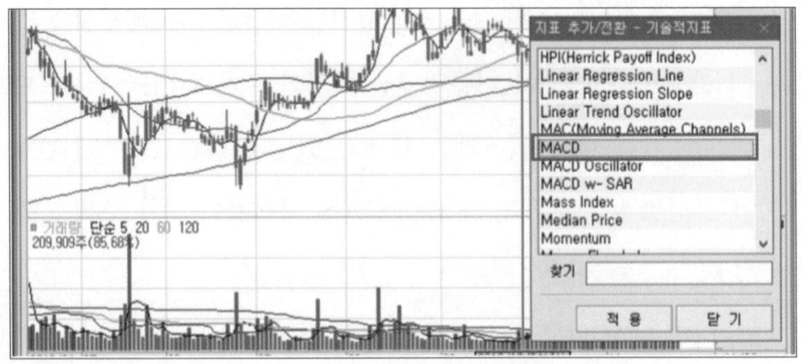

그러면 차트 아래에 MACD 창이 추가된 것을 확인할 수 있다.

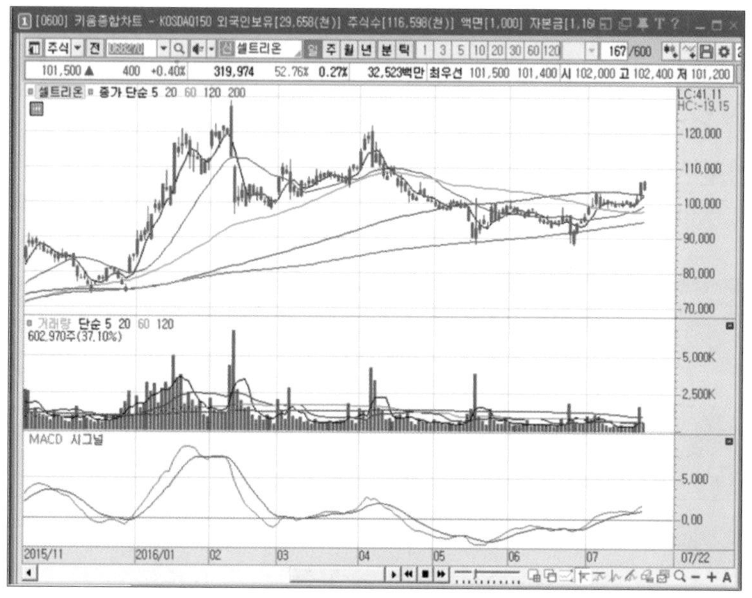

MACD 창을 자세히 보면 빨간색 MACD선과 보라색 시그널선, 기준점 0선이 있는 것을 알 수 있다.

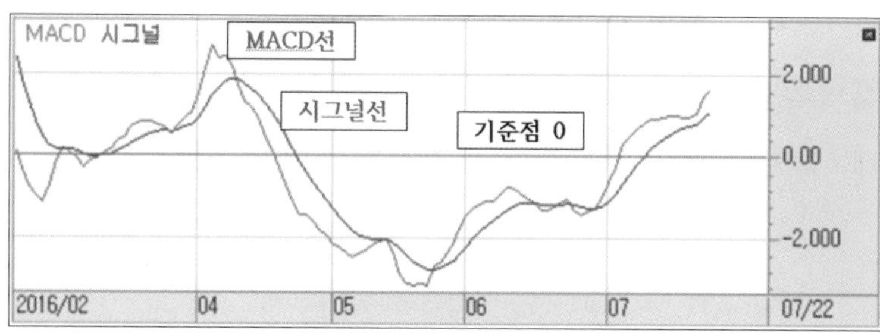

이러한 MACD는 매매시점을 쉽게 찾을 수 있기 때문에 매매전략을 수립할 때 매우 유용하다.

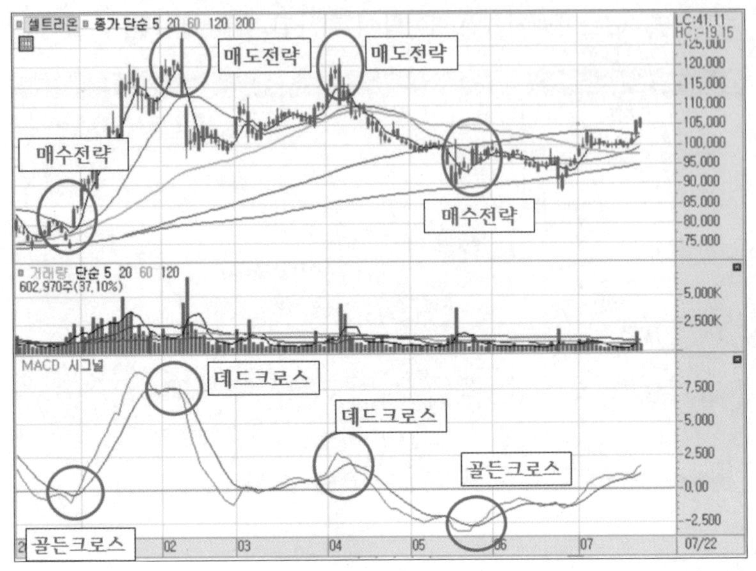

MACD를 이용한 매매전략은 두 가지로 나뉜다.

우선, 크로스 전략부터 살펴보자. MACD선이 시그널선을 뚫고 올라가는 모양이 골든크로스라 할 수 있는데, 이 시점에 매수를 한다. 그리고 MACD선이 시그널선을 뚫고 내려오는 모양은 데드크로스라고 할 수 있는데, 이 시점에는 매도를 한다. 이렇게 매수·매도를 하면 쌀 때 사서 비쌀 때 팔아 시세차익을 얻을 수 있다.

다음으로, 좀 더 단순한 매매전략을 알아보자.

이것은 MACD선을 단순히 기준선인 0선과 비교해서 MACD가 0을 뚫고 올라가는 시점에 매수하고 MACD가 0을 뚫고 내려오는 시점에 매도하는 전략이다.

이 전략을 취할 때는 0 지점과 비교하므로 좀 더 시간을 두고 매

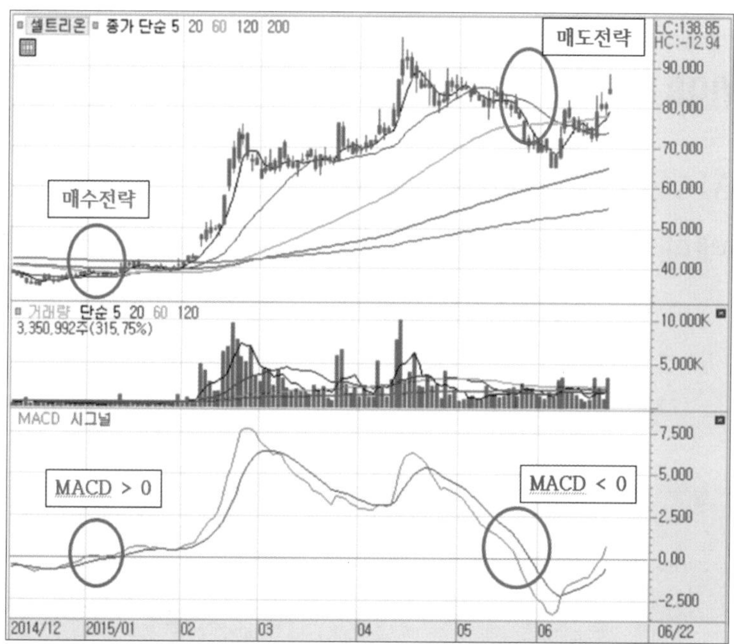

매를 하게 되어 크로스 분석에 비해 시세차익을 더 크게 누릴 수 있다. 다만, 매매기간이 몇 달이나 소요될 수 있어 인내심이 필요한 전략이다.

098

MACD 오실레이터로 매매시점을 포착하는 방법은?

> MACD 오실레이터는 MACD와 더불어 매매시점을 잡는 데 많이 활용되고 있습니다. 0을 기준점으로 MACD 오실레이터의 패턴만 잘 분석해도 시세차익을 얻는 기회를 잡을 수 있습니다.

MACD 오실레이터는 MACD에서 시그널 값을 차감해서 산출한 지표이며, 이 형태를 보고 매매하는 기법이 MACD 분석기법과 함께 많이 사용된다. MACD 오실레이터는 주가를 미리 예측하는 데 탁월하고 선도지표의 기능을 하므로 주가와 MACD 오실레이터의 방향이 반대로 움직일 때를 매매시점으로 잡아 거래하는 전략을 취하게 된다. 이제 구체적으로 MACD 오실레이터를 활용한 투자전략을 세워보자.

우선, HTS를 실행해 사용자 아이디로 접속하고 분석하려는 종목의 차트를 띄운다. 차트의 여백에 마우스를 대고 마우스 우측을 클릭해 지표추가(A)를 클릭한다.

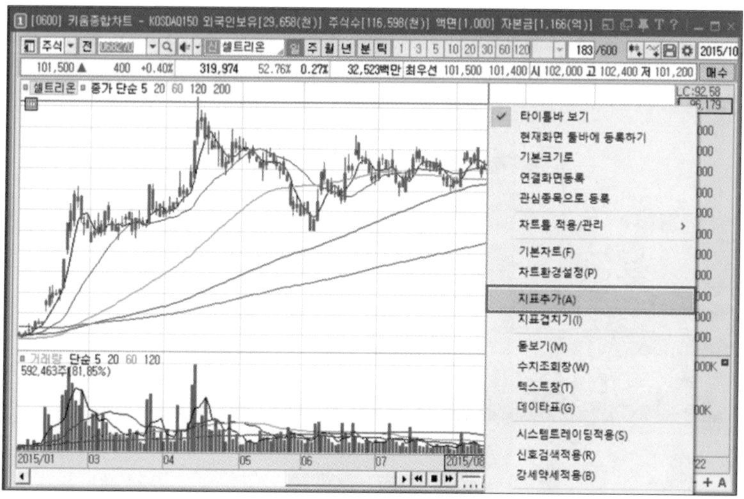

지표추가 창이 뜨면 MACD 오실레이터를 선택하고 적용을 클릭한다.

그러면 MACD 오실레이터 창이 차트 아래에 뜬다.

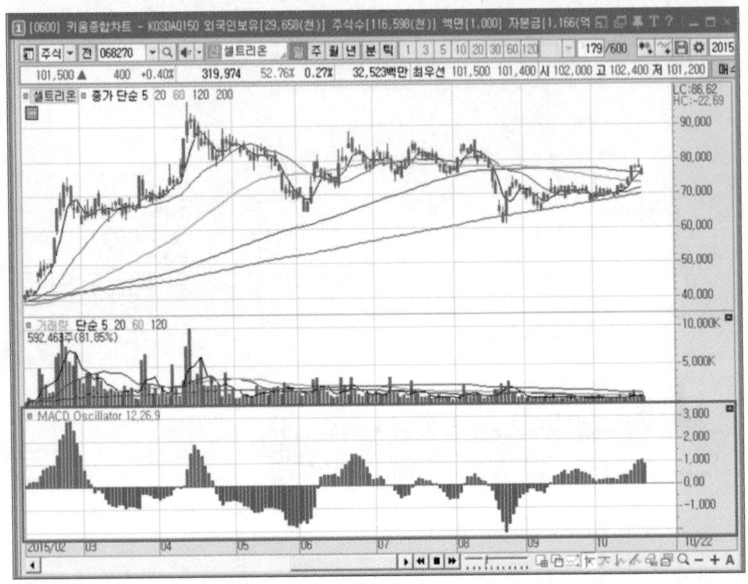

이제 MACD 오실레이터의 형태를 살펴보자.

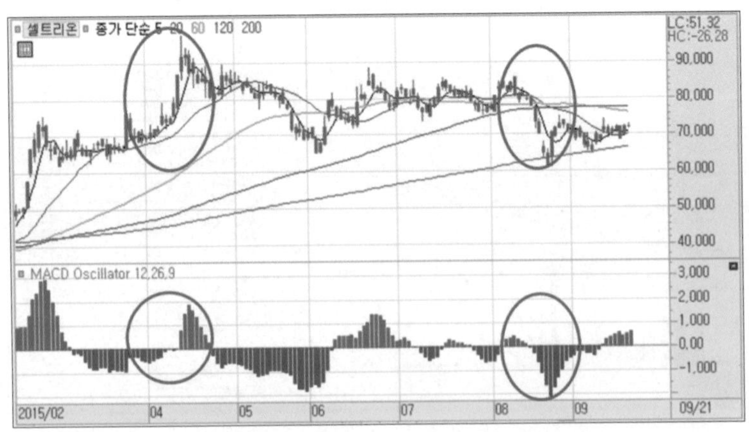

MACD 오실레이터가 음수(-)에서 양수(+)로 전환하는 경우 상승 추세로 주가가 반등하는 것으로 본다. 반대로 MACD 오실레이터가 양수에서 0 지점을 돌파해 음수가 될 경우에는 하락 추세로 주가가 하락할 것으로 예상할 수 있다.

만약 MACD 오실레이터가 0 지점을 뚫기 전이라고 해도 상승 추세를 보이면 이 지점을 매수지점으로 보아 매수전략을 취해야 할 것이다.

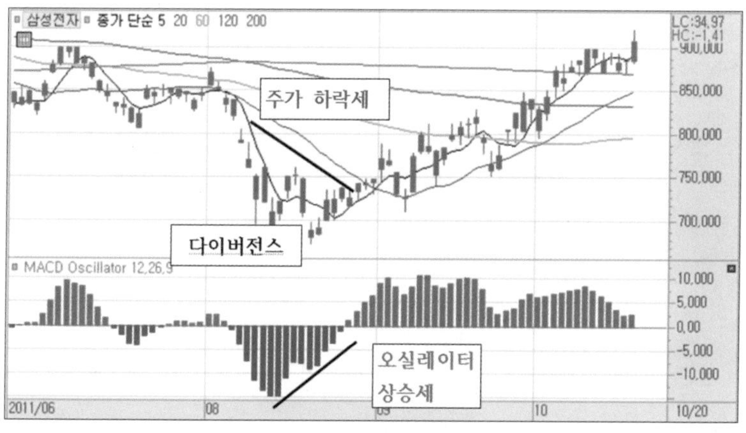

또한 이 차트에서처럼 주가는 하락하고 있는데 MACD 오실레이터는 상승하는 추세를 나타날 때도 있다. 이를 '다이버전스divergence'라고 하는데, 이때는 매수시점으로 보고 즉시 해당 종목을 매수해야 할 것이다. 다이버전스는 하락세에서 상승반전을 예고하는 것이므로 주식을 싼값에 가서 비싸게 팔 수 있는 기회이기도 하다.

099

스토캐스틱을 활용한 매매시점 포착은?

스토캐스틱은 일정기간 동안의 주가 움직임을 가장 잘 예측하는 기법이며, 추세가 없는 주가흐름에도 잘 적용되는 것이 장점입니다. 스토캐스틱 차트를 활용해 수익률을 극대화해봅시다.

스토캐스틱stochastic은 일정기간 동안의 주가 움직임을 예측할 수 있게 도와주는 지표다. 스토캐스틱에는 패스트fast 스토캐스틱과 슬로slow 스토캐스틱이 있는데, 주식투자를 할 때는 일반적으로 슬로 스토캐스틱이 사용된다. 스토캐스틱 분석은 다른 보조지표 분석보다 예측력과 정확도가 높기 때문에 활용하면 수익률을 극대화시킬 수 있을 것이다.

우선, HTS를 실행해 사용자 아이디로 로그인하고 분석하려는 종목의 차트를 띄운다. 차트의 여백에 마우스를 대고 마우스 우측을 클릭해 지표추가(A)를 클릭한다.

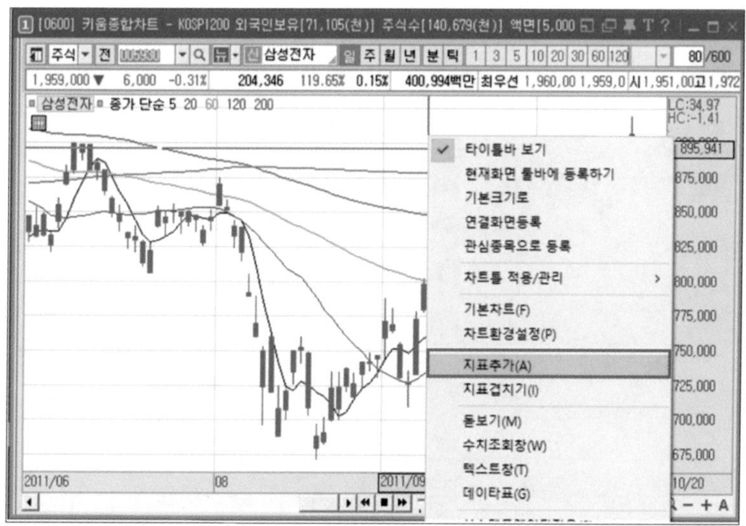

지표추가 창이 뜨면 Stochastics Slow(스토캐스틱 슬로)를 클릭한 뒤 적용을 클릭한다.

그러면 스토캐스틱 창이 추가될 것이다.

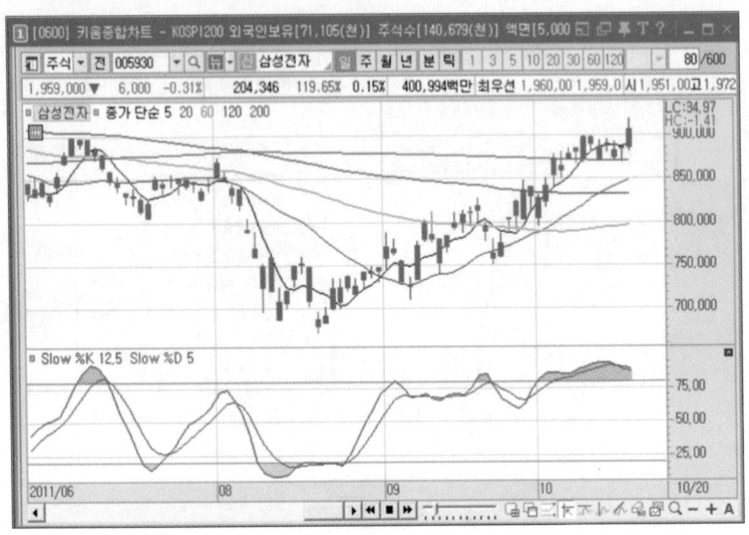

스토캐스틱 선은 빨간색의 슬로 %K와 보라색의 슬로 %D로 구분해서 표시된다. 슬로 %K는 다음과 같이 계산된다.

$$\frac{\text{(오늘 종가 - 최근 n일 동안 장중최저가)의 3일간 이동평균}}{\text{(최근 n일 동안 장중최고가 - 최근 n일 동안 장중최저가)의 3일간 이동평균}}$$

슬로 %D는 슬로 %K의 3일 단순 이동평균값을 뜻하는데, 이런 계산방법은 투자를 하는 데는 아무 필요가 없으니 잊어도 된다.

이제 구체적으로 스토캐스틱 매매방법을 살펴보자.

먼저 스토캐스틱이 80을 넘어서면 과매수 구간으로 보아 매도시점으로 보아야 한다. 즉, 스토캐스틱이 80을 넘어섰다가 다시 내려오려는 시점에 즉각 매도를 해야 한다. 반대로 스토캐스틱이 20 아래에 머무르면 과매도 구간이라고 볼 수 있다. 이때 20 아래의 구간에서 다시 올라가려는 시점에 매수를 하면 수익률을 높일 수 있다.

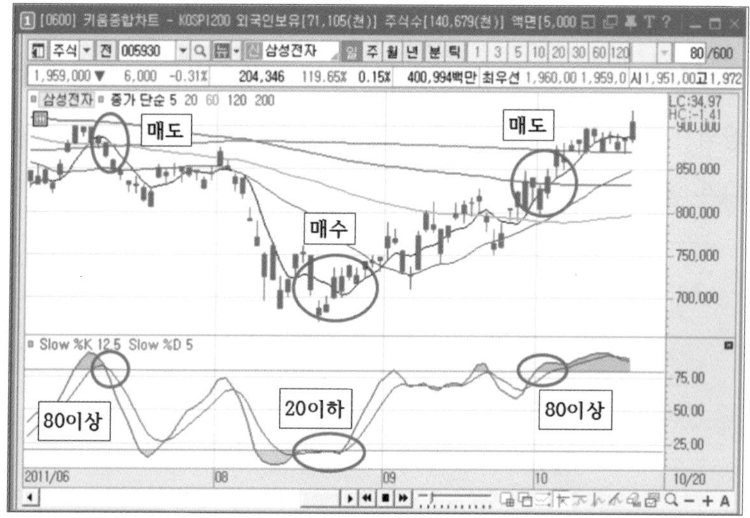

또 다른 전략은 스토캐스틱도 다른 보조지표와 마찬가지로 추세를 보인다는 점에서 착안한 전략이다. 스토캐스틱이 증가하는 추세를 보이면 주가도 상승세를 타게 되고, 스토캐스틱이 감소하는 추세를 보이면 주가도 하락세를 타게 된다. 이를 읽으면서 매매시점을 잡는 것도 가능하다.

스토캐스틱의 추세와 주가의 추세는 거의 비슷하게 움직인다. 스토캐스틱의 흐름을 잘 보고 주가의 방향을 예측한 뒤 상승세가 예상되는 경우에는 매수전략을, 하락세가 예상되는 경우에는 매도전략을 펼치는 것도 한 방법이다.

100

볼린저밴드를 활용한 매매시점 포착은?

볼린저밴드는 주가가 움직일 수 있는 범위를 90% 이상의 확률로 계산해 밴드로 설정한 지표를 말합니다. 주가의 흐름을 파악하고 매매시점을 잡는 데 유용하기 때문에 요즘 투자자들은 볼린저밴드를 많이 사용합니다.

볼린저밴드Bollinger Bands는 주가가 움직이는 편차를 고려해 주가가 이 범위 내에서 움직일 것이라고 제시한 범위를 말한다. 주가는 이동평균선을 그리면서 일정한 변동성 안에서 움직이게 되는데, 여기에서 착안해 개발된 것이 볼린저밴드다. 볼린저밴드는 상한선·중심선·하한선으로 구성되어 있으며, 상한선과 하한선은 매매전략을 취하는 데 중요한 역할을 한다. 주가가 볼린저밴드를 이탈하면 주가가 급등하거나 급락하는 신호로 보아 매매시점을 잡는다.

이제 볼린저밴드를 이용해 투자 수익률을 높이는 방법을 알아보자. 우선 HTS를 실행해 사용자 아이디로 접속하고 분석하려는 종목의 차트를 띄운다. 차트의 여백에 마우스를 대고 마우스 우측을 클릭해 지표추가(A)를 클릭한다.

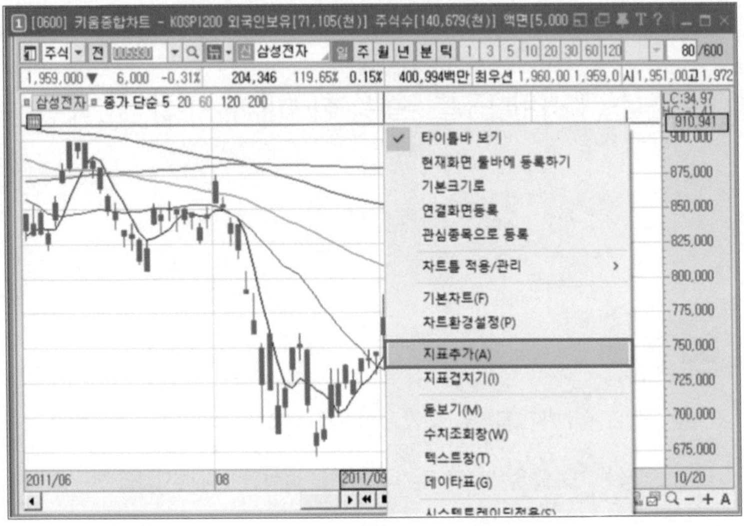

지표추가창이 뜨면 볼린저밴드를 선택한 뒤 적용을 클릭한다.

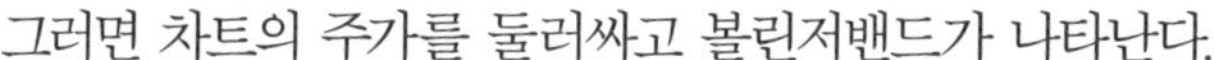

그러면 차트의 주가를 둘러싸고 볼린저밴드가 나타난다.

주가 위쪽에 나타나는 빨간색 선이 상한선, 주가 아래쪽에 나타나는 파란색 선이 하한선이고 가운데 선이 중심선이다. 주가는 90% 이상의 확률로 볼린저밴드 안에서 곡선운동을 하며 움직인다. 이때 주가가 볼린저밴드의 상한선이나 하한선을 뚫고 삐져나가는 경우 추세 변화를 예상할 수 있다.

주가가 볼린저밴드의 상한선을 뚫고 올라가면 주가가 급등하는 신호로 볼 수 있고, 하한선을 뚫고 내려가면 주가가 급락하는 신호로 볼 수 있다. 이때 볼린저밴드의 폭이 가늘게 나타나는 경우 주가가 전환되기 위해 보합세를 보이는 중이라고 볼 수 있다. 주가의 변동이 작은 부분에서는 볼린저밴드가 얇고 길며, 이럴 때는 투자시점을 기다리는 것이 좋다. 주가가 볼린저밴드 안에서 놀다가 볼린저밴드 하한선에 붙으면 매수시점으로 볼 수 있다. 반대로 볼린저밴드 상한선에 붙는다면 매도시점이다.

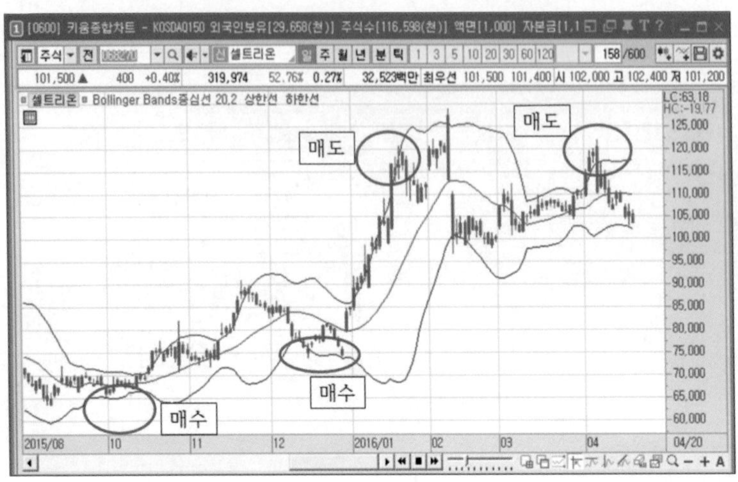

만약 볼린저밴드 하한선에서 중심선을 뚫고 올라간다면 즉각적으로 매수하는 것이 유리하다. 주가가 상승세를 보일 것이기 때문이다.

반대로 볼린저밴드의 상한선에서 주가가 머무르다가 중심선을 뚫고 내려온다면 매도시점으로 보면 된다.

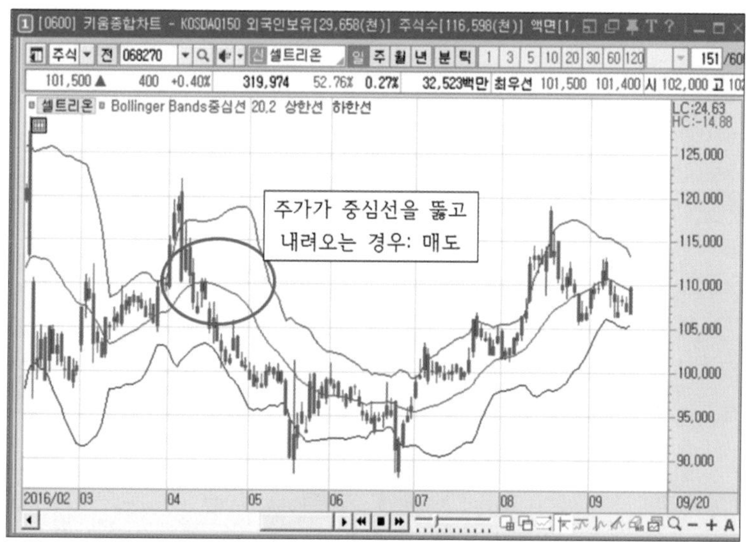

이와 같이 볼린저밴드를 잘만 활용하면 매매시점을 잡아 수익률을 높일 수 있다. 보조지표를 활용해서 투자하는 것은 데이트레이더나 단타매매를 즐기는 개미들에게 유용한 무기가 되어줄 것이다.

부록

주식매매의 첫걸음

001

HTS(홈트레이딩시스템)란?

요즘에는 인터넷을 통해 집에서도 손쉽게 주식거래를 할 수 있도록 증권사마다 HTS(홈트레이딩시스템) 서비스를 제공하고 있습니다. HTS는 증권사마다 조금씩 다르지만 기능은 거의 비슷합니다. 각자 증권사 홈페이지에서 프로그램을 다운로드해서 주식투자를 시작해봅시다.

HTS Home Trading System는 증권사에 직접 가지 않고도 주식을 집에서 쉽게 거래할 수 있게 만든 시스템이다. 증권사마다 인터페이스가 다르고 주식 투자자가 사용할 수 있는 기능 면에서도 다소 차이가 있으므로 투자자는 기본적으로 자신에게 맞는 HTS를 선택하는 것이 좋다. 사실 어떤 HTS를 설치하든 기본적인 거래기능은 비슷하다. 그런데 투자공부를 하면서 고급기능도 사용하게 될 것이므로 다른 투자자들이 많이 사용하는 HTS를 사용하는 것이 유리하다.

내가 주로 쓰는 HTS는 키움증권에서 나온 영웅문이다. 용량은 250메가 정도이며, 가장 많은 유저들이 사용하고 기능도 다양한 것이 장점이다. 호가주문 창에서 클릭 한 번으로 주문이 가능하고, 금액 버튼을 설정하면 알아서 주식수가 계산되는 등 빠르고 편리하게 매매할 수 있다. 보유주식의 현재 상황이 실시간으로 확인되고 손익이 얼마인지까지 계산되어 나오며, 자동주문 기능도 있어 거래를 할 때 매우 간편하다.

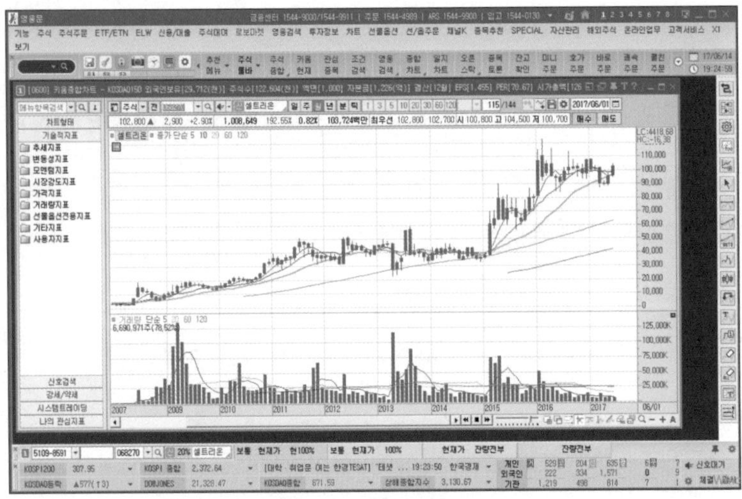

키움증권의 영웅문 외에도 대신증권의 크레온이나 NH증권의 나무 등 다양한 HTS가 있다. 요즘에는 모든 HTS가 편리한 인터페이스와 기능을 제공하기 때문에 사실 기능 면에서는 큰 차이가 없다.

투자정보나 종목분석을 알아볼 수 있는 웹사이트와 검색엔진기능이 많이 발달해 있는 만큼 HTS는 분석과 함께 거래 시 신속하고 편리한 인터페이스를 제공하는 것이 중요하다고 생각한다. 모든 HTS를 사용해본 것은 아니어서 다른 HTS 프로그램에 대해 구체적으로 언급할 수는 없지만 대부분의 기능은 비슷하다. 기본 기능이 비슷하기 때문에 자신이 사용하기에 편리하면 그뿐이다. 사실 앞에서 소개한 네이버 금융이나 에프앤가이드의 종목분석자료 정도로도 충분히 투자에 활용하고도 남는다.

002

MTS(모바일트레이딩시스템)란?

> MTS(모바일트레이딩시스템)는 스마트폰과 같은 모바일 기기를 이용해 실시간으로 주식투자를 할 수 있도록 증권사에서 제공하는 시스템입니다. 이를 잘만 활용하면 주식투자의 생명인 타이밍을 잘 맞춰가면서 투자를 할 수 있습니다.

직장인들이 주식투자를 하기 좋은 시대가 왔다. 스마트폰만 있으면 주식투자를 실시간으로 할 수 있게 된 것이다. 주식거래는 타이밍이 생명이기 때문에 모바일 기기로 거래하는 것이 더 적합하다. 이제 스마트폰으로 주식투자를 하는 방법인 모바일트레이딩시스템에 대해 자세히 알아보자.

MTS Mobile Trading Sytem는 스마트폰이나 기타 모바일 기기로 주식거래를 할 수 있도록 증권사에서 제공하는 시스템이다. 주식투자자들은 증권사에서 제공하는 MTS 어플을 스마트폰에 설치만 하면 이를 이용해 쉽게 주식투자를 할 수 있다. 기존에는 HTS가 대세였지만, 지금은 걸어 다니면서도 주식투자를 할 수 있는 MTS의 사용이 늘고 있다.

MTS로는 주식종목의 매수와 매도가 가능하고 보유종목을 통한 손익도 확인할 수 있다. 또한 증시와 종목, 차트 분석, 재무제표 등의 조회가 가능하므로 한마디로 '스마트폰 속의 주식거래소'라 할 수 있다.

MTS의 장점은 언제 어디서든 주식투자를 할 수 있다는 것이다. 종목을 실시간으로 분석하고 의사결정을 통해 투자할 수 있으므로 잘만 활용하면 이익이 된다. 증권사에서도 스마트폰 유저들을 위해 다양한 기능을 강화하고 있다. 최근에는 음성인식 검색기능과 투자자들의 의견을 공유하는 기능도 추가되었고, 초보자들을 위한 주식교육 자료도 제공하고 있다.

참고

증권사별 MTS의 종류

어플을 다운받을 수 있는 스토어에 접속해 MTS를 검색하면 증권사별 MTS를 찾을 수 있다. 아래와 같이 증권사별 MTS를 소개한다.

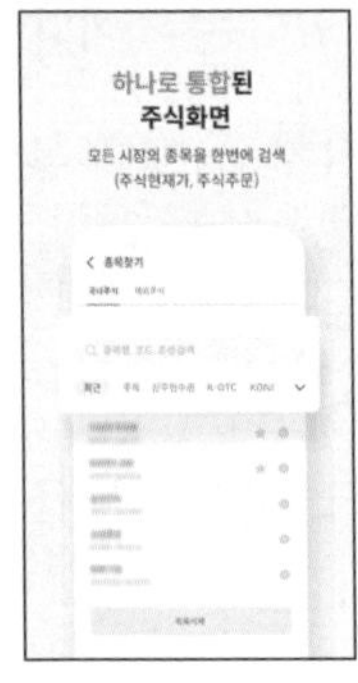

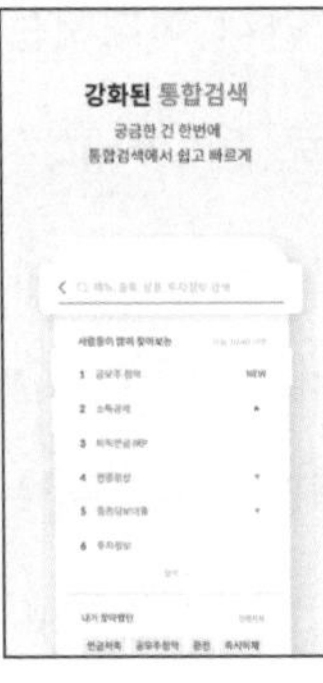

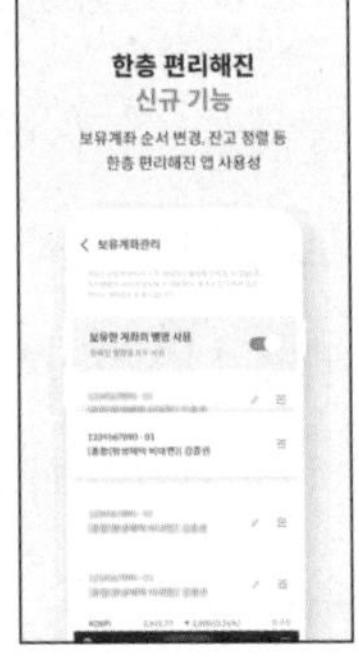

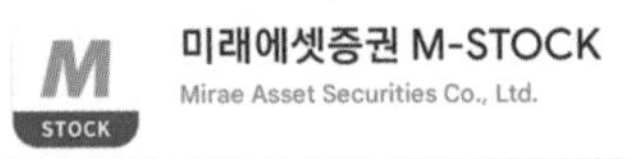

참고

나무증권-일상의 Shift
NH투자증권(주)

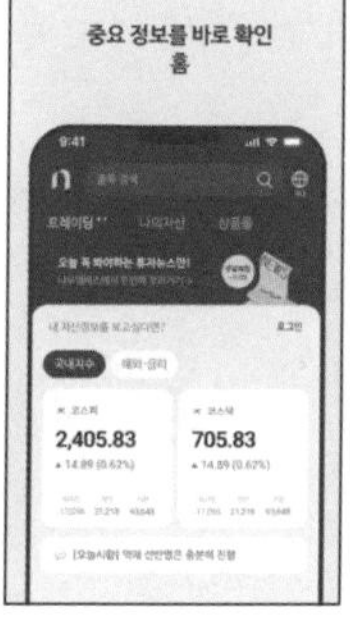

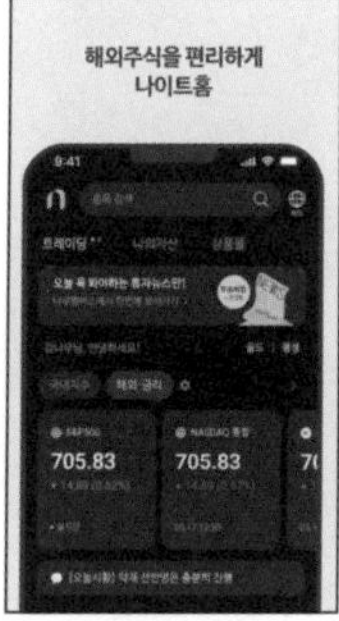

대신증권 크레온 (온라인 전용)
daishin securities

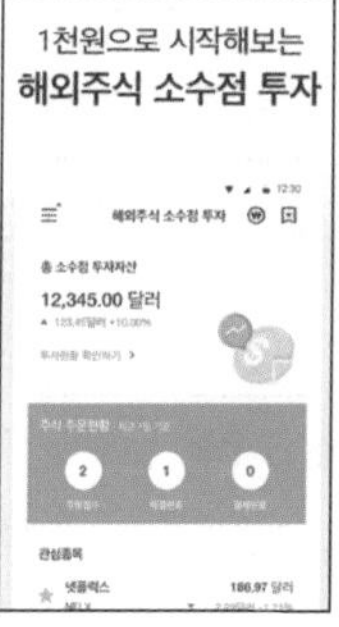

003

HTS를 설치하는 방법은?

> 많은 주식 초보자들이 HTS의 설치를 어려워하지만, 사실 공인인증서 받기부터 시작해서 증권사 홈페이지를 통해 HTS를 다운로드해 설치하고 로그인하는 것은 아주 쉬운 절차입니다. PC에 공인인증서가 설치돼 있다고 가정하고 HTS 설치방법을 소개합니다.

증권사마다 제공하는 HTS 프로그램은 다르지만 증권사 홈페이지에 가면 다운로드할 수 있다는 점은 같다. 이제 내가 자주 사용하는 키움증권의 영웅문을 기준으로 설명해보기로 한다.

먼저 네이버에서 키움증권을 검색한다.

증권사 홈페이지 링크가 뜨면 그것을 클릭해 키움증권 홈페이지에 접속한다(다른 증권사도 비슷한 방식으로 하면 된다). 증권사 홈페이지가 뜨면 HTS 메뉴를 찾아 들어간다.

키움증권의 메인페이지에서 다운로드라는 메뉴를 클릭한다.

그러면 아래와 같이 영웅문을 다운로드할 수 있다. PC버전을 다운로드하여야 컴퓨터에서 HTS를 이용할 수 있다.

영웅문4 다운로드를 클릭하면 다운로드할 수 있다. 용량이 생각보다 크지 않아 부담 없이 설치할 수 있다. 설치하기를 클릭하면 아래와 같이 설치화면이 나타나고 설치하면 된다.

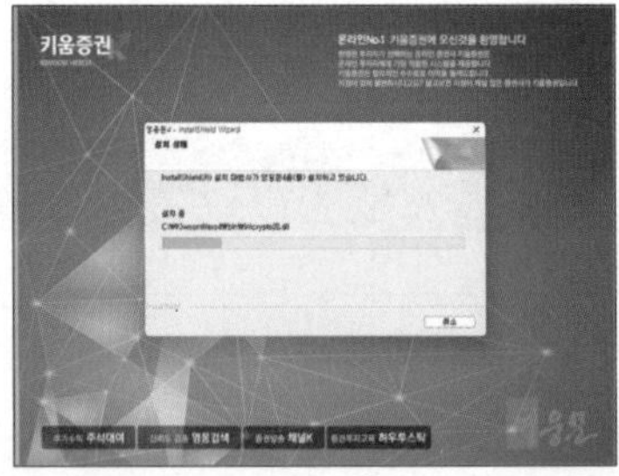

HTS 설치가 완료되면 컴퓨터 바탕화면에 영웅문4라는 아이콘이 생성된다. 이를 더블클릭해서 HTS 접속 첫 단계에 돌입해보자. 접속하면 다음과 같은 화면이 뜬다. 이때 비밀번호뿐만 아니라 인증비밀번호도 필요하다. 그러므로 주식거래를 하려면 증권계좌를 만들고 증권사 회원가입을 할 때 ID와 비밀번호뿐만 아니라 인증서를 받아두어야 한다. 이미 인증서를 받아두었다면 바로 로그인하면 된다.

로그인하면 본격적으로 HTS에 접속해 주식거래를 할 수 있게 된다. 다음과 같은 화면이 뜨면 주식거래를 할 수 있는 HTS에 접속된 것이다.

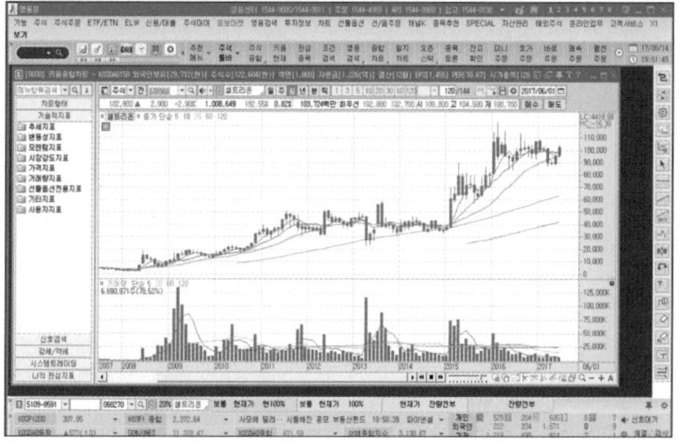

004

MTS를 설치하는 방법은?

주식투자자들이 MTS를 사용하는 것이 요즘의 추세인데, 초보 투자자들 가운데는 시작을 좀 어려워하는 경우가 있습니다. 그런데 막상 해보면 앱스토어에서 MTS를 다운로드해 설치하고 로그인하기까지의 과정은 그리 어렵지 않습니다.

계좌개설과 회원가입을 하였다면 스마트폰 앱스토어에서 MTS를 검색하여 다운로드하자. 키움증권 이용자라면 영웅문을 검색하여 다운로드하면 된다.

[안드로이드 - Play스토어]

[아이폰 - 앱스토어]

설치가 완료되면 어플리케이션을 열어 실행한다. 로딩이 완료되면 메인 화면이 아래와 같이 뜰 것이다.

여기서 트레이딩을 본격적으로 이용하기 위해서는 맨 아래 인증/보안 탭을 클릭하여 공동인증서나 OTP를 등록한 후 이용하기 바란다.

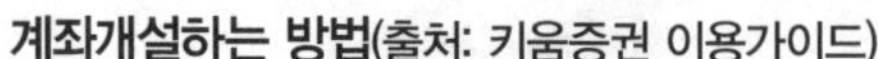

계좌개설하는 방법(출처: 키움증권 이용가이드)

① 로그인화면 하단 키움계좌개설 선택

② 종합 계좌개설하기 선택

③ 계좌개설 진행

④ 계좌개설 완료

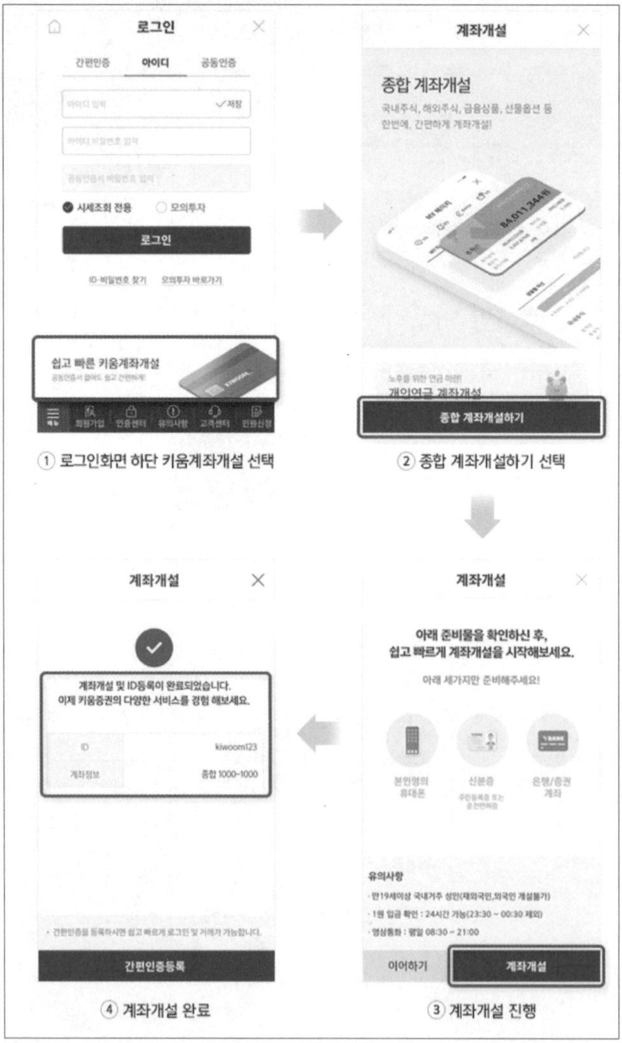

간편인증서 발급 방법(출처: 키움증권 홈페이지 이용가이드)

005

HTS로 주식을 거래하는 방법은?

HTS로 주식을 매수 및 매도하는 절차는 생각보다 간단합니다. 다음에 설명하는 절차대로 따라 하기만 하면 됩니다.

이번에는 HTS를 통해 주식을 거래해보자. 거래는 주식종목을 사는 매수와 보유하고 있는 주식을 파는 매도로 나누어진다.

우선 HTS에 접속하면 여러 창이 뜨는데, 모든 창을 닫고 초기화면을 보면 다음과 같다.

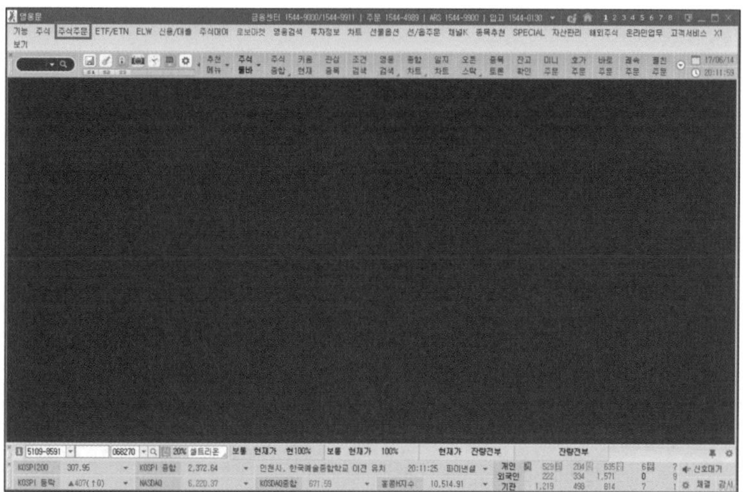

주식을 거래하려면 맨 위의 메뉴바에서 '주식주문'을 클릭한다.

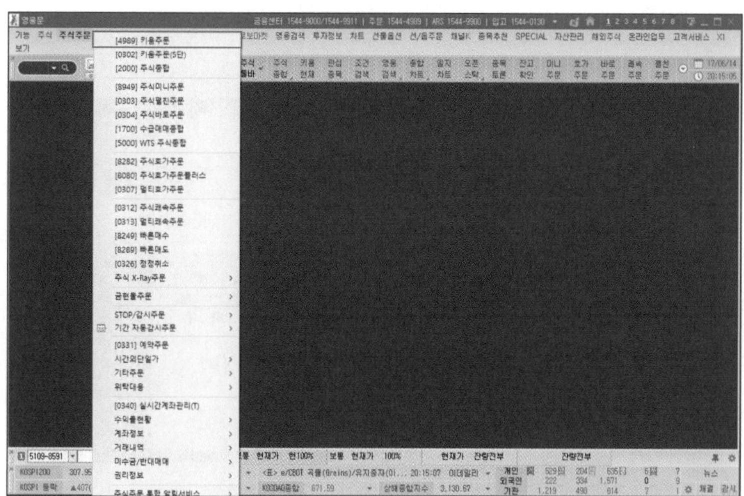

하위 메뉴 중에서 '키움주문'을 클릭한다(증권사마다 다소 차이가 있지만 방식은 비슷하다).

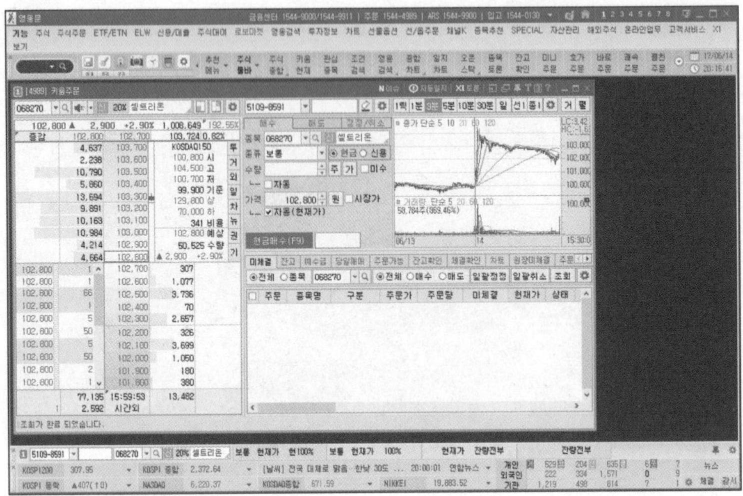

위와 같이 주문 팝업창이 뜨면 사고 싶은 종목을 검색해보자.

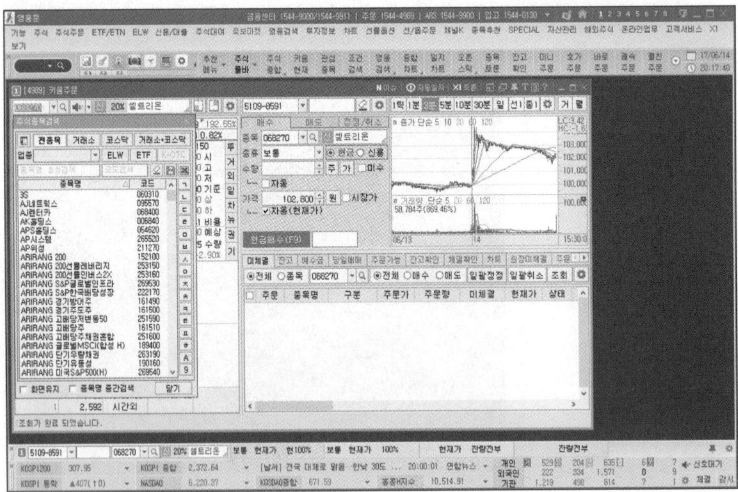

주문창 왼쪽 위의 돋보기 모양을 클릭하면 '주식종목검색' 창이 뜬다. 그 아래에 종목검색을 할 수 있는 칸이 있다.

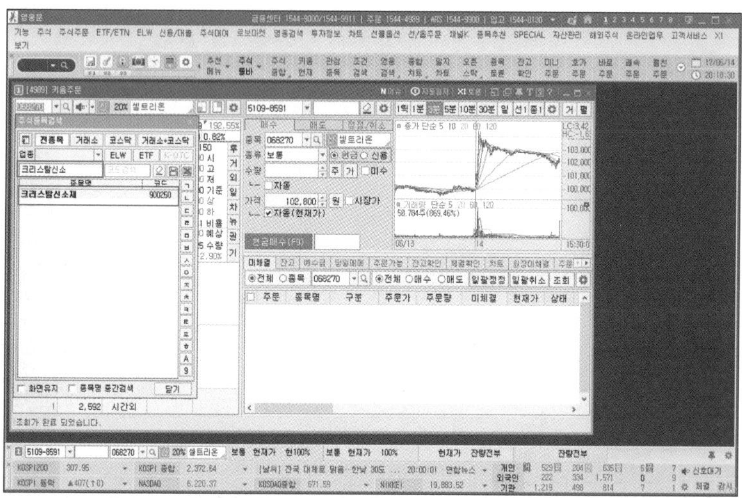

예를 들어 '크리스탈신소재'라는 종목을 검색하면 바로 아래에 종목이 뜬다. 그 종목을 더블클릭한다.

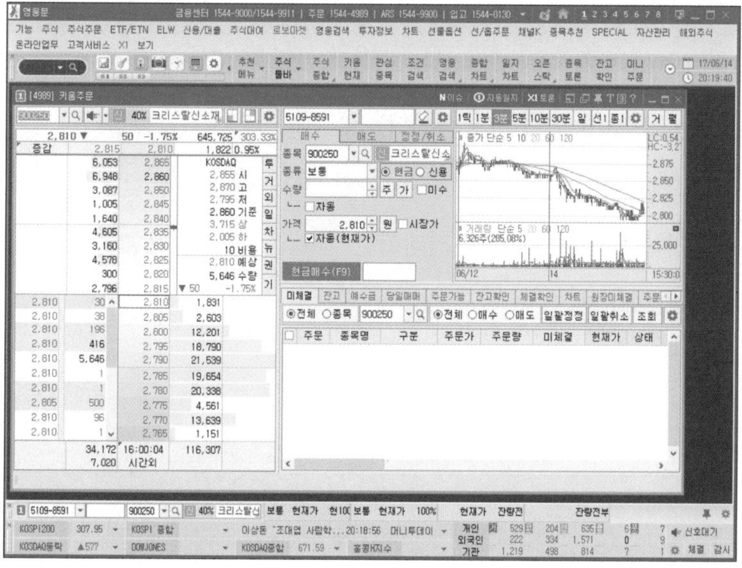

해당 종목인 '크리스탈신소재'에 대한 매수 정보가 뜬다. 이제 본격적으로 매수를 진행해보자.

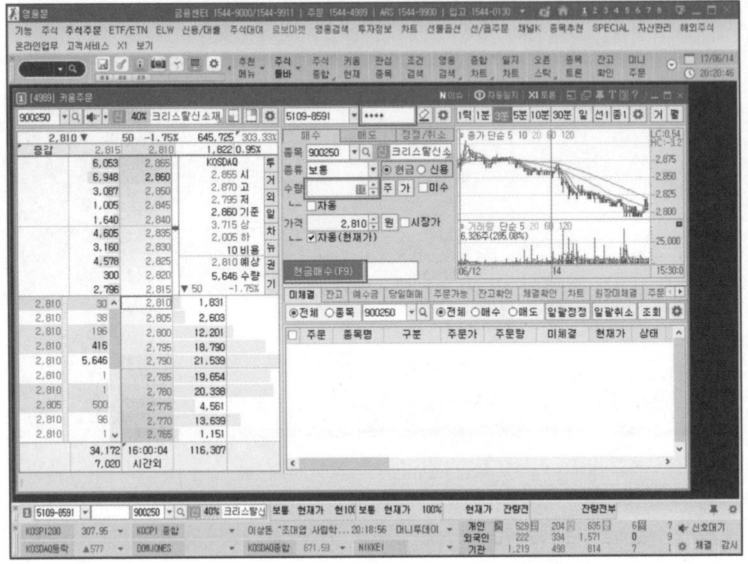

계좌번호 칸 옆에 계좌 비밀번호를 입력해야 매수단계로 넘어갈 수 있으니 우선 입력하자. 그런 다음 수량을 입력하고, 가격은 왼쪽 호가표를 보고 입력한다. 마지막으로, '현금매수'를 클릭한다.

다음과 같이 매수주문 창이 뜨면 '매수확인'을 클릭한다. 이제 매수가 진행된다. 참고로 거래시간 내에만 매수가 가능하다는 사실을 알아두자.

다음으로 매도하는 방법을 알아보자. 매도는 매수의 반대라고 생각하면 이해하기 쉬울 것이다.

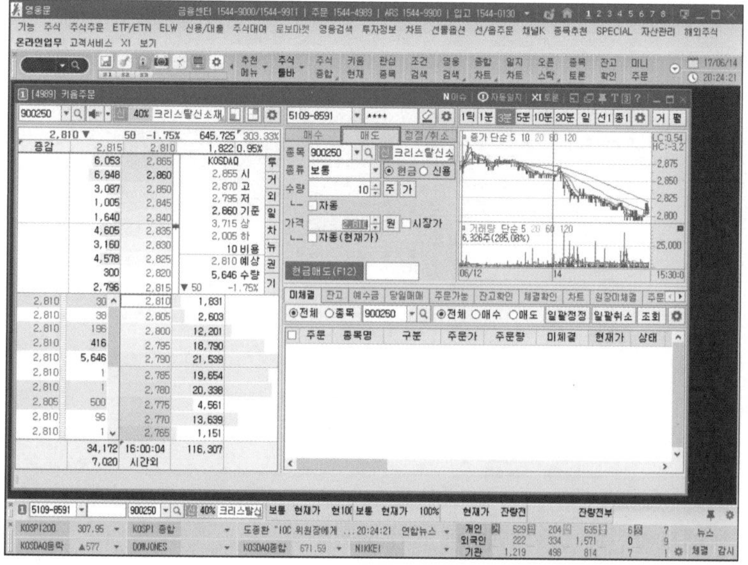

매수 탭 오른쪽에 있는 '매도' 탭을 클릭한다.

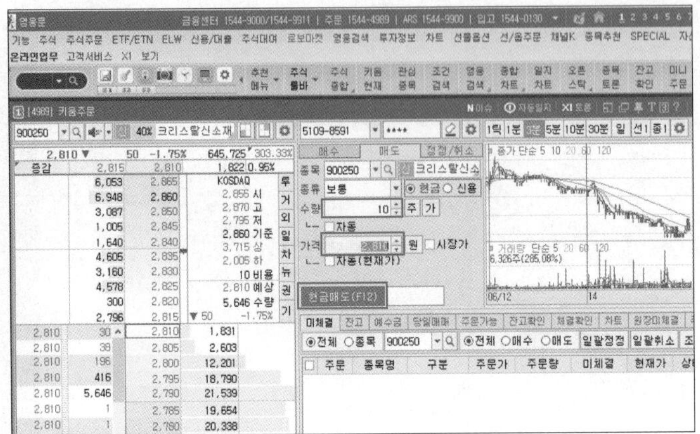

매도 수량을 지정하고 가격을 설정한 다음, '현금매도'를 클릭하면 매도가 진행된다. 호가는 앞서 설명한 대로 저렴하게 입력할수록 매도될 가능성이 크지만, 현재 시가로 매도를 확정하려면 '자동(현재가)'에 체크를 하면 된다.

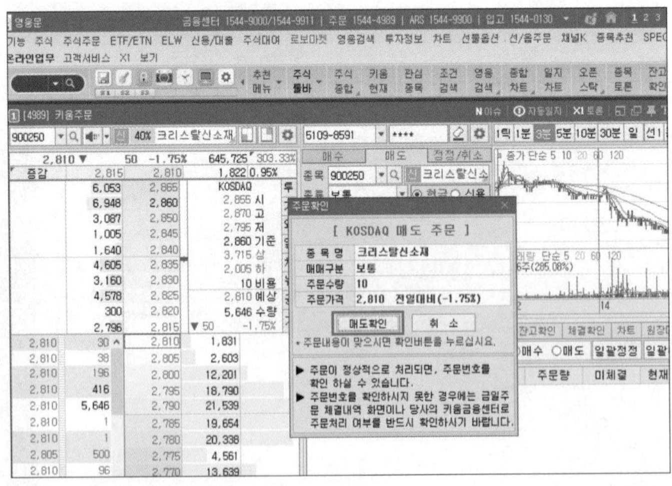

'매도확인'을 클릭하면 매도가 완료된다.

006

MTS로 주식을 거래하는 방법은?

MTS로 주식을 거래를 하는 방법은 HTS보다 간편합니다. MTS를 설치해서 로그인한 다음 몇 번의 간단한 절차로 거래가 가능하니 따라 해봅시다.

앞에서 MTS를 설치하고 로그인하는 방법을 알아봤으니 이제 스마트폰을 사용해서 MTS로 종목을 매수 및 매도하는 방법에 대해 알아볼 차례다. 원하는 종목이 있는데 매수를 하지 못한다면 아무 의미가 없다. 직접 매수주문을 넣고 주식을 살 수 있어야 한다.

종목을 매수하는 방법

1. 우선 매수를 위해서는 아래쪽의 '주문' 버튼을 클릭한다. 그러면 주문을 위한 화면이 나오는데, 이제 하나씩 따라 해보자.

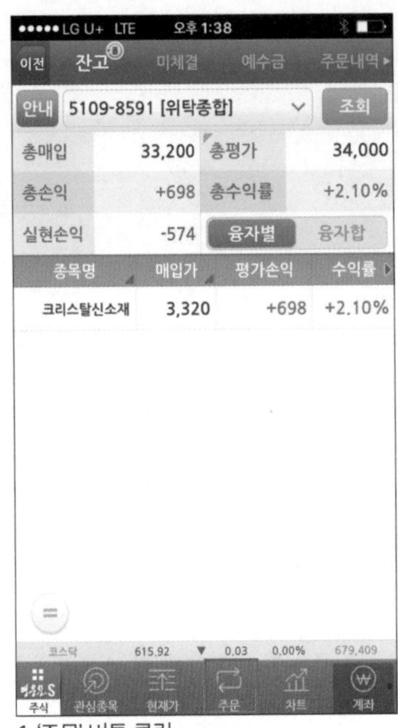

1. '주문' 버튼 클릭

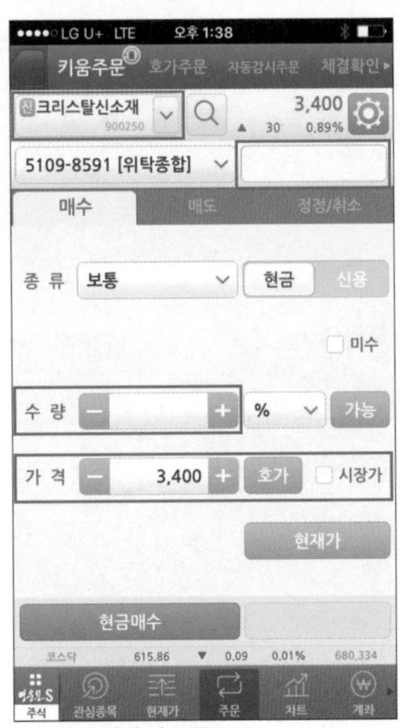

2-1. 종목 검색 및 주문

2. 창에서 자신이 원하는 종목을 검색하고 하나씩 주문을 진행해 나가면 된다.

예를 들어 '크리스탈신소재'라는 종목을 산다고 가정해보자. 맨 위 종목검색 창의 돋보기를 클릭해서 종목명을 검색하고 누르면 관련정보가 자동으로 입력된다.

바로 아래 빈칸에는 계좌 비밀번호를 미리 입력해두자. 계좌 비밀번호 없이는 주식을 매수할 수 없다.

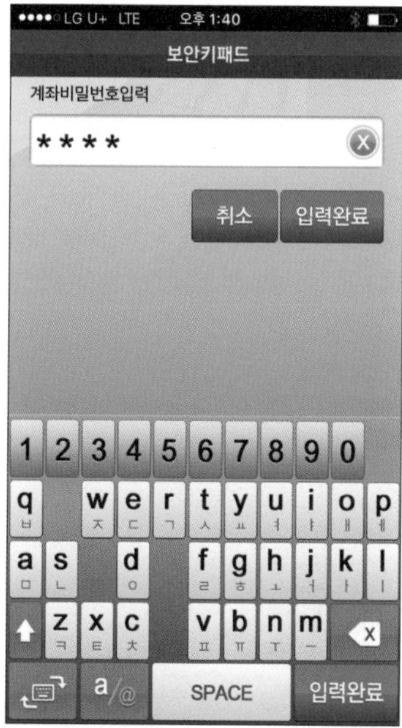

2-2. 계좌 비밀번호 입력

크리스탈신소재 900250 3,400 ▲ 30 0.89%

매도잔량	호가	매수잔량
3,307	3,445	
9,680	3,440	
5,667	3,435	
11,941	3,430	
6,051	3,425	
3,485	3,420	
747	3,415	
290	3,410	
416	3,405	
196	3,400	
	3,395	3,037
	3,390	4,048
	3,385	6,748
	3,380	3,488
	3,375	3,946
	3,370	3,228
	3,365	1,428
	3,360	1,648
	3,355	2,448
	3,350	1,828
41,780	총잔량	31,847
	시간외	

거래비용	12
예상가격	3,370
예상체결량	180
전일거래량	168,682
거래량	212,718
기준가	3,370
시가	3,370
고가	3,445
저가	3,350
상한가	4,380
하한가	2,360

체결가	체결량
3,400	1
3,400	30
3,400	470
3,400	5,000
3,405	584
3,405	416
3,405	84
3,405	1,000
3,405	121
3,405	592
3,410	20
3,405	526

3. 호가 선택

바로 아래에 있는 '수량'은 몇 주를 살지 설정하는 칸이다. 자신이 사고 싶은 주식수를 여기에 입력하면 된다.

'가격'은 현재 시장가로 자동입력이 돼 있어 그대로 진행해도 무방하다.

3. 만약 다른 호가를 지정하고 싶을 때는 '호가' 버튼을 누르면 새 창이 뜬다.

여기서 자신이 원하는 호가를 선택하면 된다. 매수호가이기 때문에 가격을 높게 부를수록 체결 확률이 높지만, 그럴 필요 없이 시가대로 거래하는 것이 가장 빠르다.

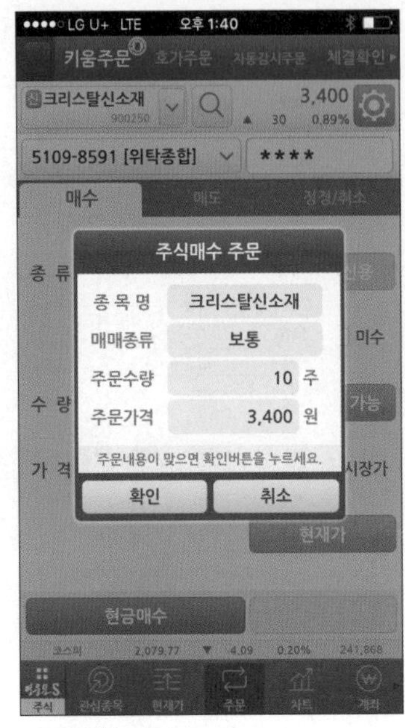

4. 주식매수 주문

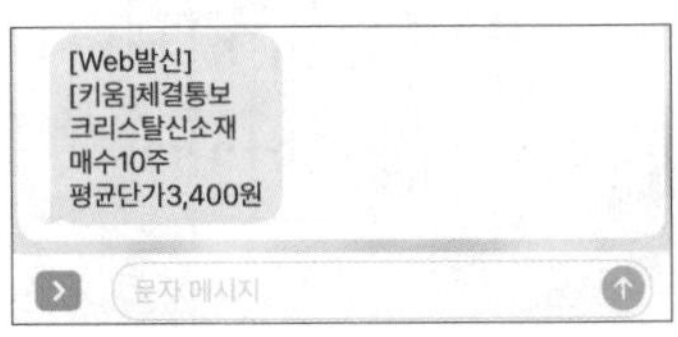

5. 확인문자

4. 마지막으로 '현금매수'를 클릭한다.

'주식매수 주문'에 대한 팝업이 뜨면 종목명, 매매종류, 주문수량, 주문가격을 잘 점검한다. 마지막으로 '확인' 버튼을 누르면 주문이 완료된다.

5. 거래가 체결되면 그 즉시 확인문자가 올 것이다.

종목을 매도하는 방법

이제 가지고 있는 종목을 매도하는 방법에 대해서 알아보자. 매도방법은 간단하다.

1. 우선, MTS에 접속해 맨 아래(MTS마다 조금씩 다름) 메뉴에서 '계좌'를 클릭한다. 그러면 보안 때문에 공인인증서 비밀번호를 요구할 것이고, 비밀번호를 입력하면 보유종목이 뜨게 된다.

2. 보유종목의 종목명을 누르면 새로운 팝업이 뜬다. 팝업창에서 아래쪽의 '매도'를 클릭한다.

1. 보유종목 화면

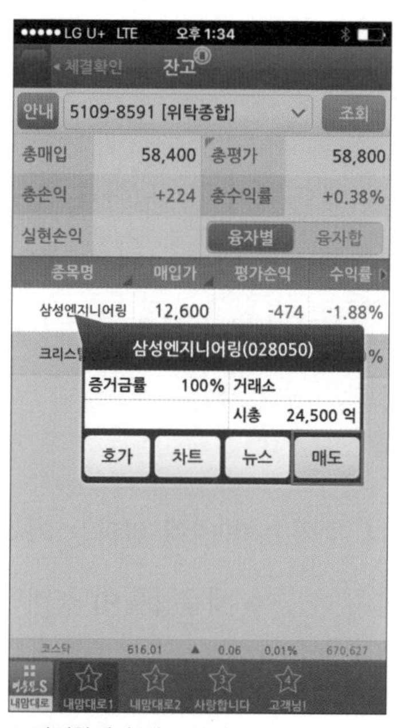

2. 팝업창에서 '매도' 클릭

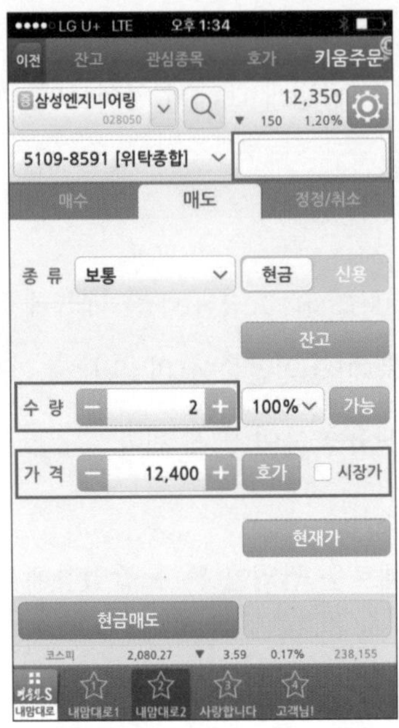

3. 매도 페이지

삼성엔지니어링 028050 12,350 ▼ 150 1.20%

매도잔량	호가	
35,143	12,850	
38,624	12,800	거래비용 41
21,117	12,750	예상가격 12,450
26,795	12,700	예상체결량 5,211
92,710	12,650	전일거래량 1,474,618 / 거래량 854,311
19,439	12,600	기준가 12,500
18,908	12,550	시 가 12,450
46,818	12,500	고 가 12,500
31,565	12,450	저 가 12,200 / 상한가 16,250
52,897	12,400	하한가 8,750
체결가 체결량	12,350	7,710
12,350 21	12,300	48,600
12,400 5		
12,400 35	12,250	70,998
12,400 2	12,200	88,387
12,400 26	12,150	59,284
12,400 10		
12,350 1	12,100	45,084
12,350 1	12,050	18,924
12,400 100	12,000	33,789
12,400 24		
12,350 1	11,950	11,336
12,400 31	11,900	11,919
384,016	총잔량	396,031
	시간외	

4. 호가표

3. 매도 페이지로 넘어가서는 가장 먼저 계좌 비밀번호부터 입력해둔다. 그런 다음 수량과 가격을 설정하면 되는데, 시장가가 자동적으로 입력되어 있을 것이다. 다른 가격에 매도하고 싶다면 '호가' 버튼을 클릭한다.

4. 호가표가 뜨면 원하는 가격을 정하면 된다. 매도는 가격을 낮게 부를수록 체결확률이 높지만, 즉시 체결을 원한다면 그냥 현재 시장가로 하면 된다.

5. 매도주문 완료

6. 계좌 '잔고' 확인

5. 수량과 가격을 입력하고 나서 맨 아래 '현금매도' 버튼을 클릭한다. 이렇게 해서 매도주문이 완료되었다. 매도주문이 완료된 뒤에는 그 즉시 주문이 체결되었다는 확인문자가 올 것이다.

6. 매도가 잘 처리되었는지 확인하려면 다시 메뉴에서 '잔고'를 클릭해 들어가면 된다. 매도거래가 체결된 종목은 위와 같이 내 계좌에서 사라진다.

최신 영웅문S# MTS를 통한 매도/매수 방법

앞서 살펴본 MTS구동방법은 영웅문 S(구버전)를 이용한 매도와 매수 화면을 토대로 설명한 것이다. 아직 구버전을 사용하는 이용자도 있으나 최근에는 영웅문S#이 새로 나왔고 이를 토대로 간단하게 화면 구동방법을 설명하면 아래와 같다.

화면에서 국내 관심종목에 들어가서 주문 버튼을 클릭한다.

국내관심 실시간조회순위 조회수급증

관심종목 1 (9) 현재가 관심편집

종목명	현재가	대비(등락)	거래량
ACE G2전기차&자율주행액티브 편	8,470	▼ 50 -0.59%	21,264
삼성SDI 신	718,000	▼ 9,000 -1.24%	138,313
LG에너지솔루션 신	567,000	▲ 5,000 0.89%	276,910
TIGER 차이나전기차SOLACTIV... 편	12,185	▲ 215 1.80%	4,038,043
TIGER 글로벌리튬&2차전지SO... 편	9,795	▼ 50 -0.51%	119,627
TIGER 미국필라델피아반도체나... 편	9,640	▼ 145 -1.48%	738,356
삼성전자 신	60,600	▲ 500 0.83%	7,014,160
SK하이닉스 신	83,700	▲ 600 0.72%	1,501,783
한국항공우주 신	47,700	▲ 2,900 6.47%	1,849,002
S&P500	3,963.94	0.00	0.00%

메뉴 관심종목 현재가 주문 차트 계좌 종

키움주문 내에서 주문하고 싶은 종목을 선택할 수 있으며 아래와 같이 매수를 클릭하면 매수주문을 할 수 있는 화면이 뜬다.

종목을 선택한 후에 수량과 가격을 설정하여 현금매수를 클릭한다. 그러면 매수주문 확인 창이 뜨며 매수거래가 체결되면 나의 주문내역에서 확인할 수 있다.

영웅문S#의 특징과 주요 화면은 아래와 같으니 이용에 참고하기 바란다(출처: 키움증권 홈페이지).

특징

- 계좌개설, 국내주식, 해외주식, 금융상품 거래 가능
- AI자산관리, 마이데이터(MY자산) 서비스 제공
- 전세계 시세를 한 번에 확인 할 수 있는 글로벌 전광판
- 국내주식과 해외주식 종목을 하나의 관심종목에서 조회 가능
- 종목실적, 연관종목, 테마종목을 한 번에 확인 할 수 있는 종목홈
- MY키움자산, MY종목메모, MY알림 등 개인화 서비스
- HTS 수준의 종목차트(HTS 사용자지표 가져오기, 다양한 보조지표 제공)
- 간편 조건식 작성 및 실시간 조건검색 기능
- 다양한 스킨(다크/민트/클래식) 제공

주요화면

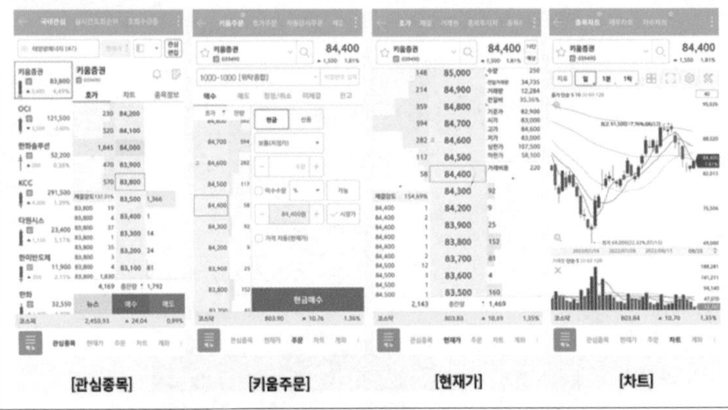

[관심종목] [키움주문] [현재가] [차트]

007

HTS에서 차트를 분석하는 방법은?

HTS는 캔들차트를 정밀하게 분석할 수 있도록 다양한 기능을 제공합니다.

차트의 의미를 새기면서 차트를 불러오는 방법을 알아봅시다.

HTS에서 차트를 보는 방법은 간단하다.

내가 주로 쓰는 영웅문을 기준으로 설명하겠지만, 다른 HTS도 비슷하니 직접 따라 해보기 바란다.

차트의 분석은 주가분석 가운데서도 기술적 분석의 영역에 해당한다. 먼저 맨 위 메뉴에서 '차트'를 클릭해서 아래에 소메뉴가 뜨면 '키움종합차트'를 클릭한다.

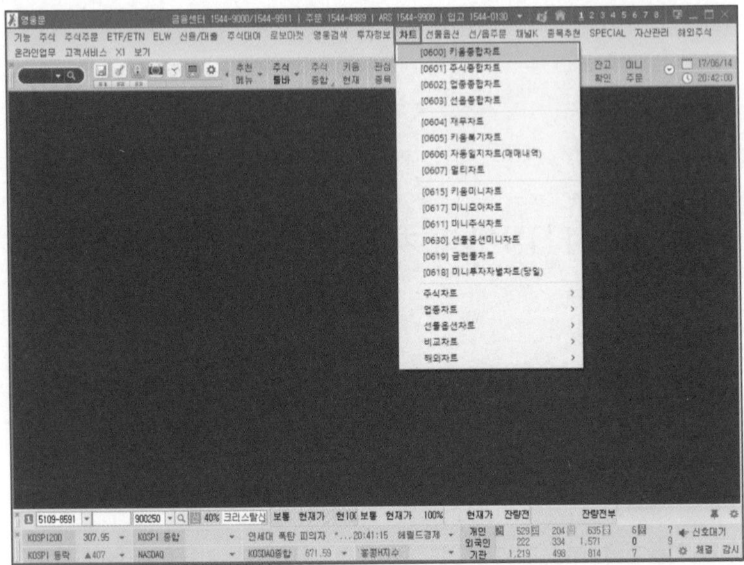

그러면 다음과 같이 차트 화면이 뜰 것이다.

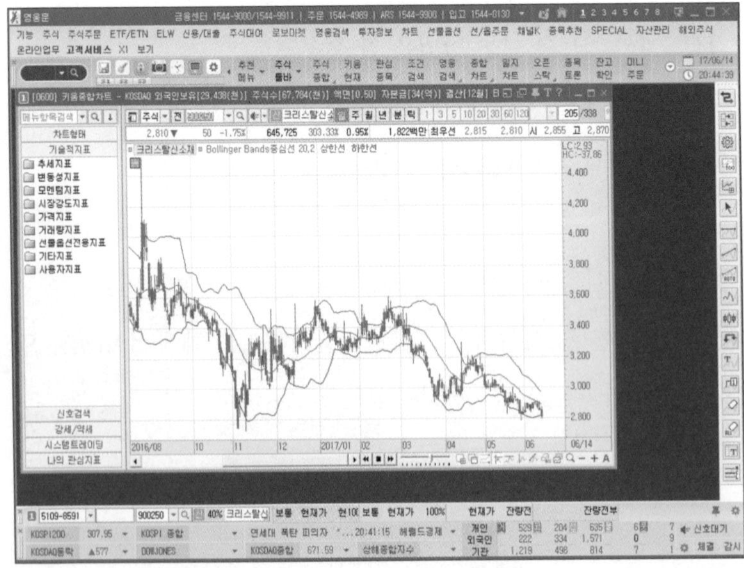

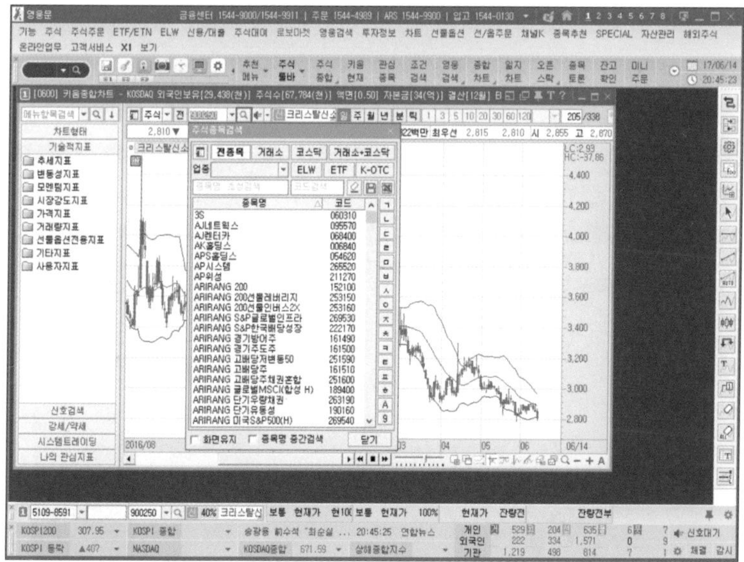

차트 화면 왼쪽 위에 돋보기 모양이 보일 것이다. 여기에서 보고 싶은 종목의 차트를 검색할 수 있다. 돋보기를 클릭해보자.

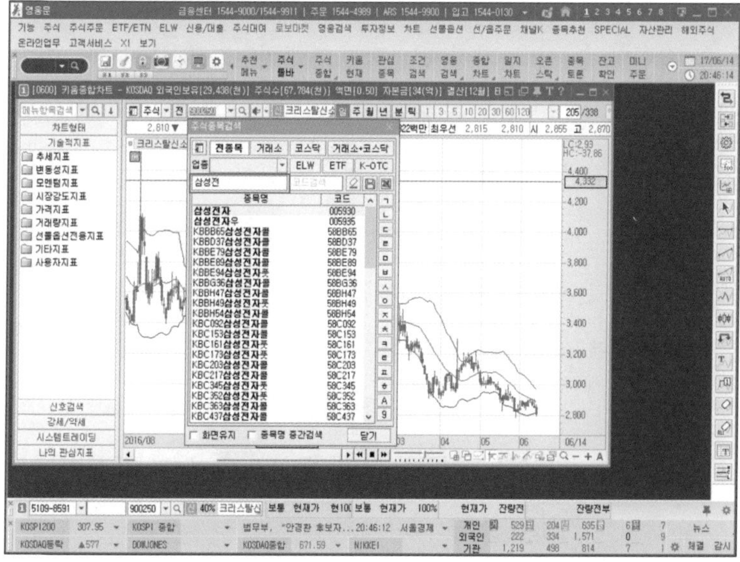

이제 아래를 보면 '업종'이라고 쓰인 부분 아래에 종목을 입력할 수 있는 칸이 있다. 여기에 원하는 종목의 명칭을 입력하면 된다.

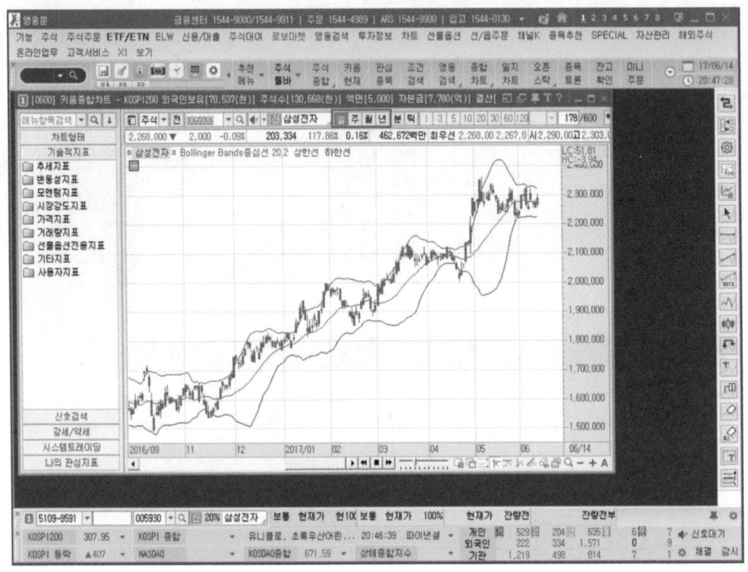

예를 들어 '삼성전자'라고 입력하고 선택하면 삼성전자의 캔들차트를 확인할 수 있다. 가장 일반적인 캔들차트가 일봉이므로 아마 일봉이 먼저 뜰 것이다. 일봉을 기초로 주봉, 월봉이 형성되는데, 거래량을 시간단위에 따라 일, 주, 월로 구분한 것이다.

주봉을 보고 싶다면 주식 툴바에서 네모난 상자로 된 '주'를 클릭한다. 주봉은 매주 주가의 흐름을 파악할 수는 있지만 장기적인 주가의 흐름을 보기에는 부족하다. 장기적인 주가의 흐름을 파악하고 싶다면 메뉴 툴바에서 '월'을 클릭해 월봉을 보자.

아울러 더 장기적인 흐름을 가진 주식의 경우 메뉴 툴바에서 '년'을 클릭해 연봉도 볼 수 있다.

영웅문
[0600] 키움종합차트 - KOSPI200 외국인보유[70,537(천)] 주식수[130,668(천)] 액면[5,000] 자본금[7,780(억)] 결산[12월] EPS[136
삼성전자
차트형태
기술적지표
추세지표
변동성지표
모멘텀지표
시장강도지표
가격지표
거래량지표
선물옵션전용지표
기타지표
사용자지표
신호검색
강세/약세
시스템트레이딩
나의 관심지표

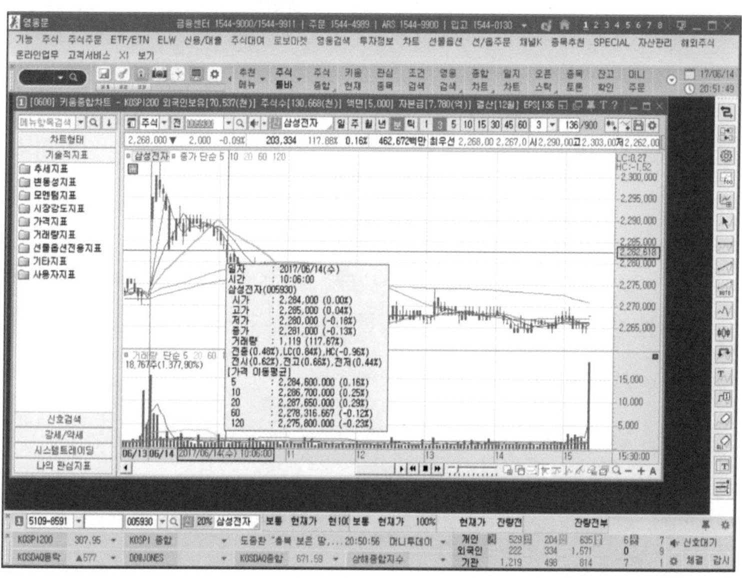

영웅문
[0600] 키움종합차트 - KOSPI200 외국인보유[70,537(천)] 주식수[130,668(천)] 액면[5,000] 자본금[7,780(억)] 결산[12월] EPS[136
일자 : 2017/06/14(수)
시간 : 10:06:00
삼성전자(005930)
시가 : 2,284,000 (0.00%)
고가 : 2,285,000 (0.04%)
저가 : 2,280,000 (-0.16%)
종가 : 2,281,000 (-0.13%)
거래량 : 1,119 (117.67%)
전종(0.48%),LC(0.84%),HC(-0.96%)
전시(0.62%),전고(0.66%),전저(0.44%)
[가격 이동평균]
5 : 2,284,600.000 (0.16%)
10 : 2,286,700.000 (0.25%)
20 : 2,287,650.000 (0.29%)
60 : 2,278,316.667 (-0.12%)
120 : 2,275,800.000 (-0.23%)

HTS는 단기투자자들을 위해 분봉도 볼 수 있도록 제공하고 있다. 분봉은 3, 5, 10, 30, 60 등 다양하다. 예를 들어 메뉴 툴바에서 '분'을 클릭하고 오른쪽의 '3'을 클릭하면 3분봉을 볼 수 있다.

3분봉 차트를 통해서는 3분마다의 캔들을 그려서 볼 수 있다.

```
일자      : 2017/06/14(수)
시간      : 10:06:00
삼성전자(005930)
 시가     : 2,284,000 (0.00%)
 고가     : 2,285,000 (0.04%)
 저가     : 2,280,000 (-0.18%)
 종가     : 2,281,000 (-0.13%)
 거래량   : 1,119 (117.67%)
 전종(0.48%),LC(0.84%),HC(-0.96%)
 전시(0.62%),전고(0.66%),전저(0.44%)
[가격 이동평균]
 5        : 2,284,600.000 (0.16%)
 10       : 2,286,700.000 (0.25%)
 20       : 2,287,650.000 (0.29%)
 60       : 2,278,316.667 (-0.12%)
 120      : 2,275,800.000 (-0.23%)
```

캔들(또는 봉)에 마우스 커서를 가져가면 위와 같이 정보가 뜬다.

기본적으로 일자와 시간이 뜨고 해당 캔들의 시가, 고가, 저가, 종가뿐만 아니라 거래량과 이동평균선 정보까지 나오니 참고하기에 좋다.

앞에서 배운 캔들차트의 의미를 복습하고 직접 차트의 의미를 해석해보기 바란다.

캔들차트의 의미

차트는 네모나고 길쭉한 박스 모양의 몸통과 위아래에 삐죽하게 솟아난 선모양의 꼬리로 이루어져 있다.

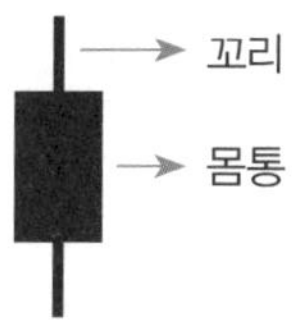

이러한 캔들의 색상은 빨간색과 파란색으로 나뉘는데, 주가가 오르느냐 떨어지느냐에 따라 색상이 정해진다. 주가가 오르는 경우(종가 〉시가)에는 캔들의 색상이 빨간색이고 '양봉'이라 부른다. 반대로 주가가 떨어지는 경우(종가 〈 시가)에는 캔들의 색상이 파란색이고 '음봉'이라 한다.

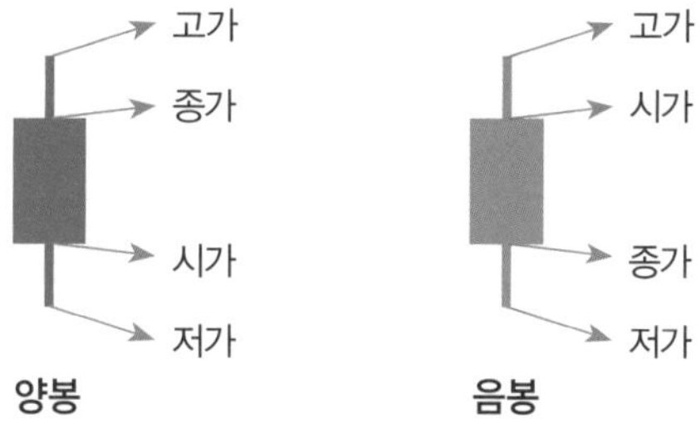

이제 주식 차트의 의미를 해석해볼 수 있다. 몸통의 길이는 시가와 종가가 얼마나 차이가 나느냐에 따라 달라진다. 차이가 많이 나면 길어질 것이고, 차이가 적게 나면 길이가 짧아질 것이다.

꼬리의 경우 저가와 고가의 시세가 얼마나 차이 나느냐에 따라 달라진다. 고가와 저가의 시세 차이가 작으면 꼬리가 짧을 것이고, 차이가 크면 꼬리가 길어질 것이다.

봉의 종류는 시간을 기준으로도 분봉, 일봉, 주봉, 월봉, 연봉으로 나눌 수 있다. 데이트레이더인 단기투자자들은 차트를 볼 때 분봉, 일봉 등 주기가 짧은 봉 차트를 보고 투자하면 되고, 가치투자를 하는 장기투자자들은 월봉이나 연봉을 보고 투자를 하면 될 것이다.

참고

거래량 막대그래프의 의미

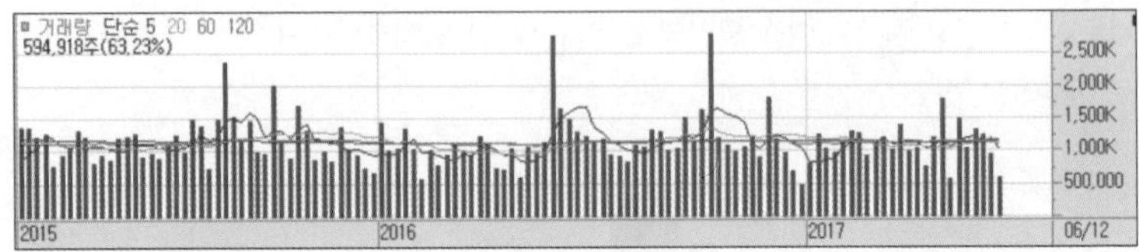

거래량 그래프는 한마디로 일정기간 동안 거래량(매수와 매도수량)을 막대로 표시한 그래프를 말한다. 거래량에서 빨간색은 직전 기간보다 높은 거래량이라는 뜻이고, 파란색은 직전기간보다 낮은 거래량이라는 뜻이다. 거래량 표시는 오른쪽에 2,500K, 2,000K 식으로 나오며, 막대그래프에 마우스를 갖다 대면 자세히 나타난다. 여기서 K는 보편적으로 천 단위로 보면 된다. 즉, 2,500K는 2,500,000을 뜻한다.

008

HTS로 산업분석을 하는 방법은?

HTS의 장점은 주식에 대한 모든 정보를 한눈에 볼 수 있도록 서비스를 제공한다는 데 있습니다. 산업분석 코너에서는 애널리스트들의 다양한 분석을 통해 전문가의 조언을 들으며 투자하는 효과를 누릴 수 있습니다. 꼭 이용해 보기를 바랍니다.

이번에는 주식투자자라면 알아야 하는 산업분석에 대해 알아보자. HTS를 통해 제공되는 산업과 업종에 대한 정보만으로도 좋은 종목을 발굴해 성공적인 투자를 해나갈 수 있다.

우선, HTS에 접속한다. 내가 자주 사용하는 영웅문을 기준으로 설명하기로 한다.

메뉴 툴바를 보면 맨 왼쪽에 검색바가 보일 것이다.

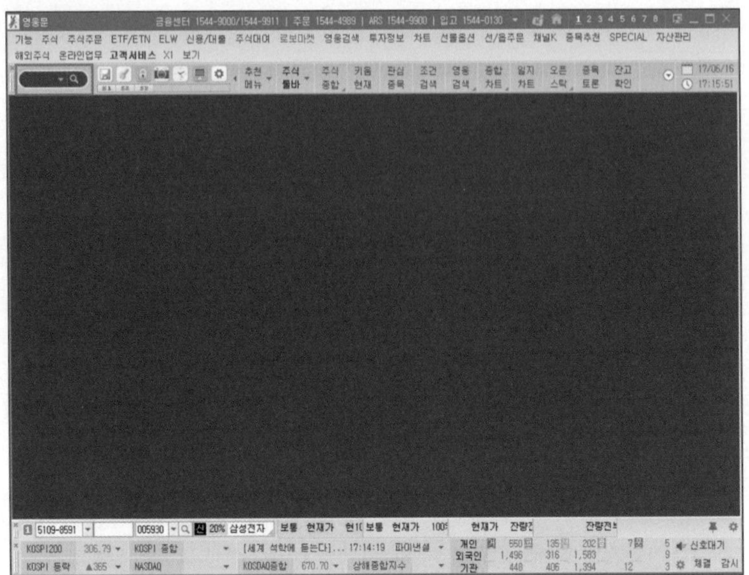

이 검색창에 메뉴명을 입력하면 된다. 예를 들어 '산업분석'이라고 쳐서 바로 나오면 아래 내려오는 산업분석(0916)을 클릭한다.

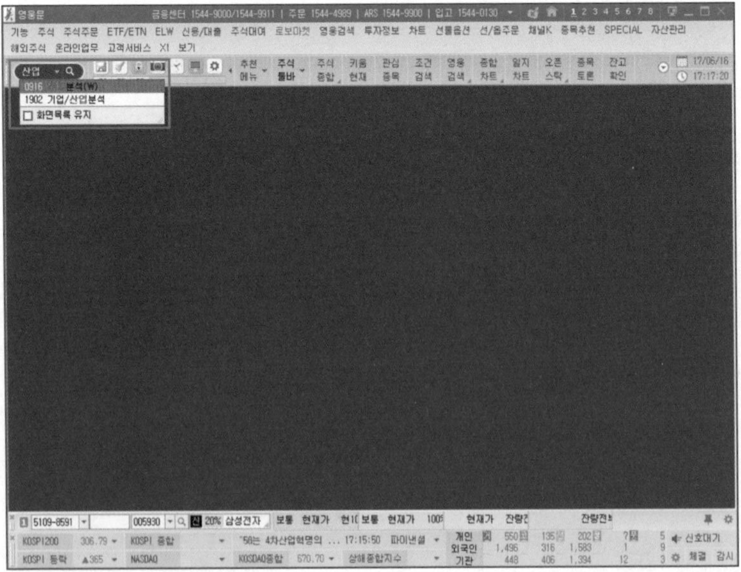

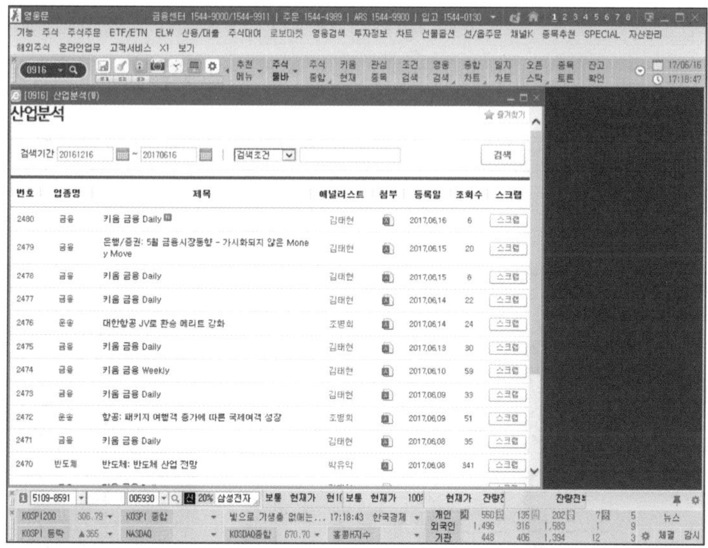

그러면 산업분석창이 뜨는데, 이 코너에서는 증권사 애널리스트들이 직접 분석한 산업분석보고서가 종합적으로 제공된다. 이제 종목을 탐색하는 데 참고할 만한 자료를 찾아보자.

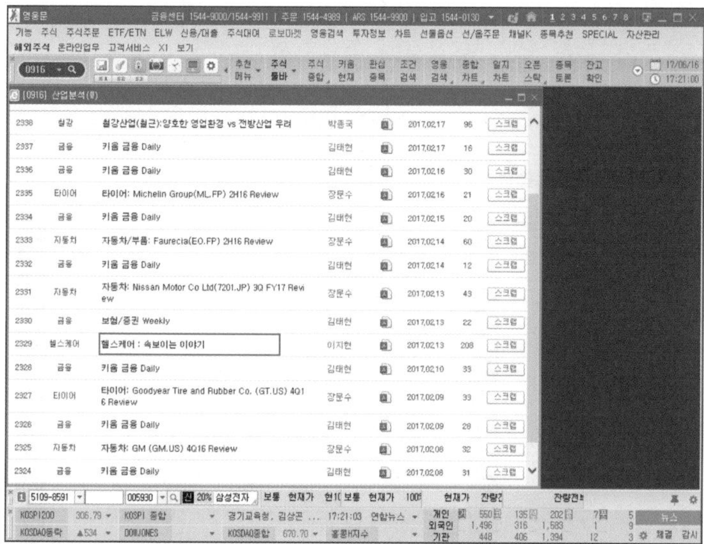

산업분석보고서 가운데 자신이 평소에 관심 있는 분야를 클릭한다. 나는 '헬스케어 : 속보이는 이야기'를 클릭해보겠다.

그러면 애널리스트들의 보고서를 통해 해당산업에 대한 분석을 확인할 수 있다.

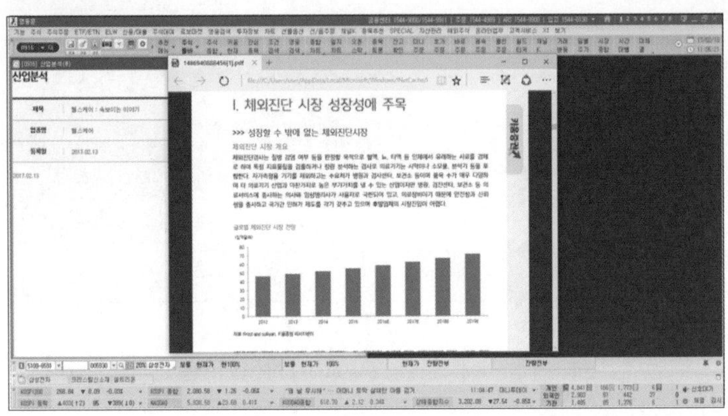

심지어 최근의 기업분석이나 종목의 주가 및 목표주가까지 친절하게 제시하며 고급정보를 제공해주므로 투자에 큰 도움을 받을 수도 있다. 이를 잘만 활용하면 전문가의 조언을 받으며 투자하는 일석이조 효과를 누릴 수 있을 것이다.

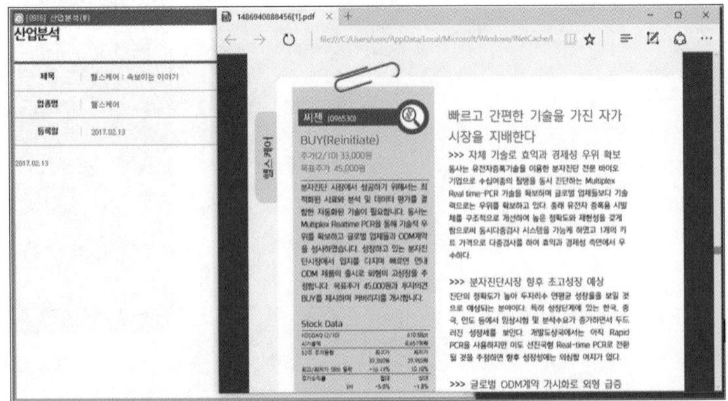

009

HTS로 기관투자자들의 매매동향을 파악하는 방법은?

기관투자자들의 매매동향을 파악하는 이유는 기관투자자들의 행동 패턴에 따라 주가가 오르내리기 때문입니다. 이를 잘 파악하면 기관투자자들이 눈독 들이는 '될 만한' 주식만 골라서 투자할 수 있습니다. 이제 HTS를 통해서 기관투자자들의 매매동향을 파악해봅시다.

우선, HTS에 접속한다. 이것 역시 영웅문을 기준으로 해서 설명하겠다.

영웅문에 접속해 메뉴 툴바 왼쪽의 검색창에 '외국인 기관매매'라고만 쳐도 '외국인 기관매매 상위'라는 메뉴가 뜬다.

이것을 클릭하면 외국인과 기관의 주요종목을 한눈에 확인할 수 있다.

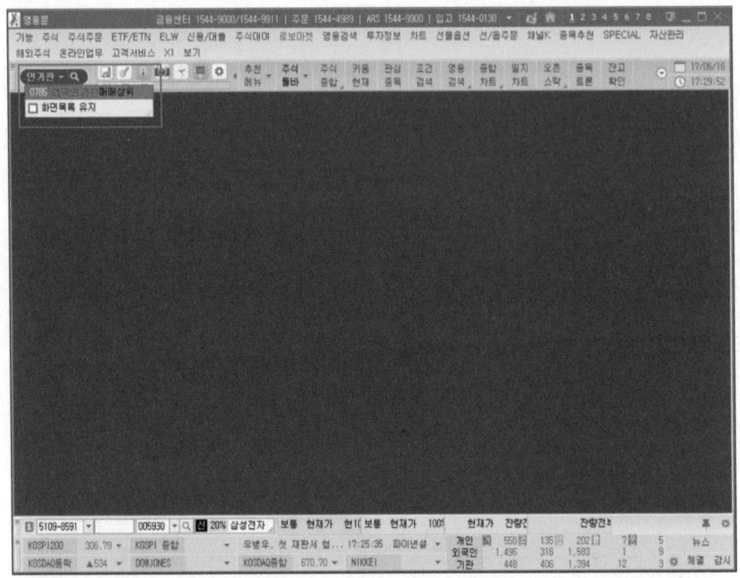

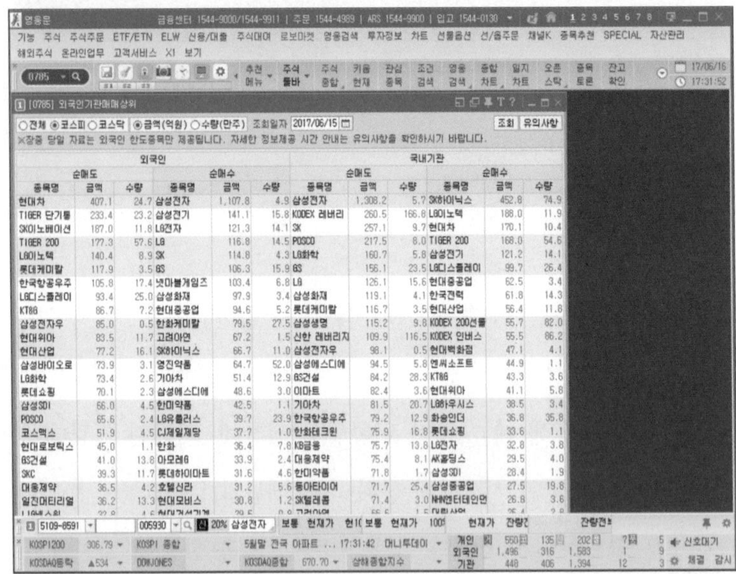

코스피나 코스닥 중 원하는 시장도 선택하면서 종목을 검토할 수 있다. 코스피를 선택하니 국내 기관투자자들이 삼성물산에 대

해서는 순매도를 치고, 롯데쇼핑에 대해서는 순매수를 친 것을 확인할 수 있다.

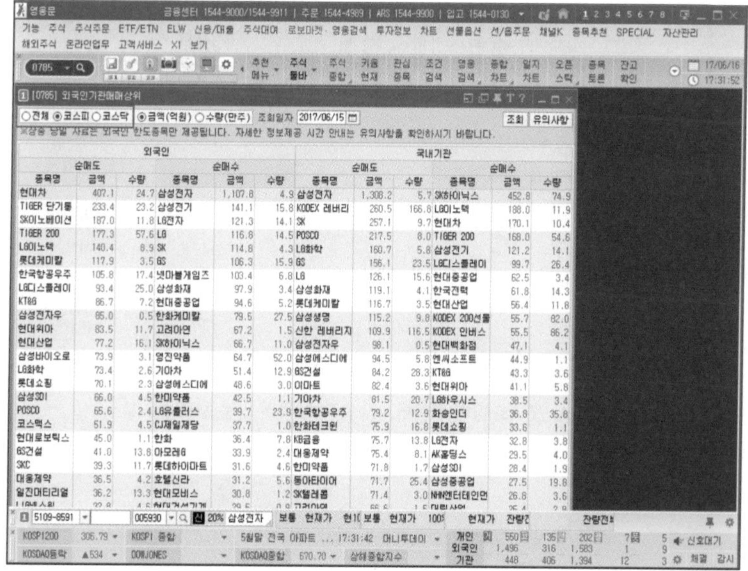

[0785] 외국인기관매매상위

○전체 ◉코스피 ○코스닥 ◉금액(억원) ○수량(만주) 조회일자 2017/06/15

외국인						국내기관					
순매도			순매수			순매도			순매수		
종목명	금액	수량	종목명	금액	수량	종목명	금액	수량	종목명	금액	수량
현대차	407.1	24.7	삼성전자	1,107.8	4.9	삼성전자	1,308.2	5.7	SK하이닉스	452.8	74.9
TIGER 단기통	233.4	23.2	삼성전기	141.1	15.8	KODEX 레버리	260.5	166.8	LG이노텍	188.0	11.9
SK이노베이션	187.0	11.8	LG전자	121.3	14.1	SK	257.1	9.7	현대차	170.1	10.4
TIGER 200	177.3	57.6	LG	116.8	14.5	POSCO	217.5	8.0	TIGER 200	168.0	54.6
LG이노텍	140.4	8.9	SK	114.8	4.3	LG화학	160.7	5.8	삼성전기	121.2	14.1
롯데케미칼	117.9	3.5	GS	106.3	15.9	GS	156.1	23.5	LG디스플레이	99.7	26.4
한국항공우주	105.8	17.4	넷마블게임즈	103.4	6.8	LG	126.1	15.6	현대중공업	62.5	3.4
LG디스플레이	93.4	25.0	삼성화재	97.9	3.4	삼성화재	119.1	4.1	한국전력	61.8	14.3
KT&G	86.7	7.2	현대중공업	94.6	5.2	롯데케미칼	116.7	3.5	현대산업	56.4	11.8
삼성전자우	85.0	0.5	한화케미칼	79.5	27.5	삼성생명	115.2	9.8	KODEX 200선물	55.7	82.0
현대위아	83.5	11.7	고려아연	67.2	1.5	신한 레버리지	109.9	116.5	KODEX 인버스	55.5	86.2
현대산업	77.2	16.1	SK하이닉스	66.7	11.0	삼성전자우	98.1	0.5	현대백화점	47.1	4.1
삼성바이오로	73.9	3.1	영진약품	64.7	52.0	삼성에스디에	94.5	5.8	엔씨소프트	44.9	1.1
LG화학	73.4	2.6	기아차	51.4	12.9	GS건설	84.2	28.3	KT&G	43.3	3.6
롯데쇼핑	70.1	2.3	삼성에스디에	48.6	3.0	이마트	82.4	3.6	현대위아	41.1	5.8
삼성SDI	66.0	4.5	한미약품	42.5	1.1	기아차	81.5	20.7	LG하우시스	38.5	3.4
POSCO	65.6	2.4	LG유플러스	39.7	23.9	한국항공우주	79.2	12.9	화승인더	36.8	35.8
코스맥스	51.9	4.5	CJ제일제당	37.7	1.0	한화테크윈	75.9	16.8	롯데쇼핑	33.6	1.1
현대로보틱스	45.0	1.1	한화	36.4	7.8	KB금융	75.7	13.8	LG전자	32.8	3.8
GS건설	41.0	13.8	아모레G	33.9	2.4	대웅제약	75.4	8.1	AK홀딩스	29.5	4.0
SKC	39.3	11.7	롯데하이마트	31.6	4.6	한미약품	71.8	1.7	삼성SDI	28.4	1.9
대웅제약	36.5	4.2	호텔신라	31.2	5.6	동아타이어	71.7	25.4	삼성중공업	27.5	19.8
일진머티리얼	36.2	13.3	현대모비스	30.8	1.2	SK텔레콤	71.4	3.0	NHN엔터테인먼	26.8	3.6

참고로 삼성물산의 차트만 보아도 과거에 주가가 하락해온 것을 알 수 있다.

▲ 삼성물산의 기관투자자 순매도 과거 일봉 차트

▲ 롯데쇼핑의 기관투자자 순매수 과거 일봉 차트

반대로 기관투자자들이 순매수세를 보이는 롯데쇼핑의 경우 주가가 폭등했다.

이처럼 기관투자자들의 동향을 읽으며 투자를 하면 분명 망하는 투자는 하지 않을 것이다. 기관투자자들은 웬만해서는 손해 보는 투자를 하지 않을 것이기 때문이다.

이제 추가적인 기능을 알아보자.

금액에 체크를 하고 원하는 날짜를 입력한 뒤 검색하면 그날의 순매수와 순매도 상위종목들을 확인할 수 있다. 이 기능은 날짜마다 차트의 원인을 분석할 때 또는 자신의 투자실적 원인을 복기할 때 유용하게 사용할 수 있다.

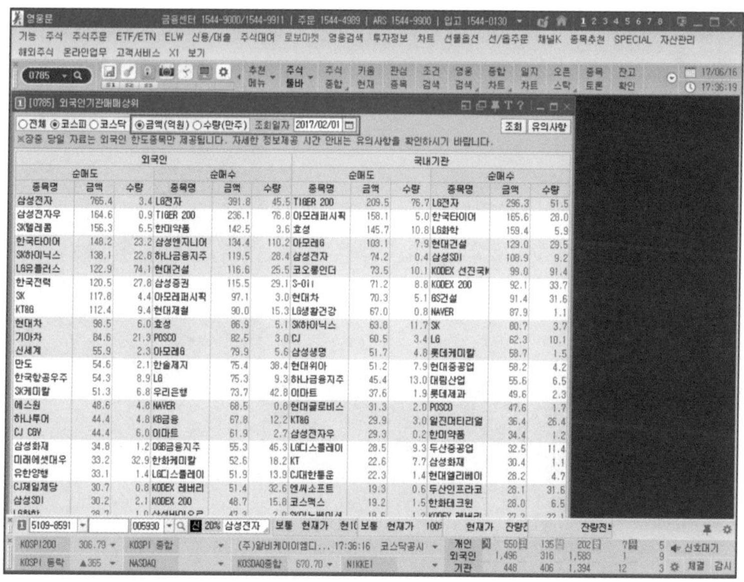

[0785] 외국인기관매매상위

○전체 ◉코스피 ○코스닥 ◉금액(억원) ○수량(만주) 조회일자 2017/02/01

※장중 당일 자료는 외국인 한도종목만 제공됩니다. 자세한 정보제공 시간 안내는 유의사항을 확인하시기 바랍니다.

외국인						국내기관					
순매도			순매수			순매도			순매수		
종목명	금액	수량	종목명	금액	수량	종목명	금액	수량	종목명	금액	수량
삼성전자	765.4	3.4	LG전자	391.8	45.5	TIGER 200	209.5	76.7	LG전자	296.3	51.5
삼성전자우	164.6	0.9	TIGER 200	236.1	76.8	아모레퍼시픽	158.1	5.0	한국타이어	165.6	28.0
SK텔레콤	156.3	6.5	한미약품	142.5	3.6	효성	145.7	10.8	LG화학	159.4	5.9
한국타이어	148.2	23.2	삼성엔지니어	134.4	110.2	아모레G	103.1	7.9	현대건설	129.0	29.5
SK하이닉스	138.1	22.8	하나금융지주	119.5	28.4	삼성전자	74.2	0.4	삼성SDI	108.9	9.2
LG유플러스	122.9	74.1	현대건설	116.6	25.5	코오롱인더	73.5	10.1	KODEX 선진국	99.0	91.4
한국전력	120.5	27.8	삼성증권	115.5	29.1	S-Oil	71.2	8.8	KODEX 200	92.1	33.7
SK	117.8	4.4	아모레퍼시픽	97.1	3.0	현대차	70.3	5.1	GS건설	91.4	31.6
KT&G	112.4	9.4	현대제철	90.0	15.3	LG생활건강	67.0	0.8	NAVER	87.9	1.1
현대차	98.5	6.0	효성	86.9	5.1	SK하이닉스	63.8	11.7	SK	80.7	3.7
기아차	84.6	21.3	POSCO	82.5	3.0	CJ	60.5	3.4	LG	62.3	10.1
신세계	55.9	2.3	아모레G	79.9	5.6	삼성생명	51.7	4.8	롯데케미칼	58.7	1.5
만도	54.6	2.1	한솔제지	75.4	38.4	현대위아	51.2	7.9	현대중공업	58.2	4.2
한국항공우주	54.3	8.9	LG	75.3	9.3	하나금융지주	45.4	13.0	대림산업	55.6	6.5
SK케미칼	51.3	6.8	우리은행	73.7	42.8	이마트	37.6	1.9	롯데제과	49.6	2.3
에스원	48.6	4.8	NAVER	68.5	0.8	현대글로비스	31.3	2.0	POSCO	47.6	1.7
하나투어	44.4	4.8	KB금융	67.8	12.2	KT&G	29.9	3.0	일진머티리얼	36.4	26.4
CJ CGV	44.4	6.0	이마트	61.9	2.7	삼성전자우	29.3	0.2	한미약품	34.4	1.2
삼성화재	34.8	1.2	DGB금융지주	55.3	46.3	LG디스플레이	28.5	9.3	두산중공업	32.5	11.4
미래에셋대우	33.2	32.9	한화케미칼	52.6	18.2	KT	22.6	7.7	삼성화재	30.4	1.1
유한양행	33.1	1.4	LG디스플레이	51.9	13.9	CJ대한통운	22.3	1.4	현대엘리베이	28.2	4.7
CJ제일제당	30.7	0.8	KODEX 레버리	51.4	32.6	엔씨소프트	19.3	0.6	두산인프라코	28.1	31.6
삼성SDI	30.2	2.1	KODEX 200	48.7	15.8	코스맥스	19.2	1.5	한화테크윈	28.0	6.5

이제 기관투자자들의 매매동향에 대해 좀 더 자세히 파악해보자.

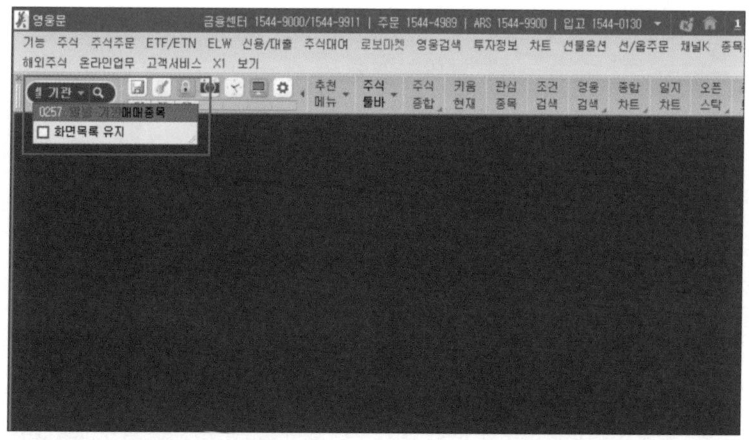

메뉴 툴바의 왼쪽 검색창에 '일별 기관매매종목(0257)'을 검색하면 구체적인 내용을 볼 수 있다.

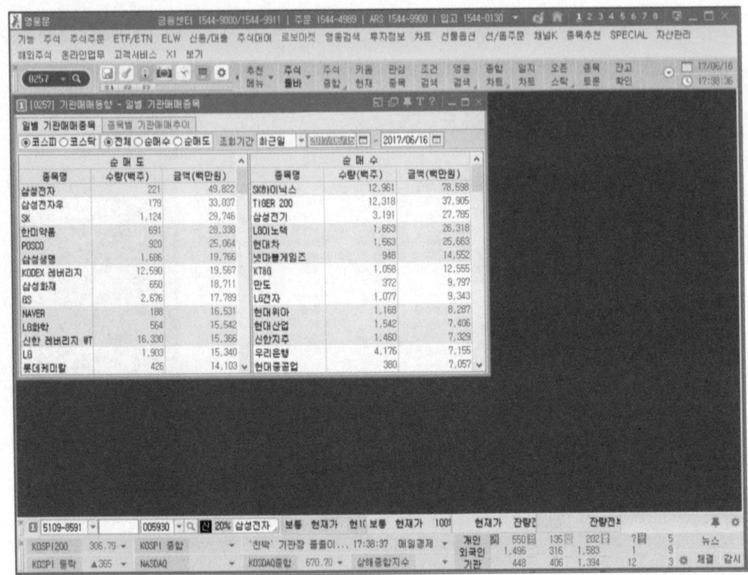

이를 통해 다양한 조건으로 조회가 가능하다.

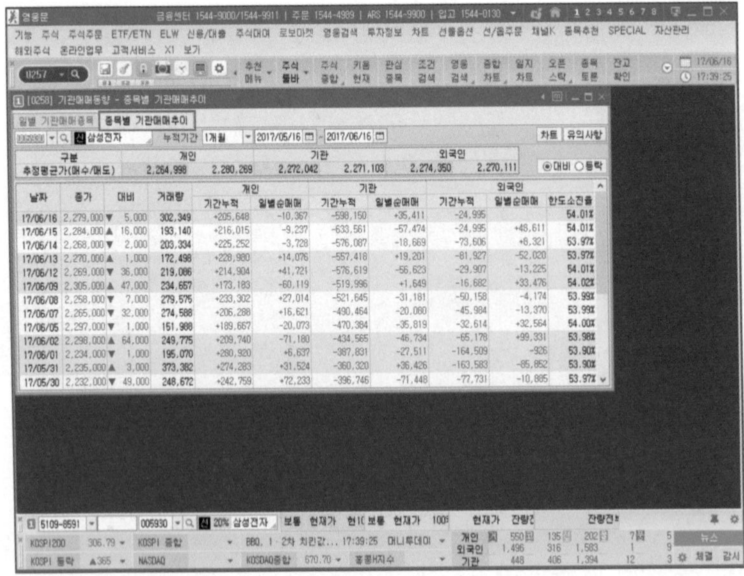

해당 종목에 대해 일정 기간 동안 기관투자자들의 누적순매매량 및 일별순매매량으로 세분화해서 보여준다. 내가 관심 있는 종목에 대해 날짜별로 기관투자자들의 움직임을 볼 수 있다는 점에서 의미가 있다.

개인투자자, 기관투자자, 외국인투자자로 나누어 해당 종목을 얼마나 순매수 또는 순매도하고 있는지를 파악하며 주식투자를 할 수 있다. 이렇게 매매동향을 체크하면서 주식투자를 한다면 초보 주식투자자라도 기관투자자처럼 움직일 수 있을 것이다.

010

종목랭킹 기능으로 대박 종목에만 투자한다?

> 초보자가 처음부터 좋은 종목을 고르고 가치투자를 하기는 힘듭니다. 이를 도와주기 위해서 랭킹분석이 존재합니다. 각종 투자지표의 랭킹을 매기면서 상위 랭킹의 기업에 투자하는 것부터 시작하면 우량한 종목을 모으는 데 도움이 될 것입니다.

종목에 대한 지표별 랭킹을 통해 상위를 차지하는 우량주에만 투자하는 것은 초보자로서는 위험을 줄이는 가장 좋은 방법일 것이다. 사실 맨 아래 동네에 있는 찌꺼기 주식에 투자해서는 장기적으로 가치투자를 하기 힘들다. 가치투자는 기본 지표가 튼튼한 종목으로 포트폴리오를 구성해서 당장은 수익이 저조하더라도 장기적으로 고수익을 노리는 것이기 때문이다.

지금부터 HTS를 통해 랭킹 분석을 해보자. 우선 HTS에 접속한다(영웅문을 기준으로 함).

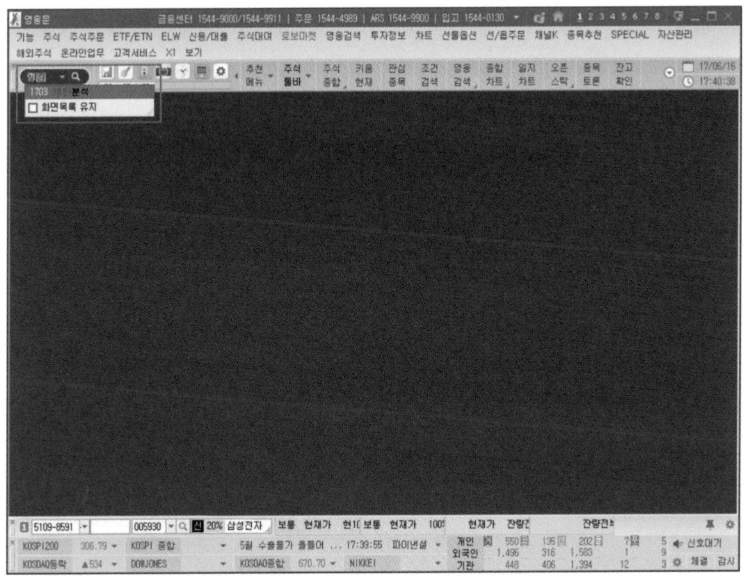

HTS 메뉴 툴바 왼쪽 검색창에 랭킹분석이라고 쳐보자. 아래에 '랭킹분석(1703)'이 뜨면 이를 클릭한다.

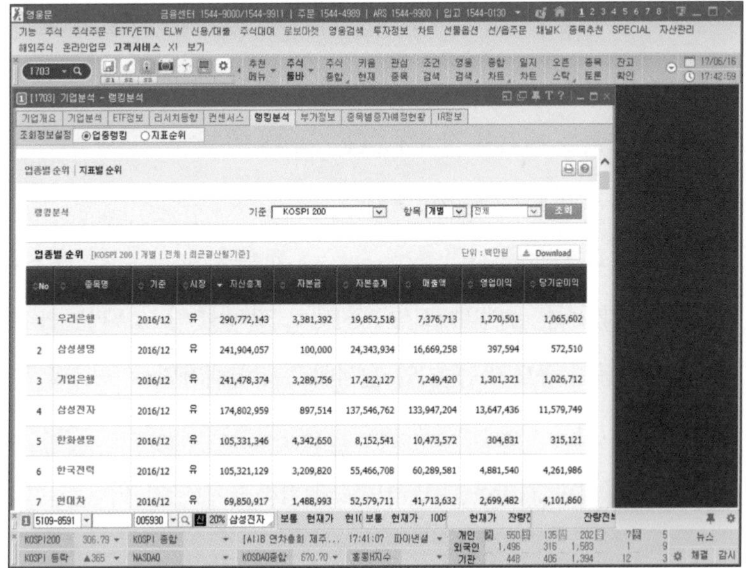

No	종목명	기준	시장	자산총계	자본금	자본총계	매출액	영업이익	당기순이익
1	우리은행	2016/12	유	290,772,143	3,381,392	19,852,518	7,376,713	1,270,501	1,065,602
2	삼성생명	2016/12	유	241,904,057	100,000	24,343,934	16,669,258	397,594	572,510
3	기업은행	2016/12	유	241,478,374	3,289,756	17,422,127	7,249,420	1,301,321	1,026,712
4	삼성전자	2016/12	유	174,802,959	897,514	137,546,762	133,947,204	13,647,436	11,579,749
5	한화생명	2016/12	유	105,331,346	4,342,650	8,152,541	10,473,572	304,831	315,121
6	한국전력	2016/12	유	105,321,129	3,209,820	55,466,708	60,289,581	4,881,540	4,261,986
7	현대차	2016/12	유	69,850,917	1,488,993	52,579,711	41,713,632	2,699,482	4,101,860

업종별 순위와 지표별 순위를 볼 수 있는 창이 뜬다. 업종랭킹은 여러 가지로 구분되는데, 이를 자세히 살펴보자.

[1703] 기업분석 - 랭킹분석

기업개요 | 기업분석 | ETF정보 | 리서치동향 | 컨센서스 | 랭킹분석 | 부가정보 | 종목별증자예정현황 | IR정보

조회정보설정 ◉업종랭킹 ○지표순위

업종별 순위 | 지표별 순위

랭킹분석 기준 MKF500 항목 개별 전체 조회

업종별 순위 [MKF500 | 개별 | 전체 | 최근결산월기준] 단위 : 백만원 Download

No	종목명	기준	시장	자산총계	자본금	자본총계	매출액	영업이익	당기순이익
4	삼성전자	2016/12	유	174,802,959	897,514	137,546,762	133,947,204	13,647,436	11,579,749
6	한국전력	2016/12	유	105,321,129	3,209,820	55,466,708	60,289,581	4,881,540	4,261,986
7	현대차	2016/12	유	69,850,917	1,488,993	52,579,711	41,713,632	2,699,482	4,101,860
14	기아차	2016/12	유	36,379,370	2,139,317	22,431,801	31,641,854	1,947,039	2,071,480
25	LG전자	2016/12	유	26,599,075	904,169	8,765,452	28,743,246	-290,455	-276,487
33	LG디스플레이	2016/12	유	21,812,750	1,789,079	12,235,447	24,419,295	709,138	967,078
10	POSCO	2016/12	유	52,055,753	482,403	44,329,447	24,324,933	2,635,337	1,785,046

맨 위에는 삼성전자가 자리하고 있다.

자세히 보면 표의 순서를 정하는 기준이 있다. 빨간색으로 표시한 부분이 바로 그것이다. 우선 종목명을 클릭하면 알파벳과 가나다순으로 순서를 매겨서 정리해준다. 그런데 이름에 특별한 의미가 없다면 이것은 별로 중요하지 않다.

여기서 중요한 것은 자산총계, 자본금, 자본총계, 매출액, 영업이익, 당기순이익 등 금액의 크기 순서대로 찾아볼 수 있다는 사실이다. 이를 통해 규모가 큰 기업 순서대로 정렬해가면서 종목을 분석해볼 수 있다.

사실 더 중요한 기능은 지표순으로 정렬하는 기능이다.

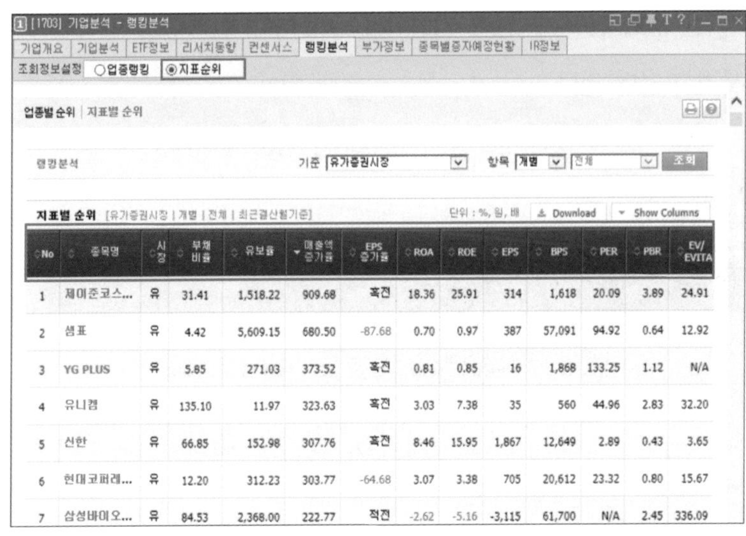

No	종목명	시장	부채비율	유보율	매출액증가율	EPS증가율	ROA	ROE	EPS	BPS	PER	PBR	EV/EVITA
1	제이준코스...	유	31.41	1,518.22	909.68	흑전	18.36	25.91	314	1,618	20.09	3.89	24.91
2	샘표	유	4.42	5,609.15	680.50	-87.68	0.70	0.97	387	57,091	94.92	0.64	12.92
3	YG PLUS	유	5.85	271.03	373.52	흑전	0.81	0.85	16	1,868	133.25	1.12	N/A
4	유니켐	유	135.10	11.97	323.63	흑전	3.03	7.38	35	560	44.96	2.83	32.20
5	신한	유	66.85	152.98	307.76	흑전	8.46	15.95	1,867	12,649	2.89	0.43	3.65
6	현대코퍼레...	유	12.20	312.23	303.77	-64.68	3.07	3.38	705	20,612	23.32	0.80	15.67
7	삼성바이오...	유	84.53	2,368.00	222.77	적전	-2.62	-5.16	-3,115	61,700	N/A	2.45	336.09

조회정보 설정탭에서 '지표순위'를 체크하면 아래 랭킹분석이 각종 재무지표를 토대로 재설정되어 나타난다. 정말 엄청난 기능이다. 회계사들도 따로 계산해봐야 알 수 있는 엄청난 지표가 간단히 정리되어 한눈에 들어오게 순서가 매겨지는 것이다.

이렇게 다양한 지표별로 순위를 매겨가면서 종목을 분석할 수 있다. 제공되는 지표로는 부채비율, 유보율, 매출액증가율, EPS증가율, ROA, ROE, PER, EV/EBITDA가 있다.

우선, 부채비율부터 살펴보자.

부채비율이라는 탭을 클릭하면 부채비율이 작은 순서부터 큰 순서대로 정리되어 뜬다. 부채비율은 기업이 자본에 비해서 빚을 얼마나 지고 있는지를 나타내는 비율이다. 일반적으로 작을수록 좋지만, 또 항상 그런 것만은 아니다.

여기서 특이한 것은 '완전잠식'으로 빚이 자산보다 많아서 주주가 한 푼도 건질 수 없는 기업이라는 뜻이다. 한마디로 망하는 회사라고 보면 된다.

다음으로 볼 것은 유보율이다. 유보율 탭을 클릭해보자.

지표별 순위 [유가증권시장 | 개별 | 전체 | 최근결산월기준] 단위 : %, 원, 배 Download Show Columns

No	종목명	시장	부채비율	유보율	매출액증가율	EPS증가율	ROA	ROE	EPS	BPS	PER	PBR	EV/EVITA
10	삼성물산	유	96.43	103,679....	125.11	-85.97	1.18	2.39	2,141	103,779	58.62	1.21	86.89
27	SK	유	54.13	83,294.16	50.78	-91.08	3.57	5.48	9,047	180,894	25.37	1.27	24.07
356	삼성화재	유	524.01	46,605.24	1.84	7.44	1.29	8.07	16,630	244,517	16.15	1.10	
554	태광산업	유	19.12	41,136.49	-6.13	적전	-0.24	-0.29	-5,592	2,061,8...	N/A	0.46	8.01
462	SK텔레콤	유	78.50	36,902.58	-1.64	9.99	5.01	8.68	15,075	204,563	14.86	1.10	5.55
428	롯데제과	유	46.98	36,742.78	-0.46	-16.93	0.76	1.13	2,152	184,214	82.93	0.97	16.52
322	롯데칠성	유	93.15	33,989.32	3.16	-89.14	0.22	0.40	6,918	1,704,4...	211.04	0.86	10.55

유보율 탭을 두 번 클릭하면 내림차순으로 정리할 수 있다. 유보율은 회사의 각종 잉여금의 합을 납입자본금으로 나눈 비율로서 회사에 당장 사용 가능한 자금이 어느 정도 되는지를 파악하는 지표다. 즉, 유보율이 높을수록 안전한 기업이다.

다음으로 볼 것은 매출액 증가율이다. 매출액 증가율 탭을 클릭

지표별 순위 [유가증권시장 | 개별 | 전체 | 최근결산월기준] 단위 : %, 원, 배 Download Show Columns

No	종목명	시장	부채비율	유보율	매출액증가율	EPS증가율	ROA	ROE	EPS	BPS	PER	PBR	EV/EVITA
1	제이준코스...	유	31.41	1,518.22	909.68	흑전	18.36	25.91	314	1,618	20.09	3.89	24.91
2	샘표	유	4.42	5,609.15	680.50	-87.68	0.70	0.97	387	57,091	94.92	0.64	12.92
3	YG PLUS	유	5.85	271.03	373.52	흑전	0.81	0.85	16	1,868	133.25	1.12	N/A
4	유니켐	유	135.10	11.97	323.63	흑전	3.03	7.38	35	560	44.96	2.83	32.20
5	신한	유	66.85	152.98	307.76	흑전	8.46	15.95	1,867	12,649	2.89	0.43	3.65
6	현대코퍼레...	유	12.20	312.23	303.77	-64.68	3.07	3.38	705	20,612	23.32	0.80	15.67
7	삼성바이오...	유	84.53	2,368.00	222.77	적전	-2.62	-5.16	-3,115	61,700	N/A	2.45	336.09

해보자.

매출액 증가율은 기업의 매출액이 전기에 비해 당기에 얼마나 증가했는지를 비율화한 것이다. '매출액 성장속도'라고도 하는 이 비율은 기업의 성장 상태를 판단하는 지표다. 일반적으로 매출액 증가율이 클수록 주가가 상승할 가능성이 크다고 본다.

다음은 EPS 증가율이다. EPS 증가율을 클릭해보자.

지표별 순위 [유가증권시장 | 개별 | 전체 | 최근결산월기준] 단위 : %, 원, 배 Download Show Columns

No	종목명	시장	부채비율	유보율	매출액 증가율	EPS 증가율	ROA	ROE	EPS	BPS	PER	PBR	EV/EVITA
338	경인양행	유	51.83	859.28	2.43	3,370.58	1.32	1.98	92	4,796	54.12	1.04	35.64
663	부국철강	유	10.35	1,001.44	-15.36	2,911.11	2.62	2.91	158	5,507	19.33	0.56	19.80
313	성보화학	유	21.15	1,503.89	3.51	2,198.09	49.69	59.98	3,748	8,019	1.51	0.71	50.71
67	일동홀딩스	유	33.09	1,348.55	23.17	1,661.55	64.77	119.34	15,130	14,485	1.71	1.78	18.46
9	휴니드	유	71.55	46.75	195.68	1,204.05	10.75	20.21	1,319	7,338	10.31	1.85	8.61
246	한화케미칼	유	73.19	410.32	6.52	1,006.71	4.92	8.64	2,142	25,516	11.53	0.97	9.72

EPS 증가율은 기업의 주식 1주당 순이익의 비율인 EPS가 얼마나 증가하고 있는지를 나타내는 지표다. EPS는 기업의 주식 1주당 순이익으로서 이익으로 해당 주가를 얼마나 회수할 수 있는지를 판단하는 지표로도 이용된다. EPS 증가율이 클수록 기업의 주가가 상승할 가능성도 크다.

이 밖에도 다양한 재무지표의 순위를 매겨가며 종목을 고를 수 있다.

ROA는 Return On Asset의 약자로 자산 대비 순이익이 얼마나 되는지를 수익률로 나타낸 지표다. 이는 기업이 자산을 사용해서 이익을 얼마나 얻는가를 판단하는 지표로서 기업의 수익성을 파악하는 데 사용한다.

ROE는 Return On Equity의 약자로 자기자본 대비 순이익이 얼마나 되는지를 수익률로 나타낸 지표다. 이 또한 주주들의 자본으로 얼마의 순이익을 벌어들이는지를 판단하는 지표로서 ROA보다 직접적인 주주들의 수익률을 보여준다.

분석에서 가장 중요한 지표인 PER는 Price Earning Ratio의 약자로 기업의 순이익에 비해 주가가 몇 배인지를 나타내는 지표다. 이는 주가가 고평가되었는지 저평가되었는지를 판단하는 데 사용한다. 일반적으로 PER가 낮으면 저평가되었다고 하는데, 기업이 버는 순이익에 비해 주가가 낮으므로 이후 주가가 상승할 것으로 예상할 수 있다.

PBR도 기업의 순자산 장부금액에 비해 주가가 몇 배인지를 나타내는 지표다. 그러므로 PBR가 낮을수록 저평가된 기업이라고 봐도 될 것이다. 그러나 투자자들이 PER만큼 많이 사용하지는 않는다.

지표별 순위 [유가증권시장 | 개별 | 전체 | 최근결산월기준] 단위 : %, 원, 배 Download Show Columns

No	종목명	시장	부채비율	유보율	매출액증가율	EPS증가율	ROA	ROE	EPS	BPS	PER	PBR	EV/EVITA
625	진흥기업	유	완전잠식	N/A	-11.16	적지	-18.07	-269...	-917	-121	N/A	N/A	5.44
737	STX중공업	유	완전잠식	N/A	-61.07	적지	-63.52	완전...	-166...	-182,004	N/A	N/A	N/A
221	STX	유	완전잠식	N/A	7.59	적지	-54.14	완전...	-14,...	-6,947	N/A	N/A	N/A
108	S&T홀딩스	유	0.07	5,165.66	15.85	-75.07	1.61	1.63	437	26,994	36.24	0.59	31.26
672	진양홀딩스	유	0.11	558.09	-16.58	-45.27	3.25	3.26	107	3,290	31.41	1.02	28.91
287	KISCO홀딩스	유	0.14	2,836.19	4.63	-40.46	2.21	2.21	3,201	146,810	19.12	0.42	20.96
50	LS전선아시아	유	0.18	1,679.22	29.91	-40.35	2.29	2.29	204	8,896	27.80	0.64	27.39

마지막으로 EV/EBITDA 비율은 기업가치인 EVenterprise value를 기업의 영업 현금흐름의 대용치인 EBITDAearning before interest, tax, depreciation and amortization으로 나눈 비율이다. 이 지표가 클수록 기업이 벌어들이는 현금흐름에 비해 기업가치가 고평가된 것으로 보고, 작을수록 저평가되어 있다고 판단한다. 따라서 이 지표가 작은 기업에 투자하는 것이 좋다고 볼 수 있지만, 그렇다고 이 비율만 보고 투자하는 것은 위험하다.

011

HTS에서 차트와 외국인 수급을 동시에 분석하는 기법은?

> HTS에서 차트상의 캔들차트와 거래량만으로는 주가의 흐름을 구체적으로 파악하기가 힘듭니다. 외국인투자자의 영향력이 큰 오늘날에는 이를 함께 분석해야 주가를 예측할 수 있죠. 이를 한 화면에서 동시에 분석하는 기법을 소개합니다.

이제 차트를 그냥 볼 것이 아니라 외국인투자자의 수급과 주가의 흐름을 동시에 분석해서 매수종목을 찾는 방법을 알아보자. 주가의 흐름과 거래량만 가지고는 주가의 상승 또는 하락을 예측하는 데 한계가 있다. 그렇기 때문에 주가의 흐름에 영향을 미치는 외국인투자자의 수급을 함께 분석해야 하는 것이다.

하나의 차트에 캔들차트와 거래량, 외국인 순매수를 보는 방법을 알아보자. 영웅문에 접속해서 차트창을 띄우고, 위쪽 메뉴 툴바에서 종합차트를 클릭하면 된다.

기본적으로 캔들차트와 이동평균선 등을 볼 수 있는 화면과 그 아래 거래량의 막대그래프가 나타날 것이다. 이 아래에 외국인투자자 수급 그래프를 추가하고 싶다면 어떻게 해야 할까?

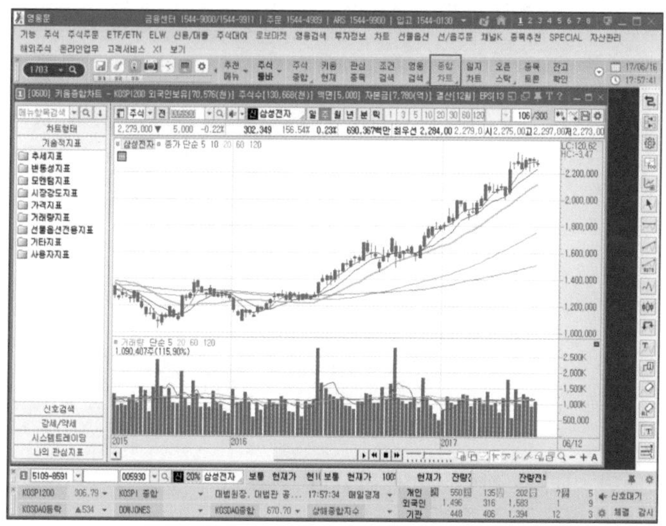

우선, 차트 바탕에 마우스 우측을 클릭해 지표추가(A)를 클릭한다.

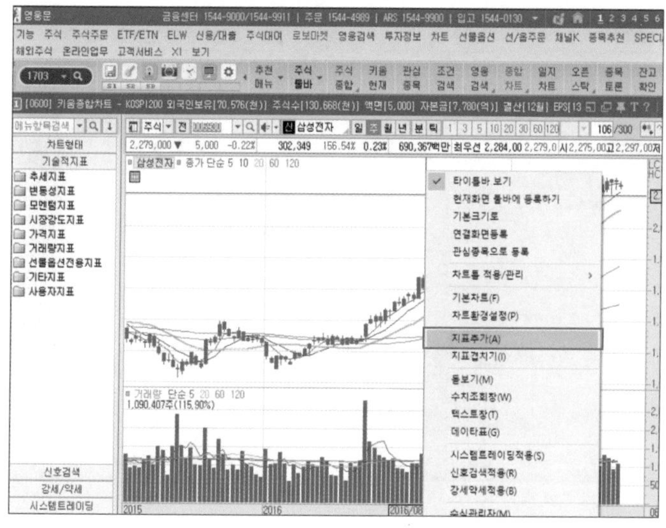

창이 뜨면 외국인순매수를 클릭한 다음 적용을 클릭한다.

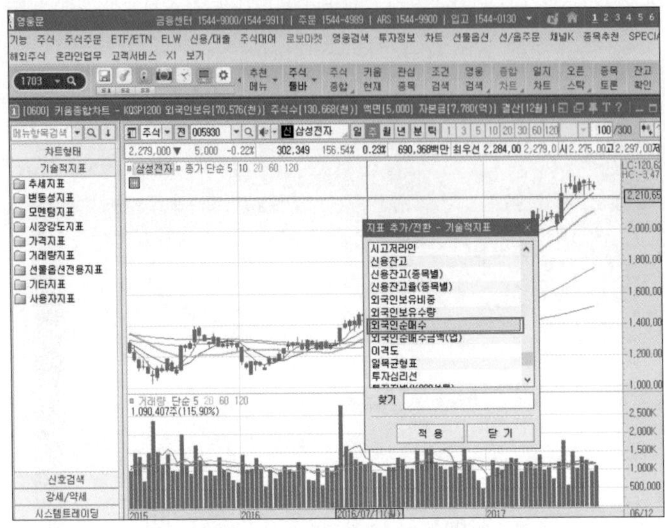

그러면 아래와 같이 뜬다. 참고로 주봉이나 월봉에서는 뜨지 않고 일봉에서만 추가할 수 있다는 것을 알아두자.

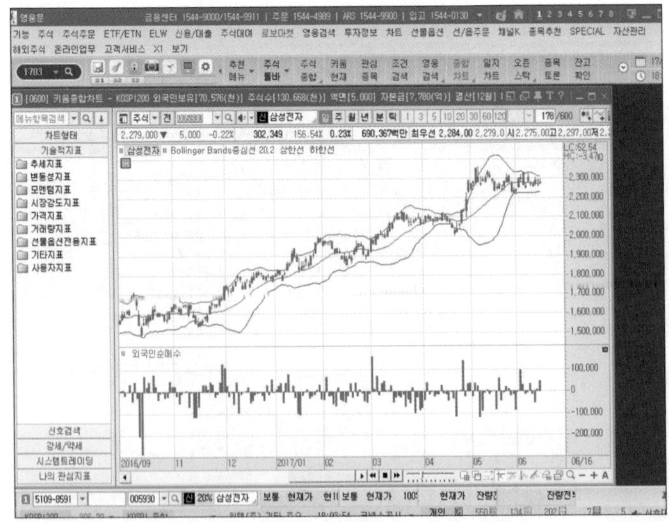

외국인순매수가 맨 아래에 추가되었는데, 여기서 빨간색은 외국인 매수를 뜻하고 파란색은 외국인 매도를 뜻한다.

이제 외국인 보유수량지표도 추가해보자.

그래프 여백에서 마우스 우측을 클릭해 지표추가(A)를 클릭하고, 창이 뜨면 외국인보유수량을 찾아 클릭한 뒤 적용을 클릭한다.

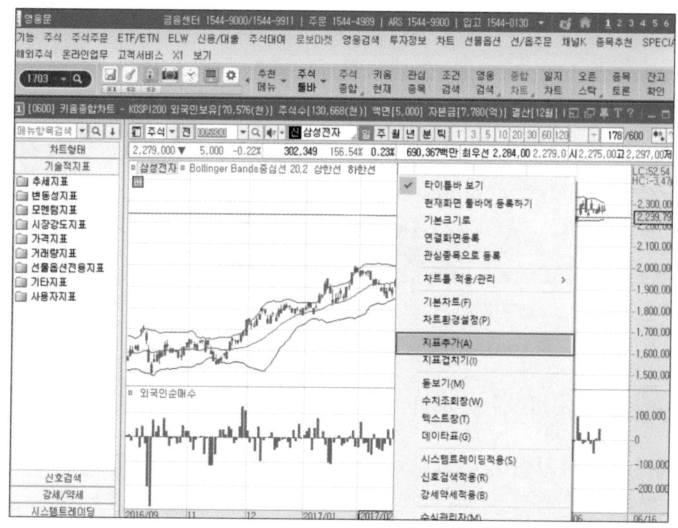

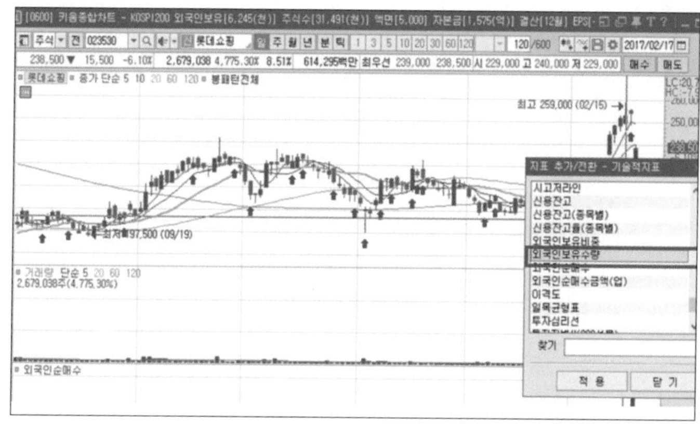

그러면 아래와 같은 창이 뜬다.

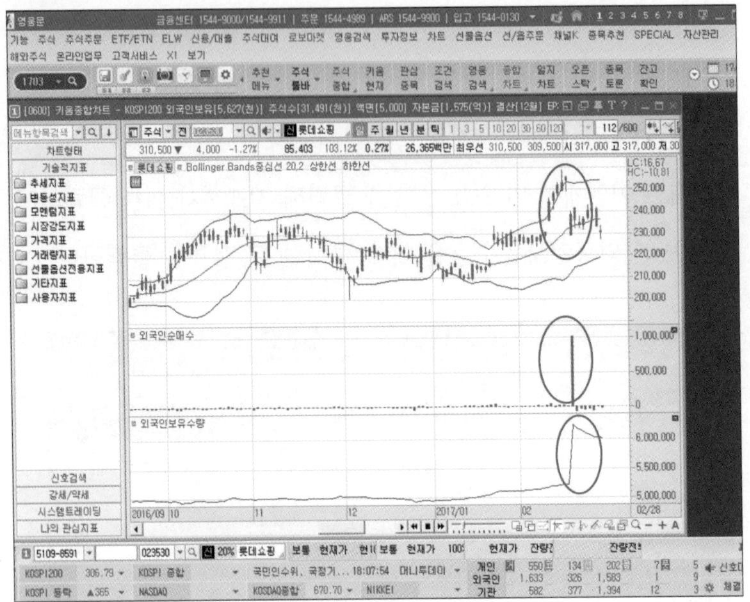

이렇게 설정한 뒤 차트를 분석하면 주가와 외국인투자자의 관계를 한눈에 파악할 수 있다. 이 차트를 보면 롯데쇼핑의 경우 외국인투자자의 비중이 커지면서 주가가 한 차례 급등한 것을 알 수 있다.

012

HTS에서 차트와 기관투자자 매매를 동시에 분석하는 팁은?

외국인투자자 못지않게 주식시장에서 막강한 영향력을 행사하는 세력이 바로 기관투자자입니다. 기관투자자는 거대한 자본력과 전문가들의 분석력을 통해 좋은 주식에 투자를 하죠. 이를 차트에서 한눈에 분석해 주가흐름을 분석하는 방법을 알아봅시다.

우선, HTS를 실행해 기본적인 차트를 띄우고, 차트화면 여백에 마우스 우측을 클릭해 지표추가(A)를 클릭한다.

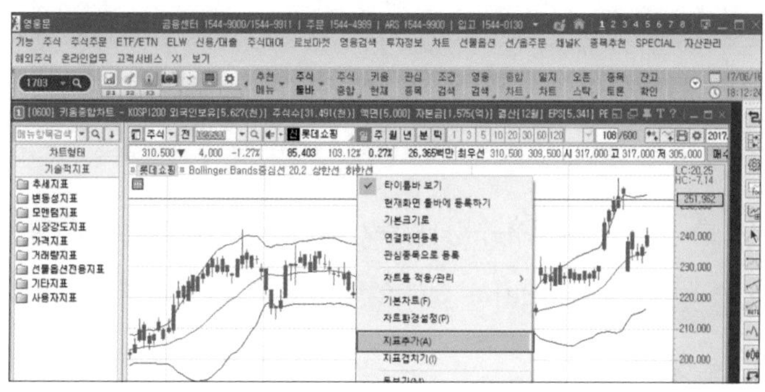

창이 뜨면 '기관보유수량'과 '적용'을 차례로 클릭한다.

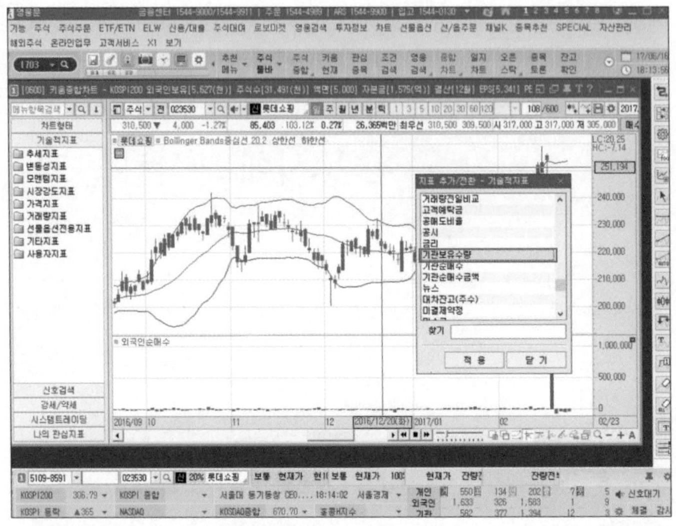

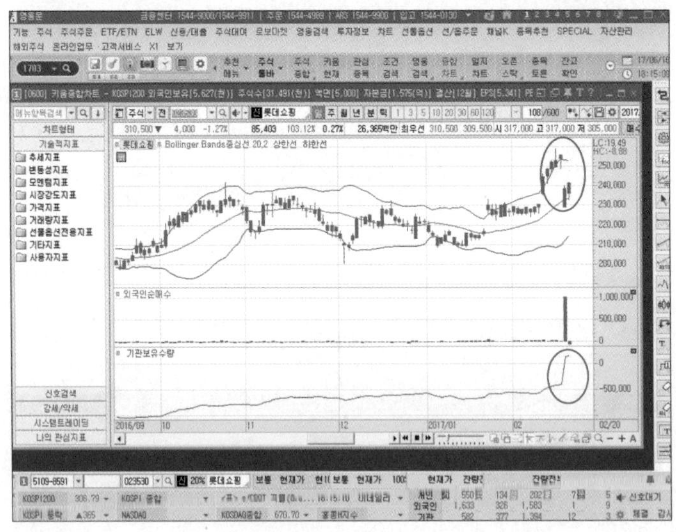

차트를 보면 기관보유수량과 주가의 흐름이 유의적으로 일치하는 것을 볼 수 있다. 이러한 흐름을 보면서 투자하면 이익을 기대할 수 있을 것이다.

이제 좀 더 구체적인 기관투자자의 기간 동안 순매수량을 파악해 보자. 다시 차트 여백에 마우스 우측을 클릭해 지표추가(A)를 클릭한다. 창이 뜨면 '기관순매수'와 '적용'을 순서대로 클릭한다.

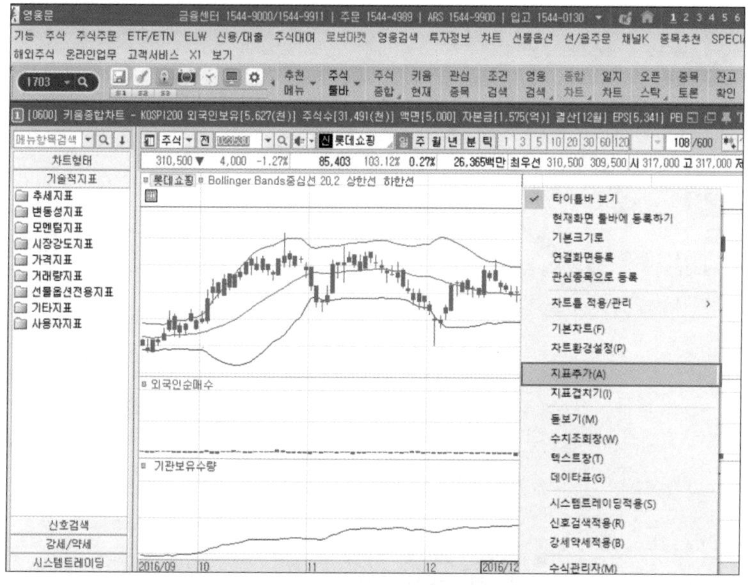

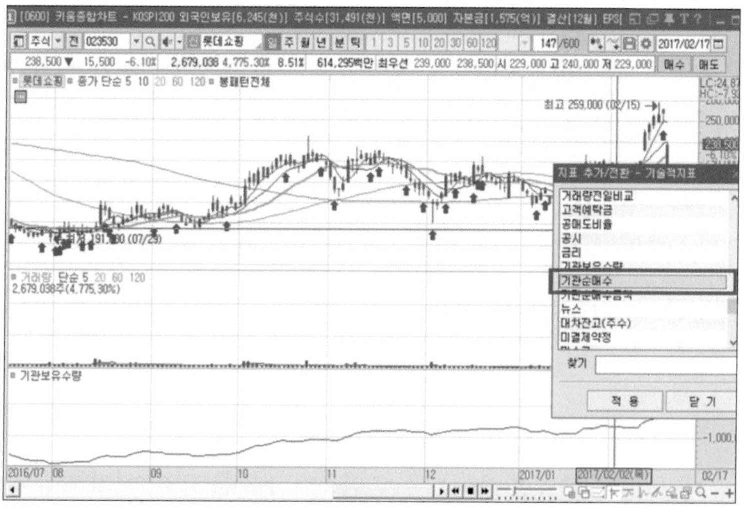

이제 구체적으로 기관투자자의 매수 및 매도 상황을 파악할 수 있다. 빨간색은 기관투자자의 매수를 뜻하고, 파란색은 기관투자자의 매도를 뜻한다.

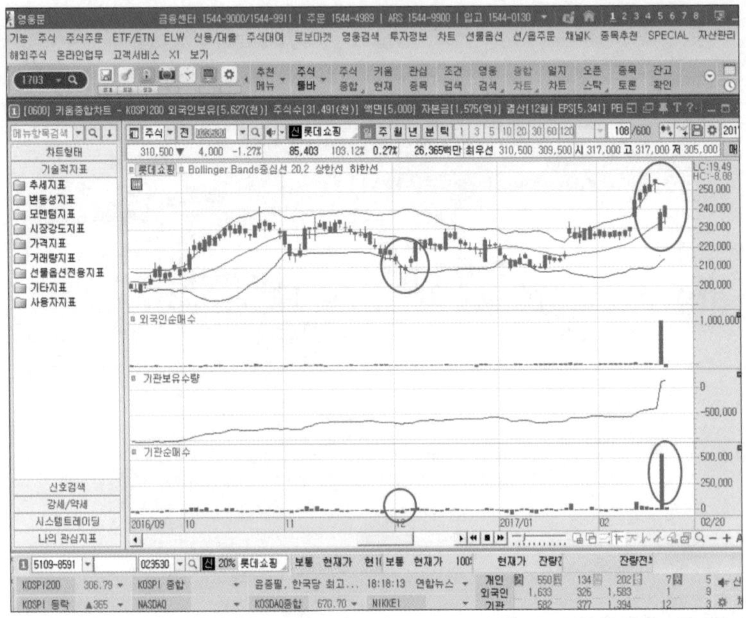

자세히 보면 기관투자자가 매도를 하는 구간에서는 주가가 저가이고, 주가가 상승하는 구간에서는 기관투자자의 매수량이 급증하는 것을 볼 수 있다. 기관투자자의 매매현황과 주가의 등락이 일치하는 것만 파악해두면 기관투자자의 움직임을 보고 투자의사를 결정할 수 있을 것이다. 이렇게 해야 손해를 보지 않는다는 것을 명심하자.

외국인 순매수 및 기관 순매수는 MTS에서도 설정하여 확인해 볼 수 있다. 요즘에는 스마트폰을 이용해 투자를 많이 하기 때문에

MTS에도 설정해 순매수세를 체크하여 외국인과 기관투자자를 따라가면서 투자하는 것도 한 방법이다.

또한, 특정종목이 일정한 기간(보통 6개월) 동안 외국인이나 기관이 순매수세에 있었는지 분석하는 간단한 방법으로 팍스넷을 이용하기도 한다. 팍스넷(www.paxnet.co.kr)에서 종목을 검색하면 아래와 같이 나온다.

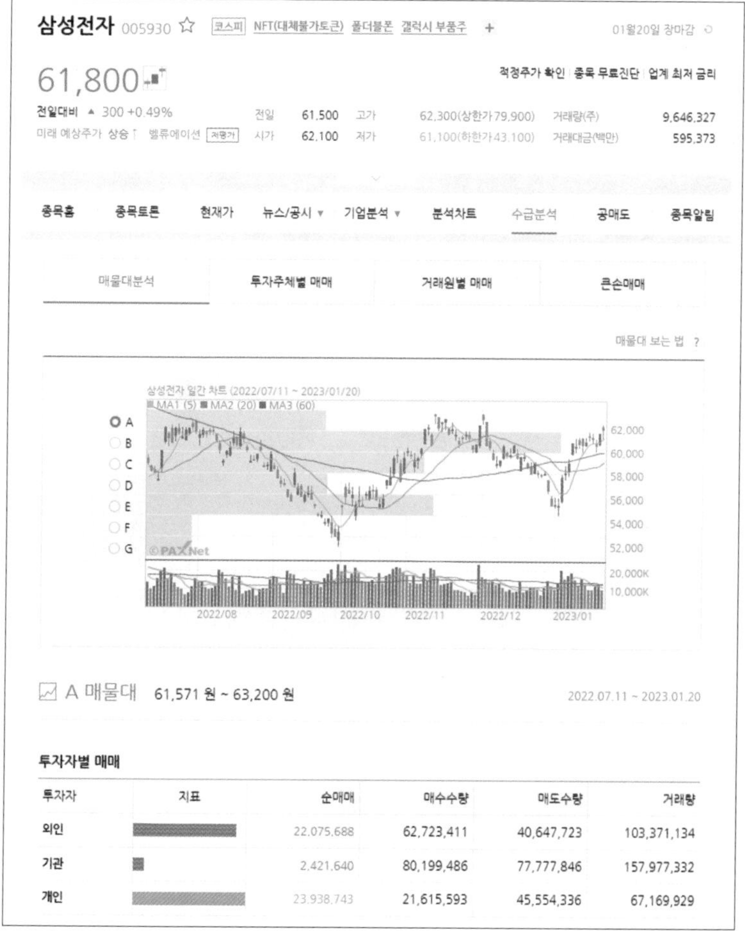

투자자	지표	순매매	매수수량	매도수량	거래량
외인		22,075,688	62,723,411	40,647,723	103,371,134
기관		2,421,640	80,199,486	77,777,846	157,977,332
개인		23,938,743	21,615,593	45,554,336	67,169,929

여기서 아래에 외인, 기관이 6개월 동안 순매수세에 있음을 확인할 수 있으므로 향후 외인이나 기관을 따라서 투자하기 좋다는 점을 확인할 수 있다. 아울러 수급분석에서 투자주체별 매매를 클릭하면 기간별로 외국인 투자자의 지분율 추이를 그래프로 확인할 수 있으니 이를 활용하는 것도 하나의 방법이다.

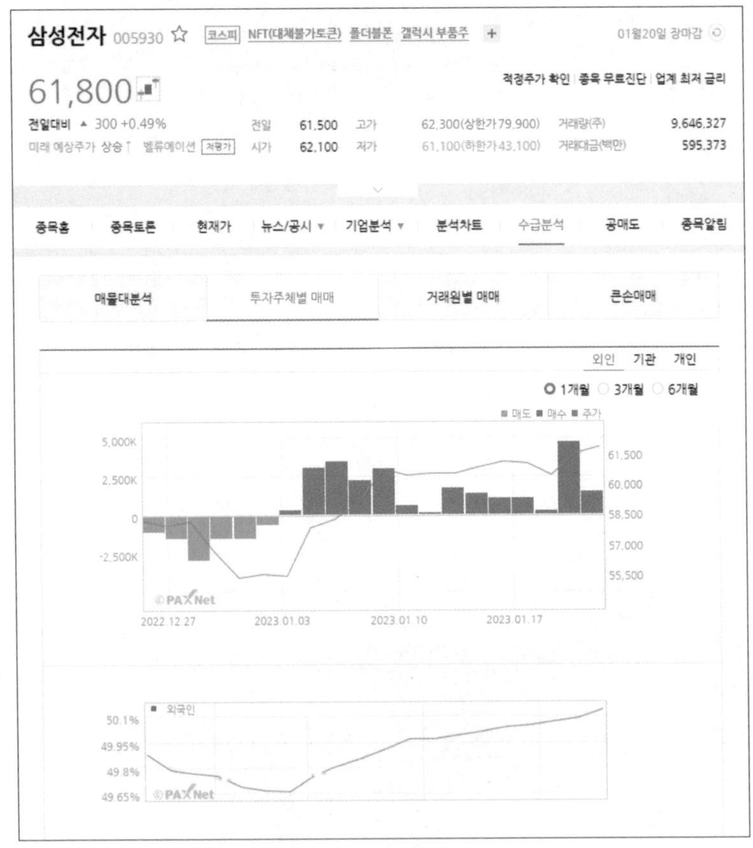

013

HTS에서 주가지수와 종목의 관계를 통해 투자하는 방법은?

❝

주가지수와 관심종목 주가의 관계를 보고 투자를 하는 것은 주가의 흐름을 읽는 데 매우 유용합니다. 어떤 종목은 시장 전체를 대변한다고 할 수 있는 주가지수와 반대로 움직일 때가 있는데, 이 경우에는 주가지수가 하락세일 때 투자하면 될 것입니다. 반대로 주가지수와 같은 방향으로 움직이는 종목의 경우에는 주가지수가 상승할 것으로 예상되는 시점에 투자를 하면 되겠지요. 이제 HTS에서 주가지수와 종목의 관계를 통해 투자하는 방법을 구체적으로 살펴봅시다.

주가지수의 움직임과 함께 종목의 주가흐름을 파악하면 전체 시장이 하락장일 때 해당 종목을 사야 할지 팔아야 할지를 알 수 있다. 반대로 시장이 상승장일 때도 해당 종목의 매수 여부를 결정하는 데 큰 도움을 얻을 수 있다. 다음에서 주가지수와 종목의 흐름을 한눈에 보는 방법을 알아보자.

우선 HTS를 켜고 분석하고자 하는 종목의 차트를 켠다.

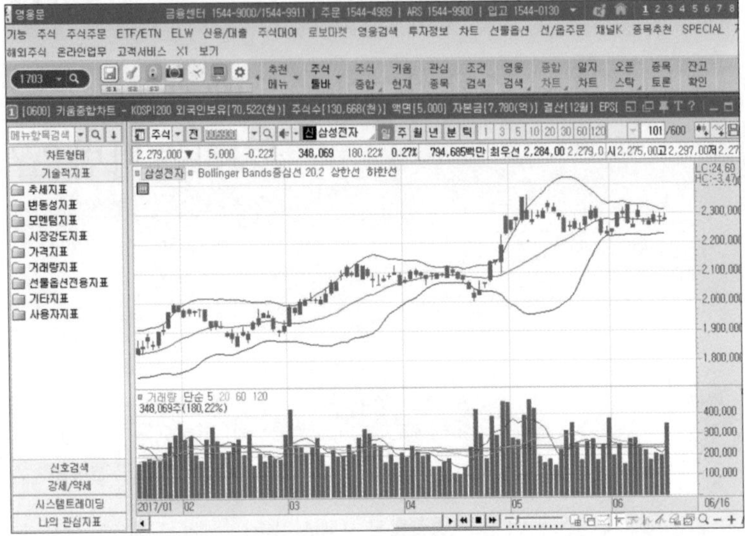

지금부터 우리나라 대표종목인 삼성전자를 분석해보자.

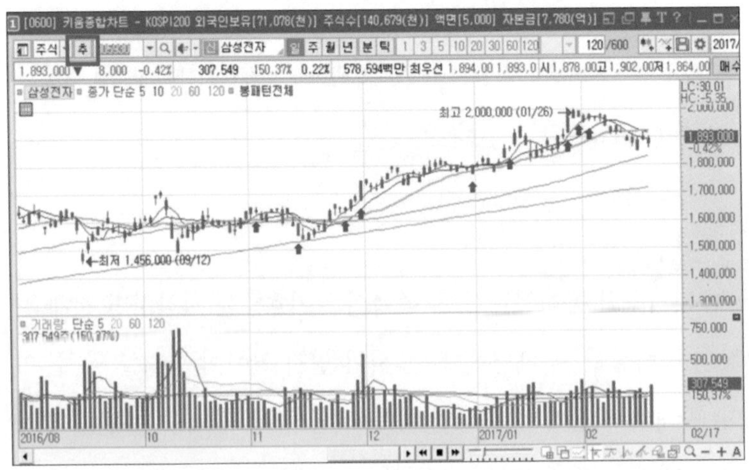

차트 상단에 있는 메뉴 툴바에서 '전'이라는 박스를 클릭하면 '추'로 변경되는 것을 볼 수 있다. 이것은 주가지수도 하나의 종목으로 보아 이를 추가적으로 화면에 넣겠다는 의미다.

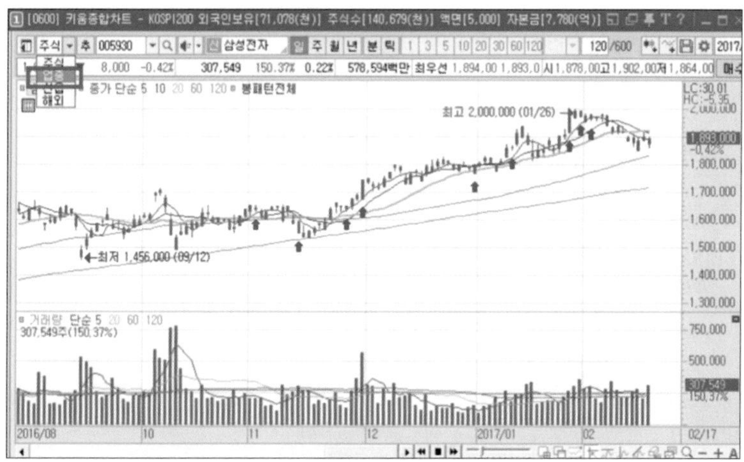

메뉴 툴바에서 추 왼쪽을 보면 주식이 있다. 이를 펼쳐 업종을 선택한다.

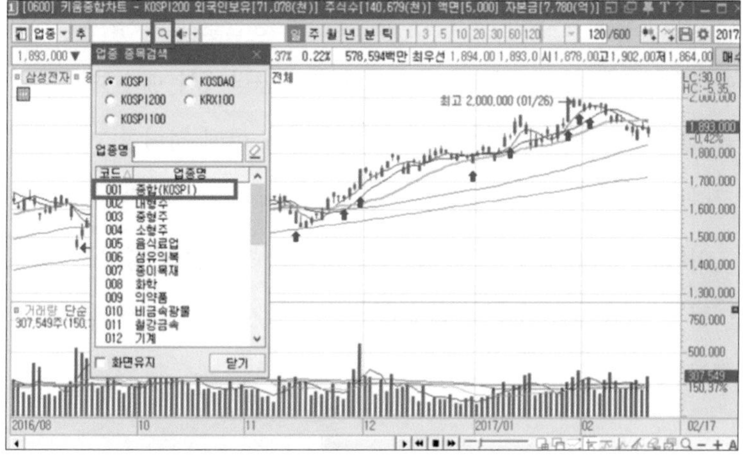

오른쪽 메뉴 툴바를 보면 돋보기 모양이 보일 것이다. 이것을 클릭하고 '001 종합(KOSPI)'을 클릭한 다음 닫기를 클릭한다.

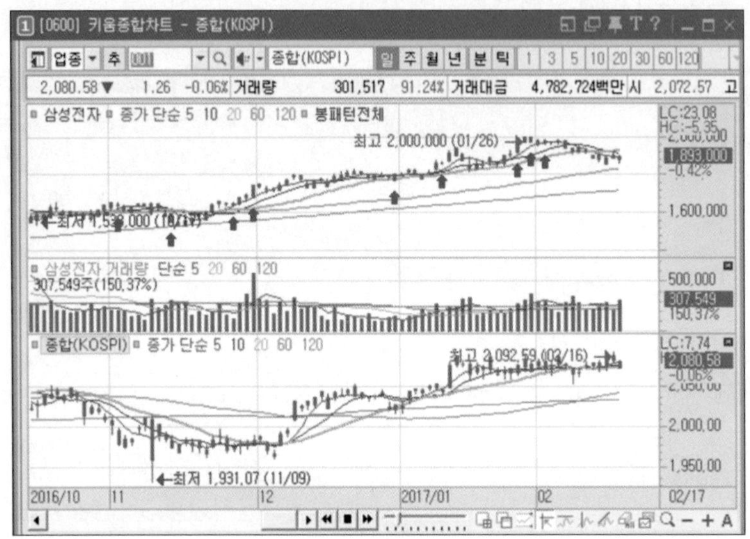

분석 종목인 삼성전자의 주가는 지속적으로 상승하는 추세를 보이며, 코스피 지수도 유사한 패턴을 보이는 것을 확인할 수 있다. 이는 해당 종목이 주가지수와 정(+)의 상관관계를 가진다는 것을 보여준다. 이런 종목은 주식시장의 상승장에서 매수하면 이익을 볼 수 있지만 하락장에서는 주식시장과 함께 하락할 가능성이 크다.

이와는 달리 주가지수와 반대의 모습을 보여주는 종목도 있다. 이런 종목은 오히려 하락장에서 주가가 일시적으로 하락할 때 매수하는 것이 좋은 전략이다.

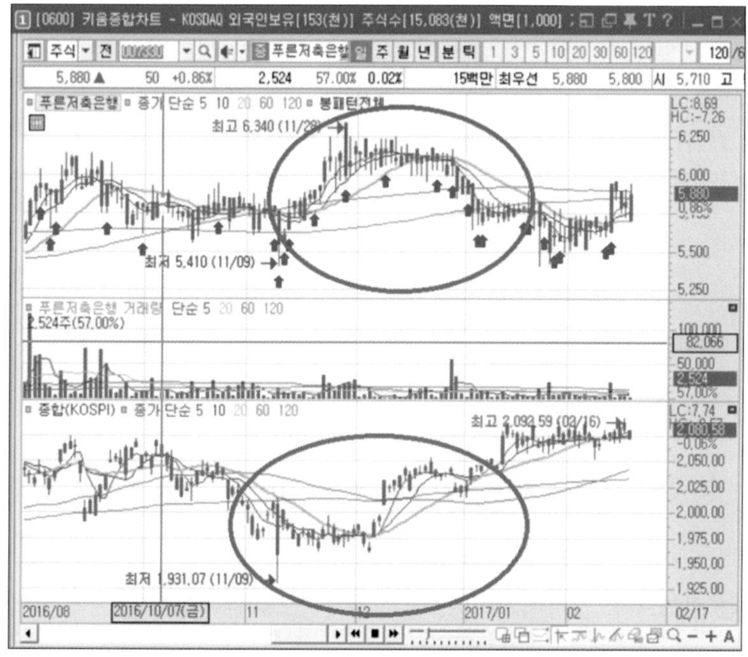

위 차트에서 푸른저축은행 종목은 주식시장과 대체 경쟁관계에 있어서 주가지수가 하락장에 있을 때 오히려 주가가 상승하고, 반대로 주가지수가 상승장일 때 종목의 주가가 하락하는 것을 확인할 수 있다.

만약 분산투자 포트폴리오를 구성한다면 삼성전자 주식은 상승장을 위해 매수하고, 푸른저축은행 주식은 하락장을 위해 손실회피용으로 매수하는 것이 좋다. 이렇게 하면 손실을 줄이면서 이익을 극대화할 수 있을 것이다.

주식투자는 많이 알수록 성공한다!

'정답'은 없지만 '해답'은 있다

주식투자에서 수익률을 최대로 끌어올리려면 기본적 분석을 통해 좋은 종목을 고르는 것과 기술적 분석을 통해 적절한 매매시점을 잡는 것 모두를 알아야 한다. 동물적 감각만으로 투자해서 큰돈을 벌던 시대는 이미 지나갔다. 주식투자와 관련해 엄청나게 많은 투자기법이 난무하고 있지만, 사실 주식투자는 정해진 답이 없는 분야다. 투자자마다 선호하는 분석방법이 다르고 전문가마다 종목을 보는 관점이 다르기 때문이다.

그런데 주식투자의 '정답'은 없지만 '해답'은 있다. 옳다고 말할 수 있는 수많은 투자기법과 지식을 내 것으로 만들어 돈 버는 투자를 하는 것이 그 해답인 것이다. 주식투자는 다른 투자수단에 비해 고도화·전문화되고 있기 때문에 종목을 고르는 눈과 각종 분석도구를 활용하는 실력이 수익률의 차이를 가져온다. 그래서 실력을 키워야 하고, 실력을 키우려면 가장 기본이 되는 내용부터 제대로 알아두어야 한다. 그냥 뜬소문에 혹해 주식을 사고팔다가는 손해만 보게 될 것이기 때문이다.

재무제표를 보는 방법과 산업분석보고서를 해석하는 방법, 차트를 보고 주가의 흐름을 파악하는 방법 등 기본기를 다지고 투자를 하면서 조금씩 실력을 늘려 나가야 한다. 주식에 투자하는 것은 그 기업의 오너가 되는 것이라는 생각으로 해당 종목을 둘러싼 모든 경제지표를 철저히 분석해야 한다. 회사가 망하면 주가도 떨어진다. 결국 경영을 잘하는 기업에 투자해야 주식으로 돈을 벌 수 있다. 철저한 분석과 망하지 않을 종목을 선별하는 기본기는 주식투자의 성공비결이다.

옛날과는 달리 요즘에는 인터넷을 통해서 웬만한 종목에 관한 정보와 뉴스를 입수할 수 있다. 그런데 활용할 수 있는 정보가 많다보니 그 정보를 어떻게 활용하느냐에 따라 성과가 극명하게 달라진다. 공부를 하지 않고는 주식투자로 돈을 벌 수 없는 시대가 된 것이다. 특히 주식은 많이 알고, 많이 찾아보고, 많이 생각할수록 돈을 벌 수 있는 기회가 무궁무진하다. 주식에 대해 꾸준히 공부하자!

주식은 꽤 괜찮은 '재산증식 수단'

주식은 다른 재테크수단에 비해 초기 투자자금이 적게 들어간다. 예를 들어 부동산의 경우 적어도 몇 천만 원이 필요하고 많게는 몇 억이 필요하다. 그에 비해 주식은 월급에서 일정 비율만 떼어서도 충분히 투자를 시작할 수 있다. 게다가 부동산은 양도소득세나 취득세, 보유세의 비중이 커서 거래할 때 부담이 되지만 주식은 거래비용이 상대적으로 매우 저렴한 편이다. 또한 주식은 해당 종목의 기업이 망하지만 않는다면 경제발전과 더불어 가치가 지속적으로 상승하기 때문에 재산증식 수단으로 꽤 괜찮은 선택이라 할 수 있다.

이 책은 초보 투자자들이 기본기를 갖추도록 하는 데 주력했다. 주식투자의 기본 마인드와 정보수집 방법은 물론 증권계좌를 개설해 HTS와 MTS를 설치하고 거래하는 방법과 노하우까지 최대한 전수하려고 했다. 초보 투자자라도 더 공부해서 좋은 종목을 매수할 수 있도록 재무제표를 이용한 투자 챕터와 차트 분석 챕터에서 기본기를 다지는 내용을 선별하고 구체적으로 사례를 들어가며 서술했다.

이와 같이 주식투자의 모든 것을 이 책에 담기 위해 최선을 다했지만, 고급기법은 많이 다루지 못한 것이 사실이다. 그렇기는 해도 투자수익률을 높이기 위한 필수 팁은 빠짐없이 수록했고, 그러다보니 책이 두꺼워졌다. 이 책은 일종의 '주식투자 백과사전'이라 할 수 있다. 필요한 내용을 엄선해서 실은 만큼 투자를 하다가 의문이 날 때 그 부분을 찾아서 따라 해본다면 몇 년이 지나도 들춰볼 만한 좋은 주식투자 지침서가 되어줄 것으로 생각한다.

여러분의 성공적인 투자를 기원한다.

주린이를 위한
주식투자 Q&A 100가지

지은이 곽상빈
발행처 도서출판 평단
발행인 최석두

신고번호 제2015-000132호
신고연월일 1988년 7월 6일

초판 1쇄 발행 2023년 04월 20일
초판 3쇄 발행 2024년 10월 18일

주소 (10594) 경기도 고양시 덕양구 통일로 140 삼송테크노밸리 A동 351호
전화번호 (02) 325-8144(代)
팩스번호 (02) 325-8143
이메일 pyongdan@daum.net

ISBN 978-89-7343-553-1 (13320)